U1010702

国浩法律文库

新业务 新视角

LÜSHI YANZHONG DE
ZHUCEZHI YU ZHENGQUANFA

律师眼中的注册制与证券法

吕红兵 朱奕奕◎主编

法律出版社 LAW PRESS · CHINA

国浩法律文库
编辑委员会

委　员

吕红兵　李　淳　张敬前　沈田丰

刘　维　宋　茵　李世亮　于宁杰

马国强　王民生　刘　继　白　敏

车　捷　周世虹　杜玉松　冯　帆

编　辑

国浩律师事务所发展研究院

《律师眼中的注册制与证券法》
编委会

主　编

吕红兵　朱奕奕

成　员

刘　维　林　琳　林　祯　承婧艽　朱　峰　宋萍萍
周若婷　陈　杰　耿　晨

撰稿人
（按文章顺序）

吕红兵　朱奕奕　刘　维　朱　峰　公惟韬　周　邯
宋萍萍　胡子豪　林　祯　刘瑞广　叶柏村　顾　俊
金　郁　贺琳菲　周若婷　史佳佳　陈　杰　刘水灵
杜佳盈　邵　锴　苏雨阳

执行编辑

尤　越　张　璐

“国浩法律文库”总序

作为我国法治工作队伍的重要组成部分，中国律师已经成为协调推进全面建成小康社会、全面深化改革、全面依法治国、全面从严治党这一治国理政基本方略中一支不可替代、举足轻重的重要力量，并且越来越为党和政府以及社会各界所关注和重视。党的十八届三中全会审议通过的《中共中央关于全面深化改革若干重大问题的决定》特别指出，要“完善律师执业权利保障机制和违法违规执业惩戒制度，加强执业道德建设，发挥律师在依法维护公民和法人合法权益方面的重要作用”；党的十八届四中全会审议通过的《中共中央关于全面推进依法治国若干重大问题的决定》更加明确地指出，要“加强律师队伍思想政治建设，把拥护中国共产党领导、拥护社会主义法治作为律师从业的基本要求，增强广大律师走中国特色社会主义法治道路的自觉性和坚定性”。可以说，对律师行业的发展而言，“这是一个最好的时代”！

在律师业的发展过程中，对律师“专业人士”的角色定位已没有异议，而对于专业人士是应以“学者型”为方向还是以“工匠型”为目标之争却始终存在。其实这应是殊途同归的命题。“学者型”要求才高八斗、出口成章、理论扎实、结合实践，因此注重研讨、注重文章；而“工匠型”也要求一丝不苟、中规中矩、一针见血、心得颇多，所以注重琢磨、注重经验。因此，律师队伍中的“学者们”“工匠们”在日理万机的执业实践中，始终没有放弃研究、忘记总结，不时地成文、著作，并使之成为开拓业务、提高水平的重要手段。而鼓励、引导律师著书立说，一直是律师界的良好传统。

国浩律师事务所作为中国最大的法律服务机构之一，一直专注于服务我国投融资及其相关领域的发展与革新，并坚持在应用法律知识服务于经济社会的同时，不断总结经验，撰写理论与实践相结合的专业文章，并编辑成书。“国浩法律文库”系列丛书就是其成果之一。该丛书因其专业、实用、与时俱进等特点，赢得了各界朋友的较高评价、鼓励和支持。

搭建律师思想碰撞之平台、畅通律师信息传播之渠道、建设律师学问总结之道路、营造律师形象展示之舞台、创建律师文化交流之大厦，这正是我们编辑与出版这一文库的出发点与归宿。

我们真诚地希望“国浩法律文库”能让所有的读者朋友愿意读、读得懂、读后有收获。

中华全国律师协会第六、第七届会长
国浩律师事务所原主席
于　宁

中华全国律师协会副会长
国浩律师事务所首席执行合伙人
吕红兵

目　　录

一、注册制 · 比较研究

二、注册制 · 中国实践

三、证券法·制度创新

四、证券法·责任规制

一、注册制·比较研究

中国股票公开发行审批制与审核制比较研究

吕红兵　朱奕奕

一、审批制之概述

依据立法理念的不同，股票发行审核制度一般分为两类：一是以市场为导向的注册制，美国《1933年证券法》和日本《证券交易法》乃典型代表；二是以监管为导向的核准制，美国部分州的"蓝天法"以及在2020年3月1日前全面推行注册制的我国《证券法》为典型代表。当然，依据监管力度的不同，有学者将以监管为导向的审核制度区分为审批制与核准制，两者相较而言，审批制更强调政府对证券发行的审核和控制力度，因此，审批制亦通常被称为"严格核准制"。

在证券市场系统形成的初期，针对股票的发行，中国即实行严格的审批制，旨在加强对证券市场股票发行行为的监管，从而降低证券市场的整体风险。依据1993年国务院制定的《股票发行与交易管理暂行条例》，在审批制下，股票发行分为三个阶段——额度分配、证券预选及核准发行。具体而言，首先，由证券主管机构——中国证券监督管理委员会（以下简称中国证监会）和国家计划委员会确定全国全年股票的发行规模，亦即总量控制。其次，主管机构对各省、直辖市、自治区及各部委进行额度分配，在此基础上，再由各省、直辖市、自治区及各部委将获取的额度分配给各自下辖的企业部门。再次，获得发行额度的各企业部门依据规定，在额度的范围内进行股票发行的正式申报，此申报阶段一般需经两级机构的审批：企业先向地方政府或国务院有关主管部门提出发行申请，在获得通过后，将发行计划提交给中国证监会复核审查，待复查通过后，发行人取得了股票发行上市的资格。最后，在发行上市的实施上，发行人须向证券交易所提出发行上市的申请，待交易所认可后，股票方才正式发行上市。

一言以蔽之，审批制的核心为更多层级的行政审批及发行额度的严格管理，在此制度下，由于行政机关的监管力度大，股票的发行完全处于行政权限的束缚下，市场几乎没有发挥的空间，此项制度的选择乃证券市场发展初期的初始制度设计。

20世纪90年代初，中国金融市场开启了由之前的计划经济逐步向市场经济转型的进程，而证券市场作为市场经济变革中的构成部分，显得尤为重要，政府部门亦尤为重视，故针对新兴证券市场的发展，中国选择了以政府监管为主的发展模式，与西方国家自发形成的演进型发展模式截然相反。就中国的选择而言，彼时之所以坚持公权力的直接介入乃迫于自身发展的先天因素：第一，政府力量的主动介入是直接推动中国证券市场产生、设立乃至发展的直接因素，中国证券市场非如其他域外成熟市场由市场经济自发形成；第二，市场力量的先天性缺失，支持证券市场发展的机制、法规及各种中介服务机构严重匮缺；第三，刚刚从计划经济公有制模式下脱轨的企业普遍存在通过发行股票进行融资的强烈需求，与此同时，由于规则的缺失，经验的不足，彼时的企业缺乏与之需求相应的市场责任意识，对股票发行后的企业义务缺少担当；第四，制度转型的后遗症，受体制的影响，政府等监管部门角色未能及时转变，控制市场、干预经济活动的做法仍然惯性延续。基于此，为全力支持证券市场的发展，审批制的选择和中国证监会的诞生是衡量当时市场地位和政府决策力量后的结果。此项衡量后的选择一方面旨在稳固证券市场的发展，规制市场初始发展的风险；另一方面旨在促使金融体制由资金配给型向今后较为自由的体制顺利过渡。

从系统论的层次结构性原则来看，审批制下中国证券市场系统内的参与主体是发行和上市这两个阶段下的发行人、投资者与监管机关，但从系统的功能性原则与最优化原则即协调分工与资源配置模式来说，由于此时是中国证券市场系统的形成初期，因而市场之手的力量尚较薄弱，需要以行政带动市场，从而实现证券市场系统的整体目的。股票投资者与监管机关之间形成了一种类似于“委托”的关系：从投资者角度出发，投资者希望监管机关能够立足于投资收益而对拟发行上市的股票进行审核把关，全面管理与审核标的股票，从而避免因投资者与发行人之间天然的信息不对称而遭受投资上的不利益。事实上，中国在关于证券的法律法规中就股票的发行上市规定了系列的标准与条件，严格的审批客观上确实发挥了针对股票的筛选作用，在发行之前即淘汰了大部分的低质量股票，在一定程度上确保了证券市场的健康发展。彼时而言，在市场发展尚不成熟、制度构建尚不完善且中介机构严重缺位的情况下，市场的调节功能无法得以释放，而公权力的介入在一定程度上弥补了市场作用的缺陷，较为有效地解决了投资者与发行人之间信息不对称的问题，尤其是严格审核的把关弥补了投资者判断力薄弱的缺陷。

二、审批制发展之述评

审批制是中国由计划经济向市场经济转轨阶段产生的特殊监管模式，其不仅是一种实质性审查，而且是政府干预股票公开发行活动程度最深的一种审核模式，集中表现于政府既要对股票公开发行所有条件进行实质性审查、核准，又要对发行的额度进行控制与调配，本质上实行的是股票公开发行计划式管理。

之所以如此，原因众多，核心乃系当时的 A 股股票市场尚处于发展初期，市场机制很不完善，还不能有效形成监管者、发行人、中介机构、投资者各司其职，既密切协作又相互制衡的状态。审批制严格控制发行额度，严格实质审核的做法符合中国当时严格的计划经济体制，也有助于改善中国证券市场发展初期法制不够健全、市场运作不够规范的实际情况。在实际效果上，政府强有力的干预和协调行为对于平衡各方利益、调节股票市场的供求关系、控制拟发行股票的质量等都起到了一定的作用，同时也在一定程度上为国有企业脱离困境提供了积极的支持。一言以蔽之，审批制的运用符合彼时的国情，符合彼时中国证券资本市场发展的实际情况，对保障市场的稳定、推进市场的发展均发挥了重大作用，能够实现彼时证券市场的核心目的。但是，审批制鲜明的特征亦决定了其明显的弊病：

首先，在审批制下，一切行事以行政化为导向，层次结构不清。资源依行政需要予以配置，企业的选择与被选择均与行政行为息息相关。在如此考量下，被选中的企业往往是各种利益平衡的结果，在一定程度上负有脱贫解困的使命，因此，导致的直接不良后果即为：在行政之手的操控下，不少符合上市条件的优质企业因没有门路、缺乏额度而被挡在证券市场之外，股票发行被行政化，证券市场合理配置资源的功能亦难以发挥。

其次，效率与市场的矛盾突出，难以实现系统论对合理配置资源的要求。审批制实行的是实质审查，本质上是行政对于资源的配置，所涉因素众多，每每几经平衡考量，致使股票发行审核效率低下，难以跟上市场发展的步伐。同时，额度的管理配置并非立足于市场的真实需求，在一定程度上导致证券市场供不应求，股票发行价格人为地被抬高，此种开始即偏离市场价值的发行一方面令市场危机四伏，先天不足，另一方面虚高的股票价格降低了市场的活力，难以真正发挥证券市场的投融资功能。

再次，额度稀缺，易滋生腐败，违背股票公开发行审核制度对保护投资者、维护证券市场稳定的整体目的。审批制下最稀缺的乃系股票发行的额度配置，获得额度即意味着打开了上市的天窗，意味着获得了融资的金钥匙，因此，关于额度的配置,不仅是额度掌握者的行为,更是各方主体争取的目标。“天下熙攘,皆为利往。”额度的稀缺性,必定考验着审批制下监管机关的管理,同时,亦为权力的寻租提供了滋生的土壤。

最后,行政导向,职能错位。除了政府监管之外,行业自律与司法救济体系尚未建立,难达系统论对功能性原则的要求。审批制下,股票是否得以顺利公开发行更多地倚重行政力量的干预与支持,因此,无论是额度的争取抑或发行的审批都围绕着行政行为而展开,各方主体间的关系更多地充斥了行政权力的气息。在如此氛围下,各方主体职能发生严重错位,甚至本末倒置。发行人将更多的注意力放在了如何获得额度、如何通过审批等事务上,而对于其立足的股票本身却退而求其次;证券中介机构则将更多的精力投入于如何配合发行人疏通各种关系,而丧失了作为专业第三方独立的审查职能,自然难以保障发行股票的质量。

由此可见,由于审批制下中国证券市场系统层次结构不明,系统参与主体单一,加之,在额度、指标等资源有限的情况下,行政对于市场的过度干预使证券市场难以优化系统内的资源配置,以至于系统内没有合理的协同分工模式,无法自行恢复有序;投资者利益也由于权力寻租而难以得到保护,难以实现证券市场系统的整体目的。为了完善证券市场系统,应遵循系统论的动态性原则,顺应市场需求的变化,对股票公开发行审核的制度设计作出与时俱进的改变。随着中国经济的飞速发展,人们对证券资本市场的认识亦与时俱进,新的国情、新的认识呼唤新的股票发行审核制度。在市场之手的强力作用下,审批制度的弊端被逐渐放大,大有全面爆发之势,为了实现证券市场系统内部由非平衡向平衡的动态演变、实现股票公开发行审核制度的整体目的,中国逐步拉开了证券资本市场改革的大幕,股票发行审核亦开始进入核准制时代。

三、核准制之概述

在全面推行注册制之前,我国证券法规定,证券公开发行须满足以下要求:一是满足法定发行条件并准备相关的材料文件。二是须将材料文件提交国务院证券监督管理机构或者国务院授权的部门核准,核准通过者,方可进行公开发行;核准不通过者,不得擅自公开发行证券。当时,针对股票公开发行,中国采取的是监管机构核准制。

所谓“股票发行核准制”,亦称“准则主义”“实质审核主义”,系指证券发行监管机构不仅要对发行人提交的申报材料进行形式上的审核,更要对发行人及拟发行的股票进行实质上的审查。可见,在核准制下,股票是否得以公开发行的核心是通过监管机构的行政审核。其中,发行人不仅应当按照监管机构制定的公开发行条件“全面、真实、准确”地向监管机构披露企业的实际情况,接受监管机构的严格审核,而且尚需接受监管机构关于发行人业绩情况、股票发行是否具有投资价值等事项的实质性审查与判断。在此基础上通过监管机构审查核准的,发行人方可发行股票。当然,之所以如此,是因为中国证券市场尚处于发展阶段,相关配套制度尚未成熟,在股票发行的源头由监管机构进行实质性审核,有利于防止欺诈发行,无论是对市场风险的控制抑或投资者的保护均具有重大意义。核准制实行初期的股票公开发行审核制度与市场需求及市场成熟程度之间是相互匹配的。

从发展的角度而言,较之更为强调行政因素的审批制,核准制无疑具有重大的进步意义,同时具有鲜明的特征。

(一)核准制强调对发行人进行实质性审查

在核准制下,证券监管机构根据股票公开发行条件及其制定的更具体的审查标准对发行人公开发行股票申请进行实质审查,并据此作出是否核准的决定。证券监管机关通过审核,对发行人在申请文件中披露的信息(包括主承销商、会计师事务所、律师事务所等中介机构出具的相关文书意见)予以严格审查和把关,防止发行人通过虚假信息披露欺骗投资者,并对发行人是否具备投资价值、能否达到股票公开发行的要求进行判断。因此,证券监管机构有权否决不符合规定条件的股票公开发行申请。

(二)核准制立足于发行人的信息披露

虽然核准制强调对发行人是否满足股票公开条件进行实质性审查,但这种审查并非凭空想象、拍脑袋敲桌子而为,监管机构的实质审查立足于发行人自身的信息披露。因此,在核准制下,针对发行人的信息披露亦建立了一套较为完整的信息披露规则要求,指导发行人披露各项与发行相关的信息。由此观之,发行人的信息披露要求,核准制与注册制殊途同归、并无二致。而且就实践而言,执行核准制的国家和地区对于信息披露的强调程度并不亚于实行注册制的国家和地区。

(三)发行人获取股票公开发行权是核准制下证券监管机构行政权力的集中体现

在核准制下,基于职能定位,监管机构为此专门组建了发行审核机构。如果顺利通过了监管机构的审查核准,发行人即获得了股票发行上市的准入证或门票,可依法依规开展股票发行活动;当发行人拟发行的股票未能得到监管机构的批准,则发行人未能获得法定的股票公开发行权,对此,发行人应认真总结未能通过审核的缘由,对症下药,提升自身的经营能力与盈利能力,在满足一定期限后,再次向监管机构进行股票公开发行的申请,否则股票不得公开发行。由此可见,在股票公开发行的问题上,核准制赋予了监管机构极大的裁量权力与决定权力,甚至"直接掌握了发行人的生杀大权",进而掌控了股票发行市场的开关。此种行政权力的强势介入充分反映出中国目前的股票发行业务仍是行政大于市场,市场适应行政,集中体现了政府通过干预发行人的股票公开发行行为以加强对证券市场实质管理的意图。

(四)核准制立足于事前审核,亦强调事后监管

较注册制而言,核准制既注重针对发行人的事前审核,亦强调事后监管,可谓双管齐下。显然,在核准制的操作下,针对发行人提交的申请材料,证券监管机构应依法进行实质意义上的审核,其中很重要的一点即是针对发行人信息披露的审查,以防止欺诈行为,而此项事前审查直接与监管机构的最终决定密切相关。证券监管部门通过设立发行标准、建立专业发行审核队伍和发行审核程序等措施来实施实质性审核,对申请公开发行股票的企业进行市场准入甄别,意图把劣质发行人或者存在欺诈行为的发行申请人提前剔除掉,从而起到事先保护投资者的效果。

与此同时,发行人获取股票公开发行权也并非意味着大功告成,之后可以毫不担心,甚至为所欲为。监管机构在核准发行后公开上市前,倘若发现发行人有欺诈发行等违法行为,仍可以撤销发行核准,防止发行上市后造成更大的损害。在股票公开发行上市后,监管机构亦应履行事后监督管理的职责,督促发行人依法依规而为,倘若发现发行人虚假陈述等欺诈发行的违法行为,监管机构将采取行政处罚、强制退市及其他行动以维护投资者(尤其是中小投资者)的合法权益,从而维护证券市场的秩序。

从系统论的功能性原则来看上述核准制特征,核准制下的监管机构、发行人、投资者之间的协同配合方式较之审批制而言发生了较大的改变。核准制虽强调对发行人及拟发行的股票进行实质审查,但力度显然小于审批制,同时对于股票的发行额度等褪去了行政的干涉而引入了市场的力量。纵观当今证券市场的发展,采纳核准制的国家或地区并不少见,这一制度在新兴的证券市场尤受青睐。我们应从核准制的立法思想中寻求答案。一般来说,证券市场的发展与广大投资者的利益息息相关,新股票的发行作为投资者竞相投资的对象,其重要性尤为突出。股票的发行不仅将影响社会公众的利益,而且在一定程度上亦将成为影响社会安全的重要因素,因此,在市场发展尚不成熟,制度规范尚待完善时,核准制将会成为首选,审核机构应当在坚持公开原则的基础上,审查股票发行对社会及其所处行业可能产生的影响。利用监管机关的力量可以较好地对拟发行股票的面目进行识别,在

实质审查下,可以将大部分的不良证券排除在外,从而弥补法律规制的漏洞,控制发行人与投资者间因信息不对称而引发的利益失衡,稳定市场秩序,降低市场整体风险。

从本质上而言,核准制贯彻的是准则主义立法思想。在准则主义的理论机制下,核准制以实质管理为原则,通过政府行政力量把控证券市场的关口,在一定程度上限制了发行人自己作出行为选择的自由,更排除了普通投资者主动判断选择的自由。对此立法思想,曾任我国台湾地区证券管理委员会主任委员的东吴大学教授戴立宁先生作过精辟的概述,他认为,审核制的设计即基于事前预防的思想,发行人的申请与承诺不足以有效规范市场,因此,审核制应力求监管机构亲临一线核查以弥补市场与投资者在风险判断上的弱势与不足。

四、核准制发展之述评

承上所述,与审批制的严控相比,核准制最大的进步在于摒弃了人为对股票的发行审核进行额度分配。当然,人为的额度分配模式虽已取消,但发行审核核准亦是有条件地进行。为维护股票市场的健康发展,股票发行人在提出申请时须履行充分披露自身真实情况之义务。同时,在中国证监会的审核环节,为保证核准制的顺利实行,中国证监会设立了股票发行审核委员会,旨在依法审核股票发行申请的事宜。发行审核委员会独立地履行其审核职能,无论就其人员构成抑或专业属性而言,发行审核委员会的设置无疑增强了股票公开发行审核的独立性和专业性。于此而言,核准制的实行是中国股票市场发展的重大进步。

核准制下,通过设立发行审核委员会,从制度上明确实质审核要求,并纳入保荐人等中介机构,中国证券市场系统的各参与主体的职责更为分明,并通过出台一系列法律法规,加强了参与主体履行职责的规范性和有效性,同时为进一步优化系统资源配置提供了制度基础。当然,任何事物均是发展的,基于证券市场系统内部各参与主体的相互作用及证券市场系统与外部政治、经济环境之间的相互作用,使整个证券市场系统总是在非平衡与平衡之间演化。随着证券市场的发展,市场新需求与制度设计之间的矛盾难免再度出现。

核准制的实行在一定程度上褪去了人为额度分配的外衣,更多地强调了发行人申请及信息披露的主动性,激发了市场参与者的活力;而作为市场的监管者——中国证监会设立了股票发行审核委员会,旨在独立地履行审核发行职能,此种主体关系间的转变具有鲜明的时代进步性。然而,核准制的出现并不意味着监管者的完全退出。在股票发行审核中,监管者仍然发挥着决定性的作用,在本质上仍实行实质审核,唯行政管制力度较之审批制而言松绑不少。因此,虽然核准制的实行确实是中国股票市场化改革的一大进步,至少让我们眺望到重新构建股票发行审核主体间关系的可能,但冰冻三尺非一日之寒,核准制下的发行审核体系目前仍具众多的不足:(1)行政核准导致股票发行上市资源烙上稀缺属性;(2)行政力量的介入容易导致"三高"股票的形成;(3)资源稀缺导致发行人"过度包装",甚至铤而走险,损害投资者的利益;(4)资源集中容易滋生腐败因素;(5)行政机构的实质审查干扰市场的自由判断且审查效率低下,导致市场出现"堰塞湖"现象。

由此可见,较之审批制,核准制下的证券市场系统虽层次结构、职责分工已更为明晰,行业自律体系与司法救济体系也已逐步构建,但随着开放系统内的需求变化与市场的日益成熟,行政监管与市场需求在资源配置上的矛盾日趋明显。从政府监管的角度来说,由于核准制下行政监管机构对发行上市审核权的一家独大,仍无法发挥市场对于资源的最优化配置以及中介机构、交易所等各系统参与主体的功能。

纵观中国证券市场的发展,从市场孕育期到初始成长期再至逐步发展完善期,所处发展阶段不同,规则规范亦不一致,作为证券市场的核心规则之一——股票发行审核制度亦经历了逐步进化的历程,证券市场中各主体间的关系也随着股票发行审核制度的不同选择而处于不断变换与协调更正之动态进程中。如上所述,目前,中国证券市场的股票发行审核制度主要经历了从审批制到核准制的发展进程,随着制度的变更,市场监管者与参与者的关系亦相应地构建变换。就发展结果而言,自审批制到核准制,此乃重大的历史进步,亦是中国证券市场从初始阶段迈向逐步成熟阶段的重要发展标志。然而,随着社会经济的发展,从金融市场到证券市场皆发生了重大的变化,核准制下的股票发行审核亦逐步暴露出些许问题,尤其是在新形势下,市场监管者与市场参与者间原有的关系正面临着市场发展严峻的挑战。

面对进步与发展,总结而言:

1. 审批制是中国由计划经济向市场经济转轨阶段产生的特殊股票公开发行审核模式,审批制的产生是在特定时代、特殊环境下所作出的特殊选择。彼时观之,"资本市场""A 股"等概念刚开始进入人们的视野,证券市场初设待兴,制度建设刚刚起步,无论是市场监管者还是市场参与者(发行人、中介机构及投资者等)均未清晰知晓自身的角色定位,故政府谨慎而为,作出了倚重行政力量的选择,至此,审批制应运而生。彼时而言,审批制的实行对中国证券市场的初期发展作出了不可磨灭的贡献,在特定历史时期发挥了特定的历史作用,此点毋庸置疑。回归改革的初期，以行政管理与严格控制为核心的审批制符合中国经济社会发展的实况，尤其是在各方主体均处于角色探行阶段、在具体执行制度与法治建设尚未完善时，市场监管者的主动担当、控制与协调发挥了决定性的作用，有效地平衡了各方的利益、调整了股票供求市场的关系，市场监管者的主动作为保障了股票发行与交易的市场秩序。

然而，随着证券市场的逐步发展与成熟，审批制的局限亦逐步凸显出来。从系统论的角度而言，审批制下监管机构通过额度与指标对适格发行人进行筛选，这一协调分工的模式是为了在股票发审制实施初期，降低证券市场的运行风险、保护投资者。然而，在这一模式下，随着市场的逐渐成熟及市场需求的改变，行政对市场的干预影响了整个系统最优化资源配置，以至于市场内发生权力寻租现象，不良企业借此上市后，市场内部增加的无序性难以通过系统内各参与主体的分工协调自行排解，阻碍了系统整体目的之实现。

如上所述，审批制强调的是行政监管机关的审批权限，旨在对整个证券市场的发展（如新股发行、股票交易等）进行控制，监管主体的强势地位完全打破了市场上各主体间关系的平衡，显得头重脚轻。一家独大的角色定位亦导致了证券市场跛脚的发展趋势，在一定程度上，股票发行的行政审批工作已成为整个证券市场进一步发展的"瓶颈"。原有的额度控制、分配控制的审核体系使股票发行的市场属性与行政的审核工作严重脱节，市场监管者与市场参与者间的矛盾日益激烈，随着时间的推移，主体间的关系失衡已严重影响证券市场的发展。至此，针对股票的发行审核工作，各主体间的关系平衡及角色定位成为彼时证券市场发展的重大课题，在系统论的动态性原则指引下，改革势在必行，新的发行审核制度呼之欲出。

2. 随着中国改革开放的持续深化，证券业务逐步成熟，面对证券市场强大的发展动力，原有的行政审批已难以符合证券市场的发展需求，此时，核准制登上历史的舞台，替代谢幕的审批制。相较而言，核准制促使中国证券市场获得了重大发展，一方面充分展示了中国改革开放的发展成就，另一方面体现了中国证券市场发展逐步迈向了成熟。

在核准制下，作为市场监管者的行政机构放弃了原先大包大揽的控制思想，对行政监管之手进行了收缩，逐步释放了其他市场参与者的作用，对此前监管者一家独控的地位进行了修正。在此过程中，市场参与者在股票发行的问题上获得了一定的主动地位，如股票发行人可以依据自身情况，结合市场的判断分析，决定股票发行的具体数量，抑或决定采取适合自身需要的其他融资行为。诚然，核准制虽吸收了市场公开的合理内核，但其落脚点仍在于监管者对股票发行的行政审核。当股票发行人依据要求披露相关发行信息,提出股票发行诉求时,监管者根据职权仍然肩负着对发行人的判断(尤其是持续盈利能力的判断)、对信息的真实性及股票的质量等内容进行实质审核,旨在作出准确的判断,以控制市场风险。对此,监管者的出发点——无论是基于保护投资者抑或保障证券市场的交易秩序,均毋庸置疑,然此间需要把握行政与市场,尤其是监管者与市场参与主体间的动态平衡;否则,目的难达却徒增烦恼。倘一味地强调监管者的把关作用,则往往事倍功半,甚至南辕北辙,盖因一方面行政监管力量有限,审核工作难以面面俱到;另一方面权力利益直接挂钩容易滋生寻租空间,如此一来,在结果上无疑将给予制度毁灭性的打击。客观上,监管者的严格把关对于投资风险、市场风险确有抑制作用,但温室里的发展非真正的发展,没有经过市场的洗礼,极易步入"空中楼阁"的陷阱,因此,随着我们市场经济的不断完善,市场之手不容恝置不顾。

就证券市场系统而言,市场之手可以帮助优化系统内各参与主体之间的协同分工。核准制下,虽然通过明确发行审核委员会、证监会的实质审核方式并纳入保荐机构等中介机构,进一步细分了证券市场系统的层次结构及职责分工,但是由审批制遗留的行政监管机构一家独大、对市场的过度干预问题仍然存在,监管机构对发行人信息披露文件的实质审核即行政权力掌握着上市发行的命脉,这一协同合作模式仍然可能导致权力寻租,以至于系统丧失最优化配置,无法保护投资者,无法达到设立该系统的预期目的,也难以达到系统论最优化原则与目的性原则的要求。

在证券市场新的发展机遇下,股票发行审核制度再次来到十字路口,是原地徘徊抑或阔步向前?因此,需要各方主体审时度势。目前,针对股票发行审核工作,面对的现实是:一方面,证券市场持续发展,无论是发行人还是投资者参与热情空前高涨,股票发行及交易需求进入新的发展时期;另一方面,风险与市场齐飞,风控成为影响证券市场发展的核心问题,既关乎国民经济,亦与民生息息相关,作为市场监管者不得不审慎处置。在此种发展需求下,构建新型的股票发行审核主体关系刻不容缓。

3. 核准制改变了股票发行完全受制于监管主体行政审批的局面,在一定程度上释放了市场参与者的作用,监管主体从全面严控转变为审查核准,参与主体从完全服从分配到主动寻求发行,角色改变,时代进步。当前,随着证券市场的发展,核准制亦面临众多的挑战:一方面,金融市场发展进入快车道,股票发行量剧增,监管核准机关力不从心,这在一定程度上限制了证券业务发展的需求;另一方面,市场逐步成熟,参与主体寻求更多主动作为的空间,监管与市场矛盾明显。面对日益凸显的发展问题，各方主体须理性协调两者之间的关系，市场需要激发，风险需要抑制，监管者与参与者均应有所为有所不为。

面对挑战，需要寻求新的解决思路。针对企业强劲的融资需求，行政监管机构应逐步降低股票公开发行的市场准入门槛，将更多的发行企业纳入市场范围；同时，简政放权，摒弃实质的行政审核模式，有效缩短股票公开发行审核时间，提高发行审核效率，将行政干预的力量尽力后移，更多地关注发行后的监管工作；有效利用市场的力量，让更多的市场参与者发挥主动性作用，主动参与市场的竞争，利用市场规律提升股票发行的整体质量。至此，面对各方主体的诉求，针对股票发行审核实行注册制的呼声日益高涨。

（本文成文于 2018 年 10 月）

比较法视角下的股票公开发行审核制度及其启示

吕红兵　朱奕奕

一、域外主要成熟市场的发行审核制度

（一）美国模式：注册制的贯彻者

谈及注册制，学界普遍认为美国的股票发行审核是注册制的典型代表。基于美国政府联邦政治体系，在股票公开发行前，发行人需按照联邦和州的法律规定分别向证券交易委员会（United States Securities and Exchange Commission，SEC）和各州证券监管机构提交发行申请。因此，从系统的层次结构上来说，美国法下所谓首次公开募股（Initial Public Offering，IPO）注册制度实质上是联邦层面的披露监管与州层面的实质审核所形成的双重注册制。

1. 联邦层面的注册制发行审核制度

美国联邦层面关于证券发行审核主要依据《1933年证券法》及《1934年证券交易法》，核心理念是注重发行人的信息披露，依据法律规定，除符合条件者可申请豁免注册，其他拟公开发行的证券必须由发行人依法进行注册。从功能性原则的协调分工模式来说，SEC的审查本质上是"只审不否"的联邦审查，尽管只是形式审查，但其中也嵌入了实质性的信息披露审查与监管。

2. 州层面的证券公开发行审核制度

美国各州的注册审查由各自的证券监管机构负责，虽然注册制是监管机构坚持的主要原则，但并不意味着在州监管层面就彻底放弃了实质性审查。现实中，各州规定的审查方式与内容差异较大，倘以证券发行注册方式的不同为标准，可以大致分为以下三种：通知注册制、协调注册制以及审查注册制。

所谓通知注册制，乃系拟发行人在发行前以书面报告或通知的方式向州监管机构告知发行事宜，监管机构原则上不对发行事宜作出实质性审查，因此，发行人报告后即可发行证券，但倘若发行涉嫌欺诈等事件，书面报告内容将会成为立案调

查或投资者起诉的重要依据。通知注册制主要以纽约州和新泽西州为代表。

所谓协调注册制，乃系拟发行人不仅要向州监管机构提交其已向联邦监管机构注册的招股说明文件，而且亦要按照州层面的要求进行信息披露，而后州监管机构方才允许证券发行。协调注册制主要以马里兰州为代表。

审查注册制又分为一般审查和许可审查。一般审查主要指拟发行人需按要求向州监管机构提交书面申请并进行全面信息披露，在获得监管机构审查通过后才能公开发行。此种审查制度主要以堪萨斯州和新墨西哥州为代表。许可审查主要指拟发行人在一般审查之基础上，再需具有监管机构颁发的发行许可证方可公开发行。许可审查制度主要以宾夕法尼亚州为代表。

由上可见，州层面的通知注册制和协调注册制，监管机关对于发行人拟发行的证券不作价值判断；但在审查注册制下，监管机关采取了十分严格的审核程序，若存在非法或不公平、不公正的情况，监管机构即作出不予准许证券在本州发行的决定。可以认为，审查注册制与中国现行的核准制颇为相似。

3. 豁免注册制度

如上所述，尽管美国实行的是股票发行注册制，但实质性的信息披露审核却是注册制的核心，这就意味着发行人需要为此投入时间和金钱，同时也需要将公司的经营状况与财务业绩甚至是部分内部机密公之于众，如此一来容易阻碍金融自由的进程。为了缓解证券市场系统内制度设计与市场需求的失衡、降低因此导致的系统内部无序性，美国率先开创了豁免注册制度，即对于安全度值得依赖的证券或某些交易减轻或免除注册审核。

美国的证券豁免注册制度主要由《1933 年证券法》第 3 条、第 4 条和 SEC 所制定的规则以及法院作出的相关判例构成。从内容上看美国的注册豁免制度主要分为两大类。

第一类是根据证券发行人的性质和证券的特点所制定的豁免制度。这些证券的发行人在发行前无须向 SEC 上报获得准许，也无须履行信息披露的登记义务，如银行证券，但由于本身属于证券发行，因此不可避免地需要适用反欺诈法规。同时，若有人对该证券发行的注册豁免提出任何异议，发行人就必须作出声明，以消除疑虑。

第二类是根据证券交易自身的性质所规定的豁免，如发行规模小、交易范围小、交易数量有限类的证券，这类证券之所以规定注册豁免，本质上是由于影响范围小，不会对市场及普通投资者造成广泛的影响。

4. 系统论下的观察

美国的证券市场系统是由联邦与州的监管机构、中介机构、发行人、投资者所形成的双轨体系，其层次结构非常明晰，如果在联邦上市或者隶属于联邦豁免范畴，上市发行时则无须再遵循州法对发行上市的要求。美国注册制系统的功能性原则的立足点是信息披露，就协调分工模式而言，监管机构对发行人披露的实质信息进行形式审核，最大限度地发挥整个证券市场系统各参与主体的功能，以使资源能够在市场之手的安排下尽可能地实现最优化配置，以符合系统论对层次结构性原则、功能性原则、最优化原则的要求，从而实现证券市场系统促进经济发展、保护投资者利益的整体目的。

（二）英国模式：核准制的坚守者

1. 由交易所行使证券发行核准权

与美国证券的集中立法相比（如证券法或证券交易法），英国漫长的证券业发展历史中并没有专门的证券立法。在证券的发行管理中，证券交易所角色至关重要，在发行规则的制定上，交易所制定的规章制度比法律法规更为详细。

20 世纪 70 年代，英国国际金融地位日渐式微，并逐步被美国取代，直至 80 年代后期，英国执政党将重心转向了促进竞争和推进市场经济的复苏。随着《1986 年金融服务法》的颁布，英国迎来了“金融大爆炸”，伦敦证券交易所面临着根本性的改革。当时，金融监管权力主要授予证券与投资委员会（Securities and Investment Board，SIB）。SIB 又将管理权限分配给多个部门，如证券和期货局、投资监管局、私人投资监管局。然而，这种多重监管体制难免造成一个金融机构同时受到多个监管机关的混合监管，一直以来广受诟病。为此，英国议会出台了《金融服务与市场法》，设立了金融服务局，以取代原先的 SIB。至此，金融服务局掌握发行核准权力，在审核权力的行使上，金融服务局将该项权力概括授予给了伦敦证券交易所。

就证券市场系统的层次结构与协调分工模式而言，英国所坚持的核准审查与普通的核准审查，无论是制度理念还是具体操作均不相同，普通意义上的核准制一般注重审核对市场选择的限制；虽然英国的金融服务局也属于全国性的证券监管机构，但其并不能直接执行公开发行审核的工作，而是由伦敦证券交易所行使公开发行审核权力。

2. 审查内容之概况

目前伦敦证券交易所是英国股票发行上市的唯一常规性核准机构，在股票发行审核的过程中扮演着极其重要的角色。根据目前英国的审核要求，在英国上市的条件会依挂牌市场和 AIM 市场（Alternative Investment Market，AIM，指英国为那些不够资格在伦敦证券交易所正式上市的公司所设的市场)、本国公司和外国公司的不同而不同,但基础的挂牌条件是相同的,也是交易所审查的主要内容:(1)作为发行人的公司需满足法定条件,具备合法的公司设立情况;(2)发行人主营业务过关,须具备独立的盈利能力;(3)具备完善的公司治理结构;(4)财务上通过规定的会计审计;(5)所拟发行的股份需满足要求,如公众持股不少于25%;(6)完整的信息披露要求,如以英国《公司法》《金融服务法》和欧盟的相关法律为最低标准,伦敦证券交易所对于招股说明书中需要披露的具体内容作出了更详细、更严格的规定。交易所对于信息披露的审查,重点关注招股说明书中是否已经将投资者需要的信息全面、准确、及时地提供给了公众,以及是否存在虚假、误导及欺诈等行为。

3. 系统论下的观察

英国证券市场系统中的层次结构也十分明晰,简单来说,就是行政机关授权证券交易所对发行人提供的信息披露文件进行实质审核,然后交由金融服务局对证券交易所的发行上市决定进行核准。值得注意的是,英国在设立金融服务局进行统一监管之前曾存在多重监管体制,然而,正是由于该系统的协同分工模式效率低下,动态、开放的系统才会逐渐演化、发展出金融服务局,以取代原先难以实现系统最优化原则的制度设计。同美国证券市场系统一样,信息披露是市场各参与主体协同合作的目的,而投资者保护则是系统的整体目的。

(三)德国模式:注册制与核准制结合的中间制度

德国并非一开始就采用中间型的发行审核制度,而是有一个循序渐进的发展过程,体现了其证券市场系统的动态性特征。“二战”后,德国经济开始缓慢复苏,与此同时,证券市场也在慢慢恢复中,但这一阶段所有对上市活动进行规范的法律都侧重于强调自律和自愿,因此这一阶段以自律发展为主要特征,但发展很缓慢。1994年德国设立了联邦证券交易监管局,承担起了部分发行审核和监管的工作,由此德国的证券市场从自律发展型市场转向注册制与核准制相结合的中间型市场。

德国的发行审核制度具有中间性的特点,既没有像美国一样采取彻底的注册制思想,但也不同于英国等采取的核准审查制度,德国在一定程度上开辟了自己的道路,实行针对不同发行需求的公司采取不同的审核方式(如针对既申请发行又申请上市的,一般由交易所进行实质性审核;针对仅申请发行不申请上市的,一般由联邦证券交易监管局进行形式上审查),以进一步通过细分证券市场系统的层次结构,落实各层次结构内参与主体的协调分工、优化资源配置。

1. 德国证券交易所的审核

德国证券市场分为标准市场、调控市场与新兴市场，这些市场被称为“场内市场”。倘若发行人拟在场内市场申请股票公开发行并上市，则发行人应在第一时间向交易所提交上市申请，由交易所审核部门行使审核权力。当然，由于在场内市场公开发行的股票属于市场大范围流通的股票，涉及广大投资者的合法权益，因此，交易所对于上市申请一般均采取核准制下的审核模式。

2. 联邦证券交易监管局的审核

联邦证券交易监管局主要负责未在场内市场申请上市的发行审核工作，包括拟在自由市场和柜台交易市场（Over - The - Counter，OTC 市场）交易的证券。在这些市场申请发行，发行人应向联邦证券交易监管局提交发行说明书，由联邦证券交易监管局进行内容上的审核。基于此种发行上市的特性，联邦证券交易监管局一般采取注册制思想下的证券发行审核操作，质言之，联邦证券交易监管局此时仅进行形式上的审查，而并不进行实质性审查。

3. 系统论下的观察

在层次结构上，德国证券市场系统实行的也是双轨制，但不同于美国，这一双轨制并非联邦和州，而是将发行和上市作为两个层次区分开来，即将公开发行并申请上市的归为一类，而将公开发行但不申请上市的归为另一类，并且对这两类发行人采用不同的协调分工与资源配置模式，前者由联邦证券交易监管局实施形式审查，更接近于注册制；而后者由交易所实施实质审查。值得关注的是，德国的证券市场系统的形成并非自上而下，而是顺应市场需求、由自发形成的自律发展型市场发展而来。从德国证券市场系统的这一动态发展来看，证券市场系统内并非完全不需要政府监管这一层次结构体系，而应关注如何合理化协调分工、在行政监管与市场自身能动性之间达到动态平衡，使行政既不过度干预市场、不过度干扰市场对资源的配置，系统也不因缺乏行政监管而乱象频现，与系统保护投资者的整体目的背道而驰。

（四）中国香港地区模式：双重备案的核准制

中国香港地区股票发行审核制度经历了初立萌芽、成长、成熟的动态发展阶段，因受殖民历史因素的影响，在结果上天然地与英国有异曲同工之处，所不同的是，从层次结构和协调分工的角度说，香港实行的是双重备案的核准制，也被称为“双重存档制”，所谓双重存档，是指拟发行人在向香港联合交易所有限公司（以下简称联交所）提交申请书后的一个营业日内，将副本交由证监会存档。在香港，联交所是唯一合法的证券交易场所，因此，所有拟在香港发行上市的企业均须向联交所提交发行上市的申请材料,由联交所行使发行上市的审核权限;香港证监会在形式上保留最后监管权力,拥有最后的否决权。

1. 核准机构

在早期,由香港证监会负责发行审核工作,具体由证监会下的公司注册处负责审查执行;而后随着证券市场的发展,联交所身处一线,地位越来越重要,功能也越来越齐备。随着与证监会配合分工的逐步完善、成熟,由证监会肩负的发行上市审核功能也逐步向联交所转移,至20世纪初,证监会已明确将发行上市审核权限交予联交所,而自身则定位为外部监督,因此,证监会有权对联交所的审核行为进行监督,有权对股票发行行为进行执法检查,也有针对发行行为最后的否决权。目前,香港证券市场已逐步形成了以证监会为主导、交易所自律管理为辅的双重监管体系。从监管效果上说,两者的分权安排可有效避免利益冲突,同时,可有效保障审核的公正性和独立性。

2. 审查内容

在审核内容上,联交所对拟发行上市企业审查的核心内容就是企业的信息披露问题,除此之外,联交所一般不对拟发行的股票作任何实质上的判断,所有程序均按照法律法规的要求进行操作推进。

从具体内容上看,发行审核一般关注两部分内容:一是相对客观类的指标性内容,主要是财务类,如发行人的营利性指标、市值加收入指标、市值—收入—现金流指标。此客观类指标是发行审核的核心内容,无论是审核机构还是市场投资者对此都特别关注,所以这部分的信息披露要求严格,但一般来说,发行人只要符合这类指标要求,即可申请上市。二是相对主观类的要求,主要由上市委员会判断企业发行上市的适当性。关于适当性判断,目前《香港联交所上市规则》未予以明确规定,所以只能通过联交所日常发布的常见问题和上市决策给出政策性的指引。另外,上市委员会发布的年度报告也会就上市适当性给出原则性的指导意见,如业绩持续下滑、关联交易比重较大、单一客户收入占比过高等因素会直接影响上市适当性的判断。

3. 系统论下的观察

中国香港地区的股票公开发行审核制度中,由联交所作出发行上市的实质审核决定,证监会对审核决定具有最终否决权,该协同分工模式有利于证监会的简政放权,联交所、发行人、投资者与证监会之间的系统层次结构明晰,市场的资源配置功能能够在最大限度上得以实现,促进证券市场系统有效达成对投资者权利保护之目的。

（五）小结

纵览世界主要国家或地区证券业之发展，股票公开发行审核具有向注册制方向发展的趋势，目前仍采取核准制的国家或地区亦逐步吸纳注册制的内涵思想——强调股票公开发行信息的真实性、准确性、完整性及披露的及时性。当然，制度选择并无绝对的优劣之分，唯有适合与否之考量，一个国家采用哪种发行审核制度与其国情息息相关。同时，由于证券市场系统的开放性，外部因素的变化可能会增加系统内部的无序性，如果系统内部因素之间的协调分工无法自行调节，则无法排解系统内部新增的无序。在股票发行审核上，注册制和核准制代表了两种不同的监管理念，也反映了两种不同的系统内部资源配置模式。

就制度设计而言，核准制相信并依赖政府的力量，在股票发行审核中，监管部门进行事前把关，对股票发行人进行实质上的审查，意欲据此确保股票发行人信息的真实性以及股票的质量。注册制坚持市场经济中的自由原则，旨在充分发挥市场的调节作用，代表着更加倾向市场化的监管思路。在此监管理念下，发行上市一般均交由市场抉择，行政力量并不予以强行干预，至于股票质量与前景如何，则完全交由市场调节。如此看似几无约束的"放纵"，实则接受着投资主体的严格监督，倘若股票出现问题，投资主体可依法维护自身的利益，股票亦充分接受着优胜劣汰之市场检验，市场也能在这一模式之下发挥其最大的能动性。

就监管后果而言，核准制下的政府审核并非万能，行政力量的介入不仅无法确保发行股票的质量，反而在因发行人弄虚作假致使投资主体上当受骗、遭受损失时将自身置于尴尬之境。同时，随着证券市场的发展，股票发行量的剧增让自身深陷茫茫的审核工作之中，既不利己，更非利人。而注册制下的"放纵"不仅不会侵蚀证券市场的发展，反而可大大减少行政监管部门的审查负担，从而可使监管部门集中精力处理事中事后的违法违规事宜，如调查处罚虚假陈述、操纵市场、内幕交易等，当然政府监管的系统组成结构客观上也有利于监管部门在事中事后发挥其最大的功能。

证券市场发展的核心因素是信息公开，股票发行审核皆围绕信息公开进行，但在面对如何公开信息，如何保证信息公开的真实性、公正性等问题时，各国或地区采取了不同的思路，进而选择了不同的发行审核制度。如上所述，制度不同，架构相异，各主体间的关系亦大相径庭。

一言以蔽之，注册制是目前的发展方向，核准制仍具有较大的市场。针对股票的发行审核，各国或地区情况不同，故制度选择不同，且随着市场的发展、政治因素的变革及法律规制的修订等，股票发行审核制度的确定也是一个动态的过程，需要时间的沉淀、实践的检验。制度建设非一日之功,更非一蹴而就。

二、来自域外法的启示:关于发行审核制度市场化改革的探索

如上所述,基于各自证券市场发展的境况,各国或地区采取了不同的股票发行审核制度,选择不同,则各方主体间的角色或职能关系亦非一致。但深入剖析各个主要市场的发展历程与证券市场系统,探寻其发展、演变的历史脉络,以彼为镜,从中归纳出建设合理高效审核制度所必备之要素,合理构建各方主体间的关系;同时,有助于我们更好地判断当今世界发行审核制度的发展趋势,对构建符合中国国情发展的股票发行审核制度具有重要的启示。

(一)选择股票发行审核制度之考量因素

结合上述各国或地区发行审核制度的发展进程,经过分析,基本可以得知:一般决定股票发行审核制度的选择主要受制于以下因素的考量:

1. 证券市场之发展程度

一般而言,证券市场之发展程度一方面展示着一国或地区经济发展水平,另一方面亦与该国或地区采取的证券发行审核制度息息相关、相辅相成。不同发展程度的证券市场系统对其参与主体间的资源配置有着不同的要求。概言之,市场发展成熟度较高者,则形成市场化指向的审核制度(注册制),市场参与者具备自由积极的参与权利,而市场监管者则退居幕后,主要以事中事后的姿态为证券市场的发展保驾护航。市场发展成熟度略次者,则一般选择核准制,于其中,市场参与者不具备自由参与的主动权利,在发行人提供相应股票发行材料后(包括充分的信息披露),市场监管者仍需进行实质性的审核判断,股票发行与否的最终决定权仍掌于市场监管者手中,唯此时的监管者并非大包大揽,股票发行人等市场参与者仍受市场发展的影响(如发行的额度非审批而来)。市场发展不成熟者,则采取完全依附于行政监管权限的审批制,在此制度下,股票发行审核的任何环节皆充斥着行政干预的身影,行政监管之手无所不包,从最初额度的配置至最后审核发行皆由监管者决定,发行人等市场参与者则完全听从于监管者的号令。

因此,一般而言,在发行审核制度的选择上,注册制系较为成熟证券市场的首选。但是,如前所述,选择受多重因素尤其是历史、外部因素的影响,市场的发展程度与发行审核制度的选择间不可能是绝对的、一对一的对应关系。最明显的例证是英国在证券发行审核制度上的选择,虽然目前英国仍坚持核准制,但英国资本市场的发展与成熟程度有目共睹。英国作此选择,最重要的原因是基于其自身的证券市场发展程度,设计了与之对应的改进型核准制,在此设计下,负责证券发行审

核的机关非传统核准制下的行政监管机构,而是更多地发挥市场中介角色的证券交易所。因此,英国采取的改进型核准制其实更像注册制的变形,谓之他律型注册制,此种制度的选择不仅取决于证券市场发展程度之因素,而且与自身证券业务的传统因素息息相关(如保持对市场内部结构的延续、外部监管机构对制度的改革态度)。

2. 证券市场之监管体制

关于证券市场的监管体制是各国或地区选择股票发行审核制度的重要考量因素。监管体制的有效性与系统参与主体的协调分工模式密切相关。概言之,监管体制具多层次完善者,则股票发行审核更注重市场的导向;监管体制强调垂直约束者,则股票发行审核更注重实质上的管理。具体而言,倘某国或地区对证券市场实行集中型监管,多层次的管理机构与证券市场相适应;同时,具备专门完善的证券管理法规,在监督违规及处罚机制方面有法可依、依法而为,证券市场的发展秩序具有良好的制度保障。因此,这些国家或地区发行股票的门槛往往较低,审核工作集中体现在形式上、程序上。准此以言,倘某发行主体在形式及程序上符合要件,则即可进入证券发行阶段,至于发行后证券的质量如何则完全交由市场来调节。在此过程中,证券监管机构更多地发挥着事后监督的作用,美国即采取此种发行审核与监管制度的典型。

倘某国或地区对证券市场实行自律型监管,强调通过自律性组织来维护证券市场的发展秩序,如此可见,在缺乏政府机构强有力的监管背景下,针对证券的发行往往着重强调监管机构的作用,采取以提高发行门槛、严格审核要件为特征的核准制,并以此弥补自律管理所带来的资本风险。同时,具此种背景的国家或地区,其股票发行审核制度的选择亦往往受到自身发展传统因素的影响,英国法下的制度选择即为典型。值得注意的是,在上述两种选择之上的中间道路,德国属于中间型管理体制的代表者。其一方面充分强调建设与市场发展相适应的监管体制,另一方面强调发行主体的自律性建设,因此,针对股票的发行审核,德国选择了核准制与注册制相结合中间型道路。

3. 证券市场之结构层次

根据证券市场结构层次的不同,股票发行与上市处于非同一层次的审核,其中,证券市场结构层次多元者,则针对股票的发行与上市采取不同的审核架构;证券市场结构层次单一者,则采取单一的审核架构。前者如美国的发行与上市彼此分开独立的审核模式:针对股票的发行,一般由证券监管机构进行集中审核,而针对发行后的上市,则一般由证券交易所进行审核。基于此,为维护法律规制与市场效率间的平衡,美国在证券发行审核环节采取的是注册制,而上市环节的审核则主要依据具体规范进行。与此同时,英国作为后者的典型代表,针对股票的发行与上市环节并没有进行严格的区分或是公开发行审核通过但上市不通过的证券规模甚小,在制度的选择上甚至可以忽略不计。结合英国证券市场的实践操作,股票的发行往往随着上市工作的展开,故针对两者的审核没有如同美国一样采取不同的审核制度,而是在股票的发行中统一采取核准制。德国作为另一证券发行审核制度设计的代表,其针对股票的发行与上市亦采取了区别对待,与美国不同的是,德国在证券市场的实际操作中采取了"发行松、上市严"的模式,故针对股票发行的审核采取注册制,而针对上市的审核采取核准制,将监管的严肃性与市场的灵活性进行了较好的结合。

从上述域外经验可见,一个成熟的证券市场系统在层次结构上基本都会将发行和上市分为两个阶段,并针对这两个阶段以不同的系统参与主体、采用不同的标准对发行人的发行或上市申请进行审核,在行政监管与市场自身能动性的矛盾冲突下,细分层次可以避免行政对于市场的过度干预,使系统各参与主体在协同分工的模式下各自发挥其功能,以满足系统论对层次结构性原则与功能性原则的要求,进而实现系统的最优化配置。

无论是强调市场与事后监督的多层次监管,还是强调自律监管、实质审查的垂直约束,这些制度设计都会从外部对证券市场系统内部的各参与主体的职能定位与关系建构产生影响,进而降低或者提升系统内部的有序性,中国若实行市场化的改革,在一定程度上也将面临系统内有序性降低的风险,因而需要进一步探索符合中国国情的市场化改革方向,以构建证券市场系统内部的各参与主体合理、协调的分工模式。

(二)市场化改革的探索方向

各国或地区关于发行审核体制的介绍充分展示了各自的发展改革历程,较为清晰地勾勒出世界范围内成熟资本市场的发展趋势,于其中,可以清楚地看到,强调市场因素是大家共同的选择方向,这对尚处于发展中的中国股票发行审核体制改革而言,具有重大的参考意义。

股票公开发行审核市场化改革的核心在于充分发挥市场的作用,减少行政因素对股票发行市场的干预,强调市场竞争,弱化行政支配,从而使行政监管与市场自身能动性之间达到合理的协调分工,满足系统论对层次结构性原则、功能性原则与最优化原则的要求。在此方向下,股票公开发行的实际决定权由行政机关交递给市场,尤其是市场所有参与者的判断,并最终以发行的市场价格呈现出来。因此,监管机构的主要任务即是建设好一个信息公开、运行不紊、相互监督的有效市场交易平台。

由于市场需求与制度设计之间不断产生矛盾冲突,为了实现两者之间的动态平衡,需要进行与时俱进的制度变革,在目前的市场需求下注册制改革势在必行。在市场化改革方向下,中国股票发行的审核需要拥抱市场,紧跟市场的发展趋势,有节奏、依国情、分阶段地向前推进。基于此,首要之举,即是全面厘清、认识市场化改革的基本关系与基本要素,从而为进一步细分证券市场系统层次结构、优化资源配置、发挥各要素功能提供基础。

1. 完善宏观制度设计,改善证券法制体系

在市场化改革的方向下,行政决定因素被弱化,市场充分发挥作用,此时,为保障证券市场的稳定性、有序性,防范系统性风险,完备的法制必不可少。纵观各国或地区的发展历程,股票公开发行审核由行政主导向以市场为主的转变,成功者的共同之处均在于建立了完善的法制体制,若欲乘风破浪,必须法制护航。其中,甚具参考价值的是我国台湾地区完善的"法制"配套建设,在发行审核体制的转变过程中,我国台湾地区制定、修改了众多的"法律法规",从而为核准制的顺利设立与推行奠定了"法律"基础。在我国台湾地区,针对当时不合时宜甚至是落后的"法律规范",相关部门进行了系统及时的修改清理,如对"证券交易法""公司法""银行法""会计师法"等进行修改;同时,根据注册制改革的设计,增设或制定了新的条款与"单行法律规范",如对"证券金融事业管理规则""证券商管理规则""发行人募集与发行有价证券处理规则"等"单行法规"进行及时的更新与增设。

证券法制体制对于证券市场系统而言,在一定程度上属于外部因素,但其又会对证券市场系统内部的层次结构及证监会、交易所、发行人、投资者等参与主体之间的功能发挥与资源配置产生影响。在吸收各国或地区股票发行改革成功的经验上,中国推进发审制度市场化改革的基础同样在于完善证券法制体系,保证在"弱化行政、强化市场"环境下的法治水平。因此,一方面,立足自身,修法立法,查漏补缺,做到有法可依,有法可循。在 2020 年 3 月 1 日起施行的修订后的《证券法》(以下简称新《证券法》)中,相关条款得到完善,如信息披露制度的建设、投资者权益保护方面。另一方面,立足市场,回归理性,有法必依,违法必究,执法必严。在市场化改革方向下,无论是监管机构抑或其他的市场参与主体皆需改变以往的管理模式及参与模式,尤其是证券监管机构,职能定位变化最大,其以往规则制定者、裁判者及监督员的角色难以为继,"行政的归行政、市场的归市场"。监管机构理性履职,依法履职,完善执法机制,加强惩戒力度,增加违法成本,形成强有力的司法监管与

行政惩处,为市场的顺利、健康发展构建完善的法制体系。

第一,明确股票公开发行市场化改革机制,构建事前、事中、事后立体型监管体制,尤其完善针对欺诈发行、虚假陈述、信息披露不实等违法行为的规制。股票发行市场化改革,强调自由市场的调节作用,弱化行政力量,但需要特别注意的是,行政因素的后撤并不意味着监管机构或执法部门对于股票发行事宜撒手不管,而是让股票发行更科学地与市场需求关联,监管仍贯彻其中。唯仅为规范各方市场参与主体,尤其是发挥“破坏”作用的主体,监管机构仍将实施严厉的监管,执法部门仍将严格执法,违法必究。

例如,新《证券法》第24条规定,倘监管机构已作出证券发行的决定,但发现发行人不符合法定条件或不满足法定程序时,尚未发行的,应撤销发行决定,停止发行;已经发行但尚未上市的,应撤销发行决定,发行人应以发行价并加同期存款利息返还证券持有人。当然,发行人与保荐人等亦应承担相应的行政责任与民事责任。

新《证券法》第六章独设“投资者保护”,从“投资者适当性管理”“中小投资者利益保护”“代表人诉讼”等角度对投资者的利益保护进行了较为全面的规制,此乃中国证券法治建设的重要组成部分,既弥补了之前投资者保护法律依据的缺失,更彰显了政府对投资者利益保护的重视。证券市场的法制建设,一个都不能少,一环都不能缺。

第二,继续深化和细化股票发行人信息披露制度的建设,既要完善法律规制,更要将信息披露落到实处,新《证券法》第五章专门设立了“信息披露”规范。盖因在市场化改革方向下,发行人的信息披露是发行审核的主要立足点,主要据此判断发行人的发行概况以及是否满足发行条件、发行程序等,保荐人等中介机构根据发行人的信息披露情况向市场进行推介,投资者根据发行人的信息披露情况判断股票的投资价值、投资风险、投资数额等。由此观之,信息披露制度乃发审制度改革的关键、核心,甚至是命门,信息披露制度建设不合格,市场化改革不可能顺利开展。因此,就现阶段而言,一方面明确信息披露需要制度化,法制化,纳入依法披露,违法必究的轨道;另一方面完善信息披露制度建设的多元化,切忌“一刀切”式的规制,应根据市场发展水平,进行差异化的信息披露安排。

一是针对不同板块、不同行业、不同融资方式的上市公司和拟上市公司,应全面细化信息披露的要求和规范,根据需要可以在具体披露细节上进行差异化、多元化安排,如此,方能使投资者根据各自的投资需求充分获取各种股票发行人的全面信息,从而进行投资决策。

二是继续巩固 IPO 的预披露制度,从而使广大投资者能够更早地、更有效地参与监督发行审核工作,进一步提高发行审核工作的透明度。从实践效果而言,IPO 的预披露制度对广大投资者意义重大:一方面,预披露让投资者可以有更多的时间了解、考察发行人的情况,有助于提前发现问题,实行监督,提高投资者在发行审核过程中的参与度,强化发行审核制度改革的"公开、公平、公正"建设;另一方面,预披露可以让投资者充分地分析、判断发行人的发展前景,从而迅速地作出投资决策。

三是市场化改革意味着在证券市场的监管过程中,监管机构的行政监管逐渐后撤,越发地强调事中、事后的管理。在此过程中,发行人在申请发行中的信息披露显得至关重要,不仅关乎发行与否的注册性判断,亦关乎投资者投资决策的判断,更关乎发行市场的风险性评估,因此,发行人信息披露的真实性、准确性、全面性需落到实处,否则此问题将成为市场化改革的问题源头。鉴于当前证券市场诚信缺失的状况,持续监管制度建设刻不容缓,如此,方能更好地发挥监管机构事中事后监管的作用。

在制度设计上,比如可以强化要求发行人在发行上市一定时间内针对申请发行时所披露的信息进行对比性披露,尤其是财务信息、盈利信息等。通过对比披露,可以有效判断发行人在发行申请时是否进行了概念包装、乐观预测、财务造假、回避风险等过度包装行为;如是,则具虚假陈述、欺诈发行之嫌,监管执法部门可以回溯追究在股票发行审核中各方当事人的法律责任。因此,就客观结果而言,通过引入持续性跟踪监管措施可以一定程度地抑制发行申请时的过度包装、欺诈发行等不良行为。

宏观法规政策可为系统内各参与主体的协调分工方式提供制度指引。虽然其中政府监管尤其是其对发行人信息披露义务的监管是证券市场系统的重要组成部分,但现行核准制下,行政监管对于市场过度干预所致的问题不容忽视,因而需要平衡政府与市场的关系。

2. 理顺政府与市场的关系,优化资源配置

在市场化改革方向下,政府力量(证券监管机构)逐渐后撤,股票公开发行审核交由市场判断决定,市场接纳者,则监管机构负责备案注册;市场拒绝者,则发行人即不能进行公开发行。在此过程中,政府监管部门一改此前发审模式中"大包大揽""生杀大权在握"的姿态,发审的问题完全遵循市场的判断,尊重市场的供求关系,因此,政府监管部门的自我定位要明确,在"法制、监管、自律、规范"八字方针的基础上,理顺政府与市场的相处关系,优化证券市场系统的资源配置,避免改革仍

处于重蹈覆辙之境地。

理顺在市场化改革下政府与市场的关系,核心在于明确政府监管部门的自身定位,自我改革,自我修正。反思历史,展望未来,就两者关系来看,政府处于主动,应主动作为。

第一,摒弃以往,归位尽责,保驾护航。在市场化改革下,政府权力机关应理性给自身定位,回归经济学本质轨道,回归市场经济的常态。在市场的调解下,资本市场运行的基本规则与逻辑结构是:市场参与者系市场发展的决策主体,政府行政部门(监管机构)仅严格履行自身职责,不可越俎代庖,触角过多。而反观目前中国资本市场发展形态,有人竟形象地称为“政策市”,市场的一举一动等均与政府行权密切相关,甚至部分政府部门过分坚信,政府有足够的能力干预市场的发展,甚至令市场贯彻政府的意志。事实证明,在市场发展的初期阶段,市场力量较为弱小,市场调节并不突出,此种监管思维在引导市场发展上功不可没,甚至尤为必要。但是,在市场发展迈入成熟阶段,市场力量强大,供求关系明确,此时“大包揽”的监管则不合时宜,市场瞬息万变,政府疲于应对,力不从心,矛盾突出,风险频发。因此,此时的政府应积极调整,归位尽责,简政放权,市场的归市场,供求关系才是影响市场发展的决定性因素,政府监管机构的职能仅仅在于维护好平台,修缮好规则,制定好政策,规范好秩序,预防好风险。

第二,反思过去,避免误区,主动调整。总结过去的监管经验,确实到了改革的关头。在目前市场发展的过程中,由于政府力量的主导,市场自身的调节功能长期被压制,为此形成了一系列的误导性认识,在中国资本市场迈入发展的成熟期后,这些误导性认识必将成为市场发展致命性的障碍性因素。比如,误区一:投资者形成了“一切问题均由政府解决”的依赖。在政府行政主导发展的过程中,由于政府扮演了多个角色,市场调节功能长期被压抑,供求关系服务于政府调控,致使投资者对于政府形成了长期的依赖与信任,一旦市场进入波动期或牛市转入熊市,投资者即将责任归咎于政府,对政府不满,运用各种手段向政府施压,造成市场的动荡,甚至酿成群体性事件。误区二:政府相信自己无所不能。证券发行市场中,政府行政力量一直居于核心地位,发与不发,如何发,何时发,发多少,何价发均非发行人所能自主决定,亦非完全由市场决定,政府之手均伸入其中。长期的监管调控,长期的压制市场调节,长期的大包大揽,长期的政策输出,导致政府监管者坚信自身在证券市场的发展过程中无所不能。

上述误区的形成有其特定的历史背景,但亦有政府自身的责任。在资本市场越发成熟之际,政府却显得更为保守,迟迟不敢还给市场。正是这种心境,导致市场化改革山重水复,困难重重。因此,在市场力量逐渐强大之后,市场的归市场,政府也不用一直扮演救火队与救援队的角色,专心践行裁判者的职能即可。

3. 协调分工,提升对自由市场的认同

合理化行政与市场之间的资源配置,亦是为了行政放权于市场,合理化协同分工,并提升法规政策中对自由市场的认同。一般言之,衡量一个国家资本市场发展的程度主要有两个因素:一是市场自由;二是市场秩序。市场秩序既包括法治秩序,亦包括参与主体自我规制秩序。法治秩序,顾名思义,市场发展依法而为,依法监管,需要完备的法制,有法可依,违法必究,执法必严;参与主体自我规制秩序需要参与者依法参与,诚信参与,风险自负。市场自由本质上即在于保障经济的自由,保障市场经济自由地发挥其该有的功能,供求关系自由,证券发行与交易自由,证券参与自由。当然,自由并不代表无拘无束,更不代表肆意妄为、为所欲为。自由主义是一种成熟的商业形态,也是一种成熟的法律治理形态,所以自由是法律保障下的自由,如此,自由才是真正的、长久的自由。

市场自由是资本市场发展成熟的标志,更是发展的源头活水。众所周知,在自由市场下,各参与主体的自由意志得到充分尊重与保护,自由参与、自主经营、自由竞争,各主体的潜能得到最大限度的发挥。自由破除了市场发展的约束,自由解放了市场的生产力。现阶段,市场自由、市场秩序亦是中国资本市场发展改革的核心价值取向。质言之,在中国资本市场发展改革的进程中要坚定不移地坚持市场自由化、法治化改革的方向,建设自由市场、法治市场。一方面,赋予市场参与者充分的自主决定权,在遵守市场规则要求的前提下,参与者完全可自主决定证券如何发行,如何定价,如何交易,如何评判等,政府之手束之高阁,市场之手自主调配。另一方面,代表公权力的监管机构应谨慎行权,限制行权,依法行权,完善市场建设之法治规则,将权力关进制度与规则的笼子里,唯此,政府之手依法依职而为,旨在保障市场交易平台,维护市场交易秩序,在自由市场的调配下,监管机构应减少减轻对投资生产、证券发行、买卖交易等微观经济活动的直接掌控与管制。

因此,在当前探索资本市场改革方向之情势下,监管机构应立足未来,着眼长远,充分尊重市场参与主体的自由意志,营造自由竞争的市场环境,引导全社会加强对市场经济发展的认可。同时,积极转变监管理念,厘清监管职能,抓手放手,维护自由,真正建成以道德为支撑、产权为基础、法律为保障的现代资本市场体系。

4. 加强市场参与主体的诚信意识与责任意识,完善司法救济

对自由市场的认同固然重要,但与之配套的监管体制与司法救济同样重要,从而避免市场参与主体违规,并在投资者利益遭到损害时,投资者能够获得必要的救

济。股票发行审核市场化改革构成中国建设现代化资本市场的核心环节,因此,除了监管机构需归位尽责、积极改革外,参与股票发行审核活动的其他各方主体亦应以市场为导向,依法依规履责尽职。前文已述,在市场化改革方向下,政府不仅身体力行,厘清与市场的关系,而且积极立法制规,完善市场规则,提升法治水准,尤其在尊重主体意志方面,加强引导全社会对自由市场、市场经济的认识。当然,改革不是单独行动,作为市场的其他参与主体,尤其是发行主体、中介机构等亦应加强对自身改革定位的认识。

在市场化改革进程中,股票发行审核既要强调市场供求,亦要遵守市场规则,两者不可偏废,缺一不可。然而,由于政府行政力量的后撤,股票发行其实更易受市场供求的调配,因此,在事前程序上,监管机构对股票发行的审核判断在很大程度上有赖于发行主体与中介机构的信息披露。只有发行主体真实、准确、完整、及时地进行信息披露,监管机构才能进行最合乎市场需求的审核判断并予以注册。质言之,信息披露制度的建设与完善将是顺利推进股票发行审核市场化改革的基础。

就信息披露行为而言,其重要性不言而喻,虽然具有专门的披露规则,但披露行为终究是发行主体的自身行为,而且实践中大多接受中介机构的辅导与协助,因此,此项行为的完成质量基本立足于发行主体与中介机构的诚信自律。准此以言,在改革进程中,加强市场参与主体的诚信意识与责任意识至关重要,盖因不仅关乎监管机构审核监管工作的顺利开展,而且更与投资安全、市场秩序、金融风险等息息相关。

当然,随着中国法治化水平的提升,随着资本市场建设逐步成熟完善,针对股票发行过程中参与主体的行为规范亦应全面完善,建设信息披露监管制度,加大监管力度,明确责任规范,在外部制度的构建上下足功夫;同时,监管机构亦应加强对参与主体的引导与教育,明确操作规范,督促内部信息披露制度的建设,最终以外部监管与内部自改相结合的方式推进市场参与主体的诚信建设与责任意识。

例如,上市保荐人制度是中国股票发行审核制度中重点建设的制度之一,客观上发挥着推荐、保证发行主体符合股票发行上市准入条件的作用,故亦被形象地称为股票发行上市的"看门人"。在市场化改革方向下,随着行政力量的后撤,保荐机构的作用将被进一步强化,成为影响股票发行审核判断的主要立足点之一。因此,在此过程中,应进一步明确保荐机构与监管机构之间的权责关系,强化保荐机构的保荐义务,一方面积极强化保荐机构的市场地位,发挥连接市场的作用,全面落实保荐机构实质审查职责,夯实保荐的实质,真正发挥准入市场的"看门人"作用;另一方面弱化监管机构行政介入的地位,将实质审查义务移交给连接市场的保荐机构,从而把主要精力置于事中事后的监管,加强对市场秩序与安全的维护。同时,进一步明确保荐机构与保荐代表人的权利义务关系,改变当前监管机构处罚重点是保荐代表人而非保荐机构的现状,在市场化调配下,责令保荐机构整体对股票发行承担更大的责任,从而进一步强化保荐机构严守规则,谨遵程序的责任意识与法治意识,引导发行主体真实、准确、全面、及时地进行信息披露。

5. 明确市场化改革的基本方向

改革必须于法有据。实施明确的市场化改革,尚需制定完善的法律法规配套制度,包括修改现行证监会行政规章、自律组织规范细则等。在法律规范层面上,既要明确夯实改革的基础,反映改革的成果,亦要将市场化改革的具体内容在规范方向上作进一步的明确。

(1)开放系统:市场化改革的审核主体

考察域外成熟的市场化审核的国家和地区,关于市场化下审核主体的安排,有以监管机关审核为主者,亦有以交易所审核为主者,主要基于各自市场发展的程度与历史因素。基于中国市场条件与市场环境的考察,结合市场化改革的目的与初衷,建议明确确立由证券交易所作为审核主体的发行审核体系,由交易所全面负责审核事宜,发表审核意见,之后证监会在交易所意见基础上作出是否予以通过的决定。

(2)系统目的:市场化改革的审核中心

在市场化改革下,行政力量退居二线,主要以市场因素判断发行审核事宜,因此,在发行审核上,信息披露的把控显得至关重要,不仅需要立足于所有市场参与者的角度进行评判,尤其是投资者,而且需在实践之基础上,因时因地确定行业基本标准。与此同时,目前践行的发行上市条件亦得相应地修改变动,如删除或修改持续盈利的要求。

当然,在整个审核系统中,尽管信息披露至为重要,但发行人财务盈利方面的要求亦不能完全放弃。唯一变化的是,在市场化改革下,行政力量不再介入相关财务方面的判断,而是交由市场的力量进行调整。同时,在交易所的内部逐步形成不同板块的分层安排,根据不同的行业发展情况,设置不同的、具体的发行上市要求或标准,发行人可基于自身的实际情况自主作出选择。质言之,在市场化审核要求下,无论是针对发行条件还是发行标准,应当清晰明确、客观公正,减少自由裁量带来的不确定性。

(3)协调分工:市场化改革的审核机制

既然证券交易所作为发行审核主体,则目前股票发行审核的审核机制即得进行改革。在目前的核准制下,股票发行审核上市的权限归于证监会,具体由股票发行审核委员会进行审核操作。在市场化改革下,针对股票发行上市的判断更多的是基于市场因素,让市场进行自我判断、自我调整,行政监管力量不再是股票发行审核的首道关口,改由证券交易所设置审核部门具体承担发行审核职责,唯区别在于改革后的审核部门非立足或依附于行政力量及行政机构,客观上可更独立、更自由、更市场化地行使审核权限。当然,改革并非降低要求,亦非放纵发行,更非放弃秩序;恰恰相反,改革是更清晰地明确要求,更自由地发展市场,更好地规范秩序,机制改革刻不容缓。

(4)层次结构:市场化改革的审核程序

在市场化改革方向下,虽然股票发行审核强调市场化因素,但审核程序仍有监管机构的参与。概言之,发行人拟申请股票公开发行并在交易所上市交易的,应首先向证券交易所报送申请文件,进行信息披露;证券交易所对相关文件进行审核,当然此种审核不同于核准制下的实质审核,审核后形成同意与否的审核意见;审核同意者,证券交易所应及时将审核情况向证监会报送并注册。证监会同意或在规定时间内未反对或提异议的,则注册正式生效,发行人可向市场进行公开发行。

(5)资源配置:市场化改革的审核效力与责任基础

倘若发行申请人通过市场化审核的程序,具体操作形式为注册成功,则发行申请人可依法向市场发行股票。但此时需特别注意的是,投资者须转换思维,在市场化审核下,发行申请人通过审核程序并不意味着审核机构或监管机构对拟发行的股票作出实质性判断,更非对发行人的发行披露文件作出真实性的保证。市场化审核强调的市场判断因素,各方参与主体责任明确,发行人系发行审核上市的最终责任主体。

(6)动态平衡:市场化改革的监管配置

实行市场化审核改革,弱化行政审核力量,强调审核中的市场考量因素,因此,就行政监管力量而言,事前的审核弱化则相应地事中事后监管要全面健全完善,以强有力的事中事后监管保障上市后市场秩序的稳定。在法律规范层面上,一方面以新《证券法》为核心的法律应明确及更新市场化审核的基本制度与规范,同时,对于一线的监管机构与证券交易所授予必要的授权,制定规范细则,夯实监管基础,对后续的监管工作做到有法可依,有法必依;另一方面对监管工作本身进行必要的规范,防止权力滥用与寻租,同时,在市场化审核下,加强对投资者权益的保护,更新相关的责任条款,落实责任,规范秩序。

基于域外既有成功的经验探讨中国现行证券市场系统的改革方向,应首先顺应中国市场动态发展的需求、增加对自由市场的认同,同时通过理顺系统参与主体即监管者与被监管者之间的关系,明确证券市场系统并非完全无须行政干预,而是应当弱化目前行政对于市场的不当干预。同时细分发行和上市两个阶段的层次结构,以发挥系统内各参与主体各自的功能、最优化配置资源,从而保障发行人信息披露义务的履行,实现维护投资者利益的整体目的。一言以蔽之,股票发行市场化改革的有效实行有赖于证券市场的法律法规健全、市场参与各方的诚信自律、投资者的理性投资、证券监管机构的市场化适度监管等系统性制度建设的完备,唯有如此,才能顺利推进市场化改革,充分发挥市场的调节作用。

(本文成文于2018年12月)

系统论视角下中国股票公开发行审核制度市场化的改革方向

吕红兵　朱奕奕

2013年11月,党中央首次从国家治理战略层面确立了股票发行审核注册制的改革目标。此后,中国证券监督管理委员会(以下简称中国证监会)发布了《关于进一步推进新股发行体制改革的意见》,明确将进一步推进新股发行体制改革,重新审视股票发行审核中政府与市场的关系,转变监管理念与体系,强化信息披露建设,促使市场参与各方归位尽责,为推进发行审核从核准制向注册制转变奠定坚实的基础。在国务院的领导下,由中国证监会牵头,沪深交易所及部分市场机构共同参与,对中国股票发行审核注册制改革进行了大量的研究和准备工作,注册制改革序幕逐步拉开。

一、改革的动因:脱节与误区的存在

就当时的证券市场而言,关于股票发行审核制度改革势在必行。为全面调查评估当时的发行审核情况,听取所涉各方的意见,尤其是维护改革前后的秩序与安全,在国务院多次明确要求"要积极稳妥推进股票发行注册制改革"后,监管改革部门谨慎前行,适度推进,但有一点明确无疑,无论将来如何改革,强化市场的调节功能均系改革重中之重。之所以如此,乃因发行审核制度与当时的市场发展态势矛盾重重,存在不可忽视的脱节现象;同时,随着中国资本市场的发展成熟,发行审核所展示的监管理念亦显得不合时宜,证券市场系统内部无序性增加,但又由于监管与市场冲突不调,系统难以依靠其自身能力排解新增的无序性,以至于投资者误解不断,改革刻不容缓。

(一)公开发行审核与市场的脱节:协调分工不合理

在全面实行注册制前,我国股票发行审核实行的是核准制,由国务院证券监督管理机构或国务院授权的部门核准发行,易言之,证监会全面掌控着股票发行的最终决定权,发行规模、发行价格、发行时间、发行节奏、发行对象等均与行政审核密切相关,由此导致的直接结果是,倘要发股,不是先问市场接不接纳,而是先问监管机构核不核准。仅有市场没有核准,徒然无功;市场不济核准通过,上市犹可。在股票发行活动中,政府核准式的调控在一定程度上引导了市场朝着预期的方向发展,维持了市场秩序,尤其在控制风险、保障安全上,功不可没,此点历史可鉴。但强化核准的门槛,压制市场供求的调节,一则违背市场发展规律,物极必反;二则监管与市场的脱节,滋生风险;三则市场的归行政,越俎代庖,引发误解,难以符合系统论对层次机构性原则和功能性原则的要求。

1. 发行要求与市场发展的脱节

根据此前的上市法规,在国内 A 股市场发行股票对于公司的财务和会计有着严格的要求。从发行上市根本要求而言,显然,股票发行的首要门槛即是发行主体是否满足法律规定的财务性要求,其中尤以发行主体持续性盈利能力为要。同时,无论是在主板抑或创业板发行上市,对于发行主体的治理情况、治理架构等均具有明确的规定与要求,成熟、清晰的公司治理架构构成核准企业发行上市的另一重要门槛。就实践情况而言,财务指标与治理架构要求属于发行上市的硬性条件,倘若不满足,股票发行审核程序根本不可能启动。

既属硬性条件,规定不变,发行上市启动的基础即不变。然而,经济在发展,市场在成熟,需求在变换,随着国家鼓励大众创业、万众创新的推进,越来越多的新兴类、战略性企业横空出世。创业创新,空有热情与情怀,乃属无稽之谈,本质上需要全方位的扶持,尤其是初创时期的资金支持,如此,随着市场的发展,企业的融资需求不断扩大。

市场在呼唤,可在核准制下,企业和市场之间横亘着财务与治理两项硬性指标,指标不达,发行融资之门永处关闭状态。一方面,处于发展上升期的新兴企业或颇具潜力的企业,要么是处于初创期,财务状况难以达到上市核准的要求,更毋庸提及核准制下最为看重的营利性要求;要么是由于创业原因,公司治理架构采纳新型治理方式,典型者即为双重股权架构的设计,在发行上市上存在直接的障碍。另一方面,此类企业创新程度高,科技含量高,适应性强,投资前景好,具备强烈的上市融资需求,在投资市场上亦形成了可观的市场预期,投资者纷纷翘首以盼。企业有发行需求,投资者有投资热情,市场可期,但核准条件不足,发行条件与市场供求形成了严重的脱节。就发展而言,此项脱节不容回避,改革势在必行。

2. 审核要求与市场供求的脱节

在核准制下，监管机构掌控着发行与否的生杀大权，是否发行、发行多少、何时发行、何价发行等均由监管机构发行审核部门最终决定。基于此，在实践中，监管机构发行审核部门往往陷入过量的实质内容审核之中，如对拟发行主体持续盈利能力的判断、发展前景的判断甚至投资价值的判断。此种全面式实质内容的审核客观上已经扮演了市场供求调节的角色，市场的归行政，甚至投资者的亦归行政，此乃典型的越俎代庖。正是此种实质审核，给市场、投资者带来了诸多的误解，导致后续的问题不断。

实质内容审核导致的另一个直接后果就是审核效率低下，核准即意味着需要较长的时间等待，根据一审 IPO 网站发布的周报显示，在 2017 年，一家企业要完成首次公开募股(Initial Public Offering,IPO)所有程序需历时 15 个月左右。这对于任何拟上市的企业来说，在申请前需考虑巨大的时间成本。同时，审核时限冗长，直接导致 IPO 排起了等待长队，年复一年，形成发行审核中的“堰塞湖”现象，对市场供求产生严重的影响。

3. 行政效果与市场规律的脱节

在实践中，监管机构发行审核部门肩负使命，实质审核，大包大揽，旨在严格掌控发行股票的数量与质量，从而规范证券市场的秩序与安全，出发点不可谓不好，然而，市场有市场的规律，行政有行政的弱点，不可偏执一端，更不可越俎代庖。近年来，随着中国证券资本市场的发展成熟，市场充盈活力，发行审核压力徒增，不可否认的是，监管发行审核部门依法依规，勤勉尽责，对市场的健康、迅速发展功不可没，但核准制下，行政审核的结果却不甚理想，甚至有点事与愿违，以下现象在实践中屡禁不止：

(1)包装申请、欺诈上市

在核准制下，对于首次申请股票发行上市的企业具有明确的、严格的财务要求，加之监管发行审核部门践行全面式实质审核，从而导致企业对上市与否难以形成稳定的预期。基于审核上市的不确定性，在实践中，拟发行主体往往拼命将自身申请情况做到几近完美，以期成为核准的幸运儿。完美自身，顺利上市，但事实上不可能所有的申请者均具备完美的上市条件，因此，基于侥幸，铤而走险，有部分申请主体即采取包装手段，对自身实际情况进行粉饰添色，尤其是对醒目的财务情况与盈利能力，重点烘托，大肆宣传，甚至欺诈包装，以博得发行审核部门的青睐。在“有幸”核准通过后，股票发行成功上市，发行主体融资充足，但随后企业业绩一落千丈者有之，发行主体控制人员变相套现者有之，致使投资者遭受巨大的损失，市场波动起伏,风险频现,监管压力巨大,如近年来持续出现的新大地欺诈发行、万福生科欺诈发行、欣泰电气欺诈发行。如此,越包装申请,越实质审核,越欺诈上市,越严控审核,陷入恶性循环。

(2)资源稀缺、不法交易

依前所述,核准制下股票发行审核条件严苛,历时较长,且严格受到行政监管调控力度的影响,实践中过审率时高时低,审核通过者数量有限,上市资源稀缺,由此,获得发行上市的企业具有天然的融资优势,且上市的身份亦具备了重大的商业价值,正可谓物以稀为贵。发行上市的"身份地位"亦被称为上市的"壳"资源,囿于核准上市的难度,实践中经常出现拟上市融资的主体通过收购、重组等方式获得"壳"资源,并注入自身资产,从而以获得控制权的方式间接实现自身发行上市的目的,俗称"借壳上市"。在现行法规下,此种借壳上市操作难谓违法,间接实现企业上市融资目的亦无可厚非,但垂涎于发行上市的天然吸引力,实践中剑走偏锋、铤而走险者有之,严重侵害了市场交易秩序,更对广大投资者造成了巨大的损害。

发行上市代表的是广袤的融资空间,发行核准蕴含的则是监管机构的行政裁量,前者无限美好,但资源有限,后者掌控通道,大权在握,如是,核准制下无疑容易产生腐败的问题。易言之,证券监管机构严格掌控发行上市规模、上市进度、上市节奏及上市资源等,实际上已构成股票发行审核与上市审核一体化的监管模式。资源集中掌控,除了增加众多的成本、扼杀市场活力外,极易导致行政权力的腐败、市场配置的变形、资本利润的诱惑,寻租正渐渐侵蚀着权力的外衣。

(3)中介失位、股价畸高

中介机构作为证券市场的重要参与主体,肩负着重要使命,保荐机构充当着市场准入"看门人"的角色,会计师事务所和律师事务所则分别在财务和合规上发挥重要作用。中介机构的专业行为,给予了市场巨大的信用保证,在发行主体自身经营担保之基础上,市场与投资者形成稳定的供求关系,在此情形下,无论是发行主体自身抑或中介机构的信用保证,均促使着各主体在股票发行上诚实守信、依法依规,否则,将接受来自行政监管、市场及投资者等各方的严厉处罚。一言以蔽之,在申请股票发行审核过程中,中介机构的勤勉尽责直接决定了发行主体在专业方面与合法合规方面的水准。

在实践中,由于监管机构掌握完全的审核决定权,审核上市的标准亦非清晰透明,致使中介机构的信用担保功能未能完全发挥出来,甚至发行主体自身的经营基础占据多少分量都成为疑问。行政的包揽决断,中介机构的功能失位,必定导致市场功能紊乱,投资者风险较大。在行政严控面前,市场长期处于供不应求状态,故在发行上市中,市场长期被"三高"现象所诟病。一方面,为能顺利通过发行审核,发行主体常常与中介机构结盟操作,包装添料,利益合谋,进行高额的资金募集;另一方面,市场询价机制缺失,价格容易受人为的操控,市场长期的供不应求,直接导致新股发行的价格畸高不下,超高的市盈率让投资者收回投资遥遥无期。

由此可见,核准制下中国证券市场系统的层次结构不如域外既有成功经验中的那样明晰,也因此造成系统各参与主体之间的协调分工不合理。在强行政监管的体系下,系统内的其他参与主体无法发挥其功能,交易所、中介机构无法在发行人信息披露义务方面与证监会一同监管,起到双重保障的作用,难以避免发行人通过权力寻租进入证券市场,损害投资者利益。此外,证监会一家独大还有可能使行政监管机构审核效率低下、耗时冗长,并可能随意暂停上市审核,难达系统论对功能性原则的要求。

(二)公开发行审核制度所存在的误区:资源配置未最优

随着中国证券市场逐步迈入成熟发展期,人们无论是对市场监管抑或是对市场本身均提出了新时代的发展要求,自然对于过往的及现行的制度与政策进行反思与修正。针对股票发行审核监管制度,当以辩证的眼光待之,肯定其功,正视其过,尤其是市场发展进入快车道,更当仔细剖析当前制度的弊病,找出误区,对症下药。依前所述,核准制本质上仍属以行政为中心的管理机制,市场调节功能未充分发挥作用。为进一步探析改革的方向,应正视监管领域中所出现的误区。

1. 关于维护市场安全的误区

维护市场安全,防范系统性金融风险,此乃资本市场发展中的核心议题,不仅是市场经济上的要求,更是行政监管中的政治任务与底线。安全重于泰山,这是任何主体均不得触碰的底线,或许正是这种"泰山压顶式"的要求,在现实中使监管机构产生巨大的监管压力,进而陷入种种误区。

误区一:误认为行政监管力量的全面介入就是维护市场安全的核心举措。

按照经济的发展规律,基于供求关系的变化,市场有其自己的调节方式、调节周期、调节范围等,从而维持市场的发展动力,"政府之手"本不该参与其中,更不该直接介入,只需践行守门人之责,制定好法律规范,保护好合法产权,规范好市场行为,维护好公平正义,此乃维护市场安全的基石。可遗憾的是,或许系囿于现实的压力,迫于维稳的需要,抑或由于监管理念的落后及历史原因,中国的行政监管机构在实际监管中几近处于"一边倒"的强势地位,把自身完全扮演为"事事皆我管、事事皆可管"的角色,甚至认为,只要监管力量全面介入,市场风险时时可控。固然,在市场健康发展中,行政监管必不可少,诸如打击违法违规者,行政监管义不容辞,但股价涨跌、投资盈亏等自有市场调节,无论是自负盈亏抑或依法维权,皆有调节的途径,监管可协助但不宜强行介入,更不宜朝令夕改,政策变化充满不确定性;否则,容易引发市场的恐慌与波动。目前而言,监管理念确应与时俱进,准确定位,迈出误区,安全自有安全的法则,而归位尽责本身就是维护安全的第一步。

误区二:误认为维护市场的安全就是维持市场的稳定,行政监管应对市场的波动“埋单”。

维护市场安全是资本市场发展的永恒话题,更是监管机构履职的重要目标。市场安全固然重要,但维护市场安全绝非等同于维持市场稳定。市场发展情况受供求关系的直接影响,供求关系的变动赋予了市场发展的活力,所以,随着供求关系的变化,市场实际上于变动中发展,高潮低谷,起伏不定,盈利亏损,皆系正常。倘若一味追求市场的稳定,认为维持稳定即是维护安全,则市场发展将会缺乏应有的活力,稳定压倒一切,稳定的局面下蕴含着行政监管的强势介入,供求关系不受市场的调整,而是屈服于严控的监管,以牺牲供求关系强行维持市场的稳定。这样的市场看似稳定,实则危机重重,风险巨大,对此,监管机构应更新认知,革新理念,迈出误区,维护市场安全绝非维持市场稳定,安全应以保持市场的发展活力为基础,而非为维持表面稳定牺牲发展活力。同时,安全可以维护,但稳定不可强行维持,市场有市场的发展规律。对于供求变化、盈利亏损和市场波动,监管不可强控,也不应该强控。市场投资自负盈亏,受有损害可依法救济,监管机构维护安全重在维护市场投资信息透明、操作规范、维权公正、依法运行等。安全并不意味着投资者获得稳定的回报,更不意味着市场一成不变,安全的市场亦有投资盈亏,亦有波动下滑,更有依法维权,这些均系市场发展的正常现象,监管机构不应讳莫如深,更不应强行维稳,一切均由政府“埋单”。此处误区,引人警醒。

2. 关于市场调控的误区

市场调控是维护市场的常见手段亦是必备方式,但政府对市场进行调控通常是宏观层面的调控,微观层面的调控甚为罕见,而且不符合经济发展规律。在资本市场领域,由于市场初创期的历史发展因素,政府行政监管扮演着重要的甚至是核心的角色,尽管随着市场的成长成熟,行政监管模式亦随之更新发展,但现状依然是,市场力量较弱,行政监管依旧强势。强势的监管不仅对市场宏观层面进行严格把控,维护安全,而且时不时将触角伸入市场交易的微观层面,甚至直接干预某个具体的市场交易,而干预的理由仍然是维护市场安全。固然,维护市场安全确系监管工作重中之重,但维护市场安全的调控绝非宏观、微观“两手都要抓、两手都要硬”的全面介入。宏观层面的调控旨在有效预防系统性风险,微观层面的直接干预则破坏市场交易规律,对于微观的交易活动一般不应由行政监管直接介入与调控。相反,在市场微观交易层面上,行政监管应立足于对交易秩序的规范、打击规则破坏者、维护市场交易者的合法权益等。

3. 关于维护市场法治的误区

坚持法治是维护市场健康发展的根本途径,坚持法治是防范化解重大金融风险的压舱石,坚持法治是维护投资者权益、保持社会稳定的正确方式。毋庸置疑,以法治思维管理、维护资本市场具有重大的意义。显然,作为监管部门,亦深知其中要义,在日常的市场监管活动中,坚持法治,各监管部门均努力践行有法必依、依法而行、执法必严、违法必究。坚守法治,方向固然正确,但受制于市场发展的波动以及执法水平等各种因素,目前对于如何正确坚持法治监管出现了一些误解。将法治监管误读为管控监管,全面实施法治并非全面进行管控,更非对市场参与主体合法权利进行限制甚至是剥夺。

坚持法治监管,本质上就是依法监管,法有明文规定即严格依法,法无明文规定即自由可行。对于市场参与主体的权利应积极保护,建立必要的法律基础设施,保持法律维权途径的畅通。但是,在实际监管工作中,对市场发行进行限制、对发行权利进行剥夺等粗暴式的执法现象亦屡见不鲜,虽是打着维护市场法治的旗号,但却行破坏市场法治之实。究其原因,本质上仍是对法治监管缺乏理性与正确的认识,误认为法治就是旗号,在思想上仍是行政主导、行政命令,运动式监管思维;误认为越加强监管越加强管控就越是维护法治、践行法治。实践现象的出现,说明法治误解的存在,因此,在新时代,为构建正确的监管体系,应着力加强法治教育、提升法治水平,消除越监管越维护法治的错误思想。

从上述对于误区的反思可见,行政对于市场的干预不意味着绝对的市场安全与市场稳定,但简政放权并不意味着将行政监管从证券市场系统中彻底剥离。证券市场系统的安全与稳定需要各参与主体之间的合理分工配合。行政监管与市场需求的矛盾冲突在任何一个证券市场系统中都会存在,但系统层次结构越明晰、协调分工模式越合理,就越能从制度设计上降低行政过度干预市场、避免权力寻租的发生,从而实现系统内资源的最优配置。然而,中国证券市场系统由于层次结构、协调分工模式不尽合理,加之市场需求随证券市场系统的成熟而发生改变,尚未达到系统论对最优化原则的要求。

回顾核准之下中国的证券市场系统,不同于域外既有经验中有效证券市场系统下发行和上市分阶段、分主体的模式,中国证券上市和发行尚未分离为两个阶段,中国证监会同时掌握上市和发行的审核大权、一家独大。由于核准制对行政权力的强调,中介机构不能发挥其应有功能,市场也由于依赖行政以求稳定,无法发挥其自主能动性以合理配置资源。虽核准制下已不再设立额度与指标,但行政对于市场的干预使得在市场需求与制度设计发生矛盾冲突、系统内部无序性增加时,系统仍无法自行调节以恢复行政监管与市场需求之间的动态平衡,不符合系统论对层次结构性、功能性和最优化原则的要求。

如前所述,系统论的层次结构性原则、功能性原则、最优化原则均为系统论的目的性原则服务。如果上述原则的要求难以得到实现,则整个系统的目的亦难以达成,需要通过外部制度设计的改革,改变系统内部各要素之间的分工配合模式,通过随市场需求而变、与时俱进地动态调整,恢复系统内的有序性,以实现设立系统的整体目的。对于证券市场系统而言,便是对核准制下的股票公开发行审核制度进行注册制的市场化改革,构建职责更为分明、分工更加合理、资源配置更优的系统结构。

二、改革的方向:以注册制为目标

综观中国资本市场的发展概况,改革前进的步伐从未停止过。但回顾近年来股票公开发行审核制度的改革进程,可谓一波三折,千呼万唤却又"犹抱琵琶半遮面"。笔者认为,所谓创造条件实施股票发行注册制,虽然背后蕴含的是决策管理层在新政策出台、改革协调等问题安排上的谨慎态度,但注册制改革仍为中国资本市场改革的大方向,明晰无疑,虽道阻且长,却坚定无比。故既然方向明确,则谨慎前行;既然时间表清晰,则稳抓稳打,步步为营,准确推进。

(一)注册制之概述

1.注册制的概念

按照学界的主流观点,注册制的核心是拟发行人彻底、全面、准确、真实地向监管机构及市场进行信息披露,依法公开自己的各类资料并申请注册。至于发行人所处行业情况、资金财力、发行数量与价格等具体因素在注册制下均不予以实质上的审核,亦即证券监管机关对此不作价值判断。在经过法定期间后,证券监管机关未提出异议的,则申请生效。这便是注册制下系统内各参与主体之间的协调分工模式。

需要说明的是,注册制与核准制并不是非此即彼的对立概念,实行证券发行注册制并不意味着监管机关放弃对证券发行的监管或完全不进行审核,即便在注册制下,监管机关仍需要对信息披露文件进行审阅,对披露不清楚、不完整或有疑问的地方提出质询意见并要求发行人进一步完善。因此,从系统层次结构角度来说,行政监管机构依旧是系统的重要构成要素之一。

因此,注册制区别于核准制的根本在于是否对拟发行公司证券的投资价值作出判断,并非在于审核环节的安排上。在注册制下,监管机关的工作主要在于审核判断发行人的信息披露工作,至于股票投资价值等问题全部交由市场与广大投资者自行评估判断。如此才能真正地发挥系统内各参与主体的功能,尤其是市场优化资源配置的功能,从而实现系统论最优化原则。

2. 注册制秉持的基本理念

(1)注册制下的证券发行权属于商事权利

证券发行一个重要功能即市场融资,因此,在构成逻辑上应由法律直接明确规定,证券发行是企业法定的商事权,商事权属性构成注册制的制度基础。因此,在注册制下,证券发行权的法律属性应为企业法定的商事权利。例如,在美国证券法律体系下,发行人只要按证券法律规范操作,其即可发行新股增加资本,这是法律赋予发行人的固有权利。一言以蔽之,在注册制下,处于不同发展阶段和水平的企业都有权依法进行股权融资,唯其发行的时间、数量、价格等均由发行人与市场进行判断决定。

(2)尊重市场自治、实现证券监管机关的有限权力

既然注册制下的证券发行权是法定的商事权,那么注册制要求尊重市场自治以及监管机构的有限权力即是必然的逻辑结果。换言之,注册制要求由市场经济的供需关系和价格机制重掌市场竞争与利益分配,重点强调"看不见的手"的自治作用,这也就意味着监管机关在证券发行工作中必须放弃"家父主义"式的选优心态,确立其资本市场服务者的角色定位。这是对证券发行权利属性的理性回归和权力运行体系的重新规范,是监管者通过对自己权力的约束所带来的市场重生与活力迸发。在注册制实践中,无一例外地都强调了市场决定和政府的有限权力。

(3)完善信息披露、保障注册运行

考察域外市场实行注册制的成功经验,可以发现,真正的注册制乃系建立于完善的信息披露基础之上;否则,注册制犹如镜中花水中月,根本无从立足,更遑论成功之实行。本质上而言,从核准制转换到注册制,蕴含着弱化与强化的转变。在股票发行审核程序上,行政监管力量将显著予以弱化,但发行申请人的信息披露要求将得以强化,强化信息披露是市场进行自由运转的关键。在注册制下,一切交由市场判断,但始于完善的信息披露制度。

(4)强化法治市场观念、加强事后监管

虽然政治不能无止境地干预经济的自由运转,但也要看到纯粹的自由放任也

可能带来恶性竞争和市场欺诈，因此必须依靠法律来治理市场，市场经济在本质上是法治经济，无论是行政机关的监管还是市场主体的交易都应当强化法治市场的观念，在法律设定的框架内运行。证券市场的建立同样离不开法律制度的支持，特别是在注册制下，法律制度有助于培育投资者的投资信心，建立投资者对发行人的信任，也有助于更好地保护投资者的利益。

在注册制的情况下，监管机关“放松”了对股票发行审核的事前管制，因此需要集中精力加强事后监管，严格惩处违法违规行为，维护市场的有序性。据此，可以看到，注册制的监管理念与核准制重在预防、防止没有投资价值的证券进入市场的理念具有明显区别。

总体来说，注册制下证券市场系统所要求的简政放权，其目的之一是避免权力寻租、确保发行人履行信息披露义务、维护投资者利益。从层次结构角度来说，注册制下系统的组成阶段可分为上市发行的事前、上市发行后的事中和监管退市的事后；参与主体可分为中国证监会、交易所及中介机构等行业协会、发行人、投资者。

从功能和资源配置最优的角度来说，通过调整行政权力在系统各组成阶段的分布，强调事前节约行政资源，由行业协会监督发行人信息披露义务的履行、交易所进行实质审查，而由证监会进行形式审查并对交易所审查结果进行把关，从而构建多重监管体系保障发行人事前履行信息披露义务，并能够节省出更多行政资源在事中、事后监管发行人的持续信息披露义务和合规行为。加之行业协会和交易所对发行人持续监督、监管，进一步确保发行人事中事后信息披露义务的履行。同时也能及时发现不适格发行人、监管退市。此外，由政府监管机关事前事中事后全程监管交易所、行业协会，防止其与发行人监守自盗，从而形成更为合理的协调分工和资源配置模式，在保障发行人履行信息披露义务的同时达到保护投资者的系统整体目的。

然而，因为证券市场系统的开放性，注册制改革的外部环境变化同样会对系统内各要素之间的分工配合产生影响，甚至造成系统内部的无序性，本文接下来将分析实施证券市场系统注册制改革的基本考量因素，使核准制向注册制的改革能够平稳过渡。

（二）实施注册制之基本考量

1. 改革的基本目标考量

为了缓解注册制改革对于开放的证券市场系统内部可能造成的无序性，从制度变迁理论的视角来考虑，在证券监管制度改革转型路径的选择上，综合考虑制度改革的成本、收益，证券市场的成熟度、可接受程度、改革的阻挠因素以及系统性风险控制等方面的因素。总体而言,中国股票发行监管制度市场化转型的路径选择应考量以下两个基本因素。

(1)降低成本

模仿型制度变迁,核心为“师夷长技”,乃指从制度先进的国家引进先进的规章制度,从而实现本国制度变迁的一种形式。与此相对,创新型制度变迁是指由于制度变迁路径依赖的影响,一些国家选择制度变迁的其他形式必须付出巨大的成本,因而试图寻找一种新的、效率更高的制度模式,以替代本国现行制度模式的制度变迁形式。

相对于创新型制度变迁,模仿型制度变迁能够减少改革的经济成本和时间需求,降低改革风险。从中国资本市场的恢复和发展历程来看,模仿型制度变迁可能更适合中国证券市场发展的实际情况,况且,“拿来主义”对中国证券市场的发展并不陌生,注册制改革的提出也不例外。笔者以为,以美国为主要借鉴对象的模仿型制度变迁是中国股票发行监管制度转型的最佳路径选择,理由如下:第一,美国注册制的发展已经相对成熟;第二,美国是大国经济,其治理模式和发展路径最能匹配中国的情况;第三,在以往的发展进程中,中国资本市场已经借鉴了许多美国经验,在制度设计的机理、监管运行的模式上,都具有学习美国发展成果的影子。因此,立足于目前中国资本市场发展的情况,结合发展历程考量,推进注册制改革完全不必推倒重来,也不适合推倒重来,在全面平衡改革的成本与风险等因素后,选择模仿型制度改革不失为明智之举。

(2)提升效率

中国股票发行监管制度的历史变迁主要是以自上而下的政府强制性变迁为主,即通过政府法令和法律的引入来快速地实现制度变革。相较于自发的和自下而上的诱致性制度变迁,政府的强制性变迁能够富有成效地克服外部性影响并可以减低改革成本、提升改革效率。同时,中国历次的发审监管制度变迁也充分证实了股票发行监管制度的变迁受整个经济金融制度环境的制约,具有明显的制度转轨渐进性特征。当然,渐进性的路径选择与提升效率的目标并不矛盾,所谓“心急吃不了热豆腐”,降低和防止改革风险的发生也是提升效率的重要举措与考量因素。注册制改革不可能一蹴而就,当前 A 股市场的发展阶段要求注册制改革必须稳步推进,避免出现新股发行的节奏一下子放开,大规模扩容对市场估值产生冲击,从而扰乱市场秩序,引发系统性风险。同时,综观各国改革实践,世界上一些新兴市场类似的市场化改革也非一步到位,如印度和我国台湾地区市场改革,都经历了一个从管制到逐渐放松的过程。

综上所述,渐进式强制性的制度变迁相对温和,制度安排本身有一定的调整余地从而避免改革的震荡和破坏性,制度需求主体有内生需求的时间和空间,制度作用对象也有机会适应制度改革从而可以适时调整、降低制度摩擦成本。中国证券市场在对股票发行监管制度进行市场化改革时有必要遵循上述两项基本原则,最大限度地降低制度转型过程对中国证券市场及经济、社会运行所造成的不利影响,在市场化转型过程中逐步朝着注册制方向前进。对于实现改革基本目标的考量落实到具体制度设计上便是从参与主体出发,分析完善制度设计的客观条件。

2. 注册制实现的客观条件考量

(1)发行人:完善的信息披露制度

注册制要求监管机关更多地扮演"退居二线"的角色,让市场发挥直接的调节作用。因此,为保障市场的秩序,就必须依靠法定的、持续的信息披露制度使投资者获得充分的市场信息,以利投资判断。从理论上来说,股票交易的质量和数量取决于市场推广、品质和价格这三个因素,但要满足这三个条件,都以投资者获知充分的信息为必要条件。

以美国《1933 年证券法》为例,彼时美国的社会环境正发生着剧烈的变化,已有的法律制度无法有效维护弱势公众投资者的利益,于是,立法者积极探索出一种区别于传统英美法的新制度,即证券发行强制披露制度,因而美国《1933 年证券法》通过规定信息披露全面而有效地控制了证券发行的整个过程:①明确了信息披露的主体和内容要求。②明确统一的信息发布平台,建立统一的信息平台,发行人应在此公布所有法定的信息。③规范了法律责任,对违反信息披露义务的发行人及中介机构设定严格的法律责任。④明确相关的豁免制度。例如,在私募发行、小额发行和区域性发行等不会大范围波及公共利益的领域,相应地减轻发行人的信息披露成本,对发行人的信息披露义务进行一定程度的豁免。

(2)政府监管:高度公开的监管审核、良好的监管服务意识

在美国《1933 年证券法》的规制下,美国监管机构的职责在于保证信息公开和禁止信息滥用,同时审核过程全部公开透明。美国证监会针对发行人的信息披露和发行申请的意见大致可以分为三类:一是常规类问题,即针对各发行人普遍都会提出的问题、提醒性质的问题或格式问题;二是了解性的问题,在披露不清晰或美国证监会对发行人所处的行业了解不深的时候,审阅人员则会提出问题希望对相关问题进一步知晓了解;三是疑问性的问题,在发行人披露不完整不充分的情形下,监管审阅人员会产生疑问或质疑并要求发行人进一步完善信息披露情况。与此同时,美国证监会的意见以及发行人的申请文件、对证监会意见的回复都会全程

公开(包括时间和内容),也就是说,发行人与监管机构的全部互动都在投资者的掌控之中。

不论在审核前还是审核中,美国证监会均允许发行人的律师、会计师都可以方便地与其保持沟通和协商。这种公开透明的监管过程以及良好的监管服务意识正是注册制顺利开展的基础,中国在实施自身的注册制改革进程中亦需构建公开透明的监管规则,明确监管机构的职责,转变监管思维,提升监管服务意识,在注册制的改革实施上构建先进的上层建筑。

(3)行业协会:专业的中介机构和明确的责任承担

在注册制下,由于对监管机构提出了有限管制的要求,作为专业的中介机构将发挥更为关键的作用。相应地,作用越关键,法律责任则应更明确,因此中介机构必须有能力、专业化地处理好涉及证券发行的各类问题,为注册制的顺利实施把好“守门人”的角色关口。例如,在美国的注册制下,有关申请人的合法性由律师事务所负责审核并承担责任,审计师对审计报告和经过审计的财务报表承担责任,承销商对招股说明书正文所述内容承担责任(但承销商不对经过审计的财务报表承担责任),中介机构的职能和责任划分明确。

(4)投资者:成熟的投资主体

依照公平获取的投资信息,投资者则需要对投资所产生的相应后果承担全部责任,这就是买者自负其责原则。在这一原则下,成熟的投资者应不断精进提升自身的投资水平与能力,扩大自身的知识储备,丰富自身的投资经验,以便能够时刻理性、准确地作出投资判断。当然,对于部分特殊的投资领域,应对投资者进行投资资格的审核。

除此之外,投资者还必须具备良好的心理素质。行为金融学的理论表明,经济行为不仅是由外在激励决定的,还充分受到内在因素的影响。在面对瞬息万变的股票市场时,投资者必须对投资可能产生的各项结果有良好的心理预期,胆大心细地对待投资风险,这些无疑都是一个成熟的投资者所应当具备的良好素质,也是证券市场能够稳定发展的重要基础。

(5)司法救济:健全的法制保障、通畅的救济渠道

在美国的注册制实践过程中,美国关于股票发行的相关法制保障与司法救济体系值得我们参考。在美国,倘若发行人在发行过程中违反了信息披露规定,其不仅要承担来自监管机构的行政责任,还要承担来自投资市场的赔偿责任,严重者甚至要遭受刑事上的处罚。行政、民事、刑事等多层次的法律责任体系是推进并实施注册制的有效法制保障,多层次的法律救济途径是注册制持续、有序运行的基础。

通畅的救济渠道使投资者的利益保护能够得到切实有效的回应,能够促使市场进行有效的调节规制,能够维持广大投资者对市场的青睐与信息,是证券市场持续健康发展的有效环节。

通过以上客观要件的考量可以发现,注册制不是单个独立存在的证券发行制度,其监管机制是一系列制度和条件的紧密配合。一言以蔽之,市场的自由与自治、监管的克制与高效、投资者的成熟与理性、法制的完善与保障,这是实践注册制、运行注册制、维持注册制的根本法宝。

(6)整体目的:对自由市场的认可、对法治的敬畏

注册制以政府有限监管、市场自由调节为根本特征,所以形成对自由的认可是注册制顺利推行的重要基础。当然,自由市场、自由调节并不意味着自由放任,自由是遵守规则下的自由,而此项规则就是法治,因此认可自由、维护自由本质上就是坚持法治,敬畏法治。准此以言,监管部门对于市场监管的边界在于是否保证并促进了自由市场的发展,而在注册制下,对于自由市场的认可与保障、对于法治的敬畏既是广大投资者及其他市场参与主体所应必备的素质,亦是监管机构所应践行的认知。

综上所述,注册制下证券市场系统的目的虽然和核准制一样,都是保护投资者,但由于两者在层次结构方面的不同,使系统内各构成要素之间的协调分工模式不同、资源配置的效率也不尽相同,同时注册制还在培养成熟的投资者、提升自由市场的法治观念与提供投资者司法救济方面,较中国当时实行的核准制更进了一步。

(三)中国注册制改革的可行性

从系统论的整体性原则而言,系统能收到的整体效果大于系统各部分机械相加之和,也就是说,注册制改革所需具备的证券市场系统条件并非机械地认为是成熟注册制市场的特征。对比前文所述注册制下的各项客观条件,笔者总结了中国注册制改革所具备的有利条件以及所面临的挑战,通过研究认为中国注册制改革具备可行性。

1.注册制改革的有利条件

20多年来,中国证券市场一路走来风风雨雨,虽然仍有许多不足,但随着市场的发展已初步具备了实行注册制改革的市场条件。具体表现在以下几个方面:

(1)开放性:证券市场日趋成熟、注册制改革已成共识

经过20多年的发展,中国证券市场从无到有、从初期建立到发展壮大,一路磕磕碰碰,但却乘风破浪勇往直前。目前,无论从总市值、募集资金规模,还是交易活

跃度而言,中国证券市场都已经成为全球证券市场中的重要一员。综观中国证券市场的发展,无论是发展的规模、进程还是速度均远远超越了其他证券市场,尤其是充分展现了后发优势,一举跨越了西方发达国家证券市场建立和发展的百年探索期,成绩斐然。据统计,截至 2017 年年初,中国证券市场上市公司已突破 3000 家,已经接近美国的上市公司数量,并且超越了中国香港的上市公司数量,初步具备了注册制改革的市场规模基础。初步建立起主板、中小板、创业板、新三板等多层次资本市场框架,证券市场基本制度均已基本建立,证券市场运行机制均如常开展。

自 2013 年以来,中央在加快完善现代金融市场体系方面首次提出股票发行的注册制改革要求,而后在政府工作报告及其他文件中均多次明确了股票发行的注册制改革。上层的不断强调与推进,从系统论开放性原则来说,以注册制为核心的证券发行市场化改革已成为系统外部环境与系统内部参与主体间的普遍共识。

(2)最优化:证监会的管控理念发生转变

近年来,中国证监会也在不断改进监管方式、更新监管理念。目前,证监会的工作机制得到极大改善,公开化、程序化、效率化等问题都取得了显著的进步。在强调市场各方归位尽职的前提下,证监会也在不断强化证券业协会自律监管功能的发挥。

信息披露是监管的核心问题,对此,证监会发言人曾明确表示:毫无疑问,在未来,信息披露将成为关注重点,不论发行人的成长性如何,都必须严格履行必要的信息披露义务。真实、准确、完整、及时地披露信息,是监管部门对发行人的要求,更是实行注册制最关键的一步。由此可见,从系统论最优化原则来说,证监会的监管理念已经发生了重大转变,信息披露是否真实、准确、完整将成为发行审核的关注重点,核准制也已逐步向注册制的制度要求进行转变与倾斜。

(3)协调分工:中介机构自我约束能力提高、行业协会自律监管不断发展

从系统论层次结构性原则和功能性原则来说,自证券发行上市保荐制度及若干配套文件实施以来,各保荐机构及保荐代表人需对拟上市企业进行持续督导,保荐制度的连带责任机制初显成效,保荐机构和保荐代表人的勤勉尽职和自我约束能力明显提高。会计师、律师、评估师等在协助企业发行上市、出具各类报告的过程中既要遵守执业法律法规,同时也要遵守证监会关于从事证券业务的各项规则要求,中介机构的风险意识和自律能力也在不断提高。此外,近年来证监会进一步加强了证券业协会对证券发行承销的行业自律管理职能,授权协会根据自律规则对有关单位和个人的违规行为采取自律惩戒措施,行业协会的自律监管职能得到了

进一步发挥。

(4)整体目的:机构投资者发展壮大,投资者保护和救济成果初显

近年来,随着证券市场的发展与成熟,证券投资基金等机构投资者已逐渐成为证券市场投资的中坚力量,客观上实质性地改善了资本市场的投资者结构及各类机构投资者发展不平衡的局面,对发行人的公司治理发挥着稳定的外部促进作用,在一定程度上提升了长期、理性的投资理念在资本市场中的认同度。

从系统论的目的性原则来说,为解决投资者的适格及权益保护的问题,证监会于2017年7月1日颁布《证券期货投资者适当性管理办法》,主要规定了证券经营机构对投资者的相关义务,总结而言,一是规定了主动判断投资者风险承受能力并对投资者进行分类的义务(普通投资者在信息告知、风险警示等方面享有特别保护),二是规定了判断产品风险等级并对产品进行分级的义务,三是规定了“将适当的产品销售给适当的投资者”的销售匹配义务。投资者可以在充分了解相关股票信息的基础上,结合自身的实际情况,合理抉择,理性投资。

此外,中国证监会也致力于在损害赔偿的救济层面保护投资者的合法权益。2016年,作为证监会批复成立的公益性投资者保护机构——中证中小投资者服务中心有限责任公司(以下简称投服中心)按《民事诉讼法》第15条支持诉讼的规定,接受共计14名中小投资者的委托,提起了全国首例上市公司虚假陈述证券支持诉讼,标志着中国证券市场领域支持诉讼的首度试水。该案于2017年5月18日获胜诉判决,投资者最终获赔230余万元,挽回了广大投资者因上市公司虚假陈述而遭受的投资损失。投服中心相关负责人表示,为进一步有力支持投资的维权活动,投服中心正全力推动证券支持诉讼示范判决机制,以使投资者的维权不再路漫漫。

当时,中国证券市场系统的外部环境已经导向注册制,而且系统内各参与主体的协调分工正日趋完善,并均以保护投资者利益与信息披露义务为系统目的,然而,系统内在层次结构、各要素功能、资源配置等方面尚未完全体现出注册制的市场特征,由核准制向注册制转变的改革仍存在挑战。

2. 注册制改革面临的挑战

(1)信息披露规则尚需完善,仍待实践考验

信息披露是注册制的核心,从功能性原则来说,注册制下行政监管机构、交易所及中介机构等行业协会对发行人进行监管、监督的协调分工目的是保障发行人的信息披露。然而,中国核准制下的协调分工模式尚不尽合理,向注册制的转变需要警惕在降低事前行政的实质审核后发行人的欺诈上市。

第一,发行人信息披露违法的现象时有发生。从目前中国证券市场的实际状

况来看,发行人虚假陈述及上市公司董事、监事、高级管理人员(以下简称董监高)等内幕交易、操纵市场的情况仍屡屡发生,初步统计,证券市场上财务造假虚增利润、关联事项披露违规的情况在中国证监会行政处罚案例中占比相当大,由此可见,证券市场尚未形成完全诚信的信息披露氛围,在实践中仍有不少上市公司及董监高心存侥幸心理,以身试法。因此,在未来的注册制改革进程中,继续强化与完善信息披露制度的建设仍是迫在眉睫、刻不容缓的硬性任务,否则股票发行的市场化终将渐行渐远,成为空中楼阁。

第二,信息披露制度规制有待持续明确与完善。在现行信息披露规制下,真实性、及时性及完整性等要求的内涵与外延均不清晰,实践操作难以具体衡量,因此,这么多年来信息披露问题一直是中国证券市场建设中的顽疾。以临时性信息披露中的"重大性"标准为例,现行新《证券法》第 80 条第 1 款规定了上市公司对于"重大事件"的临时性信息披露义务,第 2 款则以列举的方式规定了 12 项"重大事件",《上市公司信息披露管理办法》第 30 条进一步将"重大事件"的列举扩展到 21 项。然而,这些列举式的规定概括性仍然很强,没有清晰的概念界定和标准界限,不仅上市公司时常拿捏不准从而造成信息披露过程中的成本提高,而且证监会在处罚时也依赖于其主观判断,一旦处罚不慎则可能对行政执法的公信力产生影响。

第三,信息披露范围过窄。综观中国现阶段发行审核公开披露的信息或文件,无论在范围上还是质量上都与成熟的资本市场发展存在一定的差距,完善信息披露,建立信息披露机制也成为本次市场化改革的重要课题、攻坚任务。就材料公开范围而言,与美国相比,公开范围确有很大的进步空间,比如,在美国注册制下,公司对董事和高管的免责协议、公司同重要高管签署的雇佣协议、重要租赁协议等,投资者都可以从美国证监会网站上直接找到。

第四,招股说明书等重要文件的披露质量低下。从中国资本市场的情况来看,招股书的书写存在以下问题:一是篇幅过长,拼接痕迹明显;二是重复表述过多,同一表述往往反复出现在招股书的不同位置;三是对业务、募投项目的价值揭示不充分。学者认为,中国证监会颁布的招股说明书写作的相关规定在应当披露内容的细节规定上虽与美国仍有差距,但其实质差异不大,而之所以导致招股说明书质量低下,主要原因有二:一是招股说明书的写作基本功不足。例如,按照撰写所依据资料的权威性不同,招股书的表述未凸显出应有的差异,对业务模式的描述显得过于复杂,重点不突出从而难以被投资者理解,等等。二是与美国的证券发行制度相比,由于中国证监会对股票定价的管控,国内券商在股票定价上无决定性影响,因而券商一般并不关注发行而是把重点放在招股书制作完成的工作上,中介机构的角色出现错位，从而导致招股书的质量达不到预期。

第五，针对信息披露的违法状况，投资者救济制度不够完善。目前，针对内幕交易行为引起的投资者损失，由于举证的困难，投资者仍然很难提起民事诉讼并获取损害赔偿。虽然最高人民法院出台了专门针对虚假陈述的司法解释——《关于审理证券市场因虚假陈述引发的民事赔偿案件的若干规定》规定，但该规定要求法院应以证监会的处罚决定书或法院的刑事判决书作为受理投资者民事损害赔偿的前置条件，该规定在早期曾发挥过阻止恶意诉讼、保护新兴市场的积极作用，但这种思路与注册制的体系构建早已脱节，且悖于市场实际、扰乱证监会与司法机关的职责关系，亟待改变。

(2)股票定价机制不合理、投资者回报比例低

股票定价是否合理体现的是系统内是否由市场对资源进行配置从而接近最优化原则。就中国的股票定价制度来看，存在以下问题：一是定价机制仍受到监管机关的过分干预。虽然中国证监会明确发文要求发行人董事会再议和信息披露来确保定价的审慎性，但同时规定了证券监管机构的审查权以及要求重新询价的权力，相较而言，行政权力明显过大。在这种模式下，价格监管可能演变成价格管制，定价机制陷入一种活跃程度低下的政府定价状态，这显然违背了证券发行市场化的目标。二是定价过程中形成的利益链有待彻底改善。在新股发行的实践中，市场参与主体各方均希望定价较高，实现各自的利益算盘，同时，定价过程中的询价对象通常又是具有参与询价资格的券商或在券商处开户的机构投资者，相关主体的利益网络复杂，利益链条环环相扣，很可能造成严重的信息不对称，把公众投资者置于不利地位。

此外，中国证券市场的投资者回报制度不完善。通常，上市公司不愿意进行现金分红回馈投资者，针对此现象，中国证监会曾明确发文，要求将再融资与现金股利分配挂钩，实行半强制分红政策，但现实情况是，上市公司的整体股利水平仍然较低，同时在一定程度上助长了资本市场的逆向选择，即有恶意的上市公司以较少的分红来获取更大规模的融资，严重损害了资本市场的投融资功能。

(3)发行审核和上市审核不分，监管机构的事后监管不足

从层次结构性原则来说，发行监管审核主要存在发行审核与上市审核不分的问题，在实践中，证监会发行审核处于绝对的强势地位，一旦审核通过，交易所即安排上市，致使交易所的审核上市功能形同虚设。而对比域外成熟的发行审核机制，不仅两者在概念有严格区分，而且实践中亦分开审核，交易所负责上市审核，监管机关对上市审核仅保留否决权。

同时,证券监管机关在观念上重事前审批、轻事中事后监管,缺乏持续、稳定、有效的监管过程,使许多重大违规发行难以得到及时惩处与扼制,此种监管理念不仅难以适应市场的发展,而且阻碍市场的成熟进步,最终难以实现证券市场系统的整体目的。

(4)退市、转板制度不发达

发行上市、转板退市是市场的进出两端,也是注册制下证券市场系统的必要组成层次。退市、上市作为证券市场“进”和“出”的两个窗口,有利于证券发行环境的净化和完善、始终保持证券市场的活力,优胜劣汰是股市健康发展的生命之基,因此,注册制的实施必须具有配套的退市、转板制度。证监会曾发文明确要求建立主动退市和重大违法强制退市制度。然而,受制于各种因素,在目前的实践操作中,关于退市制度的推进完全没有达到设立制度的初衷,甚至一些明显年年亏损的上市公司宁愿亏损到底也不愿主动退市。为此,结合中国证券市场的发展实际,针对上市公司退市的出路,在多层次的资本市场环境下,完全可以引入转板制度,因为转板制度的缺位是上市公司主动退市机制无法常态化的重要原因之一。

就系统论的层次结构性原则而言,核准制下的证券市场系统,在事前对信息披露义务的监管尚不同于美国现行注册制下上市、发行分轨并由州法的实质审核对联邦形式审核进行必要的补充;核准制仍然存在各参与主体的功能不能完全发挥的情况。就事中持续监管方面,由于市场资源配置未达最优而使股票定价机制不合理。事后监管退市作为重要的注册制配套机制还存在诸多不足。然而,如前所述,注册制改革的前提并非注册制市场特征而是能够逐渐完善的证券市场与逐步符合注册制要求的制度设计趋势。

3. 注册制改革具备可行性

从系统论的整体性原则而言,系统各组成要素的功能有效整合是实现整体目标的必要途径。因此,注册制改革可行性要考察的重要问题是,在目前中国已具备的条件下,结合中国证券市场的发展实际情况,证券市场能否承受注册制改革带来的无形压力和短暂阵痛。

综合前文的阐述,笔者认为,作为注册制改革的核心制度——信息披露制度在中国已具初步法律基础,经过多年实践,虽然仍有不少缺陷,但相关市场主体的信息披露责任明确,操作顺利;同时,投资者的适当性管理制度及救济程序逐步完善,证监会淡化盈利能力判断、专注信息披露的观念转变以及事后监管水平的不断提高,中介机构更加专业尽职,上述有利基本面为注册制改革提供了有力的基础,可以保证改革过程中证券市场的稳定性和耐受力。由于渐进性的改革方式不一味强调一步到位，因此在注册制改革中，可以先针对部分发行人采用注册制进行试点，如针对高科技新兴产业企业，在部分领域进行先行改革与突破，积累经验，完善制度，让证券市场逐步消解改革中的负担和压力；在部分领域的促动下，使改革规模可控，影响可控，并使市场对改革结果产生一定的心理预期，便于拟发行人和投资者的合理规划；同时加快退市、转板制度等配套制度的建设，最终达到完成注册制改革的目标。

注册制改革的前提从系统论的整体性原则角度来说，并非已经成熟的注册制市场特征，而是逐渐培养对发行人信息披露义务和对投资者保护的重视、对自由市场的认同和诚信、法治的观念，以及逐步推进的行政放权于市场的制度设计趋势、日趋完善的各系统参与主体在事前事中事后各阶段的监管责任和法规政策中对投资者的司法救济。因此，笔者认为，中国推进并实施注册制改革是历史发展的趋势，而且改革的条件已逐步成熟，尤其是习近平总书记亲自宣布将在上海证券交易所设立科创板并试点注册制，这意味着注册制改革的最好时机已经来临，而且改革具有现实的可行性、必要性。

（本文成文于2019年1月）

证券监管机构与市场参与主体在市场化改革下监管体系之构建

吕红兵　朱奕奕

一、系统论下的建构概述

从中国股票公开发行审核制度的沿革来看,中国证券市场系统与制度设计随着市场需求的发展不断自我完善,具有动态性,符合系统论对于动态性原则的要求。然而,由于系统的开放性,不断变化的市场需求与核准制下行政监管之间的矛盾日益加剧,系统内部的无序性提升,系统产生改革调整的必要。具言之,核准制的制度设计尚未在系统的层次结构、功能及最优化方面达到最合理配置,上市发行阶段方面没有对上市和发行进行细分、监管退市制度存在不足,同时监管者中中国证券监督管理委员会(以下简称证监会)一家独大,交易所、中介机构等行业协会无法充分发挥其对于发行人信息披露义务的监督、监管功能,各系统参与主体之间的分工协调及资源配置模式尚不尽合理,存在较大权力寻租的风险,以至于难以实现整个证券市场系统对投资者合法利益进行保护的整体目的。为了恢复系统的有序性,需要对当时的股票公开发行审核制度进行市场化改革,在改革中需要对证券监管机构与市场参与主体进行重新审视与建构自身的职能定位。证券监管机构回归到市场保护者的角色,证券交易所则依照市场发展规律实现行业自律与自我监管,股票发行人的信息披露义务更以市场为导向,推进证券中介机构的市场化、职业化改革,真正肩负起市场守门人的角色定位,由此形成一种运行高效且分工明确的股票发行机制。

在发行上市申请审核前,先由行业自律体系下的保荐人监督发行人是否尽到信息披露义务,并可向证券交易所推荐适格发行人,再由交易所负责监管并审核发行人的发行上市申请,然后由政府监管体系下的行政监管机构行使形式审核之职。在中国香港,证监会还可对交易所的上市决定进行最终决断,两者协同分工、合理配置资源、避免行政对于市场过度干预,同时亦对投资者权益形成双重保障。

在发行上市申请审核后,一方面,政府监管体系下的证监会与行业自律体系下的交易所、保荐人等中介机构持续监管发行人的信息披露义务,及时发现不符合上市条件的发行人并监管退市,同时由证监会对交易所及其他行业协会主体进行合规审查,防止交易所、行业协会监守自盗,从而实现司法救济体系下保障投资者的系统核心目的。另一方面,就繁荣整体经济目的而言,行业协会加入证券市场系统后,由于其对市场需求的了解,能够在系统无序性增加、需要制度变革时为政府、证监会提供合理的改革建议,恢复系统的有序性。

证券市场系统的参与主体通过上述模式的合理分工协调,能够使整个系统达到层次结构性原则、功能性原则、最优化原则的要求,并缓解由于系统开放性所致的无序性,在行政监管与市场能动性之间形成动态平衡,最终实现系统的整体目的,在保护投资者的同时促进整体经济的增长与繁荣。因此,最重要的是,在系统论各项原则要求下,结合中国目前证券市场系统最新发展之情况,尤其是在建设科创板并实施注册制背景下,对证监会、交易所、发行人和中介机构这四大证券市场系统参与主体之关系与职能进行调整定位,则显得至关重要。

二、中国股票公开发行审核监管关系之建构

(一)政府监管体系:证券监管机构职能之定位

1. 证监会在注册制下承担的职能

根据法律法规的界定,证监会肩负着统一监督管理整个证券市场系统的重任,重点在监督管理,核心在保障运行。然而,在此前,关于股票发行实行核准制,在审与核的压力下,证监会不得不将大部分精力集中于股票发行审核上(尤其对于新股发行的审核),烦琐、复杂的发行审核工作占用了证监会大量资源,致使其客观上难以有效行使其他监管职能。

在注册制下,以证监会为代表的证券监管机构的职能将会发生系列变化。在操作进程上,证监会将逐步加强事中事后的监管力度,而不再将资源完全集中于事前的审核工作;当然,在最终结果上,针对发行审核的规则、直接审核主体、审核过程及结果等仍由证监会监管把控。如此,在注册制下,证监会关于事前审核部分的工作将会得到适当缓解,相应地,针对事中事后的监管工作亦将得到加强。具体而言,在注册制下,证监会将主要承担以下几种职能:

(1)法规政策的制定和相关制度建设

完整的资本市场法律体系是构建中国特色社会主义法律体系不可或缺的组成

部分，虽然，目前我国的证券市场已逐步推行注册制，然而，在基本法律层面，中国仅有《证券法》一部法律对证券发行和交易行为进行规范。毋庸置疑，《证券法》为证券市场的有序运行提供了宏观的法律保障，但正是囿于此，其无法涉及具体的监管细则。就目前主要操作规范而言，证券交易所制定的操作性规则在证券法律法规制度中占据着较大比例，但由于证券交易所为自律组织，其所制定的规则自始至终具有较浓厚的行业自治规范性质。

因此，证监会全面系统制定法规政策，成为构建证券市场法律体系不可或缺的内容。首先，熟悉特定行业惯例的机构最适合制定与该行业相关的规则。证监会针对证券期货市场而设立，具有较强的专业性和技术性，对证券市场有着天然的充分的了解，也能对证券市场的变化作出更好的应对，故由证监会制定具体法规政策具天时地利人和之优势，不仅能够因时因地地适应证券市场的发展，而且能够适时充分保障证券市场的良好运行。其次，作为承上启下的机构，证监会既能充分承接《证券法》的各项精神，又能深入了解证券交易所的各项规则。换言之，证监会能够在贯彻《证券法》意图的基础上，立足证券交易所的实际情况，制定出适应中国证券市场发展的法规政策。

证监会制定法规政策的内容主要分为两类：一是实质性的实施规则。该类规则不应仅局限于解释性，也应具有立法属性，涵盖证券市场活动的各个方面，包括证券发行交易及相关服务。如上文所言，《证券法》仅提供了宏观法律保障，即原则性的制度保障和各类规范，距离具体的可操作层面尚有空间。因此，证监会制定的实施规则既要考虑可操作性，亦要辅助《证券法》的施行，既查漏补缺亦大胆创设。二是程序性的实施规则。这类规则包括各类规范性表格的格式及细节要求、信息披露材料的规范要式以及各类执行程序规则等。在注册制下，信息披露居于至关重要的位置，在事前事中事后均须对其严格监管，因此，对程序性的规则需求将增加，对各类表格、信息披露材料和程序进行规范，使发行人及各中介机构拥有可以参考的格式和程序规范，有利于保持申报材料的齐备性、一致性和可理解性，不仅可以节约审核机构的时间精力，也便于投资人理解发行人的信息披露材料，作出合适的投资判断。

(2)对证券交易所进行监管

根据法律规定及授权，证监会监督管理的一项重要内容就是针对证券交易所的管理。在股票发行审核注册制下，证监会得以将精力从新股的发行审批上得以释放，客观上有利于其更好地践行管理证券交易所等机构的职能。

证券交易所作为自律组织，除了维持市场基本纪律以外，也必然会关注自身的发展,立足于自身利益的考量,因此,证监会作为政府机构,由其对作为自律组织的证券交易所进行监管,具有现实的必要性,更是保障交易有序性的重要因素。

概言之,监管主要集中在以下方面:

①对证券交易所制定规则进行审核。首先,证监会对证券交易所制定的业务规则拥有决定权和修改权。证监会的此项审核权力可有效缓和证券交易所作为自律组织制定规则时的狭隘性,有利于全面客观保护交易各方的利益,防止证券交易所的规则与《证券法》的规定相悖,有效促进《证券法》立法目的的实现。其次,证监会也应对证券交易所制定的惩戒规则进行审核。根据《证券交易所管理办法》第12条的规定,证券交易所对证券市场上的违法违规行为享有纪律处分权,有权对市场参与主体作出惩戒。该处分权具有强制性,惩戒规则的制定对市场参与者具有极大的震慑作用,因此,证监会对惩戒规则进行审核,既属有效践行法定的监督管理职能,亦有力督促规则制定的公正性与科学性,确保规则合法、依法惩戒。

②对交易所行使权力进行监督。一般认为,在注册制下,新股发行审核的职责将不直接由证监会承担,而归于证券交易所,但证监会作为审核规则的制定者,仍然需要承担起监督交易所行使权力的责任,以确保证券交易所在审核过程中公平公正公开而为,避免发行审核权的滥用。当然,在此过程中,证监会应侧重于形式和程序上的监督,充分尊重证券交易所一线权能,故监督只要确定证券交易所行使权力的形式和程序正确、合法即可,而不应对内容和实质进行审查,避免在注册制的名义下,依然存在核准制的实质。

③对交易所股票发行上市的审核结果进行认定。学术界普遍认为,在注册制下,证券发行权是一种特殊商事权利,且因此权利的行使涉及公众利益,即投资者的利益,所以法律必须对其进行约束。在此理论下,公司发行股票并在交易所上市的行为属于公司与交易所间进行的特殊商事行为,此特殊性主要表现在商事合同的订立及履行中,证券交易所依法享有审核权、监督权、惩戒权等权利,致使商事合同较之于普通合同具有鲜明的特殊点,尽管如此,证券交易所的行为本质上仍无法被界定为具体行政行为。因此,倘若发行人与证券交易所发生纠纷,仍属于平等主体间的争议纠纷,发行人一般无法根据《行政诉讼法》对证券交易所提起行政诉讼。

基于上述特性,为有效规范证券交易所行使审核权,维护发行人的发行权益,有必要赋予证监会对证券交易所审核结果进行最终认定的权利。具体而言,对于证券交易所审核的结果,应由证监会进行认定,即注册。证监会对证券交易所审核的结果进行形式和程序上的审核后,作出同意注册或不同意注册的决定。针对此决定,因其属于证监会行使职权的具体行政行为,故发行人可依法提起行政诉讼或行政复议,保障自身的合法权益。

(3)对重大违法问题的处理

在证券市场上,发行人及相关主体违反法律法规、损害投资人权益的事件时有发生,且有屡禁不绝之势。在此情况下,证监会应肩负起其监管的职责,妥善行使其行政处罚权,并结合证券交易所的自律惩戒措施,以维护证券市场的稳定和投资人的合法权益。

由于证券市场的参与主体众多,利益冲突复杂,实践中违法违规事件发生的频率相当频繁,为保障监管效率,及时维护市场交易秩序,故针对一般的违法违规案件,应由证券交易所在其自律监管权下进行自主处理,而证监会应集中力量处理重大违法问题。盖因较之于一般的违法违规事件,重大违法问题更能体现证券市场的内在矛盾,也更具典型性和代表性。通过处理此类重大违法问题,证监会不仅能够防范和化解证券市场上显现的系统性风险,也能够深入了解证券市场的规律,为日后制定新的监管政策与法规,预防新的风险,获取一手讯息打下坚实的基础。

基于系统论的层次结构性原则,从政府监管体系来说,证监会应当制定能够切实解决市场现存问题、符合市场需求的法规政策;就行业自律体系而言,证监会对证券交易所进行监督并对证券交易所的发行上市决定进行形式审核,与证券交易所可在事中事后对发行人信息披露义务的履行实行双重监管;针对司法救济体系,证监会应当对系统内的无序进行排解,处理违法乱纪的现象,维护投资者的利益。

2. 证监会职能在注册制下的有效行使

注册制的有效实施,证券市场的稳定发展,离不开证监会对上述职能的有效行使。然吊诡的是,目前证监会的主体性质和法律地位并非十分明确,这无疑为证监会有效行使相关职能造成了不必要的障碍。为了实现系统论的功能性原则,应当确保证监会在发行上市的事前事中事后的功能与职责的行使,为合理配置资源建构制度基础。

目前,证监会的主体性质和法律地位主要由 1998 年国务院发布的《中国证券监督管理委员会职能配置、内设机构和人员编制规定》(以下简称《三定方案》)进行了界定,《三定方案》主要对证监会“定职能、定机构、定编制”。虽然,在实践中,《证券法》第 7 条规定的“国务院证券监督管理机构”已经被等同于证监会,但基于立法的严谨性,无论是《证券法》抑或行政法规均应对此予以明确。

关于证监会的主体性质,根据《三定方案》的规定,证监会为事业单位。根据事业单位的职能定位,其本身不具有行政监管权和规章制定权,虽然证监会通过法律法规获得了授权行使监管权,并通过《立法法》的规定获得了规章制定权,但细加考量,事业单位的定性致使其行权过程中依然会存在潜在的问题或障碍。一方面,若是监管权力行使不当,极易产生严重后果;另一方面,随着中国证券市场的不断发展,证监会需要行使新的职权以适应新的现象和问题。因此,在新形势下,证监会的主体性质和法律地位应得到进一步的明确,如此,证监会才能依法有效履行其职能,以符合系统论功能性原则的要求,维护市场秩序,防范市场风险,促进市场繁荣发展。

（二）行业自律体系:证券交易所机构职能之定位

1. 证券交易所在注册制下行使发行审核权的性质

就最优化原则而言,交易所与证监会作为证券市场系统的两大参与主体,需要合理的分工配合才能最大程度发挥各自的功能。在注册制下,按照设计,股票发行的审核权由证监会移转至证券交易所。然而,这一审核权移交的性质并非行政许可的移转,盖因截至目前证券交易所并未获得法律法规授权,获得行使行政许可的权力。也有学者认为,虽然在注册制下证券交易所拥有新股发行的审核权,该审核权也涉及保护投资者这一公共利益,但依然不应将其认定为行政许可权。究其原因,《行政许可法》第 13 条规定了设定行政许可的例外情况:即使涉及公共利益,也可以不设行政许可。证券交易所的审核权完全满足行政许可设定的例外情况。此外,注册制是一种市场化的股票发行制度,注册制改革的目的之一就是防止行政权力对市场的过度干预。因此,证券交易所的发行审核权,更不宜被认定为行政许可权。

结合股票发行审核的特性,目前倾向于将证券交易所的发行审核行为界定为"受监管的自律管理行为"。理由如下:第一,在注册制下,证券发行权是一种特殊的商事权利,本质上是证券交易所与发行主体就股票发行问题签署的商事合同。据此,根据意思自治原则,证券交易所当然有权确定上市标准、选择上市企业、签署上市协议。第二,证券交易所为保证上市企业的质量,对企业进行选择,通过审核的方式提前介入企业的发行活动。第三,证券发行并非单纯的商事行为,发行股票涉及不确定投资者的利益,因此需要受到法律的约束和证监会的监督。因此,简政放权并不是不需要行政监管,而是最优化行政监管与市场之手之间的资源配置。

2. 证券交易所在注册制下承担的职能

根据《证券法》的定位,证券交易所是践行自律管理的法人。根据《证券交易所管理办法》的规定可知,证券交易所是依据法律法规的授权,行使自律管理的法人机构。在核准制下,证券交易所依法行使职权;在注册制下,证券交易所的自律管理更应进一步加强,充分发挥一线监管的职能,为维护证券市场的秩序与稳定把好第一关、站好前沿哨。交易所隶属于行业自律体系,对其所处的系统层次结构及每一层次结构下的功能,可以从事前、事中、事后这三个阶段来分析。

(1)事前审核:围绕信息披露而展开

在注册制下,由证券交易所行使新股的发行审核权,而承担审核职能的第一步即为事前审核。证券交易所作为股票发行上市的第一道关口,应严格审核发行人提交的注册文件,督促发行人做好信息披露工作。

证券交易所对于发行人注册文件的审核,并非直接对文件的实质性内容作出判断,而是核心关注发行人是否充分披露了所有相关的信息。主要内容如下:第一,独立经营能力。发行人提交的注册文件中应对涉及关联交易、同业竞争、控股股东生存及发展情况等方面的相关事项进行充分的信息披露,向投资者证明其拥有独立经营能力,而非附属于其他公司或个人。第二,独立盈利能力。发行人提交的注册文件中应包含证明其拥有独立经营并获得盈利能力的内容。同时,证券交易所还应重点关注发行人是否对其拥有的其他财政补贴、税收优惠等政策优待的合法性、持续性、重要性作出披露。第三,持续经营能力。证券交易所需关注发行人对其控股股东、董事会成员、核心管理人员及技术人员相关信息的披露内容,以及这些人员的变化情况和对公司运营的影响,以使投资者对企业是否能够长期经营具有充分的判断依据,从而作出妥善的投资决定。第四,持续盈利能力。证券交易所需要关注发行人是否对其经营模式与盈利模式、自主知识产权、法人治理结构、核心竞争力和市场地位等方面内容作出了充分的信息披露。

总之,基于发行的固有特性,证券交易所应从各个方面对发行人在注册文件中的信息披露事项进行考察,确保发行人已充分、准确、完整地披露了与自身运营相关的信息情况,以使投资者充分了解发行人真实的运营情况,助力投资者自行对投资行为作出理性判断。

(2)对市场和上市公司持续监管

证券交易所的监管不只是一种静态监管,即不仅是对公司的上市条件进行审核监管,而是一种持续性地监管。这一持续监管包括以下两个方面:

①监督市场交易行为合法合规。证券交易所是证券市场的交易平台和枢纽,也是一线监管证券市场的自律组织,其对证券市场交易行为的监管,对维护证券市场的稳定发挥着重要作用。作为最贴近市场的一线自律管理组织,证券交易所拥有最迅速发现问题并作出相应处理的能力。因此,由证券交易所对市场的交易行为进行监管,有利于在第一时间发现并解决市场上可能存在的违法违规问题,降低危害,防范风险。

证券交易所对市场交易行为的监督,主要包括以下内容:第一,对场内交易行为实时监控。证券交易所通过实时监控,对市场上的证券交易活动进行及时、全面的监督,确保违法违规交易发生后能够被及时发现并得到及时处置。第二,对发现的违法违规行为进行调查核实,降低危害,积极防范。对已发现或潜在的违法违规行为,证券交易所应及时通过现场调查和非现场调查的方式对相关行为进行核实,并及时采取措施,将违法违规行为影响降至最低,并积极防范后续风险。

为保证对市场交易行为的有效监督,证券交易所应建立有效的监察系统,并定期对系统进行维护和管理。同时,证券交易所应确立异常情况的预警指标,并根据市场变化及时调整和优化指标。如此,证券交易所才能有效、全面、及时地对市场交易行为进行监督,更好地发现和处置违法违规行为,保障证券市场的稳定与交易秩序。

②监督上市公司持续信息披露。信息披露是证券市场的核心,也是注册制改革的核心。证券交易所对发行人的信息披露行为进行监管是其肩负的重要的职能之一。显然,对信息披露的监管不仅包括对公司上市前信息披露的监管,也包括公司上市后持续的信息披露监管。

一般而言,持续的信息披露,包括综合性信息的披露和更正性信息的披露。前者主要包括年度报告在内的定期报告等。该类报告的披露,有利于帮助投资者对上市公司的运营情况作出综合且整体性的判断,并适时妥善作出投资的决定。后者主要包括对谣言的澄清、对因情势变更而发生变化的情况说明以及对错误表述或信息的更正。对此类信息进行更新和更正,有利于帮助投资者及时准确地了解公司的现时情况,因时因地改变已有认知,及时调整投资决策。

因此,证券交易所持续监督上市公司的信息披露,有利于保护在市场交易中处于弱势地位的投资者。只有持续监督上市公司履行充分的信息披露义务,才能防止投资者因获取信息不完整而作出错误判断,蒙受损失;只有充分保障投资者的知情权,才能促使投资者在信息准确的前提下进行理性的投资,保障市场稳定的交易秩序。

(3)监管退市

监管退市制度是证券交易所维护证券市场稳定的最后一道防线,通过强制严重违法的上市公司退市,一方面旨在惩戒已严重违法违规的上市公司,另一方面客观上亦起着杀一儆百的震慑作用,杜绝类似违法违规行为的出现,保障现有市场秩序。通过监管退市制度,证券交易所得以向投资人和发行人传达自身执行交易规则的力度和可信度,展示证券交易所自我监管的强大功能,保障交易规则有效执行。此外，交易所监管退市制度的顺利执行客观上亦发挥着吸引投资者在本交易所进行投资的作用。换言之，因为监管退市制度的存在，投资者有理由相信上市公司必定满足交易所规定的标准。维持和保护广大投资者对证券市场的信心，是证券市场得以有效运行并获得长足发展的重要因素，得民心者得市场。

在法治建设上，证监会于2001年针对连续亏损公司作出了退市的规定，确定了退市制度的实施。然稍有遗憾的是，《上市公司重大违法强制退市实施办法》对其他违法违规上市公司或已不符合上市条件的上市公司却未作出退市规定。在证券市场实际运行中，有些上市公司虽未发生连续亏损，但其股本总额、股份分布等实际已不满足公司上市的条件。此外，对于未按法律法规的要求进行信息披露的上市公司及作出重大违法行为的上市公司，其行为已经严重扰乱了证券市场的秩序，损害了投资者的利益。对于上述两类公司，应赋予证券交易所勒令其退市的处罚权力。

事实上，《证券法》(2014年修正)第48条、第49条已经规定了证券交易所有权暂停、终止上市公司股票交易的情形。[①] 在注册制下，应强化证券交易所依法行使监管退市权；在具体操作上，证券交易所应根据上市公司违法违规行为的严重性以及对市场和投资者带来的危害程度，制定监管退市规则，在证监会审核通过后，依据规则行使监管退市权。

注册制改革后的系统协调分工与资源配置模式应仿照中国香港，由交易所对发行人是否真实履行信息披露义务进行实质审查，并仿照美国，由证监会对于发行人的发行、上市申请采取形式审查。如此协调分工，一方面，由于交易所更接近股票发行上市的一线，更加了解市场需求、市场行情，能够更加合理、准确地根据所披露的信息判断发行人是否满足发行、上市的需求，形成合理定价；另一方面，证监会也能因此最优化配置行政资源，更多侧重于事中事后的监管。与此同时，交易所对发行人上市发行后的持续监管、持续信息披露义务监督，能够与证监会的事中事后监管一起对投资者的利益形成双重保障。此外，针对开放系统内部由于与外界环境信息交换而产生的无序性，监管退市成为系统自行排解这一无序性的必要组成要素，同入市一样，退市也应由交易所承担监管责任，减少行政干预的同时节省证监会的行政资源。

3. 证券交易所在注册制下管理职能的有效行使

《证券法》明确规定，证券交易所是自律管理的法人机构，行使对证券市场自律管理的权利。然现实问题是，一方面，中国证券交易所在现阶段缺乏自律管理的独

---

① 《证券法》(2019年修订)已删除。

立性，在一定程度上成为政府行政权力的附庸，形成与证监会“形分实不分”的局面。另一方面，中国证券交易所目前亦缺乏自律监管的有效手段，监管力度明显不足。因此，从功能性原则的角度，伴随注册制的实施，证券交易所的职能越发重要，为保障证券交易所监管职能的有效实行，针对交易所的管理应完善如下工作：

第一，证券交易所的自律监管能力应得到加强。证券交易所作为一线单位，对市场进行第一时间的监管是其最基本的职责，也是其作为市场组织者的天然优势。因此，证券交易所的自律监管能力无疑应得到持续的加强与保障，而且客观上既缓解了证监会的监管压力又有利于证监会更好地实现其监管职能。只有证券交易所在一线提供基本的信息和监管配合，证监会的监管才能够有效实施。由证券交易所在一线对上市公司进行基本的监管，证监会才能够将更多精力投入研究如何规划建设证券市场等重大问题上，从更深层次、更全面的角度保障中国证券市场的长期稳定发展。

就结果而言，证券交易所的自律监管能力与交易所的管理水平、市场竞争力息息相关，自律监管能力得到保障则预示着交易所管理水平高，意味着证券交易所可以提供一个更加公平、透明、有效率的市场环境。如此，无论是对发行人还是投资者而言，这样的交易所均具有强大的吸引力。

第二，证券交易所自律监管的专业化能力应得到加强。在注册制下，证券交易所的职能至关重要，其专业化水准与证券市场的发展息息相关。尤其在中国新经济形势下，创新型企业发行上市的需求增加，新模式、新业态、新产业、新类型层出不穷，无论对于企业发行审核抑或上市持续的监管，处在一线地位的证券交易所皆需要更为专业的人才、更为专业的技术制度，唯有如此，才能更好地维护市场的稳定与秩序，更好地透过现象看本质，从而更有效地保护广大投资者的利益。同时，证券交易所专业化水平的提升也与交易所的竞争力、吸引力直接相关，客观上无疑有利于吸引更多优质企业和更多优质投资者的参与。由此可见，注册制改革后简政放权以使交易所充分发挥其职能，对于实现证券市场发展与保护投资者利益的系统整体目的具有重要性与必要性。

（三）发行人的角色定位

注册制的改革本质上是针对股票发行上市制度市场化的变革，旨在更为科学地理顺政府与市场的关系，在结果上，既可充分反映市场供求关系的变化，给予发行、投资等各参与主体更为自由的运行环境，亦可更好地规范各方主体尤其是监管主体的行为，行政的归行政，市场的归市场。在市场的推动下，发行人的业绩与投资价值、未来发展前景等不再在股票发行审核的过程中被贸然地作实质判断。较之核准制，发行人获得了极大的上市便利，但市场推动并不等于彻底放纵，发行仍然是最重要的证券交易行为，投资者的利益保护、市场秩序的维护仍是证券市场的重心，因此，作为股票发行的主体、作为证券市场系统中的被监管者，其角色定位与注册制的实施开展密切相关。

1. 发行人在注册制下承担的职责建设

(1)保障信息披露

信息披露对于证券市场的发展至关重要。信息披露不仅是连接投资人与发行人的桥梁，而且还是监管部门进行监管的主要信息来源，因此，真实准确的信息披露历来是证券市场持续健康发展的基础要求。中国现行《证券法》第五章对信息披露作出了基本的规定。

无论是注册制还是核准制，无论是监管机构还是市场方面，对发行人的审查皆建立于其所披露的信息基础之上。一般认为，在核准制下审核机构对发行人的实际状况及发展前景进行背书，而在注册制下由市场自行判断背书，故而此处存在一个较大的转变，尤其是对投资者而言。有鉴于此，在核准制下，进一步完善发行人的信息披露制度则显得尤为重要，可谓发行人成功上市、投资者获益、证券市场稳定发展的核心要求。

为此，一方面，应该严格要求信息披露的真实性、持续性及完整性，发行人应当保证其提供的发行说明书、上市公告书等所有文件内容符合信息披露要求，并严格遵循信息披露的持续性，在事前事中事后都要详尽地、持续地披露相关信息或事件，比如企业分立、改制重组等。另一方面，发行人应当保证信息披露的及时性，及时性不仅要求发行人应及时公布应披露的信息，而且要保证投资者及时获知信息。事实上，传统的报纸、网站公告方式已经无法满足及时性的要求，因此，在新时期信息披露的建设上，应当采取多样性的公告方式，针对不同的披露内容采取不同的披露方式，以确保披露的及时性。

(2)构建公司诚信理念

在实践中，中国资本市场存在大量与发行人相关的承诺，一方面显然是为发行上市而积极取信、取悦市场而为，另一方面发行人作出的部分“庄严”承诺纯粹系弥补公司治理结构的缺失、逃避监管要求之举，但问题是承诺既已作出，对外已产生公示公信效力，承诺的履行则与发行人的诚信、市场的稳定息息相关。为此，证监会从 2012 年 10 月 15 日起开始对发行公司及其关联方的承诺履行情况进行了专项检查，检查显示，上市成功后发行人的承诺履行情况堪忧，不履行、不适当履行或者迟延履行的情况大量存在，承诺逐渐演变为一纸空文。

就法律性质而言，承诺一般构成发行主体单方的意思表示抑或单方允诺，具有明确的法律约束力，本不该随意违背；否则，构成典型的违约行为，在结果上会导致恶劣的影响，不仅发行人自身丧失信誉，而且严重毁坏市场的诚信。但之所以仍然存在如此严重的违约状况，原因众多，既有承诺本身的瑕疵，亦有情势变更的影响，更有发行人自身诚信的缺失。至此，在构建诚信体系的道路上，我们仍然任重道远。

在证券市场上，发行人履行承诺本质上是诚信责任的体现，不履行承诺往往涉嫌构成虚假陈述或利用承诺操纵市场等违法行为，从而破坏证券市场的秩序。在注册制下，市场的作用将得到更加彻底的发挥，所以市场的重要基石、霸王条款——诚信原则亦将成为规范市场的重中之重。注册制将进一步激发发行主体的发行热情，但发行人更应当承担起诚信责任。在规范发行人诚信责任的建设上，应该明确，对于不履行承诺，缺失诚信责任的发行人，应当将发行人及其董监高、实际控制人等承诺人及关联方均纳入诚信信息监管范畴。对于严重失信的发行人及相关人员，甚至可以列入失信人名单，限制其高消费，从而达到处罚与威慑的作用。

(3)完善公司内部治理

公司的内部治理直接关乎着公司的发展命运，对公司、对市场均有重要影响。如前所述，在注册制审核下，交易所或监管机构对于发行主体的商业前景等影响投资判断的实质性因素一般均不作实质性审核判断，因此，决定发行主体商业价值的根本因素在于发行主体自身，其中内部的治理乃直接内因。现阶段，中国大部分公司的内部治理结构都亟须完善，由于上市公司涉及的投资利益众多，故发行上市主体必须承担内部治理的责任，发挥企业内部机制的运行效能作用，如落实独立董事制度、强化监事职能等，真正做到职责明确，集思广益发展公司。

以独立董事制度为例，根据我国《公司法》等法律法规的规定，上市公司应设独立董事，独立董事应及时、独立、尽责地行使监督的权利，也能够促使企业准确、及时、全面地进行信息披露。2001年证监会发布的《关于在上市公司建立独立董事制度的指导意见》详细规定了独立董事的任职资格、提名任免方式、权利职责等内容。就目前实践情况而言，进一步落实独立董事制度，完善独立董事的行权履职，系上市公司完善内部治理体系的重要工作。

2. 落实发行人责任，建立多元化的责任机制

对于发行人而言，除了需要其在信息披露、公司理念和内部治理方面自行改善之外，其角色定位还应当从证券市场系统的司法救济体系这一层次结构展开分析。注册制是一项市场化的改革，改革的目的在于进一步释放市场的活力，改革不是放松，更不是放纵，因此，对于市场各方参与主体而言，责任机制仍需建立，尤其是发行

主体,其一举一动均与市场、与投资者息息相关,紧密相连。发行人不同于证监会与交易所,后两者对于证券市场系统有着监管的功能,并以维护投资者为目的。然而,发行人在很大程度上是希望通过发行上市获得融资,趋利的心理可能并不能保障其真实、完整地进行信息披露,故对发行主体更应建立多元化的责任机制,以期遏制违法违规行为,防止"劣币逐良币"。

《证券法》(2019 年修订)第十三章虽然规定了发行人违法违规的责任,但就责任性质而言,《证券法》规范发行人的责任主要集中在民事赔偿范畴,且规范侧重于原则性,责任的单一化,处罚的弱度化,获偿的滞后性,违法违规的成本较之获益而言不成比例,因此,目前的规范往往难以起到有效抑制违法行为的效果,在一定程度上,违法违规的责任甚至促使发行人铤而走险。这也是虽需要简政放权,但也不能将行政监管从系统中彻底抽离的原因。

面对责任承担的窘境,在更为强调市场自由的注册制下,针对发行人的违法违规行为应当建立多元化处罚机制,多管齐下,多重责任,多层监督,多施压力。第一,在民事赔偿责任基础之上积极探索新的处罚机制,如责令回购股份、先行赔付、首追恶首。第二,在行政处罚上因时因地制定规则,保障处罚的及时性、严厉性,如建立完善的处罚机制,落实市场禁入、强制退市等执行制度。第三,对于重大违法行为及时查处,严格甄别刑事责任,及时遏制,维护秩序,如坚决打击欺诈发行、操作市场交易行为、违法披露重大信息等破坏市场交易秩序等行为。对于发行人,需要从司法救济的制度设计角度出发,围绕保护投资者利益的证券市场系统目的,坚持民事、行政、刑事责任的三位一体,对于违法违规行为构建多元化的处罚机制,增加违法违规的成本,从根本上抑制铤而走险的行为,以培养发行人的诚信理念,并防止投资者利益由于发行人的欺诈而受到损害。

(四)中介机构在注册制下承担的职责建设

注册制改革最大的意义在于尽力释放市场的因素,让市场按照市场的规律持续发展。作为市场参与主体之一——中介机构在市场的自由发展中扮演着极为重要的角色,甚至可谓市场的中坚力量,因为它们具有最为专业的人才,最为专业的知识,最通晓规则,最善用规则。如前所述,从层次结构性原则角度来看,注册制下信息披露是发行事前事中事后的核心环节,发行人信息披露的质量将直接影响发行上市的成败,影响投资者的投资判断,而在信息披露的操作过程中,隶属于行业自律体系的中介机构的辅助作用必不可少,甚至是信息披露行为的实际指挥者,因此,在未来的资本市场建设中,中介机构的作用依旧强大,不能忽视更不能小觑,中介机构的作用在注册制的改革中将更加前台化,中介机构的职责建设在注册制的改革中亦应同步进行。

当然,中介机构不同于其他参与主体,因为中介机构的所作所为一般难以抽离其在发行之初的原始身份,作为发行人的代理机构自应为委托人提供服务,但作为证券市场的守门人,也作为专业力量的代表,中介机构的所作所为亦应立足于市场与广大投资者利益,因此,负有双重身份的证券中介机构不免陷入如何寻求平衡点的困境。因此,在注册制下,更需从政府监管体系和司法救济体系的角度厘清中介机构的职责内容,充分发挥其作为证券市场看门人的作用。

1. 中介机构在注册制下的工作内容

一般而言,为发行人提供证券发行上市服务的中介机构主要有律师事务所、会计师事务所、证券公司等,作为证券市场活动的主要成员,各个中介机构均有其固定的工作内容。

(1)律师与律师事务所关于证券业务的工作内容

律师与律师事务所作为法律专业服务机构,负责企业发行上市过程中的法律事宜,因此,工作内容一般涉及以下方面:第一,作为发行人律师,为证券的发行、上市和交易出具法律意见书和律师工作报告;第二,作为承销商律师,为证券承销出具验证笔录及其他法律服务;第三,肩负合规性审查,制作与修改企业发行上市事前事中事后的有关法律文件,对发行人进行法律辅导,协助发行人应对其他市场参与主体关于法律方面的其他事宜;第四,根据规定,作为专业机构,依法向证监会等监管机构出具律师承诺函。

(2)会计师事务所关于证券业务的工作内容

会计师事务所作为财会专业服务机构,主要负责企业发行上市过程中的财务审计事宜。众所周知,一般评价一家公司的首要标准即查阅公司的财务情况,而对证券市场影响最大的因素亦为公司的财务指标,因此,会计师事务所的工作至关重要。一般而言,会计师事务所的主要工作内容包括:第一,对发行人在发行上市前的财务状况进行专业审计,梳理上市前的财务状况;第二,负责发行人上市后的财务审计与报表制作,如年报、季度报等定期报告与临时报告;第三,配合发行人应对其他市场参与主体(尤其是监管机构与投资者)关于企业财务情况的问询与其他要求。

(3)证券公司关于证券业务的工作内容

证券公司作为企业发行上市中的综合类中介机构,居于核心的地位,一般主要承担证券的承销业务以及保荐业务。根据实践的经验,目前在证券发行过程中,承销商更多的是承销业务与保荐业务均由一家中介机构担任,此种操作模式直接为发行人、保荐人及承销商等三方提供了实施不规范行为的空间,在结果上非常不利于投资者的投资判断、不利于市场的健康发展。因此,在注册制下,证券公司作为承担承销业务及保荐业务的中介机构首要改变的即是在企业发行上市过程中,一家中介机构不得同时担任同一发行人的承销商与保荐人。

同时,针对证券公司承担的保荐制度应继续予以完善。一方面,增强保荐人的独立性、提升保荐人的诚信履职意识。保荐制度的目的在于促使保荐机构在发行上市前规范发行人的公司治理,规范公司运营的合法合规,从而达到发行上市的规范要求。因此,基于保荐制度的设立目的,保荐人应为自己的保荐行为负责到底,独立的践行保荐行为系其首要标准,切不可为顺利促使发行人发行上市而与发行人串通合谋,丧失自身独立判断,丧失自身的专业及诚信意识。而基于目前的现实情况,保荐人的独立性与诚信意识应得到加强。另一方面,取消中国现行的保荐代表人制度。在中国目前的实践操作中,保荐代表人制度是极其尴尬的存在,现实情况是,在具体实施保荐行为时,保荐代表人往往不具备独立性。作为保荐机构的工作人员,代表人往往不得不屈服于机构的决定,进而为发行上市铤而走险。与此同时,丧失独立性的保荐代表人还被课以严苛的责任,但在责任的追究上,代表人的责任能力难以得到保证,如此制度,如此操作,不仅在根本上难以实现保荐制度的目的,而且在责任承担上并未起到利于投资者维权的效果。

中介机构能够通过行业自律,辅助证监会监督发行人信息披露的义务,但同时其与发行人之间可能存在共同利益而使其监守自盗、违背监督义务,因而需要从政府监管和司法救济这两个角度来看,明确中介机构违背义务的法律责任,从而进一步完善目前中国证券市场系统下中介机构的制度设计。

2. 严格遵循中介机构的执业规范,落实多元化规制措施

(1)规范执业行为,完善内控合规建设

如前文所述,市场之所以需要中介机构,无外乎是倚重其在证券业务上的专业能力,并期待以此来解决投资信息不对称的问题。与此同时,中介机构的介入,在一定程度上也降低了监管部门事后监管的成本。毫无疑问,证券市场的健康发展,注册制的顺利实施皆离不开中介机构的专业服务。但现实问题是,一些中介机构提供的服务或存在硬伤,或流于形式,不但破坏自身乃至行业的声誉,甚至给投资者、给市场带来较大的负面影响。为此,在注册制下,应当逐步规范中介机构的执业行为,更新并落实执业规则,保障执业标准。现阶段,中国已初步制定了关于各中介机构的执业细则,但就执行效果而言,规则仍存在规定过于原则笼统、缺乏实操性等问题。因此,在市场发展新形势下,应进一步细化相关中介机构的执业规范,明确权责义务,夯实责任基础。

同时,各中介机构应坚决承担内控责任,保障自身的合规建设。如针对承接保荐业务的证券公司而言,内控合规建设不到位将直接影响自身行为的质量,甚至对行为的合法合规性均产生重大影响。这也是证监会在处罚诸如万福生科等案中反复警示的问题。据此,中介机构的内控合规建设直接决定着中介机构的服务质量,并成为监管机构评判中介机构行为合法合规性的重要考察因素。同样地,律师事务所与会计师事务所均系专业性的服务机构,内控合规建设直接关乎服务行为的质量,在进一步完善中介机构履职的建设上扮演着重要角色。

(2)引入声誉机制,促使诚信执业

由于中介机构的处境特殊,既要受制于发行人的委托亦要坚守行业标准与使命,因此,在实践中,相当部分中介机构难以把握两者的平衡,基于利益驱使,往往屈服于眼前利益,降低标准,甚至铤而走险。无论在何种审核机制下,中介机构的执业坚守一定程度上直接决定了发行人上市的质量水准。当然,在核准制下,尚有监管机构对此进行把关背书;但在注册制下,由于行政监管力量的后撤,市场成为第一道评判要素,此时无论是发行主体抑或中介机构均具有较大的行为自由,作为专业机构,中介机构的行为尤为重要。此时,面对中介机构的特殊处境,为促使诚信执业,引入声誉机制,让中介机构更好、更客观地平衡各方利益。

当然,声誉机制的建设需要各方的鼎力协助,需要科学的设计与评估,为有效发挥声誉机制的作用,尚需依赖诸多条件,如投资者的配合维权意识、国家或行业信用体系的建设、相关行业协会的自律监管等。尽管中国现阶段关于中介机构的声誉机制建设基础薄弱,条件尚不充分,但令人欣慰的是,监管部门也已经开始注意到声誉机制的独特作用,并已逐步着手建设信用监管机制等措施。

(3)落实责任处罚,保障服务质量

中介机构的专业服务是证券市场运行的重要组成部分,无论对监管机构还是广大投资者而言,中介机构的专业服务都是重要的决策基础,因此,在保障市场健康发展的道路上,中介机构应肩负重大的责任,尤其在更注重市场作用的注册制下,中介机构更具有用武之地。当然,有参与即有责任,有专业参与即有专业责任,在中介机构市场化的服务行为中,应落实责任规制,规范服务行为,保障服务质量。

目前,中介机构的责任主要集中在行政与民事责任方面。就行政责任而言,作为专业的中介机构均受各自的主管行政机关(或市场监管机构)管辖,一般来说,警告、罚款、没收业务收入是较为常见的处罚手段。但近年来,随着市场的发展,中介机构的违法违规乱象有抬头之势,存在个别中介机构为经济利益丧失行业操守,沆瀣一气,突破行业规则,挑战市场底线,给自身的行业、给整个市场的发展带来恶劣负面影响。为此,以证监会为代表的监管机构根据市场发展形势亦逐步完善相关市场监管规则,加强专业监管,完善处罚机制,市场禁入这一"撒手锏"式的处罚手段亦频频亮相。在注册制下,中介机构的参与行为进一步得到加强,在如何平衡经济利益与职业使命的问题上,包括市场禁入在内的多元化行政处罚措施应继续坚持并予以适用。

就民事责任而言,《证券法》与最高人民法院《关于审理证券市场因虚假陈述引发的民事赔偿案件的若干规定》均规范了中介机构的相关民事赔偿责任,在实践中,投资者均可据此请求中介机构承担相关的赔偿责任。当然,随着市场的丰富发展,中介机构参与度逐步加深,尤其在注册制下,中介机构扮演的角色越发重要,为此,关于中介机构责任规制应更加具体明确,如"勤勉尽责"不应作为"一刀切"式的兜底条款,应将其具体化、明确化,这样既可让中介机构明确自身的所作所为,亦可让市场投资者有明确的判断标准,稳定的司法预期。

同时,应进一步完善民事赔偿制度,以立法的形式确立基于市场发展新设的相关制度,比如确立先行赔付制度,令严重违规的中介机构先行向遭受损失的投资者承担损害赔偿责任。虽然,一方面受限于诉讼程序的烦琐与漫长,另一方面基于司法成本的考量,仅有少部分投资者愿意选择通过司法途径寻求救济。但也正是基于此,在注册制改革方向下,建议一鼓作气,正式建立先行赔付机制,此举无疑具有重大的现实意义。

所谓先行赔付,是指在发生虚假陈述案件时,针对投资者遭受的损失,由承担赔偿责任的其他连带责任人(主要是中介机构、控股股东、实际控制人等)先行垫资向投资者承担损害赔偿责任,之后再由先行赔付人向其他连带责任人追偿的制度。就效果而言,先行赔付制度一方面有利于保护广大投资者的利益、稳定证券市场和社会秩序;另一方面,也有利于建立和维持证券业市场的良性生态。在先行赔付承担主体上,除发行人或上市公司控股股东、实际控制人外,保荐机构往往亦是先行赔付的责任人。一旦构成先行赔付的实施条件,其赔偿金额很可能足以让作为中介机构的保荐人"伤筋动骨"。因此,在客观上,先行赔付制度的设立可有力促使中介机构在其内部自发建立有效的项目质量和风险控制制度,提高工作能力和专业水平,强化个人和团队的责任约束,从而提高整个行业的执业质量和责任水准,并有助于在客观上形成优胜劣汰机制,提高行业集中度,以在证券服务市场建立和维持良性的竞争和发展的行业生态。

2015 年 12 月底,证监会颁布了《公开发行证券的公司信息披露内容与格式准则第 1 号——招股说明书(2015 年修订)》,在第二章第一节第 18 条承诺处新增了保荐机构先行赔付的承诺。同时颁布的《公开发行证券的公司信息披露内容与格式准则第28号——创业板公司招股说明书(2015年修订)》第二章第一节第19条也作了同样的规定。

这是中国第一次在部门规范性文件中明确要求保荐机构出具先行赔付的承诺,使此前仅在万福生科、海联讯等个案中运用的先行赔付手段成为一种制度化的安排,就维护市场稳定而言,此举系重大进步。但目前仅让保荐人作出先行赔付的承诺忽视了真正应肩负第一赔偿责任的主体——发行人及其控股股东、实际控制人等,故而对这些赔偿主体缺乏应有的约束与威慑。有鉴于此,在规则完善进程中,应进一步考虑令申请股票发行注册的发行人及其控股股东、实际控制人,以及保荐机构共同出具先行赔付的书面承诺,一旦因欺诈发行给投资者造成损失的,将由承诺各方共同设立赔偿基金先行赔付投资者的损失。之后,各方间的内部责任则根据行政调查、司法诉讼等途径予以解决。

一言以蔽之,中介机构承担的职责构成注册制制度建设的重要部分,中介机构的执业服务行为直接构成注册制如何推进实施的重要内容。在标准高、专业强、合法合规等高要求下,中介机构既需内部的自我建设、主动自律,亦需外部的积极约束,内外结合,双管齐下,以规范自身的执业行为。

中介机构参与到证券市场系统中可有效发挥作为专业化主体的作用,无疑有助于完善证券市场系统的整体结构,作为行政监管机构、交易所外的第三方,监管发行人的发行上市申请与信息披露义务的履行;鉴于中介机构与发行人之间的关系又有可能使其监守自盗,因而需要在政府监管体系和司法救济体系下对中介机构的行为进行监管与规范,明确其民事、刑事责任,以实现保护投资者利益的证券市场系统的整体目的。

三、小结

纳入系统论思想及其七大原则为分析中国证券市场系统提供了新的思路和路径。从宏观层面来说,自20世纪末审批制发展至今,政府根据市场需求对股票公开发行审核制度进行制度设计,不断根据市场新增需求,调节证券市场系统中的各参与主体的协调分工和资源配置,这体现了系统论的动态原则。然而,由于系统的开放性,即系统外部环境的变化会对系统产生影响,使系统现有制度设计与因外部环境变化而产生的系统新需求之间出现脱节,系统内部的无序性因此增加。为了恢复系统的有序性,需要进一步合理化系统内各参与主体之间的分工协调。

在证券市场系统尚未成熟时,行政对于市场的引导能够有利于规范的市场体系的建构，但是随着证券市场的成熟，行政效率低下、权力寻租风险越发不利于发行人之间的公平竞争，不利于降低市场风险、保护投资者利益等系统整体目的之实现，系统内部的无序性及行政监管与市场需求的失衡因此产生。证券市场系统应当调整内部资源分配模式，以重新平衡行政监管与市场需求、实现系统的动态平衡。

对于完善中国证券市场系统、重新恢复系统内部的有序性，在总结反思现有问题基础上，仍需进一步借鉴符合中国国情的域外经验，降低改革风险、提升改革效率。基于系统论思想，对一个复杂系统化繁为简、化整为零进行分析将有助于优化系统结构。因此，结合系统论七大原则，在总结、反思中国证券市场系统现有问题与借鉴域外经验时应从系统各层次结构的组成部分着手，实现系统论对层次结构性原则、功能性原则与最优化原则的要求，以达到系统的整体目的。

表1-4-1　各机构职能一览表

<table>
<tr><th>机构职能</th><th>事前职能</th><th>事中职能</th><th>事后职能</th></tr>
<tr><td rowspan="2">行业协会</td><td colspan="3">与发行人、交易所、证监会保持密切联系并基于市场需求提供制度设计建议</td></tr>
<tr><td>保荐人：推荐发行人并监督发行人信息披露</td><td colspan="2"></td></tr>
<tr><td>发行人</td><td>依据信息披露义务，提交发行上市申请</td><td>履行信息披露义务，加强诚信理念，完善内部治理</td><td>配合完成退市程序</td></tr>
<tr><td>交易所</td><td>对发行人进行实质审核并作出是否发行上市的决定</td><td>利用自身专业化优势，持续监管发行人的信息披露，并完善自律监管</td><td>如果发行人不再符合发行上市要求则作出退市决定</td></tr>
<tr><td rowspan="2">证监会</td><td colspan="3">基于行业协会的建议，制定法规政策，保障发行人信息披露义务的履行</td></tr>
<tr><td>对发行人提交的文件进行形式审查；
对交易所发行上市决定最终决断</td><td>对交易所、行业协会及发行人进行合规监管，并对违法问题进行解决</td><td>对交易所退市决定最终决断</td></tr>
</table>

从层次结构的角度上说，宏观层面上，政府对股票公开发行审核进行制度设计，以调配中观层面的可供发行、上市的有限市场资源，作用于微观层面，便体现为证券市场系统各参与主体不同的协调分工模式。

针对核准制下中国证券市场系统中行政过度干预市场以至于资源无法最优配置的问题，应借鉴域外既有经验中简政放权的协调分工模式，在全面推行注册制改革后，保障交易所、保荐人等行业自律组织发挥自身的职能，分担行政监管机构的审核、监管压力，从而提升行政监管效力。从功能性原则的角度来说，在发行上市申请前，由保荐人监督发行人的信息披露义务，同时保荐人还能向交易所尽到推荐发行人的责任义务，在对发行人发行上市申请的审核方面，由交易所承担起实质审核责任，由证监会对发行人披露的信息进行形式审核，并对交易所的实质审核结果进行确认，在发挥其监管的职能的同时减少证监会行政权力的干预，从而降低权力寻租风险，并为事中事后检查节约行政资源。

注册制注重的信息披露不仅是发行上市申请前的，更是对发行人在发行上市后的持续监管。证监会在事前实质审核中节省的行政资源可以在事中事后的持续监管中起到重要作用，同时交易所、行业协会也应承担起监管作用，防止证监会一家独大、滥用行政权力干预市场。正是注册制对于事中事后监管的重视，使退市机制成为其必不可少的配套机制，从而保障了证券市场系统内发行人的质量。

上述事前审核、事中监管和事后退市的协调分工模式能够完善政府监管体系和行业自律体系的自洽，但在协调分工模式中司法救济不可或缺，应通过更加完善的政府监管与司法救济的法规政策，可以促使发行人真实、完整地履行信息披露的义务，并为投资者提供必要的救济途径。行业协会作为最接近市场的前线，政府与证监会在宏观层面进行制度设计时，应当从行业协会中了解市场需求、完善法规政策，从而在发行人违反信息披露义务、损害投资者利益时，能够提供投资者必要的救济途径。

在新兴加转轨的市场背景下，进行注册制改革不仅能够进一步细分层次结构，合理的协调分工模式还能优化系统内有限资源的配置，从而在注册制改革后的证券市场系统内达到系统论对层次结构性原则、功能性原则与最优化原则的要求，从而保障发行人信息披露义务的履行、保障系统内获得发行上市的发行人质量，维护投资者利益，促进证券市场与整体经济的增长，以实现证券市场系统的整体目的。

（本文成文于2019年2月）

改革的建议与突破点：战略新兴企业的股票发行审核

吕红兵　朱奕奕

一、改革的突破点：战略性新兴企业的融资之路

从语义出发，所谓战略性新兴企业彰显了两个显著的特征：一是最近兴起发展的；二是着眼于对国家全局性、未来性问题的谋划与实现。无疑，战略性新兴企业从一产生即肩负振兴民族、面向未来的天然使命。

（一）战略性新兴企业的上市融资概况

国务院在2010年10月10日也发文明确了目前需要重点培育和发展战略性新兴企业。从系统开放性的角度来说，战略性新兴企业对于进入证券市场、获得融资是证券市场与外界不断进行信息交换的结果，这一外部因素的进入必然会对现有系统内的有序与动态平衡产生影响。因此，战略性新兴企业进入证券市场获得必要的融资是现阶段市场产生的新需求。

尽管战略性新兴企业整体发展势头强劲，但国家信息中心的数据显示，2017年该类企业在融资规模上有所收缩，企业发展后劲面临较为严峻的挑战。2017年一季度战略性新兴企业首发募资和增发募资总额为975.2亿元，较2016年同期减少711.9亿元，降幅为42%。虽然，针对战略性新兴企业首次公开募股（Initial Public Offering，IPO），中国证券监督管理委员会（以下简称证监会）给予了较大的支持力度，无论是企业上市数量还是发行总额都保持着平稳的增长。但战略性新兴企业增发募资金额大幅减少，掉至2016年以来的最低值，仅796.6亿元，占A股增发募资总额的比重较2016年减少30个百分点。

（二）战略性新兴企业发行上市的困境

上市融资作为企业获得长足稳定持续发展的重要方式之一，对于战略新兴企业而言尤其重要。然囿于战略新兴企业的自身特征与属性，现阶段战略新兴企业

的上市融资之路却走得异常艰难，盖因现行的股票发行审核制度与战略新兴企业的融资发展需求出现了严重脱节。

1. 困境之一：财务要求难以达标

众所周知，在目前的上市发行审核中，针对发行主体的财务要求是发行的硬性要求。而正是这些硬性要求，直接断送了众多战略性新兴企业的融资来源。以爱奇艺为例，作为国内最大的视频网站之一，爱奇艺2016年的营收达到112.83亿元。然据核算，当年的运营成本和费用为140.5亿元，依此2016年的运营亏损为27.7亿元。由此可见，以爱奇艺为代表的新兴媒体企业，难以达到上市的盈利要求。然而，该类企业虽然盈利水平和经营性现金流水平较弱，但商业模式新颖，市场关注度高，对中国的文化创意产业发展起着重要的推动作用。

另外，战略性新兴企业中还包括其他两类难以满足上市盈利性要求的企业：第一，发展至一定规模、现金流较充足，但暂未达到一定盈利水平的企业，如大众点评等新型服务业；第二，盈利能力尚未达到一定水平，或没有盈利或营业收入，但具备一定的资产规模、市场前景良好的企业，如中国商飞。

2. 困境之二：公司治理尚不成熟

无论是在主板，抑或是创业板上市，对于拟上市公司的治理情况均具有明确的规定与要求，成熟、清晰的公司治理构成核准企业发行上市的重要组成部分。

尽管大多数战略性新兴企业具备较强的增长潜力，但在产生强烈融资需求时，这些企业绝大多数仍处于初创期，不仅规模小，而且风险高，充满不确定性。尤其是新兴企业中常见的股权激励机制、双重股权架构等治理架构方面的设计，均与现行上市准入制度要求、现行政策法规存在一定的矛盾。在上市申请与核准过程中，上述矛盾甚至直接构成了障碍因素。

3. 困境之三：审核时效效率低下

根据《证券法》的规定，目前，在国内A股市场上市实行核准制，核准即意味着需要较长的时间等待，因为流程繁杂冗长：申请、受理、预披露、反馈、预披露更新、初审会、发审会、核准发行。根据一审IPO网站发布的周报显示，2017年IPO企业通过发行审核的平均周期为15个月左右。对于即使满足了条件的企业来说，等待审核也构成极大的时间成本，而鉴于战略性新兴企业的特征，时间即是命运，漫长的等待往往“远水解不了近渴”，甚至直接在等待中死亡。就2017年大陆主板市场和香港联合交易所有限公司（以下简称联交所）的上市通过率相比，联交所的通过率在高于大陆主板市场的同时，其平均通过时长远低于大陆主板市场的180天，仅需22天，可见注册制审核下的效率高于审核制。

根据发行规定,在主板、中小板和创业板上市皆要求企业“持续经营时间应当在三年以上”。在战略性新兴企业中不乏营业时间短,但盈利能力较强的企业,需要通过上市募集资金,以确保其后续的发展。目前的上市条件中对经营时间的限制,无疑对这类企业的上市融资构成了直接的障碍。

尤其是2018年,主板的IPO过会率仅28.17%,究其原因主要是由于将监管标准侧重于持续经营能力和财务合理性,单一的监管标准降低了审核制的效率,也容易导致证监会的权力寻租。

二、改革的试验点:科创板与注册制

2018年11月5日,国家主席习近平在首届中国国际进口博览会开幕式演讲中明确提出将在上海证券交易所设立科创板并试点注册制。这一宏观政策的出台,指明了未来中国证券市场系统的市场化改革方向,同时也为未来以建设科创板并实施注册制为试验点,逐步全面推广注册制提供了政策基础和制度铺垫。如上文所述,战略性新兴企业的上市融资需求与现行核准制下的制度设计存在矛盾冲突。该矛盾冲突对于开放证券市场系统而言,将增加系统内部的无序性,需要调整现行系统内各组成要素之间的分工,优化资源配置,实行市场化改革,以实现便利战略性新兴企业融资的系统目的。

科创板脱胎于新兴板,两者所面向的主体均为科技型、创新型战略性新兴企业,因此,原有新兴板的上市条件、注册制审核标准、投资者适当性管理等监管制度对于科创板的相关制度的设立具有指引意义。基于《关于上海证券交易所设立新兴板的请示》(以下简称《请示》)的规定,并借鉴域外在创业板及其他针对新兴产业上市的运行模式,对科创板注册制试点提出改革设想。

(一)设立科创板并实施注册制的意义与目的

1.设立科创板的可行性与必要性

2018年11月5日,国家主席习近平提出将在上海证券交易所设立科创板并试点注册制。此前,在上海股权托管交易中心(场外市场)已经设立了科技创新板,客观上为在上海证券交易所设立科创板并试点注册制已在场外市场积累了实践经验,并已经过一段时间的检验。在现如今时机成熟之际,在场内市场即上交所推行科创板并试点注册制具有市场需求和制度基础,亦具有可行性。

在此次提出设立科创板试点注册制前,政府曾提出将在上海证券交易所建立战略新兴板,支持新兴产业企业及创新型企业的融资。这是中国整体经济市场增长放缓之际,通过证券市场系统为相关企业降低融资成本的重要举措之一。从《请示》中可见,战略新兴板的受众之一便是红筹企业。在外上市的中国概念股亦希望通过战略新兴板回归A股市场,以《请示》中提及的爱奇艺与大众点评为例,大众点评寄希望于登陆战略新兴板,着手拆除可变利益实体(Variable Interest Entities,VIE,亦称“VIE结构”);爱奇艺此前为在美国上市而加入了百度体系,为了登陆新兴板,爱奇艺又从百度体系中撤出,为回归A股市场作出了必要的私有化准备。然而,由于2015年证券市场的动荡,设立战略性新兴产业板计划暂时搁浅。这使部分希望通过新兴板上市融资的企业为上市所作的准备付之东流,同时也不能满足随着中国经济和证券市场发展而日益增长的科创企业的上市融资需求及投资者的投资需求。针对这些战略性新兴企业的融资需求与现有制度设计所存在的矛盾,推动科创板的设立并试点注册制具有必要性,从而贯彻落实国家创新驱动发展战略、健全证券多层次资本市场体系。

2. 科创板是中国证券市场系统发展的新成果

(1) 科创板与创业板的主体不同

在创业板推出初期,曾有观点担忧创业板与主板、中小板市场之间由于定位不明而相互干扰、恶性竞争,但是三大板块运行至今仍保持相对独立,其原因便是由于主板、中小板、创业板所面向的投融资对象存在相对明显的差异。科创板的主体也应与主板、中小板、创业板有所区分。

科创板所面向的主体在一定程度上接近于上海股权托管交易中心的科创板主体要求,面向科技型和创新型中小企业。除了参考场外市场科创板的主体要求外,根据《请示》可知,彼时新兴板的主体定位是已经过发展、跨越创业阶段且具有一定规模、拥有核心技术、市场占有率高的高新技术产业或者战略新兴产业,不同于《创业板股票上市规则》中对创业板主要面向自主创新及其他成长型创业企业的定位。科创板的主体定位可参考、延续新兴板《请示》的要求。企业应是区别于以商业模式创新为特征的“软”科技企业,其中对于核心技术等“硬科技”的要求将成为衡量该类企业的关键。

不同于创业板、科创板对企业“两高五新”(高科技、高成长、新经济、新服务、新能源、新材料、新农业)的重视,主板和中小板在企业规模、盈利等方面均对上市公司有较高要求。主板、中小板与科创板所面向的主体有着明显差异。就创业板和科创板所面向主体的区别而言,科创板与创业板两大板块的适格主体虽类型接近,但创业板主要服务的是成长型创业企业。科创板所面向的企业较创业板均更为成熟而且规模更大,从企业成长周期和规模上都将不同于创业板。从层次结构的角度来说,这样设计的目的是形成错位,避免重复建设,或者即使存在一些交叉和竞争,对整个证券市场系统而言也可以达到促进更优服务和降低成本的结果。正是因为创业板、科创板所面向的适格主体不同,设立科创板才有其必要性,才可弥补创业板的空白。

(2)设立科创板可丰富中国证券市场系统的层次结构,满足市场的融资需求

目前中国证券市场系统内,深圳证券交易所有主板、中小板和创业板,其内部层次比较丰富,但上交所只有主板,其内部层次过于单一。在建立健全多层次资本市场的总体政策指引下,设立定位低于主板但高于创业板的科创板,可丰富证券市场系统下交易所的层次,并拓宽证券市场系统的覆盖面。设立科创板后,其与主板、中小板、创业板所形成的证券市场系统,从层次结构上说,将类似于美国纳斯达克。

美国纳斯达克自1971年成立至今,逐渐演变出三个层次:一个是上市门槛最高、主要面向蓝筹企业等其他大规模成熟企业的纳斯达克全球精选市场;另一个是纳斯达克资本市场,其上市门槛最低,主要针对风险较高但规模较小的企业;还有一个是上市门槛介于精选市场和资本市场之间的、主要吸引中等规模企业的纳斯达克全球市场。对应来看,创业板接近于纳斯达克资本市场,科创板对其主体的要求则接近于纳斯达克全球市场。

美国纳斯达克证券市场系统演变出这三个层次,均是顺应市场需求的结果。随着中国经济发展,中小企业尤其是科技型、创新型战略性新兴企业的融资需求不断上涨,该类企业的发展阶段不同,因而融资需求也不同,不同发展阶段的企业的投资风险不同,因而对适格投资人的要求也不尽相同。设立科创板可以在保障各个板块错位发展的基础上,满足市场各层次战略性新兴企业尤其是科技类、创新类中小微企业的上市融资需求,满足优质红筹企业回国上市的需求以及对风险承担能力各异的各类投资者的投资需求,以完善证券市场系统参与主体的层次结构。

此外,由于科创板所面向的主体在风险性和稳定性方面均不同于主板、创业板,因此,在相应的上市条件、审核机制、投资者适当性管理等制度设计方面不仅应体现出与科创板支持大众创业、万众创新理念相符的包容性、差异化,以及与注册制简政放权理念相符的市场化和灵活性,还应围绕投资者保护的证券市场系统目的,促进证券市场和国民经济的整体繁荣发展。

3. 科创板下全面保护投资者权益的建议

中国现有证券市场仍是一个以散户为主的市场,机构投资者所占比例远低于散户。散户即个人投资者对于科创板的风险承担能力和知情能力显不同于机构投资者,故针对个人投资者是否能够参与到由科技型、创新型企业构成的、风险较主板更高市场的问题,联交所在《香港交易所就建议设立创新板及检讨创业板征求市

场意见》中的改革模式是将创新板分为创新主板及创新初板，创新主板可对散户开放，采取与主板相似的监管方针；创新初板则只对专业投资者开放，上市要求因此会比较宽松。科创板的上市门槛高于创业板，接近于创新主板的要求，因此，科创板应当不仅可以面向机构投资者，也可以面向个人投资者，并基于《请示》，实施不严于创业板的投资者适当性管理制度，进一步结合上海股权托管交易所中心对投资科创板的个人投资者的要求，申请开通科创板交易的个人投资者应满足以下要求：一是必须具备两年以上（含两年）股票交易的经验；二是应对新兴产业企业、科技型和创新型企业的特点有一定了解，并通过相应的知识测试；三是对新兴产业企业、科技型和创新型企业的投资风险有一定认识，并签署风险揭示书。

科创板在推出后，短期内必然会大量增加市场的股票供应，由此可能导致供求失衡，对二级市场投资者造成损害。为了减少对投资者的伤害，不仅仅应从投资者本身适格的角度来规范证券市场，还应当从交易所和司法救济的角度来落实对投资者的保护。美国投资者适当性最初是由美国证券交易商协会（National Association of Securities Dealers，NASD）提出的道德规范，属于行业自律体系而非行政监管体系，其理论基础来源于证券公司对其客户的信义义务，即证券公司应当向客户推荐适合其需求的股票；随后行业自律规则整合为投资者适当性法律制度即 Rule 2111 和 Rule 2090，并要求证券公司了解你的客户，从而根据客户适当性及产品的根据适当性的标准向适格客户推荐适格产品，以履行信义义务。由此可见，美国证券市场系统为进一步保护投资者，逐渐严格化投资者适当性的管理，并最终将行业自律规则吸收进入成文立法，从而落实交易所对投资者适当性管理规则的履行与投资者保护的整体目的。

从司法救济角度来说，美国具有完备的集团诉讼制度和律师风险代理收费制，前者避免了中小投资者作为个体起诉时的高成本，后者则通过先代理诉讼后付费的方式，有效地激起了投资者的自我保护意识；此外，美国还通过媒体的舆论监督，发布违反或者拒不执行信息披露义务及其他合规要求的上市公司或者投资者信息。一个成熟的证券市场尚对投资者保护如此重视，中国目前尚在发展中的证券市场更应重视投资者保护，不仅应通过证监会等政府监管完善法律法规，加强对发行人合规行为的规制，保障交易人信义义务以及中介机构督导义务的履行；此外，也应当完善集团诉讼制度，为投资者提供更加完善的司法救济途径。

（二）小结

随着中国经济的发展，科技型、创新型战略性新兴企业在中国国民经济中的重要性逐渐提升，其对上市融资的需求也随之增加。然而，这些新兴产业企业及创新企业在目前核准制下难以获得上市融资的机会。为了缓解这些新兴产业企业及创新企业的融资需求与现行制度设计的矛盾，降低因此导致的市场无序性，国家出台了政策引导证券市场系统设立科创板并试点注册制。故为进一步深化市场化改革，应以科创板试点注册制为实践点，逐步在A股市场全面实行注册制。

科创板所面向的主体与主板相比，风险更高、规模更小、稳定性低；与创业板相比，则更加成熟、规模更大。正是因为面向主体的类型不同，才能够在不同板块之间形成错位，弥补现存主板与创业板之间的空白。然而，鉴于科创板所面向主体具有的高风险性和低稳定性，应当在发行人信息披露、行政持续监管及退市转板制度及在中介机构、投资者适当性等方面进行更为严格的差异化制度安排。通过对现有股票发行审核制度进行市场化改革，降低公开发行审核的准入门槛，为战略性新兴企业融资提供便利，同时加强证监会对信息披露义务的事中事后监管，并发挥保荐人等中介机构的监管职能，实现系统论对层次结构性原则、功能性原则、最优化原则等原则要求，进而实现维护投资者利益、促进国民经济繁荣的证券市场系统整体目的。

（本文撰写于2017年12月14日）

二、注册制·中国实践

建立包容性与创新性更强的科创板与注册制法律制度

吕红兵　刘　维　朱奕奕

2019 年 1 月 30 日，在各界期盼中，中国证券监督管理委员会（以下简称中国证监会）发布《关于在上海证券交易所设立科创板并试点注册制的实施意见》，上海证券交易所同时发布《上海证券交易所科创板股票发行上市审核规则（征求意见稿）》（以下简称《审核规则》）等 6 个配套业务规则向社会公开征求意见，[①]科创板和注册制试点改革终于落地声响！

（一）

超大信息量及长篇文字量颇令市场人士应接不暇。快速浏览后，大家几乎异口同声其超出预期，颇有惊艳之感。细细品味后，我们更多关注文件之中、文字背后的法律关系及治理理念，这是建立并完善科创板及注册制规则体系的法律基础。在法律人看来，社会治理和法治国家纵横交错、上下互联的正是一系列法律关系，作为市场经济与法治经济最彰显者的资本市场，当然也不例外。

应该说，上述科创板与注册制相关规则重点界定并厘清了市场相关主体间的七大关系，构成市场体系建设的“四梁八柱”，接下来的“精装修工程”也应依此进行、为其支撑。

一是中国证监会与交易所的关系。《审核规则》第 4 条明确规定：“发行人申请股票首次发行上市，应当向本所提交发行上市申请文件。本所对发行人的发行上市申请文件进行审核（以下简称发行上市审核），审核通过的，将审核意见和发行上市申请文件报送中国证监会履行注册程序；审核不通过的，作出终止发行上市审核的决定。”无疑，这是对中国证券市场股票发行审核制度的重大变革，明确界定了科

---

① 本文写于 2019 年 3 月前，2019 年 3 月 1 日《上海证券交易所科创板股票发行上市审核规则》正式发布。

创板股票发行上市审核中交易所和中国证监会的关系,即“审核”与“注册”的关系。应该说,这一关系是注册制系统性法律关系的基础。

二是发行人与审核者的关系。《审核规则》第30条规定:“本所从充分性、一致性、可理解性的角度,对发行上市申请文件的信息披露进行审核,以督促发行人及其保荐人、证券服务机构真实、准确、完整地披露信息,提高信息披露质量。”这一规定非常明确地划分了证券发行信息披露要求的“老三性”,即真实性、准确性、完整性,与充分性、一致性、可理解性,即“新三性”之间的关系,对其责任归属作出了清晰判定。交易所对此在上述规则的起草说明中认为“新三性”与“老三性”两者“不是对立的”,“是方式与目的、手段和结果的关系”。可以说,这一关系成为注册制法律制度的核心。

三是发行人与保荐人及证券服务机构的关系。《审核规则》第25条要求:“申请股票首次发行上市的,发行人及其控股股东、实际控制人、董事、监事和高级管理人员应当依法履行信息披露义务,保荐人、证券服务机构应当依法对发行人的信息披露进行核查把关。”第26条进一步明确:“发行人作为信息披露第一责任人,应当诚实守信,依法充分披露投资者作出价值判断和投资决策所必需的信息,保证发行上市申请文件和信息披露的真实、准确、完整,不得有虚假记载、误导性陈述或者重大遗漏。发行人应当为保荐人、证券服务机构及时提供真实、准确、完整的业务运营、财务会计及其他资料,全面配合相关机构开展尽职调查和其他相关工作。”上述规定进一步明确了发行人是信息披露第一责任人,保荐人及证券服务机构承担把关责任。可以认为,这是注册制法律制度及相关关系的关键。

四是保荐人与证券服务机构的关系。《审核规则》第29条规定:“会计师事务所、律师事务所等证券服务机构应当诚实守信、勤勉尽责,保证招股说明书中与其专业职责有关的内容及其出具文件的真实、准确、完整。证券服务机构应当严格遵守依法制定的业务规则和行业自律规范,严格执行内部控制制度,对与其专业职责有关的业务事项进行核查验证,履行特别注意义务,审慎发表专业意见。”保荐人对招股说明书整体负责,证券服务机构对其中与其专业职责有关的内容负责,对厘清证券发行各中介机构之间的责任边界是一个重大突破。从而,这一关系成为注册制法律制度及相关法律关系的重要内容。

五是发行上市审核机构与上市委员会的关系。《审核规则》第8条对审核组织架构作了规定:“本所设立科创板发行上市审核机构(以下简称发行上市审核机构),对发行人的发行上市申请文件进行审核,出具审核报告。本所设立科创板股票上市委员会(以下简称上市委员会),对发行上市审核机构出具的审核报告和发行上市申请文件进行审议，提出审议意见。本所结合上市委员会的审议意见，出具同意股票发行上市的审核意见或者作出终止发行上市审核的决定。"这一关系的设计，体现了交易所审核的层次性及递进性，即先行由发行上市审核机构进行初审并出具审核报告，然后由上市委员会对该审核报告进行审议；同时又体现上市委员会的居中性和公正性，即审议该审核意见时并进行聆讯。这一架构与程序，是注册制法律制度的重要环节。

六是上市委员会与上市委员会委员的关系。《审核规则》第 49 条规定："上市委员会审议时，参会委员就审核报告的内容和发行上市审核机构提出的是否同意发行上市的初步建议发表意见，通过合议形成同意或者不同意发行上市的审议意见。"实行合议制而不是一人一票制，这是针对科创板企业特征以及委员不同专业背景作出的创新设计，是对目前核准制下发行审核委员会审核投票机制的重大改革。因此，这也成为注册制法律制度的重要环节。

七是审核者与投资者的关系。《审核规则》第 10 条对交易所同意发行上市的法律后果作出如下表述："本所出具同意发行上市的审核意见，不表明本所对发行上市申请文件及所披露信息的真实性、准确性、完整性作出保证，也不表明本所对该股票的投资价值或者投资者的收益作出实质性判断或者保证。"两个"不表明"斩钉截铁，阐述了发行审核的法律后果。其实，这也表明了注册制法律制度的法律效果。

显然，上述法律关系的界定及审核制度的设计，充分吸收了国际资本市场发行审核的优点，深刻借鉴了中国证券市场历史变迁的教训，以科创板为试验田，形成了中国证券市场注册制的主要内容。在此基础上，应该细化落实举措，协调支撑手段，充分体现市场导向、适度监管、归位尽责、效率优先，从而形成并完善中国资本市场的证券发行上市注册制法律制度。

从我国股票公开发行审核制度发展历程而言，注册制的到来意味着由以中国证监会、发行人、交易所、中介机构、投资者等参与主体构成的证券市场系统将发生重大变化，各参与主体的职能定位、市场的层次结构建设均将产生系统性更新甚至是重构。在方法论上，注册制改革对证券市场系统而言牵一发而动全身，理应从系统论的角度审慎观之。系统论思想不仅关注系统内部各层次结构下参与主体之间的关系，而且注重系统与其所处环境之间的互动联系。层次结构越清晰，各参与主体定位越准确，系统内部发展更趋完善；同时，外部环境的变动发展亦会促使系统不断更新调整。设立科创板并试点注册制不仅属于证券市场系统内部的重大发展，而且还是外部环境的重大变化，此举无论是从系统论的整体性原则上、层次结构原则上还是目的性原则上都将对我国证券市场系统的发展具有重大意义。

（二）

如果说这是我们“眼前”的科创板和注册制，或者说是科创板和注册制的“现实版”，那么，与我们“心中”的科创板和注册制，或者说科创板和注册制的“理想版”，应该说在总体框架、基本思路、核心理念上具有一定的一致性。

当然，“理想很丰满，现实很骨感”，此岸到彼岸还有相当长的过程要走。从系统层次结构建设而言，注册制的施行已将证券市场系统所涉的各个层次、各参与主体职责建设向前推进了一大步，接下来重要的工作就是如何细分层次结构，如何最大程度地发挥各参与主体的功能，实现系统的优化配置，进而促使系统发挥最大之功效。为此，针对上述规则，一方面应促使规则细化。也就是对上述各大法律关系的“骨架”，进行“血肉”塑造，使之“有血有肉”“活生生”，处理好整体和部分的关系。另一方面应促使规定协调。注重科创板和注册制相关规则，与中国资本市场现有的法律、法规、规章、规则、政策的协调，避免“一骑绝尘”带来的不配套，从而使其也很难走得更远。还有就是，促使规范创新。目前注册制的核心特色就是创新，而对于过往资本市场法律规定和政策的不合时宜之处，在科创板这块试验田上，要么予以摒弃，要么与时俱进地趁此东风予以变革，为科创板做实、做强、做大提供匹配、支持和保障。

在此基础上，通过科创板及注册制法律制度的完善，来推进中国资本市场创新与发展，而市场发展和创新的效果，要由市场来说话，要用实践来检验。

衡量科创板和注册制成功的标准，应该参考 2019 年 1 月 23 日中央深改委员会的文件表述：要增强资本市场对科技创新企业的包容性，着力支持关键核心技术创新，提高服务实体经济能力。要稳步试点注册制，统筹推进发行、上市、信息披露、交易、退市等基础制度改革，建立健全以信息披露为中心的股票发行上市制度。因此，应该就是：支持创新、制度改革。

落实在市场上，具体而言，是不是可以这样形象地表达：企业“愿来”，机构“愿干”。

对科技创新企业来说，无不奔走相告、近悦远来。一方面，科创板与主板、中小板、创业板相比，属于不同层次、不同定位的市场，靠科创板的条件、以注册制的程序来吸引科技创新企业，应该可以做到人无我有。另一方面，对国际资本市场上同一层次、同一定位的市场而言，则靠科创板的更优惠条件、以注册制的更效率程序，努力做到人有我优，体现制度供给对科技创新企业的相当包容性，彰显中国科创板与国际资本市场相比较的核心竞争力。

为此，在这方面有两个具体问题可以作进一步探讨。一是A股上市公司的分拆制度。《关于在上海证券交易所设立科创板并试点注册制的实施意见》第四部分“完善基础制度”下“（十五）建立高效的并购重组机制”指出：“达到一定规模的上市公司，可以依法分拆其业务独立、符合条件的子公司在科创板上市。”《科创板上市公司持续监管办法（试行）》第31条对此也有相应规定。

关于A股上市公司分拆上市，目前仅有中国证监会2004年7月21日发布的《关于规范境内上市公司所属企业到境外上市有关问题的通知》，其中对于境内上市公司到境外分拆上市规定应符合的八大条件是：“（一）上市公司在最近三年连续盈利。（二）上市公司最近三个会计年度内发行股份及募集资金投向的业务和资产不得作为对所属企业的出资申请境外上市。（三）上市公司最近一个会计年度合并报表中按权益享有的所属企业的净利润不得超过上市公司合并报表净利润的50%。（四）上市公司最近一个会计年度合并报表中按权益享有的所属企业净资产不得超过上市公司合并报表净资产的30%。（五）上市公司与所属企业不存在同业竞争，且资产、财务独立，经理人员不存在交叉任职。（六）上市公司及所属企业董事、高级管理人员及其关联人员持有所属企业的股份，不得超过所属企业到境外上市前总股本的10%。（七）上市公司不存在资金、资产被具有实际控制权的个人、法人或其他组织及其关联人占用的情形，或其他损害公司利益的重大关联交易。（八）上市公司最近三年无重大违法违规行为。”

相对境外各交易所关于分拆上市的规定，这些条件显然过于苛刻。如A股上市公司在科创板分拆上市也适用这些条件，无疑会使那些科创型子公司不愿、不敢、不能来科创板挂牌。一方面会使现有的科创板失去许多基础不错的上市资源，另一方面如果这些子公司赶赴境外交易所分拆上市则中国证券市场的损失会更大。因此，建议对于A股上市公司分拆在科创板上市的细则应尽快出台，可以作出比较原则的规定，更多地从分拆上市业务并非A股上市公司主业、分拆后的留存公司仍符合A股公司首次公开募股（Initial Public Offering，IPO）的上市条件等角度作出判断和明确。

二是红筹企业的科创板上市条件。《上海证券交易所科创板股票上市规则（征求意见稿）》（以下简称《上市规则》）第13.1.3条规定：“红筹企业在境内发行股票或者存托凭证并在本所科创板上市，股权结构、公司治理、运行规范等事项适用境外注册地公司法等法律法规规定的，其投资者权益保护水平，包括资产收益、参与重大决策、剩余财产分配等权益，总体上应不低于境内法律法规以及中国证监会规定的要求，并保障境内存托凭证持有人实际享有的权益与境外基础证券持有人的权益相当。”

从目前实践来看，大多数红筹企业注册于开曼群岛或百慕大，而开曼群岛和百慕大的公司法等法律法规规定的投资者权益保护水平，包括资产收益、参与重大决策、剩余财产分配等权益，总体上均低于境内法律法规以及中国证监会规定的要求。如果严格按照这一规定，就几乎断绝了红筹企业回归境内科创板发行中国存托凭证(Chinese Depository Receipt，CDR)之路。因此，可以从这一角度作出修改完善：红筹企业境外注册地公司法等法律法规规定的投资者权益保护水平总体上低于境内法律法规以及中国证监会规定要求的，应在其公司章程等公司内部治理文件中加入有关条款，使之对于投资者权益保护水平不低于境内法律法规以及中国证监会规定要求，切实保障境内存托凭证持有人实际享有的权益与境外基础证券持有人的权益相当。

此外，按照 2018 年 3 月 22 日国务院办公厅转发中国证监会《关于开展创新企业境内发行股票或存托凭证试点的若干意见》(以下简称《若干意见》)，在红筹企业选取标准方面，一是已境外上市的红筹企业，市值不低于 2000 亿元人民币。二是尚未在境外上市的创新企业(包括红筹企业和境内注册企业)，最近一年营业收入不低于 30 亿元人民币，且估值不低于 200 亿元人民币；或收入快速增长，拥有自主研发、国际领先技术，同行业竞争中处于相对优势地位。具体标准由证监会制定。

市场人士普遍认为，符合市值不低于 2000 亿元人民币的“硬”科技类红筹上市公司、最近一年营业收入不低于 30 亿元人民币的“硬”科技类红筹未上市公司为数不多，未来适合于科创板的“硬”科技类红筹企业恐怕还是适用“收入快速增长，拥有自主研发、国际领先技术，同行业竞争中处于相对优势地位”这一标准为多，而《若干意见》的这一标准失之过宽，主观性太强，可操作性不够，在实践中难以具体把握。

按照中国证监会 2018 年 6 月 6 日发布的《试点创新企业境内发行股票或存托凭证并上市监管工作实施办法》第 8 条第 2 项的规定，对上述标准作了如下释明：“拥有自主研发、国际领先、能够引领国内重要领域发展的知识产权或专有技术，具备明显的技术优势的高新技术企业，研发人员占比超过 30%，已取得与主营业务相关的发明专利 100 项以上，或者取得至少一项与主营业务相关的一类新药药品批件，或者拥有经有权主管部门认定具有国际领先和引领作用的核心技术；依靠科技创新与知识产权参与市场竞争，具有相对优势的竞争地位，主要产品市场占有率排名前三，最近三年营业收入复合增长率 30% 以上，最近一年经审计的主营业务收入不低于 10 亿元人民币，且最近三年研发投入合计占主营业务收入合计的比例 10%

以上。对国家创新驱动发展战略有重要意义,且拥有较强发展潜力和市场前景的企业除外。”然而,上述规定又失之过严,市场性不强,“创”的针对性不够,实践中符合条件者有限。

因此,对上述《若干意见》中有关“收入快速增长,拥有自主研发、国际领先技术,同行业竞争中处于相对优势地位”的原则性表述,应当由中国证监会作出具体的针对科创板的、对应目前五套发行上市条件的、符合市场预期和现状且具有可操作性的规定。

保荐人及证券服务机构,即市场各中介机构,愿意为科创板发行上市主动、积极、规范地提供服务同样重要。应建立交易所和中介机构的自律监管友好型关系。其中,监管是主题,自律为内容,友好是关键。要让保荐人及承销机构,律师事务所、会计师事务所还有资产评估公司等,都心甘情愿、发自内心、勤勉尽责地为科创板服务。

在此过程中,同样有两个方面的问题值得关注。一是保荐人的督导责任问题。《上市规则》第3.1.1条规定:“为发行人首次公开发行股票提供服务的保荐机构,应当对发行人进行持续督导。”第3.1.2条进一步规定:“首次公开发行股票并在科创板上市的,持续督导期间为股票上市当年剩余时间以及其后3个完整会计年度。”接下来在第3.1.6条规定了保荐机构的七项持续督导职责,并在第3.1.7条规定了五项上市公司的配合义务。特别是在第3.2.2条作了如下规定:“保荐机构、保荐代表人应当持续督促上市公司充分披露投资者作出价值判断和投资决策所必须的信息,并确保信息披露真实、准确。”

与此同时,《上市规则》除明确保荐机构应当向中国证监会和上海证券交易所报送保荐总结报告书外,还规定了保荐机构对日常风险事项、业务和技术风险事项、控股股东风险事项发表意见并披露的职责,规定了保荐机构现场核查报告以及持续督导跟踪报告的披露职责。

虽然,2020年3月1日正式施行的新《证券法》在第182条作了如下规定,“保荐人出具有虚假记载、误导性陈述或者重大遗漏的保荐书,或者不履行其他法定职责的,责令改正,给予警告,没收业务收入,并处以业务收入一倍以上十倍以下的罚款;没有业务收入或者业务收入不足一百万元的,处以一百万元以上一千万元以下的罚款;情节严重的,并处暂停或者撤销保荐业务许可。对直接负责的主管人员和其他直接责任人员给予警告,并处以五十万元以上五百万元以下的罚款”。但是,我国2014年《证券法》并未规定保荐机构的持续督导职责,中国证监会2017年12月7日颁布的《证券发行上市保荐业务管理办法》第48条对此有相关规定,要求:

“持续督导工作结束后，保荐机构应当在发行人公告年度报告之日起的10个工作日内向中国证监会、证券交易所报送保荐总结报告书。”

正常理解，保荐机构违反《上市规则》规定的持续督导职责，是不应该被追究行政责任的，但由于《上市规则》规定了上述披露义务，则有可能构成《证券法》规定的“其他信息披露义务人”，而被追究相关行政责任。正如新《证券法》在第78条第1款和第85条分别规定的，“发行人及法律、行政法规和国务院证券监督管理机构规定的其他信息披露义务人，应当及时依法履行信息披露义务”，“信息披露义务人未按照规定披露信息，或者公告的证券发行文件、定期报告、临时报告及其他信息披露资料存在虚假记载、误导性陈述或者重大遗漏，致使投资者在证券交易中遭受损失的，信息披露义务人应当承担赔偿责任；发行人的控股股东、实际控制人、董事、监事、高级管理人员和其他直接责任人员以及保荐人、承销的证券公司及其直接责任人员，应当与发行人承担连带赔偿责任，但是能够证明自己没有过错的除外”。

当然，与此同时，鉴于持续督导的内容极其广泛，又加上科创板上市企业技术本身的高度专业性、科技创新的与时俱进性、生产经营的极大不确定性，在明确保荐机构督导责任的同时，应该强调并压实上市公司在技术、生产等专业环节的直接与首要的法律责任，而对保荐机构的督导法律责任作出区别性、层次性的对待，不应一刀切，也不应作连带责任式的追究。

二是证券服务机构的职责与责任问题，以律师事务所为例。《审核规则》第15条第2项规定的不予受理情形包括以下内容：“保荐人、证券服务机构及其相关人员不具备相关资质；或者因证券违法违规被采取限制资格、限制业务活动、一定期限内不接受其出具的相关文件等相关措施尚未解除；或者因首次公开发行并上市、上市公司发行证券、并购重组业务涉嫌违法违规，或者其他业务涉嫌违法违规且对市场有重大影响被立案调查、侦查，尚未结案。”

其中，将“被立案调查、侦查，尚未结案”列为不予受理情形显属值得商榷。对于律师事务所和律师的规定，其依据来源为2007年5月1日施行的《律师事务所从事证券法律业务管理办法》第35条规定的“律师、律师事务所被中国证监会及其派出机构、司法行政机关立案调查或者责令整改的，在调查、整改期间，中国证监会及其派出机构暂不受理和审核该律师、律师事务所出具的法律意见书等文件”的内容。根据上述规定，凡律师、律师事务所被中国证监会及其派出机构立案调查的，只要进入调查程序，中国证监会及其派出机构就不再受理该律师、律师事务所经办的其他证券项目，而已经受理的则不予审核。

在科创板和注册制下，信息披露的不确定性更大，勤勉尽责的界限更难把握，中介机构被立案调查的可能性会更多,但无论如何应秉持实事求是精神以及法治原则。上述情形显有未审先判之意味。而律师事务所某律师经办的项目一旦被立案调查,暂不受理和审核的范围也包括该律师事务所的其他律师出具的法律意见书,即该律师事务所的其他律师经办的证券项目也不予受理和注册,则无异于“一人生病,全家吃药”。

在科创板试点注册制,更应坚持法治精神和发展理念,对于过往规定的不合适之处更应予以变革或者不以其为依据。为此,可以对上述情形以如下思路作出修订:律师、律师事务所被中国证监会及其派出机构立案调查的,在调查期间,应当中止审核调查所涉及的项目;对于该律师、律师事务所出具法律意见书所涉其他项目,由审核机关予以重点关注,并由该律师事务所以其上述调查所涉律师以外的其他律师签署出具复核法律文件;对于该律师事务所的其他律师出具法律意见书所涉项目,受理和审核不受限制,但应先行由该律师事务所依内控程序进行复核。

另外,在《审核规则》第29条第2款有如下规定:“证券服务机构应当严格遵守依法制定的业务规则和行业自律规范,严格执行内部控制制度。”为强化律师事务所的勤勉尽责职责,应同时建立交易所与律师行业协会的良性互动关系,由上海证券交易所与中华全国律师协会联手制定衡量律师从事科创板法律服务勤勉尽责的执业标准与行业规范。另外,对律师事务所科创板服务执业进行年度考评,建立律师执业信誉制度。交易所建立对律师事务所从事科创板法律服务的收费及其聘请律师合同报送及存档制度,由交易所进行抽查,对发现以不合理价格进行服务的要求其说明原因,以作为督促优质优价、勤勉尽责的抓手之一,推进市场良性服务秩序的建立。

以上,在企业“愿来”、机构“愿干”的基础上,市场的供给量与交易的活跃性便是顺理成章之事,而在此过程中衡量科创板与注册制的成功则不应该纯粹以股价作为标准,也不在于新股是否暴涨暴跌。

近如香港证券市场,在过去两年实行制度改革后,也曾出现了一大批科技股大涨大跌,但市场评价香港证券市场的改革是成功的,因为达到了使香港市场成为中国内地科技股上市的首选地的目的。远如美国纳斯达克市场,在创立之初,更是出现大批上市公司或股价涨跌直线,或成交低迷的现象,但因纳斯达克市场确实使科技型上市公司融资顺利,相关上市公司也确实利用融资迅速发展成行业巨头,现在谁能说纳斯达克市场不成功?

以上海证券交易所为例,在创所不久的1992年认购证发行后的一段时间,市场股价暴涨暴跌,但因为上市公司和投资者的迅速扩容,市场足够大,依靠市场自身的运行规律,成功地发展到今天的规模。而之后不久的上海证券交易所国债期货市场,由于上市品种和投资主体规模都比较小,在“327”国债期货事件中遭遇行政力量介入和资金操纵,无法真正靠市场化度过危机,最终国债期货一关了之。因此,科创板市场在开板之初应该预防的不是股价暴涨暴跌问题,而是上市公司数量要迅速达到一定规模,科技企业能真正通过科创板融到发展所需资金并从而迅速成长为行业巨头。从现在规则所规定的多套上市条件并行角度来看,上市公司数量达到规模是可期的。同时我们欣喜地看到,在目前的A股市场和股权投资市场,已经出现资金向科创型企业倾斜的现象,这说明科创板虽尚未开张,但其为科创型企业融资带来的积极效应已经初现。

（三）

基于对科创板和注册制相关法律关系的观察与梳理,本次科创板业务规则的落地严格贯彻了“证券制度改革—发行行为合规—监管高效”的改革逻辑,并在规则的制定中有效地进行了职能主义与效率主义的互动与平衡,进一步释放了市场调节的能动性。在目前对科创板和注册制相关规则的修订与完善中,应该一以贯之,逻辑清晰,关注并且处理好以下七个方面的关系。

1. 全面与效率

《审核规则》第13条规定:“保荐人在报送发行上市申请文件的同时,应当以电子文档形式报送工作底稿和验证版招股说明书,供监管备查。”这条规定对于强化保荐人在项目承办过程中的责任意识、提高上市申请文件的质量意义重大。从强化专业和提高效率的角度,可以参照国际惯例,规定其验证版招股说明书应由保荐人聘请律师进行验证。

同时,对于报送底稿的具体范围、适用标准、规定格式、特别要求等,在中国证监会于2009年3月27日颁行的《证券发行上市保荐业务工作底稿指引》的基础上,依据科创板企业的特点,强化真实、准确、完整的要求,作出进一步的规定。并且,应该明确上传底稿的上传截止日,对于在截止日前确实无法取得相关证明材料且存在合理理由的,则以信息披露充分与必要为前提,由中介机构作出重点问题解释甚至重点风险提示,在此基础上交易所给予相应豁免。另外,亦应出台招股书验证版本格式指引,以便中介机构在实务操作中有章可循。

至于招股说明书,目前主板、创业板IPO招股说明书普遍都是数百页,未来科创板拟上市公司按照“新三性”的要求,其招股说明书可能更长,甚至长达千页。对于投资者来说,其更需要相对简洁扼要的招股说明书概要,因此对于招股说明书概要也应作出明确的规定要求。

值得强调的一点是，当今科技发展日新月异，在公司申请科创板上市的过程中，其相关业务领域及其自身的技术研发可能随时产生足以影响投资者对于公司价值判断的新情况、新进展、新成果，因此在“充分性、一致性、可理解性”的基础上还应特别关注“及时性”甚至“突发性”，采用“新三性+”的理念与方式予以注重与审核，既全面，又彰显效率。

2.“管住”与“放开”

根据《上海证券交易所科创板股票交易特别规定（征求意见稿）》，新股上市前5个交易日不设涨跌幅限制，自第6个交易日起涨跌幅设为20%。此规定有利于通过新股的充分交易形成相对稳定的市场价格，但既然对于交易资格已设定较高门槛实施了“管住”，则交易机制仍为“T+1”似无必要，应予放开。5个交易日的无涨跌幅限制如果配以“T+1”交易机制，则投资者仍无法在当天修正错误的投资决策，反而会导致交易风险，使其在更大的价格异常波动时无法及时止损。基于交易公正性的考虑，更加上出于推进流动性的安排，科创板在交易机制方面实行彻底的“T+0”改革势在必行。

3.激励与约束

《上市规则》规定的股份减持制度是对主板、创业板股份减持制度的一个很好修正，在防止相应股东利用信息不对称减持股票损害投资者利益的同时，充分考虑了科创板股票的流动性，特别是规定特定股东可以向机构投资者非公开转让股票，是对减持新规的重大修正，妥善解决了特定股东们的减持需求和对二级市场冲击的矛盾，并且由科创板市场的主要参与者——机构投资者参与定价更易发现股票的市场价格，这是科创板减持制度的亮点。

不过值得关注的是另一个问题，《上市规则》第2.4.4条、第2.4.7条都把核心技术人员与控股股东、实际控制人共同作为特定股东，对其股票减持作出限制。应当说，科创公司的持续发展需要吸引包括核心技术人员在内的高科技人才，而对于核心技术人员“一刀切”地视同特定股东对其持有的股份进行限售，则与境外高科技上市公司相关激励制度不同，不利于科创板上市公司与境外上市高科技公司争夺科技人才。对此应当协调好约束和激励的关系，根据核心科技人员的技术贡献、持股时间的长短、持股数量的多少等因素，由交易所对其股份减持在时间段和比例性上作出与控股股东、实际控制人、董事、监事、高级管理人员减持的差别性对待，并具体通过公司与其签订协议约定股票锁定期限和数量的方式予以落实。

4.一致与冲突

例如，保荐机构和承销机构的专业分工。实践中，目前境内保荐机构和承销机构往往合一,从国际上的情形看,结合科创板的专业化程度,未来科创板很有可能出现保荐机构和承销机构的专业化分工趋势。《上海证券交易所科创板股票发行与承销实施办法(征求意见稿)》的部分规定指向保荐机构,如保荐机构的子公司或兄弟公司可以参与战略配售等,但应明确如战略配售仅限于保荐机构,而不适用于保荐兼承销机构情形,以防止利益冲突的发生。

再如,保荐机构的持续督导与投资研究。《上市规则》第3.1.6条规定了保荐机构的持续督导职责包括持续督导跟踪报告和投资研究报告的出具和披露。正常情况下,持续督导跟踪报告和投资研究报告可能会产生冲突,投资价值研究是一种比较积极的行为,而持续督导是一种规范性的行为,价值取向并不一样。所以对保荐机构而言,其持续督导更应该偏重于规范性,至于定期对上市公司出具投资研究报告并披露的积极性行为,由其他证券公司担当更合适些。

5. 一般与特别

以表决权差异安排为例。《上市规则》第2.1.3条规定:"本规则所称表决权差异安排,是指发行人依照《公司法》第一百三十一条的规定,在一般规定的普通股份之外,发行拥有特别表决权的股份(以下简称特别表决权股份)。每一特别表决权股份拥有的表决权数量大于每一普通股份拥有的表决权数量,其他股东权利与普通股份相同。"

《公司法》第131条规定,"国务院可以对公司发行本法规定以外的其他种类的股份,另行作出规定"。然而,国务院目前除对优先股外,尚未对中国内地注册的股份有限公司发行特别表决权股票作出相关规定。《上市规则》进一步规定:"具有表决权差异安排的发行人申请在本所上市,除符合本所规定的其他上市条件之外,其表决权差异安排应当稳定运行至少1个完整会计年度,且市值及财务指标符合下列标准之一。"可见,审核规则中有关特别表决权股份的规定,目前实际上尚无法实施。于是,国务院制定并颁布股份有限公司发行特别表决权股票的规定成为当务之急。

在此情形下,对于设有特别表决权股份的科创公司,包括红筹公司和未来的股份有限公司,其特别表决权与普通表决权当然是有差异的,这属于一般情况。《上市规则》第4.5.11条则明确了"特定情形转换"情况,即"上市公司股东对下列事项行使表决权时,每一特别表决权股份享有的表决权数量应当与每一普通股份的表决权数量相同:(一)对公司章程作出修改;(二)改变特别表决权股份享有的表决权数量;(三)聘请或者解聘独立董事;(四)聘请或者解聘为上市公司定期报告出具审计意见的会计师事务所;(五)公司合并、分立、解散或者变更公司形式。上市公司章程应当规定，股东大会对前款第二项作出决议，应当经过不低于出席会议的股东所持表决权的三分之二以上通过……”

应当说，上述不适用特别表决权的五种情形属于特殊情形，其实还有一种特殊情况也应予以关注，就是关联交易事项，对此表决亦应不适用特别表决权，以防止公司实际控制人滥用特别表决权损害投资者权益。

6. 上市与退市

《审核规则》明确了五套上市标准，其在第22条第2款进一步规定，“发行人申请股票首次发行上市的，应当至少符合下列上市标准中的一项，发行人的招股说明书和保荐人的上市保荐书应当明确说明所选择的具体上市标准……”可见，这五套标准相互之间是“或”的关系。

而对于公司退市，《上市规则》明确了四组强制退市情形，该规则第12.1.3条进一步规定：“上市公司出现两项以上退市风险警示、终止上市情形的，按照先触及先适用的原则实施退市风险警示、终止上市。”由此可见，上述四种退市情形之间的关系为“并”。

由此，与上市指标相对应和相互匹配，退市指标亦应引入差异化、灵活性处理措施。可以借鉴美国纳斯达克的退市制度，在设定企业退市标准时，使以不同上市标准而挂牌的企业，能得到差异化的处理。例如，依靠纯粹市值上市的企业，应相应提高其触发退市的市值红线；而对于通过市值+净利润指标上市的企业，可以适当调低触发退市的市值红线，但同时对其营业收入等财务指标进行约束。另外，在经济形势遇到重大不利变化，证券市场股价整体大幅下滑的极端情况下，是否可以通过设置差异化组合指标避免出现大面积退市情形，也可作适当的考虑。

在此过程中，尤其值得关注的是利润型退市指标的设定。在《上市规则》的财务类强制退市规定中，有最近两个会计年度经审计的扣除非经营性损益之前或者之后的净利润（含被追溯重述）为负值，且最近一个会计年度经审计的营业收入（含被追溯重述）低于1亿元即退市的内容。在实践中，对于科创公司，因投入某项关键技术的研发费用过大而导致连续两年亏损的可能性极高，苹果公司、思科公司在至今几十年的上市公司生涯中，也都存在类似经历。如果规定科创上市公司连续两年亏损即退市，则对科创公司持续且大量投入研发费用产生遏制性引导作用，这无疑与设立科创板的初衷是相悖的。因此，此条财务类强制退市指标的存废值得进一步考量。

7. 回购与购回

我国《公司法》第142条规定，上市公司“为维护公司价值及股东权益所必需”，可以收购本公司股份，即我们常说的"回购"。2019年1月11日发布的《上海证券交易所上市公司回购股份实施细则》也明确了"为维护公司价值即股东权益所必需"的标准，即上市公司应当符合以下条件之一："（一）公司股票收盘价格低于最近一期每股净资产；（二）连续20个交易日内公司股票收盘价格跌幅累计达到30%；（三）中国证监会规定的其他条件。"

《科创板首次公开发行股票注册管理办法（试行）》第68条规定："对发行人存在本办法第六十七条规定的行为并已经发行上市的，可以依照有关规定责令上市公司及其控股股东、实际控制人在一定期间从投资者手中购回本次公开发行的股票。"显然，此处的"购回"与上文的"回购"，为两种法律行为，属两类法律概念。

我国新《证券法》第24条第1款规定，"国务院证券监督管理机构或者国务院授权的部门对已作出的证券发行注册的决定，发现不符合法定条件或者法定程序，尚未发行证券的，应当予以撤销，停止发行。已经发行尚未上市的，撤销发行注册决定，发行人应当按照发行价并加算银行同期存款利息返还证券持有人；发行人的控股股东、实际控制人以及保荐人，应当与发行人承担连带责任，但是能够证明自己没有过错的除外。"由此可见，针对已经发行尚未上市的发行人，证券法明确要求其按发行价并加算银行同期存款利息返还证券持有人，但尚未直接赋予证券监督管理机构责令相关责任主体履行股份购回义务及实施相关行政强制措施的权利。对此，2013年11月30日发布的中国证监会《关于进一步推进新股发行体制改革的意见》规定："发行人及其控股股东应在公开募集及上市文件中公开承诺，发行人招股说明书有虚假记载、误导性陈述或者重大遗漏，对判断发行人是否符合法律规定的发行条件构成重大、实质影响的，将依法回购首次公开发行的全部新股，且发行人控股股东将购回已转让的原限售股份。"

从实践中看，现行IPO企业及相关主体在其招股说明书中亦按照前述监管要求作出相应承诺，但由于现行购回股份制度仅以由发行人及其控股股东作出承诺作为法律基础，对各主体履行承诺义务的约束性较小，因此，欺诈发行强制退市第一股欣泰电气在面对购回首发新股局面时表示：公司目前由于生产经营步履维艰、资金紧张，导致公司实施股份回购存在现实困难，无法履行《首次公开发行股票并在创业板上市招股说明书》中关于股份回购的承诺。虽中国证监会表示，欣泰电气无法履行回购首次公开发行新股的承诺，针对这种不诚信行为，我会将采取出具警示函、记入诚信档案等措施，但如此一来，发行人股份购回承诺很有可能成为一纸空文，投资者只能通过民事诉讼方式要求存在欺诈发行的发行人及其控股股东履行购回股份及相应赔偿义务。

因此,虽然上述注册管理办法明确了"责令购回的具体规则由中国证监会另行规定",但更重要的在于,应该尽快修订并完善《证券法》,将责令购回制度上升到大法规定的高度。同时在目前情形下,以由上市公司及其控股股东、实际控制人作出承诺的方式,作为其承担法律责任的承诺依据与合同基础,并由司法机关在相关争议发生时,基于权益受损方的申请,赋予该承诺条款可强制执行的效力,从而使这一制度设计在实践中可供预期、可被执行。

（四）

作为一项中国资本市场及其法律体系的基础制度改革,设立科创板并试点注册制的意义并不局限于股票发行审核标准和审核方法的变革,其实质是确立了一种新型的证券市场运行机制,即职能主义与效率主义的互动。前者源自政府对于经济秩序的惯常监管,后者则产生于市场经济运行中的效率追求。二者的互动实现了不同证券市场参与主体的职能完善,并在尊重市场规律与监管权力的基础上,推进了监管权力的下沉与优化,而这恰是解决我国股票发行核准制监管乏力、效率不佳的优化方案。

此次制度改革影响之深远,从各个市场参与主体的职能变化便可窥一斑:证监会逐渐从"父爱主义"的监管者迈向独立于各市场参与主体的利益守护者;证券交易所则依照市场发展规律实现自律监管;股票发行人的信息披露责任与义务性要求得到强化,中介机构真正发挥出职业性和专业化把关作用。尤需侧目的是,政府与证券市场的关系,在注册制改革下更为清晰,单一职能主义的运作机制也开始为股票发行中职能主义与效率主义互动而让步。其背后的政治经济学逻辑是:政府做不了企业的保姆,企业要为自己的命运承担更多的责任;面对资本欺诈的风险,企业家更需要提高警惕。其将更符合也是落实我国"简政放权"的总体改革思路,从而引领各证券市场参与主体确立各司己职、各负其责、市场优先、监管适度的证券市场运行模式和法律机制,并最终推进我国资本市场的繁荣与规范发展。

（本文成文于2019年2月26日）

科创板的审核与注册制度介绍

朱 峰

一、科创板的审核与注册制度简介

(一)科创板审核与注册制度的含义

2019年3月1日,中国证券监督管理委员会(以下简称中国证监会)和上海证券交易所(以下简称上交所)发布了科创板审核与注册制度相关的新规和相关配套业务规则。《关于在上海证券交易所设立科创板并试点注册制的实施意见》(以下简称《实施意见》)、《科创板首次公开发行股票注册管理办法(试行)》[以下简称《注册管理办法(试行)》]、《上海证券交易所科创板股票发行上市审核规则》[以下简称《上市审核规则》]以及随后上交所出台的《上海证券交易所科创板股票发行上市审核问答(一)》[以下简称《上市审核问答(一)》]、《上海证券交易所科创板股票发行上市审核问答(二)》[以下简称《上市审核问答(二)》]等注册规则与业务规则就科创板的审核与注册制度的相关规定进行了科学与系统的规定。

证券发行注册制又称形式审查制,是指发行人必须遵循信息公开的原则,依据相关的法律法规或指引的规定将信息如实、充分地披露,把上市、发行申请文件向证券监管机构进行提交,而证券监管机构只对上述申请文件以及披露的相关信息进行形式上的审核,不会对发行人自身的资质及相关实质性问题进行审核。我国科创板实施的注册制也是如此,发行人须承担完全且充分的信息披露责任及诚信义务,充分发挥市场机制作用。监管部门和交易所则各司其职,交易所通过多次问询来确认发行人披露信息的真实性,通过专业机构忠诚勤勉的核查,发挥市场化的手段来筛选优质公司上市,然后通过严厉的事后监管来约束企业的行为。

科创板股票发行上市的审核与注册实质上是有着先后顺序、互相衔接的两个环节,其中,发行注册由证券监管机构负责,上市审核由证券交易所负责。根据《实施意见》第三部分"稳步实施注册制试点改革"中的"(九)证监会负责科创板股票发行注册”的规定,上交所负责科创板发行上市审核,上交所受理企业公开发行股票并上市的申请,审核并判断企业是否符合发行条件、上市条件和信息披露要求。第三部分下“(十)证监会对上交所审核工作进行监督”规定,证监会负责科创板股票发行注册,上交所审核通过后,将审核意见及发行人注册申请文件报送证监会履行注册程序。所以,单纯谈审核或者单纯谈注册制都是不全面的,审核与注册制放在一起才是科创板企业发行上市的一个整体流程。但是为了区分证监会与交易所在整个流程中的各自分工,使整个流程清晰明了更易于被理解,本文特将审核与注册两个环节的主要工作分开介绍。

(二)科创板审核与注册制度推出的目的

各国和地区的证券发行审核的具体制度都存在很大差异,但是总体而言,这些审核制度都具有较为一致的目标,都体现出一些相似的理念与价值需求。总的来说,证券发行审核制度都能体现出三个方面的价值追求,即投资者权益保护、对企业融资环境的保护、对市场经济秩序的维护。科创板审核与注册制度也非常明显地体现了上述价值追求。除此之外,对比之前证券发行的核准制而言,我国科创板注册制试点也展现出了更具有实践意义的目标与追求。

早在2013年,十八届三中全会审议通过的中共中央《关于全面深化改革若干重大问题的决定》中就明确提出,推进股票发行注册制改革。这也是第一次将证券发行的注册制改革写进党的文件。2015年国务院《政府工作报告》中也提出,要加强多层次资本市场体系建设,实施股票发行注册制改革。虽然该项改革从2016年起因为一些原因被搁置,但2018年之后直至2019年科创板注册制试点的相关文件的推出,都体现了未来注册制在我国证券发行审核制度的大势所趋。而科创板注册制的推出,或者说注册制在我国证券发行审核领域的逐步推进,一方面是想增强境内的资本市场对高新技术企业和战略性新兴产业的服务能力,破解科创类企业融资难的局面,挽留住一批有发展潜力的科技创新企业,从而推动科技的进步与发展,促进我国经济的进一步发展。另一方面,也希望境内的投资者能够更好地享受到这些高新技术企业与战略新兴产业带来的发展红利,发展的成果由大家共享。同时,科创板注册制的试点,也是为今后我国资本市场制度改革创新提供试验田,希望能够为将来与国际接轨做好准备。

所以说,科创板注册制的试点不仅仅是对科创板自身发行审核制度的一次改革创新,更多的目的还在于通过本次试点,可以为今后我国资本市场证券发行审核制度改革创新提供实践经验,推动我国资本市场的发行审核体系向全面化发展,使发行交易更加合理化,从而进一步完善现有的资本市场体系。

（三）科创板注册制度与核准制的对比

核准制是指发行人股票在发行、上市申请的时候必须经过证券监管机构核准的这样一种制度。证券监管机构对于发行人发行、上市的申请不仅要审核其公开披露的真实情况，还要审核其是否满足法律法规规定的发行、上市条件，而且证券监管机构有权对不符合上述规定的发行人的申请进行否决。在核准制中，证券监管机构对发行人的申请材料的全面性、准确性、真实性和及时性作出审查，此外，还需要对发行人的经营能力、财务状况、发展前景、发行数量和价格等因素进行实质性的审查，由此实质性审查结果来最终作出是否批准发行人发行、上市审核申请的决定。

从制度对比上来说，科创板试行的注册制最为显著的特征就在于证券监管部门即中国证监会对于股票的发行不再进行实质性的审查，而是将权力下放到交易所以及通过加强对信息披露的监管等手段保证股票发行的质量，同时简化中国证监会的审核步骤以提升效率。在这一过程当中，能够明显地感受到核准制和注册制之间的区别。

首先，在核准制之下，股票发行的进程、通过与否完全掌控在政府手里，此举有利有弊，从有利的角度来说，在我国的证券市场发展初期，证券监管机构对发行审核实施实质性审核，可以在市场不太稳定的状态下牢牢抓住企业上市的门槛，对未达到上市门槛的企业进行筛除，保证证券市场的优质环境。但这样也有弊端，在我国证券市场已经发展得较为成熟完善的今天，这种审核机制会占用过多的监管资源，影响市场融资效率。而采用注册制则将实质审核的权限从证券监管机构转移至交易所，降低了权力寻租现象产生的可能性，将上市企业置于市场竞争规则之中，可以有效地保证市场的公开、公平、公正。

其次，核准制下企业是否具备发行资格是由证券监管机构最终决定的，只要企业达到了发行条件，就可以发行上市，这样一来进入市场之后，市场内的竞争性就会降低，不利于发挥市场无形之手的作用对企业进行优胜劣汰的筛选。而注册制下，发行方发行股票的门槛降低了，即便上市成功，也需要遵循市场化竞争规则，不断优化企业自身的经营实力与竞争能力，从而有力地应对市场竞争，通过市场化的规则对企业进行筛选，实现优质企业更加优秀，劣势企业如果不进取则由市场决定其退出的资本市场运作目的。

最后，核准制下由于市场准入门槛较高，很多企业无法进入，从而导致市场内一些不良企业作为壳资源待价而沽，长期影响资本市场的资源调整。壳资源企业由于发行机制等多重因素导致的原因变得虚高溢价，这是外界不愿意看到的事情，但很多企业偏偏又不得不捏着鼻子去竞购壳资源企业。而注册制试点是对壳资源的有力冲击,一方面,由于发行门槛降低,很多企业有了入场机会,这就导致壳资源企业的价值不会再被哄抬;另一方面,由于市场竞争规则的存在,一些不良企业也会及时退场,不再长期占用资本市场的资源,从而真正优化市场环境。

(四)科创板审核与注册制度实施的意义与影响

科创板的审核与注册制度的实施,影响是非常宽广的,从证券发行的层面来说,它不仅会对高新技术企业的融资比重产生直接影响,而且对证券监管机构的职能设置产生影响。从宏观层面来说,科创板审核与注册制度的实施,一方面支持与推动了上海金融中心与科技创新中心的建设,另一方面对证券一二级市场来说是一种制度完善,促进资本市场发行制度往市场化发展,还能进一步与国际接轨。总的来说,科创板的审核与注册制度实施,从宏观与微观两大层面出发都对我国有积极的影响与深刻的意义。

1. 对科技创新企业的发展影响

科创板的审核与注册制度带来的最主要也是最直接的影响就是对科技创新企业的发展影响,往常 A 股的市场准入门槛太高,企业发行审核排队时间也很长,对于急需进行直接融资的企业来说并不是最优选择。于是很多科技创新型的中小企业远赴海外上市,毕竟目前来说证券发行注册制是国际通用的惯例,美国的证券发行就是采用的注册制,注册制对于企业的发行审核门槛没有国内的核准制高,所以不少企业都会选择去国外寻找融资机会。我国科创板审核与注册制度的实施,顺应了战略新兴产业企业的发展规律,为面向世界科技前沿、面向经济主战场、面向国家重大需求的科技创新企业提供了良好的融资机会,方便其在我国的证券市场进行直接融资,促进企业的进一步发展。且近年来部分中国概念股公司(以下简称中概股)也开始筹谋回归国内市场,毕竟海外市场的竞争压力更大,受估值技术及机构做空等因素的影响,融资效果其实并没有想象中的那么好。所以此次科创板的审核与注册制度实施也具备一种政策性导向,推动证券发行审核机制向有利于发展中的民营企业发行上市的方向发展,从而进一步推动国内优质的科技创新型企业获得更好的资金支持,促进其快速发展。

2. 对我国证券市场的影响

科创板的审核与注册制度的实施,会吸引一大批有融资需求的正在发展中的科技创新能力突出,市场认可度高,社会形象良好,具有较强成长性的企业进行注册发行。从资本市场的资金流向来看,短期内,其他板块的资金将会有部分被吸引至科创板,导致其他板块存在压力。但是从长远来看,我国的证券市场将会更加具备竞争机制，优胜劣汰的规则会更加明显，有助于进行价值投资。而且这一制度的实施将更加利好优质的上市企业，进一步降低壳资源的价值，对于想要发行上市的企业来说也有着积极的意义。未来我国的证券市场会实现企业全面竞争，实现资本市场对不同行业、不同规模企业的全面服务。

此外，科创板的审核与注册制度试点也将成为今后其他板块实行注册制的试验田，为其他板块提供可参考的经验与制度模式，从而推动整个证券市场发行制度的革新，使其更好地适应市场需求与企业需要，并且在将来与国际接轨。

3. 对我国经济的积极意义

长期以来，我国经济增长以劳动力密集型的传统产业为主，资金需求量大，而最主要的融资渠道为银行贷款。随着经济的发展，我国进入了供给侧结构性改革和转型升级的重要节点，大量知识、技术密集型的新产业将是未来发展的重要支撑点，而培育这些高新技术、科技创新企业，仅靠银行贷款是不够的，必须提高直接融资比重。科创板的出现，一方面体现了我国为了推动经济转型升级所做的努力，另一方面也是从资本市场的层面推动国家创新驱动发展战略。相信在政策的支持下，未来我国的高新技术、科技创新型企业会越来越多，进而不断推动国家经济进一步发展。

二、科创板审核与注册工作介绍

（一）注册制下交易所审核工作的流程与内容

根据《实施意见》第三部分“稳步实施注册制试点改革”中“（九）证监会负责科创板股票发行注册”的规定，上交所负责科创板发行上市审核，上交所受理企业公开发行股票并上市的申请，审核并判断企业是否符合发行条件、上市条件和信息披露要求。第三部分下“（十）证监会对上交所审核工作进行监督”规定，证监会负责科创板股票发行注册，上交所审核通过后，将审核意见及发行人注册申请文件报送证监会履行注册程序。所以就交易所的审核与证监会的注册是分为两部分工作依照先后顺序进行，虽然科创板的注册制试点不是简单的发行审核权的下放，而是证券监管机构、交易所、中介机构之间对审核职能和责任的重新分配，但是就本部分内容介绍来说，还是将交易所和证监会两部分的职能分开介绍，便于读者理解。

1. 上交所审核原则与流程

目前交易所对于科创板股票的发行会先进行一个审核程序，并且出具一个审核意见，之后才会将相关材料报送证监会进行注册程序。根据《注册管理办法（试行）》第20条的规定，交易所按照规定的条件和程序，作出同意或者不同意发行人股票公开发行并上市的审核意见。同意发行人股票公开发行并上市的，将审核意见、发行人注册申请文件及相关审核资料报送中国证监会履行发行注册程序。不同意发行人股票公开发行并上市的，作出终止发行上市审核决定。

(1)发行申请的受理

交易所和中国证监会在发行审核工作职能中的大致划分是按照上述规则进行的，不过仅就交易所而言，其具体规则也较为明确，从其具体规定中能看出效率、精干的程序架构。根据《上市审核规则》第13条第1款、第2款的规定，本所收到发行上市申请文件后5个工作日内，对文件进行核对，作出是否受理的决定，告知发行人及其保荐人，并在本所网站公示。此外，交易所还对需要补正文件的发行人给予最长不超过30个工作日的补正期限。

(2)审核问询

一旦交易所对发行人的发行申请进行受理，发行人需要在当日将本次发行的招股说明书、发行保荐书、审计报告、法律意见书等文件进行网站预披露，向社会大众公开，并且在证监会对股票注册前要持续更新相关文件的信息，这也体现出交易所对发行人证券发行审核事中及持续信息披露的监管力度。根据《上市审核规则》第16条第1款、第2款的规定，上交所受理发行上市申请文件当日，发行人应当在上交所网站预先披露招股说明书、发行保荐书、上市保荐书、审计报告和法律意见书等文件。上交所受理发行上市申请后至中国证监会作出注册决定前，发行人应当按照本规则的规定，对预先披露的招股说明书、发行保荐书、上市保荐书、审计报告和法律意见书等文件予以更新并披露。

根据《上市审核规则》第39条第1款的规定，对股票首次发行上市申请，上交所发行上市审核机构自受理之日起20个工作日内，通过保荐人向发行人提出首轮审核问询。截至2019年5月14日，已有超过70家企业披露了首轮问询回复，同时，上交所已向其中29家企业发出第二轮问询。从已披露的信息来看，首轮问询的内容较为细致、全面、具体，可见交易所对于审核的要求较为严格，当然这也与部分发行人披露的招股书质量不够完善有一定的关系。

(3)约见问询与现场检查

首轮问询之后，上交所会对预披露的文件质量不满意以及首轮问询回复不够完善的企业进行后续的多轮问询，这也是由交易所根据审核的情况进行灵活调控的。根据《上市审核规则》第41条的规定，首轮审核问询后，存在下列情形之一的，上交所发行上市审核机构收到发行人回复后10个工作日内可以继续提出审核问询：①首轮审核问询后，发现新的需要问询事项；②发行人及其保荐人、证券服务机构的回复未能有针对性地回答本所发行上市审核机构提出的审核问询，或者本所就其回复需要继续审核问询；③发行人的信息披露仍未满足中国证监会和本所规定的要求；④本所认为需要继续审核问询的其他情形。

此外，除了多轮问询这一手段外，上交所也可以通过对发行人进行约见问询、调阅资料与现场检查等手段，来确保对发行人发行申请材料的真实性与披露质量的把控。《上市审核规则》第45条规定，上交所在发行上市审核中，可以根据需要，约见问询发行人的董事、监事、高级管理人员、控股股东、实际控制人以及保荐人、证券服务机构及其相关人员，调阅发行人、保荐人、证券服务机构与发行上市申请相关的资料。第46条规定，上交所依照相关规定，从发行上市申请已被上交所受理的发行人中抽取一定比例，对其信息披露质量进行现场检查。上交所在发行上市审核中，发现发行上市申请文件存在重大疑问且发行人及其保荐人、证券服务机构回复中无法作出合理解释的，可以对发行人及其保荐人、证券服务机构进行现场检查。

(4)出具审核报告

上交所内部的发行审核机构对于前述的材料进行审核后，会形成一个初步的审核报告，但该审核报告并不是发行申请的最终结果，审核报告后续还需要提交上交所内设的上海证券交易所科创板股票上市委员会(以下简称上市委)进行审议。根据《上市审核规则》第47条的规定，上交所发行上市审核机构收到发行人及其保荐人、证券服务机构对上交所审核问询的回复后，认为不需要进一步审核问询的，将出具审核报告并提交上市委审议。

(5)上市委审议

上市委是专门对科创板股票发行上市进行审核工作的机构，上市委会对前述的审核报告进行审议，同时也会对相关申请材料进行审议，对相关事项发表意见。根据《上市审核规则》第50条第1款的规定，上市委召开审议会议，对上交所发行上市审核机构出具的审核报告及发行上市申请文件进行审议。

而且上市委也负有对上交所发行上市审核工作提供咨询服务的职责，可以说是上交所为了科创板专设的一个具审核与咨询职能一体的专业性委员会。《上海证券交易所科创板股票上市委员会管理办法》(以下简称《上市委管理办法》)第2条规定："上市委参与科创板股票发行上市审核工作，适用本办法。前款所称参与科创板股票发行上市审核工作包括：(一)对本所发行上市审核机构提交的审核报告和发行上市申请文件进行审议；(二)对发行人提出异议的本所不予受理、终止审核决定进行复审；(三)对本所发行上市审核工作提供咨询；(四)本所规定的其他职责。"

上市委对申请材料进行审议后,会作出上市审核意见,一般结果为同意或不同意发行上市。这一结果是上交所内部的意见,具有一定的导向性,但作出的文件尚不是最终的对外文件。《上市审核规则》第 52 条规定,上市委审议时,参会委员就审核报告的内容和发行上市审核机构提出的初步审核意见发表意见,通过合议形成同意或者不同意发行上市的审议意见。

(6)通过或终止审核

最终对外公布的审核意见是由上交所作出的,此审核意见如果通过就说明了发行人在交易所需要走的审核流程已经完成,后续的注册事项需要向中国证监会报送之后才能作出。而上交所的最终审核意见除了通过之外,也可以是终止审核。《上市审核规则》第 53 条规定:"本所结合上市委员会的审议意见,出具同意发行上市的审核意见或者作出终止发行上市审核的决定。上市委员会同意发行人发行上市,但要求发行人补充披露有关信息的,本所发行上市审核机构告知保荐人组织落实;发行上市审核机构对发行人及其保荐人、证券服务机构的落实情况予以核对,通报参会委员,无须再次提请上市委员会审议。发行人对相关事项补充披露后,本所出具同意发行上市的审核意见。"

2. 交易所审核的重点

交易所的审核重点主要分为两个方面,一方面是对于发行人是否达到了规定的发行、上市条件,比如其市值、净利润等财务指标是否达到要求。另一方面是对于发行人在发行过程中披露的相关申请文件,包括招股说明书、审计报告、法律意见书等文件的披露规范情况进行审核。通过上述两方面工作的全面、具体的审核,从而把好科创板股票发行上市的关口,防止不良企业通过投机取巧的方式钻政策与法律的漏洞发行上市,从而破坏市场秩序,损害投资者的正当利益。

(1)发行、上市条件的审核

对于发行、上市的条件,科创板有较为详细的规定,可以参见《上市审核规则》第 22~24 条。它们分别对一般发行人、红筹企业发行人、存在表决权差异安排的发行人设置了不同的财务标准,就发行、上市条件来说,科创板的设置可谓更加灵活,并且适用的企业范围也更加开放。

除财务上的硬性标准以外,交易所也会对发行人的业务、持续经营能力、生产经营合规性、股东及董事、监事、高级管理人员(以下简称董监高)的行为规范合规性等方面进行审核,这些相关信息的审核也一直是其他板块现行证券发行审核中的重点审核问题,相应的规定可参见《注册管理办法(试行)》第 12 条、第 13 条。

除此以外,交易所也会重点审核保荐人、律师等中介机构出具的比如上市保荐书、法律意见书等文件，毕竟中介机构对于发行人相关信息的披露具有勤勉尽责的义务，且科创板的审核与注册制度更加要求中介机构对于发行人相关条件的核查与披露的严谨性与全面性。根据《上市审核规则》第25条第1款第2项和第2款的规定，保荐人和律师事务所等证券服务机构出具的上市保荐书、法律意见书等文件中是否就发行人选择的上市标准以及符合上市条件发表明确意见，且具备充分的理由和依据。本所对前款规定的事项存在疑问的，发行人应当按照本所要求作出解释说明，保荐人及证券服务机构应当进行核查，并相应修改发行上市申请文件。

(2)对发行人信息披露的审核(预披露及过程披露)

交易所还负有对发行人信息披露的审核职责，要求发行人及中介机构对披露的信息达到真实、准确、完整的程度。根据《上市审核规则》第34条的规定，本所在信息披露审核中，重点关注发行上市申请文件及信息披露内容是否包含对投资者作出投资决策有重大影响的信息，披露程度是否达到投资者作出投资决策所必需的水平。包括但不限于是否充分、全面披露发行人业务、技术、财务、公司治理、投资者保护等方面的信息以及本次发行的情况，是否充分揭示可能对发行人经营状况、财务状况产生重大不利影响的所有因素。

而科创板的信息预披露所要求披露的信息较现行板块上市审核所要求的内容更加丰富。现行板块上市审核过程中，预披露仅有招股说明书和反馈问题，而科创板预披露的审核不仅要对上述文件进行审核，还需要对发行保荐书、上市保荐书、审计报告和法律意见书等文件进行审核。《上市审核规则》第16条规定，本所受理发行上市申请文件当日，发行人应当在本所网站预先披露招股说明书、发行保荐书、上市保荐书、审计报告和法律意见书等文件。本所受理发行上市申请后至中国证监会作出注册决定前，发行人应当按照本规则的规定对预先披露的招股说明书、发行保荐书、上市保荐书、审计报告和法律意见书等文件予以更新并披露。

(二)上交所的审核组织与技术力量介绍

根据《注册管理办法(试行)》第19条的规定，交易所设立独立的审核部门，负责审核发行人公开发行并上市申请；设立科技创新咨询委员会，负责为科创板建设和发行上市审核提供专业咨询和政策建议；设立科创板股票上市委员会，负责对审核部门出具的审核报告和发行人的申请文件提出审议意见。可见，上交所为了保证科创板的股票发行、上市审核工作的质量与效率，专门设置了职能部门与技术型委员会作为技术与力量支持。

1. 发行上市审核机构(上市审核中心)

作为出具审核报告的职能的机构，上交所特意在内部成立了上市审核中心，下设四个部门,分别是综合部、审核一部、审核二部和质量控制部。由于上市审核中心的成立是上交所内部的部门变动,并没有出具相关的法律法规或指引文件对其职能、人员选任、议事规则等进行规定,但是在《上市审核规则》的相应规定中都有所体现,上交所对上市申请文件进行的前期审核并且出具审核报告的内容均是由上市审核中心来负责的,且目前上市审核中心已经在科创板股票发行、上市审核的工作中发挥起实际的作用。

2. 上市委

(1)工作职责

上市委是由上交所设立的,由上交所以外的专家和上交所内部的专业人员组成的专门委员会。其职责主要是通过上市委工作会议的形式以合议的方式进行审议和复审,通过集体讨论,形成合议意见。该意见具有相当重要的作用,除了程序上的规定使其和上交所最终审核意见相隔离以外,其效力基本可以视作是上交所的最终审核意见。此外,上市委也具有提供咨询服务的职能,需要对上交所内其他部门提出的关于科创板的疑难事项提供咨询,可谓上交所科创板审核工作的“智囊团”。根据《上市委管理办法》第12条的规定:“上市委履行以下职责:(一)对本所发行上市审核机构出具的审核报告以及发行上市申请文件进行审议,就发行上市审核机构提出的初步审核意见,提出审议意见;(二)对发行人提出异议的本所不予受理、终止审核决定进行复审,提出复审意见;(三)对本所发行上市审核机构及相关部门提交咨询的事项进行讨论,提出咨询意见;(四)对上市委年度工作进行讨论、研究;(五)本所规定的其他职责。”

(2)人员组成与任期

上市委委员一共有30~40人,其来源分为上交所内和上交所外两方面,根据一定的比例进行聘任,外部的人选主要从相关的行业协会、律师事务所、会计师事务所等中介机构中进行审查与聘请,而且这些委员都具有一定的任期。根据《上市委管理办法》第10条的规定,上市委委员每届任期二年,可以连任,但最长不超过两届;上市委委员担任本所相关职务的,其任职期限可以与职务任期保持一致。委员任期届满的,由上交所予以续聘或者更换。上交所根据需要,可以调整委员每届任期年限和连续任职期限。

(3)审议流程

第一,审议会议。审议会议是上市委履行科创板股票发行审核的主要手段,通过审议会议,上市委委员对于发行人的相关申请材料以及前期上市审核中心作出的审核报告进行和议审议,作出通过或者不通过的表决。审议意见在效力与作用上其实可以视作是终局性的,根据《上市委管理办法》第 33 条的规定,审议意见为同意发行上市的,上交所结合审议意见,向中国证监会报送同意发行上市的审核意见及发行上市申请文件,并通知发行人及其保荐人。

此外,《上市委管理办法》对审议会议的召集、出席人数、回避、缺席申请、委员签署承诺函等事项均有所规定。而比较能体现审议会议专业性的规则则是《上市委管理办法》第 19 条,每次审议会议由 5 名委员参加,法律、会计专家至少各 1 名。这一规定可以使审议会议较为全面地掌握发行人的经营状况、生产经营规范情况等,使审议会议更加专业、具体,从而确保科创板上市企业在发行、上市条件和信息披露工作达到《上市审核规则》规定的标准。

第二,复审会议、咨询会议与全体会议。复审会议实则是针对发行人对交易所不予受理、终止审核决定提出异议之后的救济渠道。根据《上市委管理办法》第 37 条的规定,发行人对上交所不予受理、终止审核的决定提出异议的,上市委召开会议进行复审。复审会议由会议召集人负责召集,组织委员发表意见和讨论,主持形成合议意见。上市委复审期间,原决定的效力不受影响。而复审会议的召开人数、组成、回避、会议程序等都是参照审议会议进行的,所以复审会议和审议会议的主要区别就在于职能上的不同。复审会议之后,对于发行人提出的异议有两种结果,一种是认为申请理由成立,上交所予以受理或重新审核;另一种是申请复审理由不成立的,上交所继续维持原决定。

咨询会议体现了上市委的另一项职能,即对交易所科创板股票发行核准工作相关疑难问题提供咨询的职能。科创板注册制试点是一个全新的制度设计,相关的具体操作流程和审核业务中的实质内容尚需要交易所和外界人士一定时间的探索,而具备了专业技能的上市委委员通过咨询会议的讨论,能够给交易所提供相当程度的帮助。《上市委管理办法》第 42 条规定:"本所不定期召开上市委咨询会议,对本所发行上市审核机构及相关部门提交咨询的下列事项进行研究、讨论:(一)发行上市审核中具有共性的新情况、新问题;(二)发行上市审核业务规则中需要修订增补的内容;(三)市场关注度较高的发行上市审核相关问题;(四)其他需要研究讨论的发行上市审核相关事项。"咨询会议研究与讨论的最终结果并不具有终局效力,但是这些讨论结果对交易所或外界来说都是一个非常重要的参考。

全体会议实际上并非上市委履行科创板审核与注册制度的主要会议,而是上市委内部的一个年度常规性会议,主要负责总结、对审核工作提出建议等。《上市委管理办法》第 43 条规定:"上市委每年至少召开一次全体会议,就下列事项进行讨论:(一)上市委当年工作总结;(二)对本所发行上市审核工作的意见和建议;

(三)对本所发行上市审核机构及相关部门提交的其他事项进行研究、讨论。全体会议应当由上市委二分之一以上的委员出席。"

(4)对审议工作的监督

上市委的职权很重要,那么相应地其限权也就至关重要。上交所对于上市委委员都会建立相应的监督机制,如果发现上市委委员有违规情况的,上交所会通过谈话提醒、批评或者予以解聘等方式对相关人员进行警示或处分。《上市委管理办法》第47条规定:"本所建立对上市委委员的举报监督机制。上市委委员涉嫌违反本办法或者本所其他相关规定的,本所可以进行调查,并根据调查结果对有关委员进行谈话提醒、批评或者予以解聘。涉嫌违法的,本所向中国证监会报告。"

3. 科技创新咨询委员会

(1)工作职责

科技创新咨询委员会和上市委不同,其主要职责在于提供咨询服务,而不具有对于证券发行、上市审核的职能。咨询委员会提供咨询的事项与上市委并不重叠,咨询委员会会对上市审核中心在审核过程中遇到的一些专业性或行业性的问题提供咨询帮助,对各行业企业的业务与技术相关的审核问题提供专业的咨询服务。根据《上海证券交易所科技创新咨询委员会工作规则》(以下简称《咨询委员会工作规则》)第9条的规定:"咨询委员会就下列事项提供咨询意见:(一)本所科创板的定位以及发行人是否具备科技创新属性、符合科创板定位;(二)本所《科创板企业上市推荐指引》等相关规则的制定;(三)发行上市申请文件中与发行人业务和技术相关的问题;(四)国内外科技创新及产业化应用的发展动态;(五)本所根据工作需要提请咨询的其他事项。"可见,咨询委员会提供的咨询内容是偏向于行业以及技术的,而不是针对审核工作的相关问题进行咨询,这就和上市委的咨询服务进行了有效区分,避免了职能重合。

(2)人员组成与履职方式

咨询委员会的委员人数比上市委稍多,一般在40~60人,并且会根据科技创新企业行业的类别对咨询委员会咨询的组别进行划分。咨询委员会委员主要来自有关部委、科研院校、行业协会等单位推荐,可以说是汇聚了各行各业的专家与精英人士。根据《咨询委员会工作规则》第4条的规定,咨询委员会委员共40~60名,由从事科技创新行业的权威专家、知名企业家、资深投资专家组成,所有委员均为兼职。根据科技创新企业行业相关性,咨询委员会中设立不同咨询组别。上交所可以根据需要对咨询委员会委员人数和人员构成进行调整。

咨询委员会委员的履职方式不同于上市委委员,不需要召开特定的咨询会议,也不需要集体商讨作出研究意见,仅以个人身份对问题进行相应的咨询回复,当然,在必要时咨询委员会委员也可以以召开会议的方式对疑难问题进行商讨。根据《咨询委员会工作规则》第11条的规定,上交所根据工作需要向咨询委员会委员进行咨询的,应当提出具体咨询事项,并通过召开会议、书面函件等方式,向咨询事项涉及的相关行业委员进行咨询。咨询委员会委员应当结合自身专长和所从事工作,认真阅研本所提出的咨询事项以及相关材料,以个人身份独立、客观、公正地提供咨询意见。

(三)上交所审核工作的信息公开

证券发行审核工作的信息公开也是科创板注册制试点的重要组成部分。交易所对于在审企业名单、基本信息、审核进度等事项均会向社会公开信息,使社会大众了解。根据《上市审核规则》第71条的规定,上交所向市场公开发行上市审核工作的下列信息,接受社会监督:(1)发行上市审核标准和审核程序等发行上市审核业务规则,以及相关监管问答;(2)在审企业名单、企业基本信息及审核工作进度;(3)上交所审核问询和发行人及其保荐人、证券服务机构回复,但涉及国家秘密或者发行人商业秘密的除外;(4)上市委会议的时间、参会委员名单、审议的发行人名单、审议结果及现场问询问题;(5)上交所对发行人及其控股股东、实际控制人、保荐人、证券服务机构及其相关人员采取的监管措施或者纪律处分;(6)上交所认为必要的其他信息。

目前上交所网站已经专门开设了科创板股票发行上市审核信息披露的网页,对于发行审核流程及进度信息全面公开,相关审核工作信息的上网,也能使发行人和广大投资者更好地了解上交所对于科创板股票发行、上市审核的现状。信息公开透明,带来的是更多的便利,也体现了上交所对于科创板审核与注册制度实施的决心与力度。

(四)注册制下证监会注册工作的流程与内容

根据《上市审核规则》第54条第1款的规定,本所审核通过的,向中国证监会报送同意发行上市的审核意见、相关审核资料和发行人的发行上市申请文件。诚然,注册制下,证监会对于证券发行审核只承担注册职责,不对证券发行的申请材料进行实质性审核,不过证监会也依旧有四重"防护措施"来对交易所的整个审核程序进行监督与制约。这四项举措也使得证监会对于科创板上市审核工作仍旧具有一定的约束力与影响力,可以说是一项制度性兜底。

1. 决定是否注册

证监会对于上交所报送的审核意见以及发行人的上市申请文件等文书有权决

定是否同意注册。根据《注册管理办法(试行)》第 24 条的规定,中国证监会在 20 个工作日内对发行人的注册申请作出同意注册或者不予注册的决定。可见,证监会是有权力对上交所的审核结果进行否决的,且该否决是以否决发行人的上市申请的方式作出,在程序上具有正当性。

2. 要求交易所进一步问询

中国证监会对于发行人的发行上市申请文件如果认为有不符合规范等情况的仍旧可以在程序上进行补正,这种不规范的情况可以是程序上的也可以是内容上的,比如发行人的发行条件或信息披露不符合规范等,都是可能被中国证监会要求进行补正程序的。《注册管理办法(试行)》第 23 条第 1 款规定,发行注册主要关注交易所发行上市审核内容有无遗漏,审核程序是否符合规定,以及发行人在发行条件和信息披露要求的重大方面是否符合相关规定。中国证监会认为存在需要进一步说明或者落实事项的,可以要求交易所进一步问询。《上市审核规则》第 54 条第 2 款规定,中国证监会要求本所进一步问询的,本所向发行人及保荐人、证券服务机构提出反馈问题。

3. 退回补充审核

如果交易所的审核工作明显不到位,中国证监会可以要求退回交易所补充审核。这一点其实可以看作对交易所审核工作的监督与制约,一旦交易所审核工作行使有瑕疵,中国证监会也可以自行启动救济程序要求审核工作重新进行。根据《注册管理办法(试行)》第 23 条第 2 款的规定,中国证监会认为交易所对影响发行条件的重大事项未予关注或者交易所的审核意见依据明显不充分的,可以退回交易所补充审核。交易所补充审核后,同意发行人股票公开发行并上市的,重新向中国证监会报送审核意见及相关资料,办法第 24 条规定的注册期限重新计算。也就是说,当交易所下次将补充审核意见及相关材料报送至中国证监会后,中国证监会出具是否准予注册的 20 个工作日期限又重新计算。

4. 暂缓发行、撤销注册

即使在中国证监会同意注册申请后,一旦发现有影响股票发行的重大事项的,中国证监会也可以要求发行人暂缓发行,如果情势更加严重甚至导致发行人失去了发行、上市的基础的,那么中国证监会可以直接撤销注册。《注册管理办法(试行)》第 27 条规定,中国证监会作出注册决定后、发行人股票上市交易前,发现可能影响本次发行的重大事项的,中国证监会可以要求发行人暂缓或者暂停发行、上市;相关重大事项导致发行人不符合发行条件的,可以撤销注册。中国证监会撤销注册后,股票尚未发行的,发行人应当停止发行;股票已经发行尚未上市的,发行人应当按照发行价并加算银行同期存款利息返还股票持有人。

（五）注册制下证券发行审核、注册期限

原则上来说，交易所对科创板证券发行审核的期限不会超过6个月，根据《上市审核规则》第48条的规定，申请股票首次发行上市的，本所自受理发行上市申请文件之日起3个月内出具同意发行上市的审核意见或者作出终止发行上市审核的决定，但发行人及其保荐人、证券服务机构回复本所审核问询的时间不计算在内。发行人及其保荐人、证券服务机构回复本所审核问询的时间总计不超过3个月。当然，由于多轮问询的回复时间等期限不算在这3个月期限内，所以实际操作之后可能发行审核整个时间会持续8～9个月甚至1年左右，具体时间也得视发行人材料准备及披露信息情况而定。

而中国证监会对发行注册申请的决定正常情况下也会在20个工作日内出具，可见整个发行审核、注册流程的期限相较于其他板块的审核流程而言已经大大缩短，提高了整体效率。

三、科创板审核与注册制度的监管工作介绍

（一）科创板审核与注册制度中监管工作的意义

科创板的监管工作分为两方面：一方面是交易所和中国证监会对内部或者说中国证监会对交易所审核工作的监督管理，另一方面是交易所和中国证监会对发行人以及中介机构的监督管理。对外的监督管理，毋庸置疑，其实际作用是促使发行人及中介机构及时、全面、具体地将信息进行披露，保证其合法合规地进行科创板的发行、上市申请。同时，也保证市场上的投资者能够充分地获取相关信息，减少信息不对称，从而保证整个股票市场的公平、公正。

而对内的监督管理，一方面是对内部人员相关人员的履职尽责情况进行监督，保证其廉政性。另一方面也是通过中国证监会对交易所的监督管理提高科创板证券发行、上市审核的容错性，通过一定的机制保证交易所对审核工作达到全面、严谨的程度，尽量避免疏漏。通过对内部的监督管理，可以使科创板的审核与注册制度更加完善，通过事前事中事后的多层面监管，促使发行人与审核机构两方面在发行申请与审核的整个过程中都能做到诚实、尽责，从而促使科创板股票发行、上市工作合法合规地进行，维护市场的公平性。

（二）科创板审核与注册制度中监管工作的特点

1. 监管主体多元化

科创板的审核与注册制度的监管分为两个主体：一个是中国证监会，另一个是

交易所。但是除了这两大主体之外，中介机构与市场也对发行人进行着监管。正如前文所述，注册制不是简单地将中国证监会的审核职能下放，而是证券监管机构、交易所、中介机构之间对审核职能和责任的重新分配。中介机构也对发行人的证券发行条件、披露信息的规范性等事项有着审慎监管的职责。所以，证券监管机构与证券交易所、律师事务所、会计师事务所等主体共同形成了监管体系，从而提高发行人信息披露的真实性与全面性。

2. 监管重心后移

注册制下的监管其实已经不再局限于发行、审核的监管了，监管的重心也从发行、审核时的监管移向事中与事后。《科创板上市公司持续监管办法(试行)》[以下简称《持续监管办法(试行)》]就是为此而制定的，其第3条规定，交易所根据《实施意见》《证券交易所管理办法》《持续监管办法(试行)》等有关规定，建立以上市规则为中心的科创板持续监管规则体系，在持续信息披露、并购重组、股权激励、退市等方面制定符合科创公司特点的具体实施规则。科创公司应当遵守交易所持续监管实施规则。可见，科创板的审核与注册制度的监管不仅仅局限于发行、审核之时，对发行人后续的信息披露、股份减持、重大资产重组等事项均有监管的职责，更加重视发行人在证券市场活动时的行为监管，从而改变当前核准制下严进宽出的局面。

3. 监管手段多样，效力加强

仅交易所对发行人的监管手段就已经非常丰富，完全能够满足因为各种情形的轻重不同而采取不同的措施，保证监管的力度与惩罚的严厉度，从而促使发行人更加审慎地履行证券发行、上市审核中及发行后的相关义务。《上市审核规则》第72条规定："本所在发行上市审核中，可以根据本规则及本所相关规则采取下列监管措施：(一)书面警示；(二)监管谈话；(三)要求限期改正；(四)要求公开更正、澄清或者说明；(五)要求限期参加培训或者考试；(六)本所规定的其他监管措施。"第73条规定："本所在发行上市审核中，可以根据本规则及本所相关规则实施下列纪律处分：(一)通报批评；(二)公开谴责；(三)六个月至五年内不接受发行人提交的发行上市申请文件；(四)三个月至三年内不接受保荐人、证券服务机构提交的发行上市申请文件、信息披露文件；(五)三个月至三年内不接受保荐代表人及保荐人其他相关人员、证券服务机构相关人员签字的发行上市申请文件、信息披露文件；(六)公开认定发行人董事、监事、高级管理人员三年以上不适合担任上市公司董事、监事、高级管理人员；(七)本所规定的其他纪律处分。"

（三）交易所的内部监管工作

1. 内部防火墙制度

为了避免发行人对交易所的发行审核部门、发行承销监管部门实施利益交换等手段，交易所在内部部门的设置上也保持着一定的独立性，并且使这些部门与其他部门隔离运行，减少其他部门对这些部门的影响。这一制度的存在其实是为了避免权力寻租，也是为了从源头上尽量预防这些事件的发生。根据《注册管理办法（试行）》第64条的规定，交易所应当建立内部防火墙制度，发行上市审核部门、发行承销监管部门与其他部门隔离运行。参与发行上市审核的人员，不得与发行人及其控股股东、实际控制人、相关保荐人、证券服务机构有利害关系，不得直接或者间接与发行人、保荐人、证券服务机构有利益往来，不得持有发行人股票，不得私下与发行人接触。这一预防机制比事后惩戒机制在监管工作上更加积极，也会更加有效。

2. 定期报告

同时，《注册管理办法（试行）》第65条也规定，交易所应当建立定期报告制度，及时总结发行上市审核和发行承销监管的工作情况，并报告中国证监会。定期报告作为一种常态机制，也属于监管预防手段的一种，能够及时、迅速地反映出问题所在，并且将其上报中国证监会，由中国证监会掌握情况及时作出反应。

（四）中国证监会对交易所的监管工作

1. 年度检查

中国证监会也会主动对交易所的发行上市审核和发行承销过程进行检查，虽然是年度例行检查，但是其作用还是较为显著的。同时，在年度检查中，中国证监会可以调阅相关的审核文件，并且出席相关会议进行旁听。这一机制是一种长效机制，是不可或缺的，如果连这一机制都不具备，那么何谈其他手段？根据《注册管理办法（试行）》第62条第1款的规定，中国证监会对交易所发行上市审核和发行承销过程监管等相关工作进行年度例行检查。在检查过程中，可以调阅审核工作文件，列席相关审核会议。

2. 定期或不定期抽查

《注册管理办法（试行）》第62条第2款规定，中国证监会定期或者不定期按一定比例对交易所发行上市审核和发行承销过程监管等相关工作进行抽查。中国证监会在检查和抽查过程中发现问题的，交易所应当整改。可见除了长效机制以外，中国证监会也对交易所的审核工作有突击检查的权力，这一职权的作用更加显著，可以在事中与事后有效、及时地对交易所的发行上市审核和发行承销过程进行监督与管理,促使其认真、尽责地进行相关工作,维持市场秩序。

(五)对发行人与中介机构的监管与处分

1. 对发行人及其股东、董监高的监管与处分

(1)对发行人的监管与处分

对于发行人的监管则要更加严格,根据《上市审核规则》第 72 条的规定,上交所有权对发行人根据其违规的不同情形进行不同的监管措施,比如出具警示函、监管谈话、要求期限改正、要求公开更正、要求期限参加培训或者考试等。在监管措施之后,根据发行人违规的相应情形,《上市审核规则》第 73 条规定,上交所可以对发行人处以通报批评、公开谴责、视情节轻重处以 6 个月至 5 年内不接受发行人提交的发行上市申请文件等处罚。

对于视情节轻重处以 6 个月至 5 年内不接受发行人提交的发行上市申请文件这项处罚措施,《上市审核规则》也以列举式的方法对各种违规情形适用何种程度的处罚进行了规定。《上市审核规则》第 75 条规定:“存在下列情形之一的,本所对发行人给予一年至五年内不接受其提交的发行上市申请文件的纪律处分:(一)发行人向本所报送的发行上市申请文件、信息披露文件被认定存在虚假记载、误导性陈述或者重大遗漏;(二)发行人拒绝、阻碍、逃避本所检查,谎报、隐匿、销毁相关证据材料;(三)发行人及其关联方以不正当手段严重干扰本所发行上市审核工作;(四)重大事项未向本所报告或者未披露;(五)发行上市申请文件中发行人或者其董事、监事、高级管理人员、控股股东、实际控制人的签字、盖章系伪造、变造。”由此可见,处以 1 年以上 5 年以下的不接受上市申请文件的处罚,发行人所涉及的违规情节都是较为严重的,而且属于主观上有一定的故意或重大过失。相比较而言,《上市审核规则》第 74 条规定的 1 年以下不接受发行人提交的发行上市申请文件的处罚的相关适用情形则较为轻微。

除此之外,证监会对发行人在上市申请时的违规情况也有权进行处罚,《注册管理办法(试行)》第 67 条规定,发行人不符合发行上市条件,以欺骗手段骗取发行注册的,中国证监会将自确认之日起采取 5 年内不接受发行人公开发行证券相关文件的监管措施。对相关责任人员,视情节轻重,采取认定为不适当人选的监管措施,或者采取证券市场禁入的措施。

(2)对发行人股东及董监高的监管与处分

《上市审核规则》第 73 条就对发行人董监高禁止担任上市公司董监高相关职务进行了处罚规定。而对于由于发行人的控股股东、实际控制人、董监高等违规导致的发行上市申请文件、信息披露文件存在虚假记载、误导性陈述或重大遗漏的这

一情形,交易所对其专门设置了处罚规定。《上市审核规则》第 76 条规定,发行人的控股股东、实际控制人、董监高违反本规则规定,致使发行人报送的发行上市申请文件、信息披露文件被认定存在虚假记载、误导性陈述或者重大遗漏的,本所可以视情节轻重对相关主体给予通报批评、公开谴责、公开认定 3 年以上不适合担任上市公司董监高或者自确认之日起 1～5 年内不接受控股股东、实际控制人及其控制的其他发行人提交的发行上市申请文件等纪律处分。

为了更好地对上市公司的控股股东、实际控制人、董监高等进行监督管理,上交所还专门对其设置了诚信公示制度,一旦相关人员被处分,这些记录会被记入其诚信档案。《上市审核规则》第 81 条规定,上交所建立发行人及其控股股东、实际控制人、董监高以及保荐人、证券服务机构及其相关人员等机构和个人的诚信公示制度,对外公开本所采取的监管措施和纪律处分,记入诚信档案,并向中国证监会报告。

中国证监会对于发行人股东及董监高的监管处分措施则更加严厉,对于上述人员报送的文件和披露的信息涉及虚假记载、误导性陈述或重大遗漏等情况,中国证监会的处罚除了可以在 1～5 年内不接受相关人员及其控制的下属公司发行证券相关文件之外,还可以对其采取职务禁止和证券市场禁入等措施。《注册管理办法(试行)》第 70 条规定,发行人的控股股东、实际控制人违反本办法规定,致使发行人所报送的注册申请文件和披露的信息存在虚假记载、误导性陈述或者重大遗漏,或者纵容、指使、协助发行人进行财务造假、利润操纵或者有意隐瞒其他重要信息等骗取发行注册行为的,中国证监会可以视情节轻重,对相关单位和责任人员自确认之日起采取 1～5 年内不接受相关单位及其控制的下属单位公开发行证券相关文件,对责任人员采取认定为不适当人选等监管措施,或者采取证券市场禁入的措施。发行人的董监高违反本办法规定,致使发行人所报送的注册申请文件和披露的信息存在虚假记载、误导性陈述或者重大遗漏的,中国证监会可以视情节轻重,对责任人员采取认定为不适当人选等监管措施,或者采取证券市场禁入的措施。

2. 对中介机构的监管与处分

交易所对中介机构建立有专门的定期评价制度,评价的结果供发行上市审核参考,也就是说,一家评价等级高的保荐人、证券服务机构会获得发行上市审核的一定信赖,虽然不会对审核工作产生任何实质性的影响,但是该制度也会使外界对于该中介机构有更为客观的认识。根据《上市审核规则》第 81 条第 2 款的规定,上交所对保荐人、证券服务机构在科创板从事股票发行上市相关业务的执业质量进行定期评价,评价结果供发行上市审核参考。

根据《证券法》的有关规定，中介机构对于发行上市的服务工作具有勤勉尽责的义务，那么一旦其在辅助发行人进行发行上市审核申请工作中产生了漏洞，交易所就有权对其处罚，其工作成果也一直在交易所的监管之下。《上市审核规则》第77条第3款规定，保荐人、证券服务机构及其相关人员存在下列情形之一的，上交所视情节轻重，可以给予3个月~3年内不接受其提交或者签字的发行上市申请文件、信息披露文件的纪律处分：(1)伪造、变造发行上市申请文件中的签字、盖章；(2)重大事项未报告或者未披露；(3)以不正当手段干扰上交所发行上市审核工作；(4)内部控制、尽职调查等制度存在缺陷或者未有效执行；(5)通过相关业务谋取不正当利益；(6)不履行其他法定职责。

此外，交易所还额外对预披露盈利预测但实际未达到相关标准的情形进行了规定，指明了对注册会计师的处分，因为交易所认为具有财务审计职能的会计师，如果勤勉尽责，那么除了不可抗力外，不应当对发行人的盈利预测产生与实际过大的差别，一旦产生这种情况，会计师对此责无旁贷。《上市审核规则》第79条第3款规定，注册会计师在对前两款规定的盈利预测出具审核报告的过程中未勤勉尽责的，上交所可以对签字注册会计师给予通报批评、公开谴责或者一年内不接受其签字的发行上市申请文件、信息披露文件的纪律处分。

证监会对于中介机构的监管措施则较为丰富，《注册管理办法(试行)》第74条规定，证监会对保荐人、证券服务机构可以采取责令改正、监管谈话、出具警示函、1年内不接受相关单位及其责任人员出具的与注册申请有关的文件 等监管措施。而对于保荐人，证监会可以施以暂停保荐代表人资格3个月~3年的处分或者撤销其保荐代表人资格的处罚。《注册管理办法(试行)》第72条第1款、第2款规定，保荐人存在下列情形的，中国证监会可以视情节轻重，自确认之日起采取暂停保荐人业务资格3个月~3年的监管措施；情节特别严重的，撤销其业务资格：(1)伪造或者变造签字、盖章；(2)重大事项未报告、未披露；(3)以不正当手段干扰审核注册工作；(4)不履行其他法定职责。保荐代表人存在前款规定情形的，视情节轻重，按规定暂停保荐代表人资格3个月~3年；情节严重的，按规定撤销保荐代表人资格。

《注册管理办法(试行)》还专门规定了发行人上市当年即亏损的状况下，对保荐人设置了专门的处分，第73条规定，发行人公开发行证券上市当年即亏损的，中国证监会自确认之日起暂停保荐人的保荐人资格3个月，撤销相关人员的保荐代表人资格，尚未盈利的企业或者已在证券发行募集文件中充分分析并揭示相关风险的除外。

综上所述，《注册管理办法(试行)》《上市审核规则》分别从交易所和中国证监会的层面对于发行人及其控股股东、董监高还有中介机构设置了其在相应的证券发行、承销过程中涉及违规情况进行监管措施与违规处分的规定。上述处罚措施主要为事中和事后的监管措施,也很好地体现了科创板审核与注册制度中监管工作主体多元化、监管重心后移、监管手段多样等特点。通过上述手段对科创板股票发行审核的相关人员,包括交易所内部人员与发行人及社会中介机构等进行监管与处分,促使其对证券发行、审核工作尽到自己的责任,审慎地履行职责。这也体现了科创板审核与注册制度对市场公平秩序的维护以及对投资者的保护,具有十分积极的意义。

（本文撰写于 2019 年 5 月）

上交所科创板与注册制规则解读

周　邮

2019 年 1 月 28 日，中国证券监督管理委员会（以下简称中国证监会）公布《关于在上海证券交易所设立科创板并试点注册制的实施意见》（中国证券监督管理委员会公告〔2019〕2 号，以下简称《实施意见》）。2019 年 1 月 30 日，按照《实施意见》的要求，中国证监会及上海证券交易所（以下简称上交所）、中国证券登记结算有限责任公司（以下简称中登公司）公布了相关配套规则的公开征求意见稿。本文拟根据已公布的《实施意见》及其配套规则、相关问答就科创板试点的注册制进行简要分析。

一、法律法规及配套规则概要

《实施意见》及其配套规则对比分析见表 2－3－1。

表 2－3－1　《实施意见》及其配套规则对比分析

发文主体	法律法规/规则	生效时间	主要内容
中国证监会	《实施意见》	2019 年 1 月 28 日	明确了设立科创板并试点注册制的总的路线方针，强调在上交所设立科创板主要服务于符合国家战略、突破关键核心技术、市场认可度高的科技创新企业；指出科创板结合自身板块定位及科创企业特点设置多元包容的上市条件；明确应合理制定科创板股票发行条件和更加全面、深入、精准的信息披露规则体系，为做好相关工作，将在构建科创板市场化发行承销机制等五个方面完善资本市场基础制度；强调要加强科创板上市公司的持续监管、进一步压实中介机构责任、严厉打击各类违法行为，保护投资者合法权益

续表

发文主体	法律法规/规则	生效时间	主要内容
中国证监会	《科创板首次公开发行股票注册管理办法（试行）》	2019年3月1日	基于便利直接融资、强化信息披露监管、加强风险防控三大基本原则，对上交所科创板试点注册制首次公开发行股票相关活动进行了规范。共8章81条，整体制度框架体系包括总则、发行条件、注册程序、信息披露、发行与承销的特别规定、发行上市保荐的特别规定、监督管理和法律责任、附则
中国证监会	《科创板上市公司持续监管办法（试行）》	2019年3月1日	规定了科创板持续监管的总体要求和制度取向，明确了调整适用的规则范围和衔接安排，共36条，包括企业在科创板发行上市后的公司治理、信息披露、股份减持、重大资产重组、股权激励、终止上市等方面内容
上交所	《上海证券交易所科创板股票发行上市审核规则》	2019年3月1日	以首次公开发行上市审核为主，在实体和程序方面对科创板股票发行上市作出了全面规定。共9章86条，涵盖以下六个方面：申请与受理、发行条件及上市条件的审核、信息披露的要求与审核、审核程序、审核中止与终止、自律管理
上交所	《上海证券交易所科创板股票发行与承销实施办法》	2019年3月1日	作为规范和引导科创板股票发行与承销业务的基本规则，对科创板相关业务作出集中差异化安排。共35条，主要包括如下内容：完善网下网上发行安排、对战略投资者配售的条件及程序进行规定、调整配套机制、优化券商定位、明确绿鞋机制、相关自律监管措施
上交所	《上海证券交易所科创板股票交易特别规定》	2019年3月1日	对科创板差异化交易安排作出集中规定。共4章27条，内容包括投资者适当性管理、引入盘后固定价格交易、优化融券交易机制、新增两种市价申报方式、放宽涨跌幅限制等八项交易特别规定
上交所	《上海证券交易所科创板股票上市规则》（2019年修订）	2019年4月30日	独立于主板股票上市规则，针对科技创新企业特点，就上市条件、公司治理、持续督导等内容，作出完整的规定。共16章，内容包括严格退市安排、设置更为合理的股份减持方式、压实保荐机构督导责任、规范表决权差异安排、整合内部治理规范性要求、优化信息披露、设置更加市场化的重大资产重组制度、提供更为灵活便利的股权激励制度

续表

发文主体	法律法规/规则	生效时间	主要内容
上交所	《上海证券交易所科创板股票上市委员会管理办法》	2019 年 3 月 1 日	从实体和程序方面明确了上市委组成、职责及委员履职要求，对上市委运行机制进行了规范。共 6 章 50 条，重点内容包括上市委人员组成、委员的任期及选聘、职责定位、审议会议合议机制、审议会议程序安排、审议意见处理、其他会议
上交所	《上海证券交易所科技创新咨询委员会工作细则》	2019 年 3 月 31 日	一部兼具实体和程序的综合性规则，对咨询委员会的组成、职责、运行机制及委员履职要求进行了规范。共 4 章 19 条，重点围绕委员会人员组成、职责定位、咨询内容及工作机制等作出制度安排
中登公司	《中国证券登记结算有限责任公司证券登记规则》（修订）	2019 年 3 月 31 日	为配合科创板设立及注册制试点相关工作，对其进行了修订，主要对原规定中要求股票发行人在初始登记时提供证监会核准文件内容进行了修改，并对部分条文进行了整合
中登公司	《科创板股票登记结算业务细则（试行）》	2019 年 3 月 31 日	结合科创板发行上市交易的新机制、新变化、新特点，对股票登记要素、初始登记申请材料、特别表决权股份登记等业务的具体处理作了特别规定和调整。共 4 章 31 条，适用范围包括在科创板上市、已发行拟上市的股票和在科创板发行上市的存托凭证，主要内容包括初始登记申请材料、特别表决权股份的登记、超额配售选择权的登记、科创板的结算风险管理

二、科创板试点的注册制相较核准制的延续与突破

（一）多元包容的上市条件

1. 原则性规定

科创企业有其自身的成长路径和发展规律。科创板上市条件更加注重企业科技创新能力，允许符合科创板定位、尚未盈利或存在累计未弥补亏损的企业在科创板上市。在市场和财务条件方面，引入“市值”指标，与收入、现金流、净利润和研发投入等财务指标进行组合，设置了 5 套差异化的上市指标，可以满足在关键领域通过持续研发投入已突破核心技术或取得阶段性成果、拥有良好发展前景，但财务表

现不一的各类科创企业上市需求。允许存在未弥补亏损、未盈利企业上市,不再对无形资产占比进行限制。

2. 市值与预计市值

根据《上海证券交易所科创板股票上市规则》第7.1.5条的规定,市值是指交易披露日前10个交易日收盘市值的算术平均值。根据《上海证券交易所科创板股票发行上市审核规则》的规定,预计市值是指股票公开发行后按照总股本乘以发行价格计算出来的发行人股票名义总价值。

3. 科创板上市条件与创业板、核准制上市条件的比较情况

科创板上市条件与创业板、核准制上市条件比较情况见表2－3－2。

表2－3－2 科创板上市条件与创业板、核准制上市条件比较

发行条件	主板/中小板	创业板	科创板
主体资格	依法设立且持续经营3年以上的股份有限公司,按原账面净资产值折股整体变更为股份有限公司的,经营时间可以从有限责任公司成立日起算		
经营稳定性	最近3年内主营业务和董事、高级管理人员没有发生重大变化,实际控制人没有发生变更	最近2年内主营业务和董事、高级管理人员均没有发生重大变化;控股股东和受控股股东、实际控制人支配的股东所持发行人的股份权属清晰,最近2年实际控制人没有发生变更,不存在导致控制权可能变更的重大权属纠纷	最近2年内主营业务和董事、高级管理人员及核心技术人员均没有发生重大不利变化,实际控制人没有发生变更,不存在导致控制权可能变更的重大权属纠纷
股本总额	发行前股本总额不少于3000万元	发行后股本总额不少于3000万元	发行后股本总额不低于3000万元
行业要求	—	主要服务成长型创新创业企业,支持传统产业与新技术、新产业、新业态、新模式深度融合	重点支持新一代信息技术、高端装备、新材料、新能源、节能环保以及生物医药等高新技术产业和战略性新兴产业

续表

<table>
<tr><th>发行条件</th><th>主板/中小板</th><th>创业板</th><th>科创板</th></tr>
<tr><td rowspan="6">财务指标</td><td>同时符合以下标准</td><td>至少符合下列标准之一</td><td>至少符合下列标准之一</td></tr>
<tr><td>1. 最近3个会计年度净利润均为正数且累计超过3000万元；最近一期末不存在未弥补亏损</td><td rowspan="3">1. 发行人为境内企业且不存在表决权差异安排的，市值及财务指标应当至少符合下列标准中的一项：
(1) 最近2年净利润均为正，且累计净利润不低于5000万元；
(2) 预计市值不低于10亿元，最近一年净利润为正且营业收入不低于1亿元；
(3) 预计市值不低于50亿元，且最近一年营业收入不低于3亿元</td><td>1. 预计市值不低于10亿元+最近两年净利润均为正且累计净利润不低于5000万元或者最近一年净利润为正且营业收入不低于1亿元</td></tr>
<tr><td rowspan="2">2. 最近3个会计年度经营活动产生的现金流量净额累计超过5000万元；或者最近3个会计年度营业收入累计超过3亿元</td><td>2. 预计市值不低于15亿元+最近1年营业收入不低于2亿元+最近3年累计研发投入合计占最近3年累计营业收入的比例不低于15%</td></tr>
<tr><td>3. 预计市值不低于20亿元+最近1年营业收入不低于3亿元+最近3年经营活动产生的现金流量净额累计不低于1亿元</td></tr>
<tr><td rowspan="2">3. 最近一期末无形资产（扣除土地使用权、水面养殖权和采矿权等后）占净资产的比例不高于20%</td><td rowspan="2">2. 发行人具有表决权差异安排的，市值及财务指标应当至少符合下列标准中的一项：
(1) 预计市值不低于100亿元，且最近1年净利润为正；
(2) 预计市值不低于50亿元，最近1年净利润为正且营业收入不低于5亿元</td><td>4. 预计市值不低于30亿元+最近1年营业收入不低于3亿元</td></tr>
<tr><td>5. 预计市值不低于40亿元+主要业务或产品需经国家有关部门批准，市场空间大，目前已取得阶段性成果。医药行业企业需取得至少一项核心产品获准开展二期临床试验，其他符合科创板定位的企业需具备明显的技术优势并满足相应条件</td></tr>
</table>

续表

发行条件	主板/中小板	创业板	科创板
发行人及其控股股东的合规要求	发行人最近36个月内不存在重大违法违规行为;申报材料存在虚假记载、误导性陈述或重大遗漏;涉嫌犯罪被司法机关立案侦查,尚未有明确结论意见等违法行为	发行人及其控股股东、实际控制人最近3年内不存在贪污、贿赂、侵占财产、挪用财产或者破坏社会主义市场经济秩序的刑事犯罪,不存在欺诈发行、重大信息披露违法或者其他涉及国家安全、公共安全、生态安全、生产安全、公众健康安全等领域的重大违法行为	发行人及其控股股东、实际控制人最近3年内不存在贪污、贿赂、侵占财产、挪用财产或者破坏社会主义市场经济秩序的刑事犯罪,不存在欺诈发行、重大信息披露违法或者其他涉及国家安全、公共安全、生态安全、生产安全、公众健康安全等领域的重大违法行为
董事、监事、高级管理人员的合规要求	董事、监事和高级管理人员不得有下列情形:被中国证监会采取证券市场禁入措施尚在禁入期的;最近36个月内受到中国证监会行政处罚,或者最近12个月内受到证券交易所公开谴责;因涉嫌犯罪被司法机关立案侦查或者涉嫌违法违规被中国证监会立案调查,尚未有明确结论意见	董事、监事和高级管理人员不存在最近3年内受到中国证监会行政处罚,或者因涉嫌犯罪正在被司法机关立案侦查或者涉嫌违法违规正在被中国证监会立案调查且尚未有明确结论意见等情形	董事、监事和高级管理人员不存在最近3年内受到中国证监会行政处罚,或者涉嫌犯罪被司法机关立案侦查或者涉嫌违法违规被中国证监会立案调查,尚未有明确结论意见

（二）审核程序

1. 核准制下的审核程序

根据中国证监会于2019年1月25日公示的《发行监管部首次公开发行股票审核工作流程及申请企业情况》,核准制下的审核程序见图2-3-1。

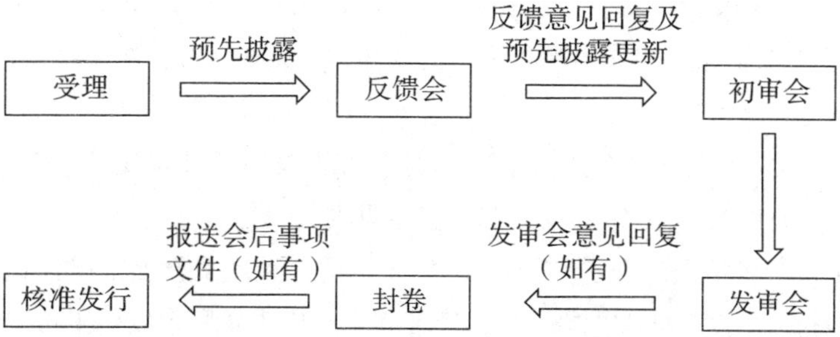

图 2－3－1　核准制下审核流程

(1)所在地证监局辅导:企业在向中国证监会申报材料前,应向所在地证监局申请辅导备案并进行公告,辅导期满由所在地证监局进行辅导验收,再向中国证监会递交申报材料。

(2)受理:中国证监会发行监管部在正式受理申报材料后即会在证监会官网预先披露招股说明书,并将申请文件分发至相关审核处室,相关审核处室安排非财务事项和财务事项各 1 名预审员具体负责审核工作。

(3)召开反馈会并发出反馈意见:2 名预审员审阅发行人申请文件后,从非财务和财务两个角度撰写审核报告,提交反馈会讨论。反馈会后将形成书面意见反馈给保荐机构。

(4)初审会:初审会将讨论、修改由预审员形成的初审报告(初稿),并由预审员汇报发行人的基本情况、初步审核中发现的主要问题及反馈意见回复情况。初审会讨论决定提交发审会审核。

(5)发审会:预审员向发审委委员报告审核情况,并就有关问题进行说明,再由发行人代表 2 名和该项目 2 个签字保荐代表人接受询问;聆询结束后,发审会以投票方式对首发申请进行表决。

2. 科创板注册制下的审核程序

根据《科创板首次公开发行股票注册管理办法(试行)》及《上海证券交易所科创板股票发行上市审核规则》的规定,发行人申请股票首次发行上市,应当向上交所提交发行上市申请文件,上交所主要对发行人是否符合发行上市条件、提交的申请材料是否齐备、中介机构是否具备相关资质、中介机构发表的意见是否明确完整等方面进行审核,再提交中国证监会进行核查并作出是否同意注册的决定,具体审核程序如下:

(1)保荐人通过上交所发行上市审核业务系统报送电子申请文件及电子工作底稿和验证版招股说明书,提交申请文件前可以通过该系统进行咨询与预沟通;文件不符合要求的，发行人应当予以补正，补正时限最长不超过30日；上交所在收到申请文件后5个工作日内作出是否受理的决定，告知发行人及其保荐人，并在上交所网站公示。

(2)预披露：受理申请文件后，发行人应当在上交所网站预先披露招股说明书、发行保荐书、上市保荐书、审计报告和法律意见书等文件。

(3)上市审核机构问询：上交所上市审核机构自受理发行上市申请文件之日起20个工作日内向发行人提出首轮审核问询，3个月内出具同意发行上市的审核意见或者作出终止发行上市审核的决定，但发行人及其保荐人、证券服务机构回复审核问询的时间(问询时间不超过3个月)不计算在内。

(4)现场检查：上交所从发行上市申请已被受理的发行人中抽取一定比例，对其信息披露质量进行现场检查。

(5)上市委员会审议：上交所上市委员会召开审议会对发行人及其保荐人进行现场问询，通过合议形成同意或者不同意发行上市的审议意见；审核通过的，向中国证监会报送同意发行上市的审核意见、相关审核资料及发行人的发行上市申请文件。

(6)科技咨询委员会提供专业咨询意见。

(7)中国证监会核查：中国证监会依照法定条件，在20个工作日内对发行人的注册申请作出同意注册或不予注册的决定。发行人补充、修改注册申请文件及中介机构补充核查的时间不计算在内。

(三)限售安排

相较核准制，科创板增加了对于相关主体股份限售的要求：

1. 公司股东持有的首发前股份，可以在公司上市前托管在为公司提供首次公开发行上市保荐服务的保荐机构，并由保荐机构按照上交所业务规则的规定，对股东减持首发前股份的交易委托进行监督管理。

2. 上市公司核心技术人员减持本公司首发前股份的，应当遵守下列规定：(1)自公司股票上市之日起12个月内和离职后6个月内不得转让本公司首发前股份；(2)自所持首发前股份限售期满之日起4年内，每年转让的首发前股份不得超过上市时所持公司首发前股份总数的25%，减持比例可以累积使用；(3)法律法规、规则以及上交所业务规则对核心技术人员股份转让的其他规定。

3. 公司上市时未盈利的，在公司实现盈利前，控股股东、实际控制人自公司股票上市之日起3个完整会计年度内，不得减持首发前股份；自公司股票上市之日起第四个会计年度和第五个会计年度内，每年减持的首发前股份不得超过公司股份总数的2%，并应当符合《上海证券交易所上市公司股东及董事、监事、高级管理人员减持股份实施细则》关于减持股份的相关规定。公司上市时未盈利的，在公司实现盈利前，董事、监事、高级管理人员及核心技术人员自公司股票上市之日起3个完整会计年度内，不得减持首发前股份；在前述期间内离职的，应当继续遵守本规定。上市公司存在规定的重大违法情形，触及退市标准的，自相关行政处罚决定或者司法裁判作出之日起至公司股票终止上市前，控股股东、实际控制人、董事、监事、高级管理人员不得减持公司股份。

4. 特定股东通过非公开转让减持所持首发前股份的，受让方自股份登记之日起12个月内不得转让。特定股东通过协议转让减持首发前股份，涉及控制权变更的，受让方自股份登记之日起12个月内不得转让；股份解除限售后减持股份的，应当按照关于特定股东减持首发前股份的规定减持受让股份。

5. 发行人的保荐机构依法设立的相关子公司或者实际控制该保荐机构的证券公司依法设立的其他相关子公司，可以参与本次发行战略配售，并对获配股份设定限售期，具体事宜由上交所另行规定。首次公开发行股票数量不足1亿股的发行人，可以向前述规定的战略投资者配售股份。

三、其他问题

（一）允许行使超额配售选择权（“绿鞋”机制）

发行人和主承销商可以在发行方案中采用超额配售选择权。采用超额配售选择权发行股票数量不得超过首次公开发行股票数量的15%。主承销商采用超额配售选择权，应当与参与本次配售并同意作出延期交付股份安排的投资者达成协议。

发行人股票上市之日起30日内，主承销商有权使用超额配售股票募集的资金，从二级市场购买发行人股票，但每次申报的买入价不得高于本次发行的发行价，具体事宜由上交所另行规定。主承销商可以根据超额配售选择权行使情况，要求发行人按照超额配售选择权方案发行相应数量股票。

（二）强调募投项目的科创性

发行人董事会应当依法就本次募集资金使用的可行性及其他必须明确的事项作出决议，并提请股东大会批准。科创公司募集资金应当用于主营业务，重点投向科技创新领域，不得直接或间接投资与主营业务无关的公司。上市公司应当建立完善募集资金的存储、使用、变更、决策、监督和责任追究等制度，并持续披露募集资金运用相关信息。

（三）允许红筹企业上市

根据《国务院办公厅转发证监会关于开展创新企业境内发行股票或存托凭证试点若干意见的通知》（国办发〔2018〕21号）的规定，试点红筹企业在境内发行以股票为基础证券的存托凭证应符合证券法关于股票发行的基本条件，同时符合下列要求：一是股权结构、公司治理、运行规范等事项可适用境外注册地公司法等法律法规规定，但关于投资者权益保护的安排总体上应不低于境内法律要求；二是存在投票权差异、协议控制架构或类似特殊安排的，应于首次公开发行时，在招股说明书等公开发行文件显要位置充分、详细披露相关情况特别是风险、公司治理等信息，以及依法落实保护投资者合法权益规定的各项措施。

同时符合上述条件及科创板上市规则规定的红筹企业，可以申请发行存托凭证并在科创板上市。红筹企业在境内发行存托凭证并上市的，应当取得上交所出具的同意发行上市审核意见、中国证监会作出同意注册决定；还应当提交本次发行的存托凭证已经中国结算存管的证明文件、经签署的存托协议、托管协议文本以及托管人出具的存托凭证所对应基础证券的托管凭证等文件。红筹企业具有协议控制架构或者类似特殊安排的，应当充分、详细披露相关情况特别是风险、公司治理等信息，以及依法落实保护投资者合法权益规定的各项措施。

（四）强制退市制度

《上海证券交易所科创板股票上市规则》第十二章明确了重大违法强制退市、交易类强制退市、财务类强制退市、规范类强制退市、主动终止上市的具体情形。聚焦存在财务欺诈等重大违法行为的公司、丧失持续经营能力且恢复无望的主业空心化公司，丰富和优化了退市指标体系，简化退市环节、从严执行退市标准并设置了必要的救济安排。

（五）盈利预测未达的处分

《科创板首发注册管理办法（试行）》第75条明确了盈利预测未达的具体处分。发行人披露盈利预测的，利润实现数未达到盈利预测80%的，除因不可抗力外，其法定代表人、财务负责人应当在股东大会及中国证监会指定报刊上公开作出解释并道歉；中国证监会可以对法定代表人处以警告。利润实现数未达到盈利预测50%的，除因不可抗力外，中国证监会在3年内不受理该公司的公开发行证券申请。注册会计师为上述盈利预测出具审核报告的过程中未勤勉尽责的，中国证监会将视情节轻重，对相关机构和责任人员采取监管谈话等监管措施，记入诚信档案并公布；情节严重的，给予警告等行政处罚。

（本文撰写于2019年1月31日，修改于2020年6月）

科创板 IPO 项目中的承销商律师分析

宋萍萍　周　邯

一、聘请承销商律师的科创板 IPO 项目

经笔者于 2019 年 11 月 1 日登录见微数据库（https://www.jianweidata.com/），以“承销商 律师”“保荐人 律师”为全文搜索的同句关键词，以“招股说明书”为标题搜索的关键词搜索，截至查询之日，在招股说明书“本次发行的有关当事人”章节披露了保荐机构（主承销商）律师的科创板企业共计 31 家，占已申请科创板股票发行上市企业总数 168 家的 18.45%。

其中，中金公司担任保荐机构（主承销商）的 17 家科创板企业均聘请了承销商律师，国泰君安担任保荐机构（主承销商）的 8 家科创板企业中 7 家聘请了承销商律师，瑞银证券担任保荐机构（主承销商）的 2 家科创板企业均聘请了承销商律师，国信证券、华泰联合、海通证券、南京证券等在其承办的部分科创板首次公开发行股票并上市（Initial Public Offering，IPO）项目中聘请了承销商律师。资本市场大型券商及外资券商聘请承销商律师逐渐常态化。

结合笔者担任科创板 IPO 项目承销商律师的相关经验，本文从承销商律师与发行人律师的异同、承销商律师的主要工作内容及科创板 IPO 在发行阶段对承销商律师的特殊要求等角度，对科创板 IPO 项目中的承销商律师进行角色解密。

二、承销商律师与发行人律师的异同

（一）承销商律师与发行人律师合作互赢

在境内 IPO 项目承办过程中，承销商律师和发行人律师的工作范围存在重合，在尽职调查过程中均需要对发行人的法律方面展开详细的调查，并就相关法律问题进行检索研究、提出解决方案、提示并发表法律意见；在法律文件的准备方面，均需要对发行人的三会文件、内控制度、承诺说明等进行审阅和把控；在申报文件的

草拟方面，均需对发行人的历史沿革、资产重组、股东、董监高及核心技术人员、主要财产、业务资质、同业竞争、关联方与关联交易、行政处罚及诉讼仲裁等法律方面进行全面核查，并草拟申报文件的相关章节；在问询反馈过程中，均需对监管机构关注的法律问题展开进一步深入的核查，并草拟审阅回复内容，助力发行人通过审核。

有鉴于此，承销商律师、发行人律师并非对立的关系，而是合作共赢的关系。在项目承办过程中，承销商律师、发行人律师保持各自的独立性，分别开展核查，再就核查情况及所涉及的法律问题共同探讨、交叉复核、互相印证，有助于提高对法律事项把控的准确性，提高法律文件及申报文件的质量，能够为法律问题的解决提供更多的解决方案，提高解决问题的效率。

（二）承销商律师与发行人律师的差异

承销商律师和发行人律师在科创板 IPO 项目承办过程中扮演的角色和发挥的作用同时也存在差异，主要不同点如表 2－4－1。

表 2－4－1 承销商律师与发行人律师的差异

不同点	承销商律师	发行人律师
聘用关系及费用	一般由保荐机构（主承销商）聘请并支付律师费，该部分费用不计入发行费用，承销商律师的收费一般低于发行人律师	一般由发行人聘请并支付律师费，该部分费用计入发行费用
是否必须	不属于监管机构要求的必须参与 IPO 项目的中介机构	属于监管机构要求的必须参与 IPO 项目的中介机构
角色定位	就项目涉及的法律问题向保荐机构（主承销商）发表法律意见，为保荐机构（主承销商）把控法律问题及法律风险提供参考建议	就项目涉及的法律问题向发行人发表法律意见，从律师角度把控项目的法律风险并承担相应法律责任
与发行人的关系	不直接为发行人提供法律服务，向保荐机构（主承销商）独立发表法律意见，相关问题最终由保荐机构（主承销商）决策，并对发行人发表意见	直接为发行人提供法律服务，对发行人独立发表法律意见
文件撰写	需根据《公开发行证券的公司信息披露内容与格式准则第 41 号——科创板公司招股说明书》的要求，参与招股说明书等申报文件的撰写	需根据《公开发行证券的公司信息披露编报规则第 12 号——公开发行证券的法律意见书和律师工作报告》的要求撰写、出具法律意见书、律师工作报告等申报文件

续表

不同点	承销商律师	发行人律师
是否走访	鉴于承销商律师无法替代保荐机构(主承销商)对股东、董事、监事、高级管理人员及核心技术人员、客户供应商及政府主管部门的访谈走访,考虑项目成本,承销商律师一般不参与前述访谈走访	需全程参与对股东、董监高及核心技术人员、客户供应商及政府主管部门的访谈走访,参与合影、录音,并在访谈走访笔录上签字,以制作工作底稿备查
底稿制作	需根据中国证券监督管理委员会(以下简称中国证监会)《证券发行上市保荐业务工作底稿指引》及其附件1《证券发行上市保荐业务工作底稿目录》的要求制作法律方面的底稿	需根据法律意见书及律师工作报告的内容,按《律师事务所从事证券法律业务管理办法》《律师事务所证券法律业务执业规则(试行)》等相关规定的要求制作项目底稿
底稿验证	需根据《证券发行上市保荐业务工作底稿指引》及其附件2《招股说明书验证方法的说明及示例》的要求制作历次申报招股说明书的验证版	不涉及
内部程序	需配合保荐机构(主承销商)通过内部质量控制的现场检查与审核,就法律问题草拟回复,并就部分问题发表法律意见	需按律师事务所内部要求通过底稿检查、内核委员会审核,不参与保荐机构(主承销商)内部审核流程
是否签章	不需要在招股说明书等IPO申报文件中签章,但需要对保荐机构(主承销商)签字出具承销商法律意见书	需要在招股说明书的发行人律师声明部分签章,并签章出具法律意见书、律师工作报告、权属鉴证意见及补充法律意见书等IPO申报文件
是否参与发行承销	一般需要配合保荐机构(主承销商)全程参与发行承销阶段,并对承销协议、上市公告等法律文件进行审核,甚至参与持续督导过程	发行人律师的法律服务范围一般仅包括申报阶段,不包括或较少涉及发行承销阶段

三、承销商律师的主要工作内容

作为保荐机构(主承销商)的中国法律顾问,承销商律师的主要职责与工作范围贯穿尽职调查阶段、首次申报阶段、问询反馈阶段及发行承销阶段等。

(一)尽职调查阶段

在尽职调查阶段,承销商律师需全面参与法律尽职调查,从保荐机构(主承销商)的角度制作法律尽职调查文件清单,对接尽职调查法律资料并梳理补充清单;出席尽职调查会议并草拟会议纪要,对尽职调查过程中发现的法律问题进行检索,并参与法律尽职调查问题的讨论沟通,与其他中介机构共同协商确定解决方案;对发行人及其子公司的主体资格、主要财产、行政处罚及诉讼仲裁情况等开展网络尽职调查;协助草拟尽职调查报告的法律部分;协助草拟审阅合规证明模板、访谈走访笔录模板、调查表模板并协助保荐机构(主承销商)完成相关人员的访谈及现场记录;协助保荐机构(主承销商)执行尽职调查情况问核程序,协助填报《关于保荐项目重要事项尽职调查情况问核表》(法律部分),并编制及整理法律部分的核查工作底稿。

(二)首次申报阶段

在首次申报阶段,承销商律师需协助起草、修改、审核报送当地证监局的辅导文件中涉及法律的相关内容,包括但不限于辅导申请报告、辅导工作报告、辅导验收报告等文件;审阅发行人律师起草的与 IPO 相关的三会文件、内控制度、承诺说明、信息披露公告(如涉及)等法律文件,参照境内上市公司的标准规范拟上市公司的公司治理;参与撰写招股说明书,草拟、修改、审核招股说明书与法律相关的章节,并从法律合规、信息披露和风险控制的角度对招股说明书其他章节提出修改意见;协助保荐机构(主承销商)与发行人律师沟通,审阅发行人律师出具的法律意见书和律师工作报告,并将招股说明书的相关章节与法律意见书、律师工作报告进行交叉复核;就保荐机构(主承销商)项目组、质量控制部门或法律部门提出的问题草拟回复或备忘录,并根据需要就部分问题发表承销商律师法律意见;并协助保荐机构(主承销商)在科创板相关规定要求的时间内编制辅导验收工作底稿、保荐承销业务工作底稿,并就招股说明书进行验证,制作招股说明书验证稿。

(三)问询反馈阶段

在问询反馈阶段,承销商律师需协助起草、修改、审核上海证券交易所和中国证监会历次问询、反馈回复材料中涉及法律的相关内容,配合参与针对问询反馈问题的补充核查,就相关问题进行法律检索、参与中介协调会、讨论答题思路、提出解决方案等;就保荐机构(主承销商)项目组、质量控制部门或法律部门针对问询反馈意见提出的问题草拟回复或备忘录,并根据需要就部分问题发表承销商律师法律意见。在问询反馈过程中,如涉及报告期加期,承销商律师还需对发行人最近一期与法律相关的事项进行补充尽职调查,并结合尽职调查情况更新招股说明书等。同时,还需要协助保荐机构(主承销商)编制问询反馈及加期相关的保荐承销业务工作底稿,并相应更新招股说明书验证稿。

（四）发行承销阶段

在发行承销阶段，承销商律师需协助起草、修改及审核承销协议、承销团协议、战略配售协议等法律文件；按照《证券发行与承销管理办法》的要求协助提供发行人关联方的名单及相关信息；起草、修改及审核发行承销阶段的信息披露文件，包括但不限于发行方案、网上路演公告、询价及推介公告、发行公告、网下配售结果公告、网上定价发行申购情况及中签率公告等；对战略投资者、网下投资者资质及其与发行人和承销商的关联关系、路演推介、询价、定价、配售、资金划拨、信息披露等有关情况的合规有效性发表意见，审阅承销环节的相关材料，并提供培训、见证等法律服务。

综上，承销商律师的工作范围贯穿科创板 IPO 的始终。与此同时，承销商律师需按照保荐机构（主承销商）的要求，结合实际情况，针对招股说明书及其涉及的核查事项、全套工作底稿等向保荐机构（主承销商）出具承销商律师法律意见书，并全程为保荐机构（主承销商）提供与发行上市有关法律、法规及法律事项的法律咨询。

四、科创板 IPO 在发行承销阶段对律师的特殊要求

2019 年 4 月 16 日生效的《上海证券交易所科创板股票发行与承销业务指引》（上证发〔2019〕46 号，以下简称《业务指引》）、2019 年 5 月 31 日生效的《科创板首次公开发行股票承销业务规范》（中证协发〔2019〕148 号，以下简称《业务规范》）等科创板的相关规定，增加并明确了发行承销阶段主承销商聘请律师的要求。对于已在申报阶段聘请承销商律师的保荐机构（主承销商）往往会将该部分要求对应的工作内容统一包含在同一个承销商律师聘请协议的工作范围中。

（一）路演培训及路演推介材料的审核要求

《业务规范》第 18 条明确规定："主承销商应当聘请参与网下发行与承销全程见证的律师事务所在路演推介活动前对发行人管理层、参与路演的工作人员和证券分析师等进行培训，强调发行人对外宣传资料的口径，包括宣传材料与发行人实际情况的一致性、不允许透露公开资料以外的信息、不允许存在夸张性描述等。主承销商应当要求律师事务所出具培训总结，并督促律师事务所勤勉尽责。发行人和主承销商的相关路演推介材料应当由律师事务所进行事前审核，确保宣传材料的合法合规性，不能超出相关规定限定的公开信息的内容及范围。主承销商应当要求律师事务所对路演推介材料出具明确审核确认意见。"

根据上述规定，承销商律师需根据主承销商的要求，草拟制作路演培训材料，在路演推介活动前，对发行人管理层、参与路演的工作人员和证券分析师等进行培

训,并签章出具路演培训工作总结;同时承销商律师需根据主承销商的要求,对投资价值研究报告及其他路演推介材料进行审核,并签章出具关于路演推介材料的审核意见。前述路演培训总结需向中国证券业协会报备。

(二)对战略投资者的核查要求

《业务指引》第10条明确规定:“主承销商应当对战略投资者的选取标准、配售资格及是否存在本指引第九条规定的禁止性情形进行核查,要求发行人就核查事项出具承诺函,并聘请律师事务所出具法律意见书。主承销商应当公开披露核查文件及法律意见书。”

根据上述规定,承销商律师需对参与战略投资者的基本情况、关联关系及其选举标准、是否符合配售资格进行核查;判断战略投资者是否属于以下情形之一:(1)与发行人经营业务具有战略合作关系或长期合作愿景的大型企业或其下属企业;(2)具有长期投资意愿的大型保险公司或其下属企业、国家级大型投资基金或其下属企业;(3)以公开募集方式设立,主要投资策略包括投资战略配售股票,且以封闭方式运作的证券投资基金;(4)参与跟投的保荐机构相关子公司;(5)发行人的高级管理人员与核心员工参与本次战略配售设立的专项资产管理计划;(6)符合法律法规、业务规则规定的其他战略投资者。根据相关规定草拟战略配售协议及战略配售相关承诺函;核查本次战略配售是否存在《业务指引》第9条规定的禁止情形;草拟并签章出具关于战略投资者专项核查的法律意见书。关于战略投资者专项核查的法律意见书需要在指定信息披露平台进行公告。

(三)对发行见证的要求

《业务规范》第8条明确规定:“主承销商应当聘请律师事务所对发行及承销全程进行见证,并出具专项法律意见书,对战略投资者和网下投资者资质及其与发行人和承销商的关联关系、路演推介、询价、定价、配售、资金划拨、信息披露等有关情况的合规有效性发表明确意见。”

上述规定相较《首次公开发行股票承销业务规范》(2018修订)第5条对承销商律师发行见证的要求,增加了对战略投资者资质、投资者与发行人和承销商关联关系的核查要求。

根据上述规定,承销商律师需参与并见证路演推介、询价、定价、配售、资金划拨的全过程,并审核相关信息披露文件是否合规有效;同时需根据《业务规范》第36条规定梳理禁售名单,对战略投资者、网下投资者的资质进行核查,核查并判断网下投资者是否属于禁售对象。在发行结束后,承销商律师需签章出具《关于首次公开发行股票发行与承销相关事宜之法律意见书》。该法律意见书需通过发行承销业务系统向上海证券交易所报备。

综上,科创板关于发行承销阶段的新增规定,强化了主承销商在发行承销阶段的责任,并增加了律师在发行承销阶段的审核义务,对于违反规定或未勤勉尽责的主承销商、律师事务所均明确规定了相应的法律后果。

五、新《证券法》对 IPO 律师的特殊要求

2020 年 3 月 1 日生效的新《证券法》首次将律师事务所明确为证券服务机构,并明确证券服务机构从事证券服务业务应经核准或备案。规定律师事务所应当勤勉尽责、恪尽职守,按照相关业务规则为证券的交易及相关活动提供服务。从事证券投资咨询服务业务,应当经国务院证券监督管理机构核准;从事其他证券服务业务,应当报国务院证券监督管理机构和国务院有关主管部门备案。

六、方兴未艾的承销商律师业务

设立科创板并试点注册制是新时代背景下中国实施创新驱动发展战略、推进高质量发展的重要举措,是深化资本市场改革的重要安排。中介机构勤勉尽责,是实施注册制的重要基础。科创板整体制度设计更加强调落实中介机构责任,与制度层面相对应,中国证监会、各地证监局及证券交易所等监管机构也通过现场检查、现场督导等形式加强了对发行人及中介机构的监管。

随着科创板注册制试点的平稳落地以及创业板注册制改革的启动,未来保荐机构面临的机遇和所要承担的责任只增不减。为防范风险,加强内部控制,越来越多的保荐机构(主承销商)将选择在 IPO 项目中引入承销商律师。结合境外成熟资本市场的现状,随着我国资本市场的不断发展成熟,承销商律师将更多地参与到资本市场。与此同时,与承销商律师相关的制度将不断完善、法律责任边界也将逐渐明晰。承销商律师业务方兴未艾、大有可为。

(本文撰写于 2019 年 11 月 8 日,修改于 2020 年 3 月)

解读《上海金融法院关于证券纠纷代表人诉讼机制的规定(试行)》

朱奕奕

本次上海金融法院制定的《上海金融法院关于证券纠纷代表人诉讼机制的规定(试行)》(以下简称《代表人诉讼规定》)是贯彻并践行2020年3月1日生效的《证券法》第95条规定的直接产物,是全国首个法院系统颁布的落地对接文件,对《证券法》第95条规定的证券领域代表人诉讼制度的落地具有重大的指导意义。虽是先行先试,但实际而言,《代表人诉讼规定》的出台,使最高人民法院与证监会提出的"根据试点情况,探索完善与注册制相适应的证券民事诉讼法律制度"落地生根,万丈高楼平地起,《代表人诉讼规定》开启了在司法实践中践行该项代表人诉讼制度的通道。

第一章 总 则

第一条 为妥善处理群体性证券纠纷,维护当事人的合法权益,实现纠纷的及时有效化解,根据《中华人民共和国证券法》(以下简称《证券法》)《中华人民共和国民事诉讼法》(以下简称《民事诉讼法》)《最高人民法院关于适用〈中华人民共和国民事诉讼法〉的解释》等,结合本院审判工作实际,制定本规定。

第二条 本规定所指代表人诉讼分为普通代表人诉讼和特别代表人诉讼。普通代表人诉讼是依据《民事诉讼法》第五十三条、第五十四条规定提起的诉讼,特别代表人诉讼是依据《证券法》第九十五条第三款规定提起的诉讼。

第三条 适用代表人诉讼审理案件的,应当妥善保护投资者诉讼权利,促进纠纷多元化解,提升案件审理集约化水平,提高审判效率,降低诉讼成本。

第四条 适用代表人诉讼审理案件的,应当依托信息技术提高诉讼效率,通过设立代表人诉讼在线平台,实现权利登记、代表人推选、公告通知、电子送达等诉讼程序的便利化。

第五条 本院与证券登记结算机构建立电子交易数据对接机制，为损失赔偿数额计算以及适格投资者范围核验提供支持。

第六条 凡属于本院管辖范围，因证券虚假陈述、内幕交易、操纵市场等行为引发的民事赔偿群体性纠纷，适用本规定。

其他群体性金融民商事纠纷可以参照本规定关于普通代表人诉讼机制的规定处理。

［**解读**］

1. 本章总则性规定主要就《代表人诉讼规定》制定的背景、依据、目的、适用范围等原则性问题进行了明确。根据《证券法》第 95 条的规定，证券领域的代表人诉讼主要范围包括两种：第一，普通代表人诉讼，主要是基于《证券法》第 95 条第 1 款、第 2 款的规定，在投资者参与机制上，适用的是明示加入原则，亦即在满足《民事诉讼法》第 53 条、第 54 条规定提起的普通代表人诉讼条件时，投资者需要明确表示愿意加入该代表人诉讼；第二，特别代表人诉讼，主要是基于《证券法》第 95 条第 3 款的规定。当然，该特别诉讼机制亦根基于《民事诉讼法》第 53 条、第 54 条的规定，其“特别”之处主要表现为两方面，其一，代表人特殊，代表人为投资者保护机构；其二，投资者参与机制特殊，适用的是明示退出原则，亦即符合起诉条件的投资者在明确表示不愿意参加该代表人诉讼之前皆被默示地加入起诉大军中，成为代表人诉讼的原告。

2. 本章第 6 条明确，代表人诉讼不仅适用于证券类的虚假陈述、内幕交易、操纵市场等行为引发的民事赔偿群体性纠纷，而且其他群体性金融民商事纠纷亦可以参照本规定关于普通代表人诉讼机制的规定处理。根据《证券法》第 2 条的规定，股票、公司债券、存托凭证和国务院依法认定的其他证券、政府债券、证券投资基金份额、资产支持证券、资产管理产品等均可适用《证券法》或根据《证券法》的规定制定具体管理办法。易言之，因前述标的证券产生的虚假陈述、内幕交易、操纵市场等行为引发的民事赔偿群体性纠纷均可适用本《代表人诉讼规定》。同时，第 6 条第 2 款规定其他群体性金融民商事纠纷亦可以参照本规定关于普通代表人诉讼机制的规定处理，该条并非旨在扩大《证券法》规范的证券纠纷类代表人诉讼，而是立足于《民事诉讼法》本身关于代表人诉讼制度的规定，只不过此前的代表人诉讼制度一直处于“有规定但休眠”的状态，故此次《代表人诉讼规定》的制定，也给其他群体性金融民商事纠纷适用代表人诉讼提供落地的规则，旨在提高涉金融性群体纠纷案件的审理效率，提升审判集约化的水平，依法解决金融纠纷，防范化解金融风险。

第二章　普通代表人诉讼机制

第一节　立案与权利登记

第七条　当事人人数众多在起诉时确定的，经审查符合共同诉讼条件的，将其作为共同原告统一立案登记。

第八条　诉讼标的是同一种类，当事人人数众多在起诉时不确定的，本院受理后可以发出权利登记公告，通知相关投资者在公告期间内向本院登记。

公告期间根据案件的具体情况确定，但不得少于三十日。

第九条　发出权利登记公告前，应当对被诉证券侵权行为的性质、诉请的基础侵权事实等进行审查，确定权利登记范围。

具体审查方式包括阅卷、调查和询问当事人等，并应当组织双方当事人听证。

第十条　权利登记公告的内容应当包括被诉证券侵权行为所涉基础事实、已诉被告当事人情况、权利登记范围及登记期限等。

第十一条　权利登记公告的费用由原告先行垫付，并作为诉讼费用根据裁判结果由败诉方承担。

第十二条　投资者应当在公告期间内，于本院指定的在线平台进行登记。

投资者进行权利登记时，应当根据要求提供身份证明材料，并通过在线身份核验。

第十三条　投资者进行权利登记时，应当填写原告姓名或名称、诉讼代理人（如有）信息及代理权限、被告姓名或名称、诉讼请求金额、收款方式、电子送达地址等事项。

投资者授权诉讼代理人进行诉讼的，在通过本人身份核验后，权利登记可由其诉讼代理人进行。

第十四条　投资者将公告之外的其他主体列为被告的，应当进一步填写该共同被告的基本信息，并提交相应证明材料。投资者未能提供被告适当信息的，视为该被告不明确。

第十五条　本院依据公告确定的权利登记范围从证券登记结算机构调取权利人名单，并据此对申请登记的投资者范围进行审查。

不符合登记范围的投资者，本院不予登记，但其可以另行起诉。

第十六条　权利登记公告前已就相同事实和理由提起诉讼且符合登记范围的原告，应当征求其是否加入代表人诉讼的意见。

同意加入代表人诉讼的，列为代表人诉讼的原告；不同意加入的，作为单独诉讼案件继续审理。

第十七条 登记期限届满后，经在线身份核验及本院审核通过的投资者，列入代表人诉讼原告名单。原告名单于本院指定的在线平台公示。

第十八条 原告在权利登记时填写的诉讼请求内容、被告主体情况等存在较大差异的，可以根据具体情况将案件分为多个代表人诉讼案件。

第十九条 依照本规定审理的人数不确定的代表人诉讼案件不预交案件受理费，结案后按照诉讼标的额由败诉方交纳。

［解读］

1. 本节第7条和第8条主要规范当事人的立案启动及登记问题。其中第8条由上海金融法院发出权利登记公告，由符合条件的投资者在公告期间内向上海金融法院登记，即投资者以通过登记的形式明示加入代表人诉讼，从而开启后续的诉讼程序。

2. 第9条和第10条主要规范的是权利登记公告事宜，其中涉及的核心问题是，在法院发出权利登记公告前是否应对所涉证券纠纷的基础案件事实进行审查？比如，涉及揭露日、实施日等关键时间节点问题。第9条对此给出了肯定性的答复，法院应对被诉证券侵权行为的性质、诉请的基础侵权事实等进行审查，以确定权利登记范围。之所以如此规定，一方面系基于有效提高投资者权利登记的准确性，提升后续程序处置效率的考虑；另一方面保持法律适用上的统一性，在最高人民法院颁布的《全国法院民商事审判工作会议纪要》第82条的规定中就已经明确："人民法院决定采用《民事诉讼法》第54条规定的方式审理案件的，在发出公告前，应当先行就被告的行为是否构成虚假陈述，投资者的交易方向与诱多、诱空的虚假陈述是否一致，以及虚假陈述的实施日、揭露日或者更正日等案件基本事实进行审查。"

3. 第12～18条主要规范的是投资者如何根据要求进行权利登记的问题。其中第14条主要涉及如果有投资者将其他被告列入代表人诉讼的问题。根据《证券法》的规定，承担证券虚假陈述等赔偿责任的主体可能是多个，而且承担的是连带赔偿责任，因此，投资者如欲在参加代表人诉讼登记时提出其他的主体作为被告，根据起诉基本原则一定要提供明确的被告信息。当然，投资者提供明确的被告信息后，被登记的其他被告能否被追加列入代表人诉讼中，则是法院需要进一步考虑的问题。一般而言，根据"不告不理"基本诉讼规则，法院此时应征求其他投资者的意见，倘若其他的投资者并未同意追加共同被告，则不能直接将个别投资者追加的被告列入代表人诉讼中；倘若其他投资者有不同意见，此时法院应根据《代表人诉讼规定》第18条的规定进行分组处理。

当然，在目前针对虚假陈述类纠纷要求“立案前置程序”的情形下，在具体的操作实践中，一般不太容易出现投资者主动追加其他主体为共同被告的情况，因为立案要求的前置程序一般均已基本查明了违法事实，相关责任主体亦可初步进行判定，因此，在启动代表人诉讼时，被告主体即基本明确，一般不会出现遗漏或需要投资者来追加其他主体为被告的情况。

第二节　代表人的确定

第二十条　当事人人数众多在起诉时确定的，可以由全体或部分当事人推选代表人；推选不出代表人的当事人，可以另行起诉。

当事人人数众多在起诉时不确定的，由当事人推选代表人；当事人推选不出的，由本院推荐候选人并与原告协商；协商不成的，本院依职权指定代表人。

第二十一条　代表人的推选与协商均于本院指定的在线平台以网络投票的方式进行，实行一人一票。

以推选方式确定代表人的，当事人可以在全体原告范围内投票推选。以协商方式确定代表人的，当事人应当在本院拟定的推荐候选人名单范围内进行差额投票。

第二十二条　本院推荐的代表人应当符合以下条件：

（一）自愿担任诉讼代表人；

（二）具备诉讼能力和相应的诉讼知识；

（三）诉讼请求具有典型性；

（四）占据一定的利益诉求份额。

第二十三条　每位代表人的得票数应当不少于参与投票人数的50%。代表人人数为二至五名，按得票数排名确定。

代表人投票结果未满足前款条件的，视为推选不出或协商不成。

第二十四条　依职权指定代表人的，应当将投票情况、诉讼能力、诉讼请求的典型性和利益诉求的份额等作为考量因素，并征得被指定代表人本人同意。

投资者保护机构自身以投资者身份提起诉讼，或者接受投资者的委托指派工作人员或委托诉讼代理人参与案件审理活动的，可以指定该机构或者其代理的当事人作为代表人。

第二十五条　代表人因丧失诉讼能力或其他事由影响代表人诉讼案件审理的，经本院许可，可以重新组织推选代表人。

第二十六条　代表人确定后，应当于本院指定的在线平台向全体原告公示。

原告可以在公示之日起十日内向本院申请撤回权利登记,并有权另行起诉。

[解读]

本节主要规范代表人的确定问题,这是启动并推进代表人诉讼的核心内容之一。如果无法确定代表人,则代表人诉讼基本推进不下去。这也是为什么《民事诉讼法》规定代表人诉讼制度这么多年,但真正形成代表人诉讼的案件却寥寥无几,《民事诉讼法》规定的代表人诉讼制度也基本处于休眠的状态。

1. 第20条规范了代表人确定的基本流程问题,该流程坚持了《民事诉讼法》规定的"推选—协商—指定"的基本原则。

2. 第21~23条规范了关于代表人推选、推荐及协商的程序问题。首先,第21条明确了代表人的推选与协商均以投资者在法院指定的在线平台上以网络投票的方式进行,实行一人一票。对分散于各地的投资者而言,网络投票具有操作上的可行性,同时在技术上可最大程度保障投资者的参与度;在决定代表人的问题上,实行一人一票,采取人头决并进行差额选择,一方面对所有投资者一视同仁,保障投资者的平等参与;另一方面投资者投资份额差异巨大,虽具体权益的定量上有大有小,但在法律权益的保护上,应一视同仁,因此,采取人头决更能彰显代表人选择所具有的人合性本质。

其次,第22条明确了法院推荐代表人的条件设置,尊重代表人的意愿这是主观基础,毕竟担任代表人责任重大,而且在后续的诉讼进程中扮演着非常重要的角色,代表人得做好主观上的思想准备;客观上代表人应具有一定的法律知识或常识,而且在定性上其案涉的交易行为在本次诉讼纠纷中应具有一定的典型性,在定量上其案涉的诉求利益应具有一定的比例,如此方能促使其积极履行维权职责。

最后,第23条明确了代表人当选的投票比例要求。客观而言,因可能涉及投资者数量众多,背景复杂,很难期待就代表人选择问题达成一致或接近一致的意见,因此在投票比例上设计50%具有一定合理性,也具有一定可操作性,值得赞同;而且为保障投票选择的效率性问题,50%的基数标准是参与投票的人数,这也符合设立投票机制鼓励投资者积极参与诉讼代表人选择的初衷。

3. 第24条主要规范的是法院依职权指定代表人的问题,在指定代表人的考量因素中,与第22条法院推荐代表人大体一致,只不过基于前面的投票程序,可进一步结合投票的具体情况进行考量。

本条第2款涉及的是投资者保护机构作为投资者或以投资者的受托人身份参与普通代表人诉讼的角色扮演问题,该款直接赋予法院可依职权指定该机构或其代理的当事人作为代表人。从规定初衷出发,揣测该款之所以如此规定一方面是基于投资者保护机构的公益属性,尤其是《证券法》直接法定赋予了其特别代表人诉讼地位,如果投资者推选不出代表人的话,指定投资者保护机构担任代表人可兼顾投资者的广泛利益;另一方面也是基于效率上的考虑。

4. 第 26 条主要规范的是在代表人确定后投资者的二次选择问题。客观而言,代表人的选择无论是基于推选、协商还是指定,实际上均无法达到令所有投资者均满意认可的状态,所以在代表人确定后赋予投资者的二次选择具有合理性也具有必要性。一方面,投资者基于对代表人的考察,可判断自身是否适合参与代表人诉讼,因为选择参与即为选择信任,选择信任即为选择认可代表人诉讼所产生的法律效果,事关重大,理应慎重;另一方面,代表人在参与诉讼中具有重要的角色,此时代表人确定后给予投资者二次选择的机会,既是对投资者负责,也是推进后续诉讼程序的助力。

第三节　代表人的权限

第二十七条　投资者进行权利登记时,应当明确表示对代表人的特别授权。不同意特别授权的,可以另行起诉。

第二十八条　代表人可以代表原告参加开庭审理,增加、变更或者放弃诉讼请求,与被告进行和解或者达成调解协议,提起或者申请撤回上诉,申请执行等。

每位代表人可以委托一至二人作为诉讼代理人。

第二十九条　代表人应当审慎妥当地行使诉讼权利,维护全体原告的合法利益。

各代表人诉讼意见存在分歧且无法协商一致的,可以根据最有利于原告整体利益的原则依法审查确定。

第三十条　代表人与被告进行和解或者达成调解协议的,和解或调解协议内容须经本院审查确认。

和解或调解协议应当于本院指定的在线平台向全体原告公示,原告可在公示之日起十日内声明退出。和解或调解协议的效力不及于声明退出的原告。

第三十一条　代表人主张被告赔偿其诉讼过程中所发生的合理费用的,本院可予支持。

[解读]

本节主要规范代表人权限的问题,这是以代表人进行诉讼程序最为核心与关键的内容,也是各方诉讼参与主体最为关注的内容。

1. 第 27 条要求投资者在进行权利登记时即明确对代表人的特别授权(或概括

授权),这无疑对代表人诉讼的后续程序推进具有重大的意义,之所以如此要求,出发点也是更多地保障代表人诉讼的效率。

当然,在关于对代表人授权的构建路径上,可能有多种观点或设计。比如,可以在代表人确定后再行特别授权;又如,原则上对代表人进行一般授权,当涉及实体权利处分时,再行向投资者征求意见或进行特别授权。路径可能有多种,但落地规则的设置需要考虑可操作性与效率性等各方面因素。第27条规范的特别授权程序本质上亦是建立于投资者的意思自治基础上,只是在综合考量各种路径及因素下的平衡之举,要知道《民事诉讼法》规定的代表人诉讼制度一直处于休眠状态,一个重要原因就是受制于代表人的确定以及权限问题无法有效解决;况且,《代表人诉讼规定》第26条亦规定了在代表人确定后投资者的二次选择权利,应该说《代表人诉讼规定》对投资者的权利保护构建了比较齐备的机制。

2. 第28条规范的是代表人的具体权限问题,这里需要重点提示投资者的是,关于涉及诉讼实体权利的"增加、变更或者放弃诉讼请求"、"和解/调解"以及"上诉"等处分权限均已因第27条的特别授权而赋予了代表人,这一点与《民事诉讼法》的规定本质上一致,只是更多地强调了可操作性与效率性,当然,代表人肯定应当审慎行使前述权限,维护全体原告投资者的合法权益。尤其是针对和解/调解问题,第30条明确了和解或调解协议内容须经法院审查确认。

3. 第29条解决的是代表人之间意见不一致的问题,在实践中,可以预见的是,因投资者人数众多、背景各异,尤其是自然人投资者与机构投资者间的各种差异问题,各代表人的具体诉讼意见可能经常会存在分歧且无法协商一致,此时立足于代表人诉讼制度的立法目的与制度本旨,应着重对原告投资者的整体利益进行考量,以依法维护绝大多数投资者的合法权益。

4. 第30条重点规范的是和解/调解事宜,因和解/调解涉及投资者核心利益的处分问题,所以理应慎重对待。基于代表人的特别授权,代表人可与被告进行和解或者达成调解协议,但为避免代表人与被告的恶意串通或不当放弃某些权益而损害其他投资者的合法权益,因此和解或调解协议内容必须经过法院的审查确认,这一点亦与比较法上的做法一致,目的是依法保障全体原告投资者的利益。

同时,基于和解/调解行为的本质,法院将和解/调解协议予以公告,本条第2款再次赋予了投资者自我决定权,以充分尊重当事人投资者的意思自治。如果投资者不同意和解/调解内容,则可声明退出,相关和解/调解协议对其不生效。根据一般理解,此时法院应对声明退出投资者的诉请另行予以裁决。

5. 第31条规范的是代表人的合理费用问题,这是一个代表人非常关注的问题，也是激发投资者积极担任代表人以及保障代表人积极性的措施。在实践中，代表人作为诉讼程序的实际参与者，必然要花费大量的时间及精力，客观上也承受着一定的压力，因此关于代表人在参与诉讼程序中所支出的合理费用应在胜诉判决中予以明确支持。

第四节 代表人诉讼的审理

第三十二条 除代表人诉讼案件外，本院还受理其他单独诉讼案件的，代表人诉讼案件原则上应当优先审理。

第三十三条 代表人诉讼案件的庭审可以通过互联网直播，但依法不公开审理的除外。

第三十四条 根据案件审理的需要，可以选用具有专业知识的人员作为专家陪审员参与案件审理。

第三十五条 本院可以依当事人申请或者依职权委托第三方专业机构进行损失核定。

［解读］

本节主要规范代表人诉讼的审理程序问题，其中：

1. 第32条明确了代表人诉讼案件原则上应当优先审理的地位，代表人诉讼机制作为《民事诉讼法》规定的解决群体性诉讼案件的法定制度，优先对该案件进行审理，这与代表人诉讼制度的立法目的完全契合。同时，代表人诉讼案件的优先审理并结案，客观上将对同类的其他单独诉讼案件产生示范引领作用，不仅可为投资者提供稳定的诉讼预期，亦可大幅提升司法裁判效率，保障司法公正。

2. 第34条明确了针对该代表人诉讼的审理可选用具有专业知识的人员作为专家陪审员。此举一方面是基于新《证券法》将证券定义予以大范围扩张，在未来证券领域的纠纷将不仅仅局限于传统的股票、债券等，还包括基金、存托凭证、资产支持证券、资产管理产品和国务院依法认定的其他证券等，涉及范围越广，专业性越强，交易模式也不断创新复杂，因此在相关案件的审理中增加专家陪审员无疑是必要之举、与时俱进之举；另一方面资本市场涉及面广，涉及者众，交易频繁甚至具有一定的复杂性、隐蔽性，为有效、妥善解决涉群体性纠纷，维护市场交易秩序，增加专家陪审员充实审判力量，这也是慎重之举、理性之举。

3. 第35条明确法院可依申请或职权委托第三方专业机构进行损失核定，基本理由与第34条一致，损失赔偿是投资者启动诉讼的出发点，更是涉及投资者的核心利益诉求，因此委托第三方专业机构进行损失测算与核定，不仅可保障裁决的准确性，亦可有效回应投资者诉求，预防甚至化解群体性事件。

第五节 判决与执行

第三十六条 判决被告承担民事赔偿责任的，可以在判决主文中仅确定赔偿总额，并将每个原告的姓名、应获赔偿金额等以列表方式作为民事判决书的附件。

代表人诉讼判决、裁定，对参加登记的全体当事人发生效力。

第三十七条 一审判决应当送达代表人，并于本院指定的在线平台向全体原告公示。原告可以在上诉期内向本院明确表示是否上诉。

第三十八条 一审判决后，被告不上诉的，分别情形予以处理：

（一）代表人上诉的，一审判决在明确表示不上诉的原告与被告之间生效；

（二）代表人不上诉的，除明确表示上诉的原告外，一审判决在其他原告与被告之间生效。

第三十九条 符合权利登记范围但未参加登记的投资者提起诉讼，且主张的事实和理由与代表人诉讼生效判决、裁定所认定的共通事实和法律适用意见相同的，本院审查具体诉讼请求后，直接裁定适用已生效的判决、裁定。

代表人诉讼以和解或调解方式结案的，对后续同类案件应当引导当事人先行调解。

第四十条 代表人可以作为申请人代表全体原告向本院申请执行。本院根据案件具体情况，可以将执行款项交由投资者保护机构提存，再由投资者保护机构通过证券交易结算系统向胜诉原告进行二次分配。

［**解读**］

本节主要规范代表人诉讼的判决与执行问题，其中：

1. 第36条和第40条分别规范了判决与执行分配，两者具有联动承接作用。代表人诉讼的裁决在效力上及于所有明示加入的投资者，这是代表人诉讼机制应有之义。第40条规范了代表人可申请强制执行的权利，该项权利来源于登记投资者的特别授权，并不是第40条的授权结果。同时，法院将执行款项交由投资者保护机构进行提存，由投资者保护机构向胜诉原告投资者进行二次分配，该举不仅充分发挥了投资者保护机构在保护投资者权益上的公益作用，而且二次分配也是最终实现代表人诉讼规制效果的重要举措。

2. 第37条和第38条规范的是代表人诉讼中另一个难点问题——如何上诉。《民事诉讼法》对此亦未作明确规定，根据对代表人诉讼制度的一般理解，代表人的身份在一审程序结束后即告结束，故代表人并不当然有权代表投资者提起上诉或参与二审审理工作。基于对设置代表人诉讼制度目的以及投资者特别授权的考量,应当赋予代表人提起上诉的权利;但与此同时,投资者系诉讼当事人,应充分保障当事人的程序选择权,因此第37条明确肯定原告投资者可在上诉期内决定是否提起上诉。

对于代表人与部分投资者在上诉意见不一致时,第38条的规范充分保障并平衡了各方的权利要求,核心原则是一审判决在明确不上诉的主体与被告之间发生效力。易言之,在部分原告投资者提出上诉但代表人未提出上诉时,一审判决则在不提出上诉的其他原告投资者与被告之间发生效力;在代表人提出上诉但部分原告投资者未提出上诉时,一审判决则在部分未提出上诉的原告投资者与被告之间发生效力。

第三章　特别代表人诉讼机制

第四十一条　依照法律、行政法规或者国务院证券监督管理机构的规定设立的投资者保护机构参加特别代表人诉讼,应当事先取得五十名以上投资者的特别授权,并提交相应授权证明。

第四十二条　本院经审查后发布案件受理公告,投资者保护机构可以依据公告确定的权利登记范围向证券登记结算机构调取权利人名单,并据此向本院申请登记。

第四十三条　符合登记范围的投资者明确表示不愿意参加诉讼的,应在公告期间内向投资者保护机构声明退出。

对于声明退出的投资者,本院不再将其登记为特别代表人诉讼的原告。该投资者可另行主张权利。

第四十四条　投资者保护机构为全体原告的代表人,有权代表全体原告参加开庭审理,增加、变更或者放弃诉讼请求,与被告进行和解或者达成调解协议,提起或者申请撤回上诉,申请执行等。

投资者保护机构可以委托不超过五名诉讼代理人参加诉讼。

第四十五条　投资者保护机构代表原告与被告达成和解或调解协议的,和解或调解协议内容须经本院审查确认。

投资者保护机构应将和解或调解协议以公告方式通知全体原告,公告期间不少于三十日。原告可在公告期间内向投资者保护机构声明退出,和解或调解协议的效力不及于声明退出的原告。

第四十六条　一审判决应当送达投资者保护机构,并向全体原告进行公告。

原告可以在上诉期内向投资者保护机构明确表示是否上诉。

第四十七条 一审判决后，被告不上诉的，分别情形予以处理：

(一)投资者保护机构上诉的，一审判决在明确表示不上诉的原告与被告之间生效；

(二)投资者保护机构不上诉的，除明确表示上诉的原告外，一审判决在其他原告与被告之间生效。投资者保护机构应当继续作为代表人参加二审程序。

第四十八条 本院审理特别代表人诉讼案件，除依照本章规定外，适用普通代表人诉讼机制中关于人数不确定的代表人诉讼相关规定。

[**解读**]

本章主要规范特别代表人诉讼制度的问题，该特别代表人诉讼制度直接来源于《证券法》第95条第3款的规定，其特别之处主要表现在两方面，一是代表人特殊，代表人为投资者保护机构；二是投资者参与机制特殊，适用的是明示退出规则。目前来看，践行该特别代表人诉讼职责投资者保护机构是中证中小投资者服务中心(以下简称投服中心)，根据一般对接操作惯例，投服中心亦会制定相应的对接规则。据了解，目前投服中心正在紧锣密鼓地推进该项工作。

1. 第41条规范的是投资者保护机构参加特别代表人诉讼的启动条件，根据《证券法》第95条第3款的规定，该启动条件是投资者保护机构必须事先接受50名以上(包括50名)投资者的委托(本条规定的是特别委托，解读同于第27条)，否则只能启动普通代表人诉讼的程序。当然，根据《证券法》第95条第3款的规定，投资者保护机构是"可以作为代表人参加诉讼"，按照文义解释，投资者保护机构是否也"可以不作为代表人参加诉讼"，决定权在于投资者保护机构，对此，相信投资者保护机构的对接文件中应该会有相关规则或答案。

2. 第42条和第43条主要规范特殊代表人诉讼的"默示加入、明示退出"规则。第42条的内容类似于第9条、第10条的规定，主要确定代表人诉讼案件的基本情况，只有在法院经过对基本案件情况进行审查后，投资者保护机构方能实施"默示加入、明示退出"的操作规则，否则，无法确定默示加入的范围。

第43条是对"默示加入、明示退出"规则的具体规定，其中投资者需要特别注意的是：(1)不愿意加入需要明确表态；(2)应在公告期内向投资者保护机构(非法院)表态；(3)表态需慎重，因为基于"默示加入"的规则，客观上大部分投资者都会被纳入特别代表人诉讼之中，另行主张权利势必会增加自身的诉讼成本。

3. 第44条和第45条主要规范的是投资者保护机构作为特别代表人的代表权限问题，其中第44条的规范内容类似于第28条，第45条的规范内容类似于第30

条。需要特别提醒投资者注意的是,如果不认可和解或调解协议内容,应在规定时间内主动向投资者保护机构(非法院)声明退出。

4. 第46条和第47条主要规范送达与上诉的问题,类似于第37条与第38条的规定,相应解读亦可同步参考。但以下两点需要投资者特别注意:(1)原告投资者如欲上诉,则应向投资者保护机构明确表示,以保障信息的及时互通;(2)如果部分原告投资者提起上诉而投资者保护机构未提起上诉,则在针对该部分原告投资者的二审程序中,投资者保护机构仍然作为代表人参与二审诉讼程序。之所以如此规定,一方面是立足于特别代表人诉讼的效率;另一方面基于投资者保护机构的公益属性,其必定为投资者权益保护全力以赴,而且熟悉案情、熟悉程序,故完全值得投资者的信任。

(本文修订于2020年3月26日)

关于完善与科创板注册制相适应的诉讼制度，探索建立证券集团诉讼的思考

吕红兵　朱奕奕

一、我国发展证券集团诉讼制度的必要性

（一）科创板并试点注册制背景下保护投资者权益的需求

在当前设立科创板并试点注册制的背景下，建立证券集团诉讼的必要性更加凸显。注册制下，完善的信息披露是保护中小投资者利益的关键，而建立证券集团诉讼制度的必要性就集中体现在其有助于中小投资者在利益受损时获得更为有效的救济，同时也能起到督促上市公司及相关主体履行信息披露义务的作用。

1. 探索完善与科创板、注册制相适应的证券民事诉讼法律制度是中央、证券监管部门以及司法机关共同的政策要求

为保障设立科创板并试点注册制的顺利实施、切实保护投资者的合法权利，中国证券监督管理委员会（以下简称证监会）《关于在上海证券交易所设立科创板并试点注册制的实施意见》、最高人民法院《关于为设立科创板并试点注册制改革提供司法保障的若干意见》以及上海市高级人民法院《关于服务保障设立科创板并试点注册制的若干意见》、上海金融法院《关于服务保障设立科创板并试点注册制改革的实施意见》等相关政策文件中都不约而同地提到要建立与科创板、注册制相适应的证券民事诉讼法律制度。比如，证监会在《关于在上海证券交易所设立科创板并试点注册制的实施意见》中即明确提出："根据试点情况，探索完善与注册制相适应的证券民事诉讼法律制度。"又如，最高人民法院刘贵祥大法官在谈及最高人民法院《关于为设立科创板并试点注册制改革提供司法保障的若干意见》时说："《意见》按照改革精神对完善与注册制改革相适应的证券民事诉讼制度提出了司法改革措施。科学的证券民事诉讼程序是保障民事赔偿责任落地的关键环节。探索完善与注册制相适应的证券民事诉讼法律制度，也是本次改革的重要配套措施。《意

见》把提高投资者的诉讼能力和人民法院的司法能力两个方面作为基本进路,对人民法院推动完善符合我国国情的证券民事诉讼体制机制提出了要求。"证券集团诉讼制度恰恰符合上述各项政策的本质精神和具体要求,其充分维护投资者合法权益的制度设计,可以在推动与科创板和注册制相适应的民事诉讼法律制度上有所建树。

2. 科创板和注册制的制度设计要求完善事后保护投资者利益的法律制度

即使是在核准制这种事前监管机制下,我国证券违法案件仍呈多发高发态势。数据显示,2009~2012 年,案件增幅年均 14%,2012 年同比增长 21%,2013 年上半年同比又增加 40%。[①] 与股票发行核准制相比,注册制改革降低了监管者在事前保护投资者的力度,因而,完善事后保护投资者利益的法律制度,才能有助于注册制改革的成功。[②] 与此同时,科创板实行严格的退市制度,上海证券交易所(以下简称上交所)资本市场研究所所长施东辉指出:"科创板中会有大量企业退市,这个比例一定会比较高。集团诉讼可以作为退市后的投资者救济方式之一,维护投资者利益。"

3. 有效的证券侵权损害赔偿制度能促使上市企业更负责任地披露信息[③]

对于上市公司而言,它们很可能会在有关投资信息的不完全披露或者不精确披露所带来的利益和遭遇投资者索赔所导致的损失之间进行比较,来确定是否对相关信息进行披露。[④] 而上市公司一旦面临集团诉讼,将可能面临巨额的赔偿责任,这将对上市公司的违规信息披露行为起到很大的制约,在一定程度上迫使其规范信息披露。[⑤] 也就难怪有学者说,在注册制的背景下,证券集团诉讼制度赋予了中小投资者法律自卫的可能性,也相当于给证监会装备了一支来自市场的监管部队,通过来自市场的投资者监督和来自证监会和交易所的监管,来强化监管的有效性。[⑥]

综合以上论述可以看出,在当前设立科创板并试点注册制的背景下,建立证券集团诉讼制度确实具有相当的必要性。结合证监会《关于在上海证券交易所设立科创板并试点注册制的实施意见》等相关文件的政策精神,我们认为,证券集团诉

---

① 章武生:《我国证券集团诉讼的模式选择与制度重构》,载《中国法学》2017 年第 2 期。

② 徐文鸣:《证券民事诉讼制度的实证研究》,载《中国政法大学学报》2017 年第 2 期。

③ 朱雅琦:《注册制下我国股票发行信息披露制度研究》,西南科技大学 2018 年硕士学位论文。

④ 李激汉:《证券民事赔偿诉讼方式的立法路径探讨》,载《法学》2018 年第 3 期。

⑤ 韩亚杰:《浅谈我国上市公司信息披露法律制度的完善》,载《法制博览》2017 年第 16 期。

⑥ 赵康杰、李健:《建言科创板之集体诉讼篇:投资者利益保护,首在集体诉讼制度"破冰"》,载《证券市场红周刊》2019 年 2 月 23 日。

讼就是科创板注册制试点下,一项重要的配套证券民事诉讼法律制度。

(二)现阶段我国共同诉讼制度在保护投资者权益上的乏力

即便在目前证券市场违法案件频发的背景下,我国在证券领域诉讼纠纷的立法规定中也并未认可集团诉讼制度。比如,最高人民法院《关于受理证券市场因虚假陈述引发的民事侵权纠纷案件有关问题的通知》(法明传〔2001〕43 号)第 4 条规定:“对于虚假陈述民事赔偿案件,人民法院应当采取单独或者共同诉讼的形式予以受理,不宜以集团诉讼的形式受理。”换句话说,虚假陈述民事赔偿诉讼作为证券诉讼案件的大头,目前最高人民法院的态度是否定证券集团诉讼,只肯认投资者单独起诉或我国《民事诉讼法》中规定的共同诉讼。然而,共同诉讼制度能否发挥有如集团诉讼一样的制度优势,从其规定和实际效果来看并不乐观。

我国《民事诉讼法》第 52 条第 1 款规定:“当事人一方或者双方为二人以上,其诉讼标的是共同的,或者诉讼标的是同一种类、人民法院认为可以合并审理并经当事人同意的,为共同诉讼。”依据诉讼标的是共同的还是同一种类的,可将共同诉讼分为必要的共同诉讼和普通的共同诉讼。在证券领域的投资者索赔诉讼中,不同投资者都是就某一上市公司的相关行为给自己造成的损害进行索赔,每位投资者的诉讼标的是同一种类的,因此,通常也属于普通的共同诉讼。进一步,若案件发生时投资者的人数达到 10 人以上而构成“众多”则可以再按照《民事诉讼法》第 53 条、第 54 条的规定推选代表人进行代表人诉讼,若投资者人数在起诉时不能确定,未参加诉讼登记的权利人在诉讼时效期间提起诉讼的,则可适用已作出的判决、裁定。实际上,在目前已有的证券虚假陈述诉讼中,已有共同诉讼的相关实践,例如,刘某诉鲜言证券虚假陈述责任纠纷案中,上海市第一中级人民法院就裁定刘某等 14 名投资者的索赔诉讼并入一案处理。①

不过,从我国目前的证券诉讼实践来看,共同诉讼和代表人诉讼的运行并不完善,也无法完全起到保护投资者利益的作用。由于诉讼收益不足以弥补诉讼成本和诉讼风险,人数众多但是分散的投资者由于主观或者客观的原因难以形成有效的共同诉讼意志,特别是代表人的选定程序也相对繁杂,因此,代表人诉讼制度从目前来看对我国中小投资者的保护程度较弱,难以与不断创新的市场规则相衔接。还有学者指出,有法院为了避免在证券诉讼中适用代表人诉讼或是出于其他目的,甚至要求当事人将诉讼拆分成若干个 10 人以下的共同诉讼。② 投资者单独诉讼或

---

① (2016)沪 01 民初 166 号民事裁定书。

② 张俊云:《借鉴美国证券集团诉讼完善我国证券诉讼制度》,载《天津法学》2016 年第 1 期。

10人以下的共同诉讼显然不利于实现他们的诉讼经济,更不要说投资者在面临损害时,在我国的常态很可能是"认栽",要想实现证券集团诉讼中将诉讼结果适用于未声明退出的全体投资者的法律效果,减少投资者的诉讼成本、提高投资者维权的积极性,我国目前的共同诉讼制度设计远远不够。

总的来说,目前我国现有的诉讼制和诉讼实践并不能像证券集团诉讼一般能改善投资者所处的弱势地位。

二、证券集团诉讼及其基本程序和核心内容

(一)集团诉讼与证券集团诉讼概述

集团诉讼是指由一个或者数个代表人,为了集团全体成员共同的利益,经法院许可,代表所有成员进行的诉讼,[①]其最核心的法律效果是由集团诉讼产生的诉讼结果适用于未声明退出的全体利益受损者。从其制度沿革来说,集团诉讼肇始于普通法系中的衡平理念,虽起源于英国的代表诉讼,[②]但却在美国发扬光大,并体现在以美国《联邦民事诉讼规则》第23条为核心的各类法律规则中。

证券集团诉讼,顾名思义,系上述集团诉讼在证券领域的适用和延伸,是指由一个或部分证券市场投资者代表全体投资者,为全体投资者之共同利益,以集团的形式,向法院提起民事赔偿的行为。同样地,证券集团诉讼的既判力也适用于全部未声明退出的投资者。这一诉讼制度通常运用在因证券虚假陈述而引发的投资者对上市公司及相关主体请求侵权损害赔偿的过程中。

从证券集团诉讼在域外的发展过程来看,其发展与资本市场和证券交易的兴盛,市场对上市公司合规、透明运营要求的提升,投资者的维权意识增强、实体法律制度的完善等息息相关。例如,美国于20世纪70年代通过判例确认了欺诈市场理论(信赖推定原则),投资者不必再就上市公司的欺诈行为与自身证券交易之间的直接因果关系进行证明,而是由法律推定上市公司的欺诈行为将直接影响其证券价格,从而大幅度降低了投资者的举证难度,增加了投资者的胜诉概率。因为上述证券实体法律制度的发展和完善,到了20世纪八九十年代,美国的证券集团诉讼即开始得到大规模的运用,成为投资者最普遍使用也是最有效的索赔手段。又如韩国,自20世纪60年代开始,韩国的经济进入快速发展阶段,集体性侵权事件与日俱

---

① 参见郭雳:《证券集团诉讼的功用与借鉴——一个基于现实的批判性解读》,载《证券法苑》(第2卷),法律出版社2010年版。

② 参见郭雳:《证券集团诉讼的功用与借鉴——一个基于现实的批判性解读》,载《证券法苑》(第2卷),法律出版社2010年版。

增,为解决该问题,自 80 年代开始,韩国即开始讨论引入集团诉讼制度。不过,真正促使韩国建立相关制度的原因却是 1997 年金融危机爆发时,韩国将建立集团诉讼制度作为接受国际货币基金组织援助的承诺,而国际货币基金组织提出要求韩国建立集团诉讼制度的原因即在于通过法律手段来提高韩国企业经营的合规性和透明性,从而有效降低金融危机的发生概率。

从学者的总结来看,证券集团诉讼的制度优势在于:(1)贴合市场自治属性,切实落实诉讼救济途径,保障投资者的诉权;(2)提高上市公司的违法成本,有效遏制证券违法行为;(3)发挥良好的指引功能,与监管机关一同优化证券市场的生态环境。①

(二)证券集团诉讼制度的基本程序

前面已经讲过,美国证券集团诉讼的法律实践系证券集团诉讼之代表,而韩国则系学习美国进行的证券集团诉讼制度的本土化移植,因此,美国、韩国关于证券集团诉讼的制度设计和法律实践,无疑有助于提高我们对于集团诉讼的理解和认知,也有助于分析我国引入证券集团诉讼制度的优势以及可能存在的问题。因此,下文先就美国和韩国有关证券集团诉讼的相关程序和核心制度进行总结和介绍。

根据对美国及韩国有关证券集团诉讼的制度规定和法律实践的考察,证券集团诉讼一般包括以下几项基本程序:

1. 由相关投资者起诉,提出集团诉讼请求

美国集团诉讼的提出通常由律师主导。限于启动集团诉讼的成本投入,投资者通常单独提起集团诉讼,好在美国针对集团诉讼律师有相应的风险酬金制度,律师出于获得高额代理费用的考虑,往往会主动去发现合适的集团诉讼代表。

韩国于 2005 年起开始施行的《证券集团诉讼法》规定,为成为当事人代表而提起证券集团诉讼之人应向法院提交起诉状及诉讼许可申请书,以此开启证券集团诉讼的相关程序。

2. 法院的审查、选任和通知(公告)

美国法院在受理投资者起诉后,将会要求被告进行答辩,之后法院将对集团诉讼是否成立进行审查和确认,并在确认阶段展开对首席原告及集团律师的选任。确认进行集团诉讼后,法院将就集团诉讼事宜通知集团成员。根据《联邦民事诉讼规则》的规定,法院应根据情况向集团成员进行最好的可行的通知,包括经过合理努力可以确认其身份的所有成员个别通知。在美国的司法实践中,有关集团诉讼

---

① 石晓波:《国外证券集团诉讼制度比较研究及启示》,载《国外社会科学》2012 年第 6 期。

的通知事项上通常以直接通知为原则，而且以邮寄为主要方式。通知费用（包括查询集团成员地址和联系方式的费用）全部由原告方承担，如果原告方不愿意支付上述费用，则集团诉讼便会被驳回。①

与美国法的处理流程不同，根据韩国《证券集团诉讼法》的规定，韩国法院首先应于受理案件起 10 日内在全国范围发行的报纸上对相关起诉事实进行公告（学者称“间接通知”），包括案件的基本情况、全员的范围、请求内容及原因等，有意担任当事人代表的成员应自公告之日起 30 日内向法院提交申请书。公告结束后方开启代表人及代理律师的选任，之后才展开对集团诉讼是否成立的审查并进行诉讼许可裁定。

3. 声明退出/除外申报

就美国而言，声明退出发生在对集团诉讼向各成员进行通知之后。而韩国将声明退出称为“除外申报”，除外申报发生于韩国法院对集团诉讼成立审查完成、诉讼许可裁定生效并且通知集团成员之后。除外申报或声明退出将导致集团成员不受集团诉讼判决效力的影响，可以保留其独立的诉权但不能就集团诉讼获得赔偿。

4. 诉讼审理和赔偿分配

鉴于美国的诉讼传统，法官在案件审理过程不会对案件展开调查，仅就双方所呈交的证据进行审查和判断，一般也不会主动向证券监管机构调取证据。美国的证券集团诉讼通常以和解结案，直接参与诉讼的集团代表人与集团律师可以与被告方达成和解，但和解必须接受法院的严格审查和制约，且和解方案必须经过法院的批准方可生效。

韩国法院在审理集团诉讼时通常按照一般的民事诉讼程序进行，可依职权询问代表人或集团成员并调查取证，在此阶段的撤诉、和解和放弃诉讼请求均需获得法院的许可。除此之外，如原告胜诉或和解协议获得批准，还将进入损害赔偿分配阶段，分配方案由分配管理人（律师担任，尤其可能是原告诉讼代理律师）制定，分配方案获许可后，集团成员可向分配管理人申报权利并获得赔偿。

（三）证券集团诉讼制度的核心内容

根据学者研究，总结出证券集团诉讼的核心制度设计或者共同点所在：一是启动制约机制（受案范围限制及集团诉讼成立审查等）；二是正当程序机制（首席原告和集团律师的选任机制、防止职业原告和滥诉机制、声明退出机制等）；三是激励机

---

① 罗斌：《集团诉讼通知制度研究——以美国、澳大利亚、加拿大和韩国为对象的比较法考察》，载《法学杂志》2009 年第 6 期。

制（费用承担和律师的酬金制度等）；四是赔偿分配机制（赔偿责任的明确以及和解方案、分配方案的确定等）。[①] 这些需要我们在发展证券集团诉讼制度时予以借鉴、学习和考量。

1. 启动制约机制

美国《联邦民事诉讼规则》第 23 条规定，提起集团诉讼需要满足以下四个要件，缺一不可：第一，集团人数众多，以至于所有集团成员共同进行诉讼实为不可能；第二，集团的所有成员有着共同的法律问题或者事实问题；第三，代表人的请求和抗辩是整个集团请求和抗辩的典型；第四，代表人的代表行为具有适当性，以公正、充分地保护集团成员利益。除上述先决条件外，还存在所谓的"维持"条件，方能构成一个案件被法院接收为集团诉讼处理的充分条件。通过维持条件，法院对集团的范围进行确定，并确保集团诉讼不会与不告不理及不剥夺个人诉讼权利的原则发生冲突。维持条件主要包括：一是案件分别起诉或者抗辩可能产生的判决不一致或影响部分成员权利的风险；二是案件的共同点在全部事实中占主导地位等。

不过，20 世纪 90 年代，由于起诉条件并不完全严格，美国证券集团诉讼呈现出爆炸式增长和滥诉现象，此后美国通过数次法律修改和改革才得以完善相关制度并对滥诉现象进行了控制。而韩国在学习美国经验的过程中即充分考虑到了这一点。韩国《证券集团诉讼法》从一开始就对证券集团诉讼的适用范围和集团诉讼的成立条件进行了严格的限制。根据韩国《证券集团诉讼法》的规定，证券集团诉讼适用于投资者因虚假公告证券申报书、虚假公告经营报告书、利用未公开信息进行内幕交易、操纵股价、虚假审计等侵权行为。除此之外，集团诉讼的诉讼成员应在 50 人以上（以请求原因行为发生当时为准），成员所持有价证券合计应超过被告公司发行有价证券总数的 0.01% 以上。法院经过综合判断，将按上述规定等相关内容对原告提出的诉讼许可申请进行裁定，该裁定还适用三审终审制，光是诉讼许可裁定生效即可能花费数年时间。

2. 正当程序机制

美国《私人证券诉讼改革法》规定，首席原告或集团代表人的选择标准包括：第一，具有最充分的代表性；第二，已经提起诉讼，或者对相关集团诉讼的初期通知作出回应，并且在法庭裁判的赔偿中拥有最大的经济利益；第三，证明其能够充分保护集团利益；第四，有能力挑选并控制集团律师，令其从事有利于原告集团的代理活动；第五，为限制职业原告，除非法院允许，一个人在 3 年内不得 5 次作为证券集

---

① 石晓波：《国外证券集团诉讼制度比较研究及启示》，载《国外社会科学》2012 年第 6 期。

团诉讼的集团代表人,或者集团代表人的指导人、受托人。集团代表人需要经过法院的挑选和任命,美国法院产生了两个经验:一是一般选任机构投资者作为代表人;二是依据投资者经济利益的规模确定代表人。

对于集团律师的选任,美国法院确定集团律师的原则是有利于充分主张集团成员的利益。协助集团代表人提起集团诉讼的律师,很有可能会被法院认可担任主要集团律师,但如果法院发现某个律师存在不适合担任集团律师的情况,可以否定该律师在特定案件中担任集团律师的资格。协助代表人提起集团诉讼的律师之外的其他律师,也可以向法院申请担任集团律师。如果集团代表人及其律师不服从法院的任命意见,法院可以拒绝受理他们提出的集团诉讼。

韩国关于当事人代表及代理人(必须是律师)的选任主要规定在韩国《证券集团诉讼法》第 11 条规定:"1. 当事人代表应当是通过该证券集团诉讼获得最大经济利益的且能公正、合理地代表总员利益的成员。2. 证券集团诉讼的原告方诉讼代理人应为能够公正、合理地代表总员利益的人。3. 最近三年内担任过三件以上证券集团诉讼的当事人代表或当事人代表的诉讼代理人的,不得担任该证券集团诉讼的当事人代表或者原告方诉讼代理人。但是综合考虑各种因素,法院认为可满足本条第一款及第二款要件的除外。"通常韩国法院倾向于选取自然人投资者作为集团代表人,认为自然人投资者更有利于代表中小投资者的权益。

此外,美韩两国的证券集团诉讼都包括集团诉讼中最为重要的声明退出(除外申报)机制。所谓"声明退出",有两方面的法律含义,一是指集团诉讼中,为保护集团成员的诉讼权利,准许集团成员在一定时间范围内,向法院表明自己不愿意被包括在集团诉讼中,从而被排除在集体诉讼之外;二是如果当事人不提出退出的要求,法官可能自动将其包括在集团之内,视为原告集团的一名成员,集团诉讼的法律后果将直接对该名当事人产生法律拘束力,当事人有权获得通过集团诉讼得到的利益,失去就该法律纠纷中另行起诉的权利。

3. 激励机制

在美国,集团诉讼的费用与集团诉讼的提出由律师主导之间存在密切的关系。从理论上讲,美国的集团诉讼是由权利受到损害的当事人向法院自行提出;但在实践中,单个投资者往往不愿意承担启动集团诉讼需要的成本投入,而律师出于获得高额代理费用的考虑,会主动去发现合适的集团诉讼代表,采用风险代理的方式收费,原告的所有诉讼费用,由律师垫付,最后再从集团诉讼获得的收益中偿还给垫付人。律师费在集团获得诉讼收益后支付,如果败诉,集团律师将不能收取律师费。集团律师费的具体金额须由法院认可,未经法院批准,集团律师不得从集团诉讼收益中取得律师费。这样一来,原告几乎在诉讼中没有任何的前期成本,因此,投资者的诉讼积极性得以提高。

韩国集团诉讼费用由败诉方承担,虽然法官可以根据案件情况,要求原被告双方各自承担一定比例的诉讼费用,但在获得判决结果之前,原告依旧承担着先行支付较多费用的义务,并承担败诉后负担所有诉讼费用的风险,这在很大程度上降低了原告的诉讼积极性。并且韩国集团诉讼制度严格限制了原告律师的收费,不仅要求在诉讼许可申请书中对律师报酬进行披露和陈述,法院亦有权降低律师报酬。

4.赔偿分配机制

在美国,绝大多数集团诉讼以和解形式结案,只有极少数案件会等待最终判决。集团诉讼的和解必须经过法院批准方可生效,直接参加诉讼的集团代表人和集团律师与被告方达成和解的权利,必须接受法院的严格审查和制约。

在韩国,集团诉讼中的代表人提出的撤回起诉、诉讼和解、放弃诉讼的请求,均需获得法院的许可,从而避免代表人与被告串通,损害集团成员利益。除此之外,如原告胜诉或和解协议获得批准,还将进入损害赔偿分配阶段,分配方案由分配管理人(律师担任,尤其可能是原告诉讼代理律师)制订,分配方案获许可后,集团成员可向分配管理人申报权利并获得赔偿。

三、证券集团诉讼的相关配套机制

(一)进一步加强法院的审判职权

无论是美国还是韩国的集团诉讼制度,无一例外地强化了法院在这类诉讼中的审判职权,特别是韩国结合国情,强化了法院的主动调查取证职权。这是因为集团代表人和代理律师享有广泛的诉讼权利,其诉讼决策直接影响了其他集团成员,这其中将难以避免地出现道德风险,比如,集团代表人可能基于自身与被告达成的某种共识,而选择作出对其他集团成员不利的诉讼决策;原告律师可能基于更快或者更多地获取律师费用,而引导、劝说集团代表人作出对集团成员不公平的决定。

因此,在我国《民事诉讼法》规定了法院自主调查取证权的基础上,必须在证券集团诉讼案件中赋予法院更加广泛的调查取证与协调、决定权力,在其中监督和制衡集团代表人和律师团体,对其所作出的撤诉、和解等诉讼决定,或者律师费用的收取等费用分配方案,作出审查和许可。

(二)进一步发挥律师作用,妥善解决律师费用的支付问题

从美国、韩国的实践中都可以看出,因为证券诉讼业务的专业性,证券集团诉讼通常都要求律师担任代理人。在此过程中,律师还可以激发投资者的积极性,扫

清顾虑甚至团结投资者，充分发挥证券集团诉讼对应维权的优势作用。为此，应当妥善解决律师费用支付的问题，如考虑建立证券集团诉讼的胜诉酬金规则，还需要注意以下几个方面：第一，兼顾投资者和律师的利益，做到利益平衡；第二，强化律师在风险代理中的责任，遏制其发起投机性诉讼的冲动；第三，细化律师收费纠纷的争端解决机制。需要特别提出的是，目前，国家发改委、司法部制定的《律师服务收费管理办法》第12条规定："禁止刑事诉讼案件、行政诉讼案件、国家赔偿案件以及群体性纠纷案件实行风险代理收费。"这使引入胜诉酬金制度可能面临法律困境。

（三）强调多元化证券纠纷解决机制

如前文所述，集团诉讼已成为投资者寻求法律救济的主要制度。然而，由于诉讼成本高昂、耗时较长，真正通过诉讼途径获得救济的案件少之又少，比如韩国实行证券集团诉讼制度至今10多年，完全结案的案件仅有3起。

因此，除了建立证券集团诉讼机制外，还要考虑通过诉讼外纠纷解决机制解决证券纠纷，形式主要包括行政和解、调解、仲裁和集团诉讼内和解等。这些方式灵活、程序简便，极大地降低了争议解决成本，提高了解决效率，减少了诉讼风险，为保护投资者权益提供了便利。比如，可以利用业已建立的多家金融纠纷调解机构，如中证中小投资者服务中心（以下简称投服中心）、上海市金融消费纠纷调解中心以及各地的律师调解室，促进金融纠纷及时有效地化解。

四、我国发展证券集团诉讼制度的优势及问题

（一）我国发展证券集团诉讼制度的先天优势

1. 我国监管体制机制在发展集团诉讼方面具有优势

虽然美国和韩国的集团诉讼实践中，法院与监管机构的合作并不充分，但我们认为，在我国探索集团诉讼制度，监管机构可以发挥更大的作用。一方面，我国证券监管机构长期以来支持、配合司法机关的证券案件审判工作，已经形成了较顺畅的工作机制。在民事赔偿案件中，目前司法机关更是以证监会的行政处罚决定作为前置程序，即使将来取消前置程序，仍可发挥我国证券监管机构与人民法院之间协作配合的体制机制优势。另一方面，监管机构更深入地参与集团诉讼活动，可以保障行政执法与司法审判结果的协调统一，从而保障案件处理法律效果和社会效果，这是国外实践中所没有的优势条件。

2. 投资者维权公益组织兴起

目前，为便于维护投资者权益，证监会下设的投服中心在国内上市公司中均持有股份，应当利用投服中心公益组织的优势地位，通过制度设计和保障使其能够作

为代表人参与集团诉讼,发挥美国实践中通常由机构投资者作为代表人以及韩国实践中通常由自然人投资者作为代表人都不能产生的优势作用。

(二)引入证券集团诉讼可能存在的问题

1.引入后可能导致的滥诉风险需要防范

美国曾经出现较严重的滥诉现象,但之后通过修改集团诉讼程序,限制州法院对集团诉讼的管辖,降低律师收费,限制同一成员反复担任诉讼代表人等措施,缓解了滥诉的情况。当然,限制也必须考虑到现实情况,不可像韩国立法和实践那样,最终导致证券集团诉讼的利用率不高,甚至形同虚设。因此,我们在进行集团诉讼制度设计时,应当注意与保证投资者和律师的积极性统一考量,适当限制集团诉讼被许可的条件。

2.防止运用诉讼和解而损害了投资者利益

由于集团代表人或当事人代表的诉讼行为、法院的裁决结果将会对其他原告产生直接影响,因此,如若集团代表人或当事人代表出于私利,与被告达成并不公正的和解,将会损害投资者的利益。

因此,可以借鉴美国法院的做法,在决定是否批准一项集团诉讼的和解协议时,法院必须加以考虑的事项包括:在案件所处的具体情况下,和解协议是否公平、合理和适当;从维护集团成员的整体利益着眼,以和解形式结案是否比通过判决结案能够更好地维护集团成员的利益。

3.制度引入路径需要考虑

从引入证券集团诉讼的实现路径来看,引入集团诉讼本质上是民事诉讼制度的改革,一般应当通过修改《民事诉讼法》的方式进行。但由于《民事诉讼法》的修改涉及面较广,周期也较长,且集团诉讼制度仍处于探索阶段,从先行先试的角度出发,可借鉴韩国做法,结合《证券法》进行修改,并由最高人民法院制定专门的司法解释明确操作细则,为日后《民事诉讼法》的修改打好基础。

(本文撰写于2019年3月20日)

三、证券法·制度创新

新《证券法》与“三十而立”的中国资本市场

吕红兵　刘　维　朱奕奕

2020 年 3 月 1 日，新《证券法》正式生效施行。作为中国资本市场的根本大法，新《证券法》的生效施行可谓大事、要事、喜事。本次修法历时六年，历经四读，公开征求意见，各方专家论证，横跨过股灾，喜迎科创板。如今施行，着实不易，虽历经风雨，却春暖花开。

本次《证券法》的修订，可谓大动干戈：首次明确全面推行实施注册制改革；大力加强对投资者的保护；完善并强化信息披露制度；提高市场的违法违规成本，加大处罚力度；同时，压实中介机构市场看门人的法律职责；健全多层次资本市场体系的建设；科学安排监管执法和风险防控。丰富的内容，崭新的亮相，务实的规范，坚定的方向，可以预见，随着新法的到来，中国资本市场的发展新契机、新阶段亦将随之而来。

作为长期从事资本市场法律服务的律师，在新《证券法》的生效施行之际，我们也有一些思考，谈一些体会，做一些评论。日前，《第一财经日报》记者对此作了专访，我们汇总并梳理，形成以下文字。

一、2020 年是中国资本市场的“三十而立”，“立”在何处？

上海证券交易所创立于 1990 年 11 月 26 日，1990 年 12 月 19 日正式营业；深圳证券交易所成立于 1990 年 12 月 1 日并开始试营业。而早在 1988 年，全国最早的三家证券公司申银、海通、万国证券均已成立。可以说，2020 年是中国资本市场正式成立 30 周年。

孔子说“三十而立”，又说“立于礼”，“不知礼，无以立也”。可见，“立”是指在这个时候做事应合于礼，言行都很得当。现常用来指人开始有所成就，30 岁的时候就可以自立于世。因此，从“三十而立”的本源与本义理解，中国资本市场的“三十而立”应该“立”在规则，“立”在规范。质言之，“立”应以拥有系统规则且运行规范为基本标志。

回顾20世纪90年代初期,企业改制、发行、上市的主要依据是1992年5月15日国务院经济体制改革办公室发布的《股份有限公司规范意见》和《有限责任公司规范意见》,以及1993年4月22日国务院发布的《股票发行与交易管理暂行条例》。彼时的资本市场刚刚起步,规则简单,亟待完善,可谓"规则尚未健全,游戏已经开始"。

当然,规则不能凭空产生,规范也要有明确对象。彼时的市场本身不成熟,也不可能有系统的规则,市场运行也不可能完整规范。而今天我们说的"立",主要就在于规则的基础与规范的对象逐渐有了发展并一步步走向成熟,而且资本市场在国民经济发展中的作用越来越重要,越来越不可或缺。

一是多层次资本市场体系的建立,形成梯级,逐步完善;二是具有相当数量、一定质量的上市公司群体;三是相对专业的证券服务机构,如证券公司、会计师事务所、资产评估师事务所、律师事务所;四是越来越成熟的法定证券市场监督监管机构。

而证券法律规范正涵盖了这些市场主体以及其运营、监管行为,并且使这些主体和行为趋于规范,在此基础上,对这个市场而言才能说得上是"立"。如同孔子"立于礼",中国资本市场"立于规则""立在规范"。

二、新《证券法》以崭新的"姿态"亮相,新在何处?

中国证券监督管理委员会(以下简称证监会)主席易会满曾称,新《证券法》"标志着中国资本市场发展进入了一个新的历史阶段"。新《证券法》确实让人耳目一新,也的确令人满怀期待,但又不免使人心生感慨。其实,任何一部法律都有一个逐步完善的过程,《证券法》当然也是如此。犹记得1998年《证券法》出台当天,时任全国人大常委会委员长李鹏同志就说,这是一个"阶段性"的法律。本次《证券法》的修订属于系统性的改、是大改,正以崭新的姿态亮相,从这一角度来讲,当然具有新突破,标志着证券法治建设的新阶段,从而也"标志着中国资本市场发展进入了一个新的历史阶段"。这种"新",主要体现在:

一是调整范围的"新"。

例如,第2条第1~3款规定,"在中华人民共和国境内,股票、公司债券、存托凭证和国务院依法认定的其他证券的发行和交易,适用本法","政府债券、证券投资基金份额的上市交易,适用本法","资产支持证券、资产管理产品发行、交易的管理办法,由国务院依照本法的原则规定"。而且第4款明确规定:"在中华人民共和国境外的证券发行和交易活动,扰乱中华人民共和国境内市场秩序,损害境内投资者合法权益的,依照本法有关规定处理并追究法律责任。”

二是发行制度的“新”。

例如,第9条第1款规定:“公开发行证券,必须符合法律、行政法规规定的条件,并依法报经国务院证券监督管理机构或者国务院授权的部门注册。未经依法注册,任何单位和个人不得公开发行证券。证券发行注册制的具体范围、实施步骤,由国务院规定。”

再如,第12条规定:“公司首次公开发行新股,应当符合下列条件:(一)具备健全且运行良好的组织机构;(二)具有持续经营能力;(三)最近三年财务会计报告被出具无保留意见审计报告;(四)发行人及其控股股东、实际控制人最近三年不存在贪污、贿赂、侵占财产、挪用财产或者破坏社会主义市场经济秩序的刑事犯罪;(五)经国务院批准的国务院证券监督管理机构规定的其他条件。”

三是投资者保护的“新”。

新《证券法》专章规定了投资者保护,即“第六章 投资者保护”。

首先,明确了投资者的分类。第88条第1款规定:“证券公司向投资者销售证券、提供服务时,应当按照规定充分了解投资者的基本情况、财产状况、金融资产状况、投资知识和经验、专业能力等相关信息;如实说明证券、服务的重要内容,充分揭示投资风险;销售、提供与投资者上述状况相匹配的证券、服务。”第2款规定:“投资者在购买证券或者接受服务时,应当按照证券公司明示的要求提供前款所列真实信息。拒绝提供或者未按照要求提供信息的,证券公司应当告知其后果,并按照规定拒绝向其销售证券、提供服务。”第3款规定:“证券公司违反第一款规定导致投资者损失的,应当承担相应的赔偿责任。”第89条第1款规定:“根据财产状况、金融资产状况、投资知识和经验、专业能力等因素,投资者可以分为普通投资者和专业投资者。专业投资者的标准由国务院证券监督管理机构规定。”

其次,明确了专业维权的投资者保护机构。第90条第1款规定:“……依照法律、行政法规或者国务院证券监督管理机构的规定设立的投资者保护机构(以下简称投资者保护机构),可以作为征集人,自行或者委托证券公司、证券服务机构,公开请求上市公司股东委托其代为出席股东大会,并代为行使提案权、表决权等股东权利。”

再次,明确了先行赔付制度。第93条规定:“发行人因欺诈发行、虚假陈述或者其他重大违法行为给投资者造成损失的,发行人的控股股东、实际控制人、相关的证券公司可以委托投资者保护机构,就赔偿事宜与受到损失的投资者达成协议,予以先行赔付。先行赔付后，可以依法向发行人以及其他连带责任人追偿。”

最后，新《证券法》还明确了代表人诉讼制度。第95条第1款规定：“投资者提起虚假陈述等证券民事赔偿诉讼时，诉讼标的是同一种类，且当事人一方人数众多的，可以依法推选代表人进行诉讼。”第2款、第3款规定：“对按照前款规定提起的诉讼，可能存在有相同诉讼请求的其他众多投资者的，人民法院可以发出公告，说明该诉讼请求的案件情况，通知投资者在一定期间向人民法院登记。人民法院作出的判决、裁定，对参加登记的投资者发生效力。投资者保护机构受五十名以上投资者委托，可以作为代表人参加诉讼，并为经证券登记结算机构确认的权利人依照前款规定向人民法院登记，但投资者明确表示不愿意参加该诉讼的除外。”

四是法律责任的“新”。

关于法律责任的规制是本次《证券法》修订的一大重点，无论是加大行政处罚的力度，还是完善针对内幕交易、虚假陈述等的救济规则都将进一步发挥《证券法》在推进市场改革、维护市场秩序、强化市场功能、保障投资者合法权益等方面的积极作用。

仅举一例，第181条第1款规定：“发行人在其公告的证券发行文件中隐瞒重要事实或者编造重大虚假内容，尚未发行证券的，处以二百万元以上二千万元以下的罚款；已经发行证券的，处以非法所募资金金额百分之十以上一倍以下的罚款。对直接负责的主管人员和其他直接责任人员，处以一百万元以上一千万元以下的罚款。”第2款规定：“发行人的控股股东、实际控制人组织、指使从事前款违法行为的，没收违法所得，并处以违法所得百分之十以上一倍以下的罚款；没有违法所得或者违法所得不足二千万元的，处以二百万元以上二千万元以下的罚款。对直接负责的主管人员和其他直接责任人员，处以一百万元以上一千万元以下的罚款。”

因为本次《证券法》是大修、大改，所以新的内容、新的要点非常多，但最核心的内容体现在上述四个方面。这本身也是证券市场的核心内容，如发行制度、投资者保护；当然这也是一部法律最核心的内容，如调整对象、法律责任。

三、注册制是新《证券法》的一大看点，市场全面实施又待何时？

注册制改革是中国资本市场发展的必然方向，也是市场各方一致认可的目标。新《证券法》规定了注册制，但又明确“证券发行注册制的具体范围、实施步骤，由国务院规定”。可见，注册制是有过渡期的，合理的安排应是在全市场分步骤进行，绝不会一蹴而就。就目前的情况来看，除了已经实施注册制的科创板，再下一步就是在创业板全面实施注册制和在主板实施注册制的安排。

主板到底何时实施注册制，则要看科创板和创业板注册制的实施情况。在科创板实施注册制和创业板试点注册制的过程中，可以不断完善注册制的相关具体规则，及时总结、及时调整。如果注册制的具体规则完善得快，市场对于注册制规则的执行和接受程度高，那么全面实施注册制的过渡期可能就是在2年之内，最多3年。

目前我们已经看到，监管层正在扎扎实实稳步推进注册制，中国资本市场也在实实在在地发展，全面实施注册制肯定是未来前进发展的方向。而且，随着新《证券法》的施行，这已经成为市场各方尤其是监管机构的法定义务，全市场实行注册制只是时间早晚上的问题，无限期过渡是不可能的。

依上述第9条规定："证券发行注册制的具体范围、实施步骤，由国务院规定。"2020年2月29日深夜，国务院办公厅印发了《关于贯彻实施修订后的证券法有关工作的通知》，明确提出，要稳步推进证券公开发行注册制。一是分步实施股票公开发行注册制改革。证监会要会同有关方面，进一步完善科创板相关制度规则，提高注册审核透明度，优化工作程序。研究制订在深圳证券交易所创业板试点股票公开发行注册制的总体方案，并积极创造条件，适时提出在证券交易所其他板块和国务院批准的其他全国性证券交易场所实行股票公开发行注册制的方案，相关方案经国务院批准后实施。在证券交易所有关板块和国务院批准的其他全国性证券交易场所的股票公开发行实行注册制前，继续实行核准制。二是落实好公司债券公开发行注册制要求。依据修订后的《证券法》的规定，公开发行公司债券应当依法经证监会或国家发展改革委注册。三是完善证券公开发行注册程序。

至于市场普遍关心的证监会第十八届发行审核委员会（以下简称发审委）的履职问题，按照证监会的相关规定，发审委一届的任期是一年，第十八届发审委按理已经到期，但目前正是核准制向注册制的过渡期，有经验的发审委员发挥作用显然是有助于顺利过渡的。再者2019年年底，证监会又进行了第十八届发审委的增补工作，增补后的第十八届发审委可以认为是延续，实际上也可以视为一届新的发审委。如果核准制向注册制的过渡顺利，过渡期短，一年左右不超过两年，则第十八届发审委可能会工作至注册制全面实施，成为核准制的最后一届发审委。如果过渡期较长超过两年的话，也可能会有新一届发审委进行履职。

四、新《证券法》大幅度提高信息披露违法成本，未来信息披露违法情形会大幅度减少吗？

新《证券法》第五章专章规定了"信息披露"，将信息披露制度建设提到了前所未有的高度,这是推进实施注册制改革的必然,也是保障中国资本市场健康稳定发展的基础。如第 78 条第 1 款、第 2 款规定:“发行人及法律、行政法规和国务院证券监督管理机构规定的其他信息披露义务人,应当及时依法履行信息披露义务。信息披露义务人披露的信息,应当真实、准确、完整,简明清晰,通俗易懂,不得有虚假记载、误导性陈述或者重大遗漏。”

基于《证券法》的严格规定,从正常的法律效果而言,今后信息披露违法情形应该会大幅度减少。

首先,法律责任规制的体系化。若信息披露义务人违反法定的信息披露义务,不仅要承担行政责任、民事责任,甚至还有刑事责任。其中,民事责任的追究充分体现了作为市场主体的一个个投资人的追究、追偿、起诉功能,实现“天网恢恢,疏而不漏”的效果。当然,国家作为追责主体对刑事责任的追究亦不可或缺,第 219 条就明确规定:“违反本法规定,构成犯罪的,依法追究刑事责任。”

其次,行政责任大幅加重。例如,大幅提高罚款额度、强化市场禁入管理等,此前已提及,这是《证券法》本次修订的新意所在。例如,第 197 条第 2 款规定:“信息披露义务人报送的报告或者披露的信息有虚假记载、误导性陈述或者重大遗漏的,责令改正,给予警告,并处以一百万元以上一千万元以下的罚款;对直接负责的主管人员和其他直接责任人员给予警告,并处以五十万元以上五百万元以下的罚款。发行人的控股股东、实际控制人组织、指使从事上述违法行为,或者隐瞒相关事项导致发生上述情形的,处以一百万元以上一千万元以下的罚款;对直接负责的主管人员和其他直接责任人员,处以五十万元以上五百万元以下的罚款。”

再次,追责方式和程序更加规范严密。例如,增设并完善投资者的保护制度,特别是注重投资者保护机构的职责和功能的发挥、代表人诉讼制度的充分运用。例如第 94 条第 2 款规定:“投资者保护机构对损害投资者利益的行为,可以依法支持投资者向人民法院提起诉讼。”第 95 条第 3 款规定:“投资者保护机构受五十名以上投资者委托,可以作为代表人参加诉讼,并为经证券登记结算机构确认的权利人依照前款规定向人民法院登记,但投资者明确表示不愿意参加该诉讼的除外。”

最后,强化压实中介机构的责任,充分体现其看门人的把关职责。例如,第 163 条规定:“证券服务机构为证券的发行、上市、交易等证券业务活动制作、出具审计报告及其他鉴证报告、资产评估报告、财务顾问报告、资信评级报告或者法律意见书等文件,应当勤勉尽责,对所依据的文件资料内容的真实性、准确性、完整性进行核查和验证。其制作、出具的文件有虚假记载、误导性陈述或者重大遗漏,给他人造成损失的,应当与委托人承担连带赔偿责任,但是能够证明自己没有过错的除外。”

第213条第3款进一步规定:“证券服务机构违反本法第一百六十三条的规定,未勤勉尽责,所制作、出具的文件有虚假记载、误导性陈述或者重大遗漏的,责令改正,没收业务收入,并处以业务收入一倍以上十倍以下的罚款,没有业务收入或者业务收入不足五十万元的,处以五十万元以上五百万元以下的罚款;情节严重的,并处暂停或者禁止从事证券服务业务。对直接负责的主管人员和其他直接责任人员给予警告,并处以二十万元以上二百万元以下的罚款。”

法律规范重要的功能在于发挥引领性和威慑性。通过《证券法》的这些规定,让每一个市场主体都明确自己的权利、义务与责任,特别是明确违反义务后应承担的法律责任。基于此,各市场主体都能够依法行事,直至达到一种“从心所欲,而不逾矩”的境界,这应该就是法律规范的最大效果。

五、新《证券法》施行将有助于建设资本市场法治生态体系,配套制度如何出台?

应该说,上海证券交易所设立科创板并试点注册制取得了良好的效果。一方面科创板的建设确实有效提升了证券发行的审核效率,另一方面上市公司以及中介服务机构诚信度、规范性及勤勉尽责亦大大地得以加强。基于科创板并试点注册制的建设形成可复制、可推广的经验,进而适用于整个资本市场,这本身就是资本市场改革发展课题中的应有之义。

习近平总书记一直强调,“改革要依法有据”。所以,当时采用人大授权的方式也是符合法治精神和法治思维之举。当然,正因为是试点、试行,配套法规与政策不全面、不协调、不系统亦属正常,注册制本身有单兵突进之意;而且许多政策与规则,都是以证监会的规章、证券交易所自律性规范文件的方式表达,其规则强制力显然比法律规范要弱。

本次《证券法》的修订,从系统性、整体性的角度出发,将对注册制改革以及资本市场健康稳定发展起到全面推进、整体配套的作用,一定会使注册制作为一种市场制度和法律制度的效应、效益与效果充分展示与显现。这就是关于资本市场建设健康的法治生态体系话题。也正因如此,本次《证券法》生效施行后相关的配套法规制度应在《证券法》的统领下尽快出台,早日施行。

例如,新《证券法》第9条规定,“证券发行注册制的具体范围、实施步骤由国务院规定”。前已有述,在2020年2月29日深夜,国务院办公厅印发了《关于贯彻实施修订后的证券法有关工作的通知》,明确就稳步推进证券公开发行注册制问题进行了部署与安排。而接下来,应系统总结上海证券交易所设立科创板并试点注册制的实践，进一步完善注册制的相关制度、配套机制，在此基础上对实行注册制的具体范围、实施步骤制定明确的时间表、路线图、权责书等。

再如，第37条第2款规定，“其他全国性证券交易场所、按照国务院规定设立的区域性股权市场”，其相关主体定位、挂牌机制、交易制度、交易监管、投资人适当性要求、转板与摘牌制度等，应当作出法律效力层次更高的规定，以尽快形成系统的多层次资本市场的架构体系。

又如，第六章关于“投资者保护”的规定，总体还是比较全面和详尽的，但具体的机制和制度，应该尽快以配套法规的形式作出更加细化、有针对性的规定，如涉及专业投资者的标准、投资者保护机构法律地位与权利义务、先行赔付制度相关主体责任与担责程序等；在此过程中，证券法规与诉讼法律、最高人民法院司法解释相对接、互协调非常关键，如涉及有关代表人诉讼制度的完善以及对资本市场的针对性规定等。

另外，值得重视的是，随着中国外向型经济的发展以及资本市场日益增长的国际影响力，要特别注重境内外资本市场的互动与对接的相关法律制度建设。例如，新《证券法》第2条第4款规定的“在中华人民共和国境外的证券发行和交易活动，扰乱中华人民共和国境内市场秩序，损害境内投资者合法权益的，依照本法有关规定处理并追究法律责任”，以及第224条规定的“境内企业直接或者间接到境外发行证券或者将其证券在境外上市交易，应当符合国务院的有关规定”，第225条规定的“境内公司股票以外币认购和交易的，具体办法由国务院另行规定”等相关内容，都应尽快结合目前资本市场发展最新形势，从法规层面作出修改完善或明确规定。

六、新《证券法》将资产管理产品发行、交易纳入监管范围，对资管行业影响何在？

新《证券法》第2条第3款规定，资产支持证券、资产管理产品发行、交易的管理办法，由国务院依照本法的原则规定。本次《证券法》的修订内容之一就是扩大了证券的范围，将“存托凭证”明确规定为法定证券，将“资产支持证券”和“资产管理产品”写入《证券法》，授权国务院按照《证券法》的原则规定资产支持证券、资产管理产品发行、交易的管理办法。此前由于缺乏顶层设计，横向统一监管大资管行业存在困难。此次，新《证券法》将“资产支持证券”和“资产管理产品”写入《证券法》，同时授权国务院围绕强制信息披露和反欺诈等投资者保护手段，对前述两类业务作出专门规定。

通过本次《证券法》的修订，一方面，确认了资管产品的证券属性，预示着资管产品的未来法律关系将更为明晰，资管行业将迎来统一的行业法。另一方面，本次修订有利于消除对资管产品的监管真空，完善资管行业的法律框架体系。在目前的实践中，各金融监管部门分业监管，导致监管标准不一，存在监管真空和套利空间。2018 年由中国人民银行、中国银行保险监督管理委员会、中国证监会、国家外汇管理局联合印发的《关于规范金融机构资产管理业务的指导意见》，虽然彰显了统一监管的理念，但其法律位阶却显不足。

本次《证券法》的修订从顶层设计角度将资管产品纳入证券范围，有利于统一监管标准，从根本上解决多头监管的弊端，从而消除监管真空和由于监管标准不一致而产生的监管套利，形成更为公平的竞争环境。

七、2018 年以来证监会推出一系列更加市场化的融资并购政策，新《证券法》的施行对未来市场环境将产生何种变化？

在一个比较市场化的环境里，虽然不可能完全杜绝利益输送等不公平交易情况的出现，但可以促使交易主体内在的自律性以及法律责任的外部强制性形成并完善，而证券法治建设的功能正在于此。资本市场的活力在于效率，但长久的发展则取决于规范。一个效率和规范的资本市场，才能使资本市场既充满活力又可持续发展。很难说当前的市场环境和两三年前发生了明显变化，但在新《证券法》生效施行后，市场发展环境应该会有明显的改善。

市场的发展，从自律、他律、法律的过程分析，始终是一个“魔高一尺，道高一丈”“道高一尺，魔高一丈”的博弈过程。正如前文所述，中国资本市场经过 30 年的发展，在“而立”之际，基于证券法律规范体系进一步完善，市场发展本身的多层次与互补性，市场主体责任的进一步加强，投资者队伍的进一步成熟，市场监管机构的进一步专业等，我们对未来前景还是充满信心的，也正因如此，才会有今后的“不惑”“知天命”“耳顺”“从心所欲不逾矩”等阶段的发展。

其实，本次《证券法》的修订与施行也是立足于市场的发展，对市场发展中出现的问题进行了立法层面上的回应，对优化与净化市场环境将发挥重要的引领性与过滤性作用。证券范围的扩大，丰富了资本市场的内容；发行注册的施行，厘清了市场与行政的职能；信息披露的完善，夯实了发行人的责任基础；中介机构的归位尽责，强化了看门人的角色；法律责任的加重，契合了投资者的权益保护。显然，中国资本市场只能在发展中解决问题，而不能因噎废食，甚至水至清则无鱼。

八、新《证券法》施行后，新旧法律在法律适用上怎样衔接？

新《证券法》自2020年3月1日起生效施行，在法律适用上将产生新旧法律的衔接问题。根据法不溯及既往的基本原则，在具体适用上，于2020年3月1日前已被立案调查的公司，则应继续立案调查程序；如果依据新《证券法》的规定，其没有达到立案调查的标准，则根据有利追溯的规则，立案应予以撤销；如果立案调查已经结束，尚未进行行政处罚的，则行政处罚原则亦应按照此前的证券法律法规进行，但若新《证券法》认为不应处罚的，则可适用新《证券法》的规定不给予处罚；针对已被行政处罚的公司，因行政处罚程序已结束，则行政处罚一般不应因新法规定而重来。

同时，根据《立法法》第93条的规定，法律、行政法规、地方性法规、自治条例和单行条例、规章不溯及既往，但为了更好地保护公民、法人和其他组织的权利和利益而作的特别规定除外。因此，针对正在审理中的违法违规案件以及正处于法律程序中的投资者索赔案件，一般应遵循法不溯及既往的原则，但如果新《证券法》的规定是为了更好地保护公民、法人和其他组织的权利和利益而作的特别规定应予以适用。而且，对于诉争的问题，如果此前的证券法规没有明确规定的，但新《证券法》予以了明确规定，则可参照适用新《证券法》。

九、新《证券法》有哪些“遗憾”之处？

立法工作是一门科学，也是一门艺术，从这个角度来讲，这是一项必然会有“遗憾”的工作。同时法律又是调整社会关系、反映经济基础的，因此肯定具有阶段性特点，需要与时俱进。对于一部法律的遗憾之处，当然是仁者见仁智者见智。从律师、法律工作者的角度而言，在本次修法后，以下两个方面的问题应予以特别关注并适时予以解决。

第一，关于证券服务机构的法律责任问题。《证券法》第163条规定：“证券服务机构为证券的发行、上市、交易等证券业务活动制作、出具审计报告及其他鉴证报告、资产评估报告、财务顾问报告、资信评级报告或者法律意见书等文件，应当勤勉尽责，对所依据的文件资料内容的真实性、准确性、完整性进行核查和验证。其制作、出具的文件有虚假记载、误导性陈述或者重大遗漏，给他人造成损失的，应当与委托人承担连带赔偿责任，但是能够证明自己没有过错的除外。”该规定要求证券服务机构“应当”与委托人承担“连带赔偿责任”，虽然“但是能够证明自己没有过错的除外”，但仍然过于“严厉”。证券服务机构就投资者所遭受的全部损失承担连带责任法理基础何在？是否存在责任与过错不成比例的问题？

应该说，目前这个规定从法理上来说还是值得探讨的。证券服务机构，尤其是会计师事务所、律师事务所，提供的是专业性的、中介性的服务，如果没有做到勤勉尽责，也就是说，在确有过错的情况之下，应该承担“与过错相应的赔偿责任”，而不应该是“连带赔偿责任”。本次修法过程中法律界人士亦对此问题多次提出了修改意见，但新《证券法》仍然维持了现状。虽然在目前资本市场不尽规范和完善的情况下，强调证券服务机构的责任无可厚非，但无论如何应该尊重证券服务机构的服务性质、中介性质这一基本事实与原则，而不应打破权利与责任的平衡。

第二，关于代表人诉讼制度。《证券法》第95条对此有明确的规定：“投资者提起虚假陈述等证券民事赔偿诉讼时，诉讼标的是同一种类，且当事人一方人数众多的，可以依法推选代表人进行诉讼。对按照前款规定提起的诉讼，可能存在有相同诉讼请求的其他众多投资者的，人民法院可以发出公告，说明该诉讼请求的案件情况，通知投资者在一定期间向人民法院登记。人民法院作出的判决、裁定，对参加登记的投资者发生效力。投资者保护机构受五十名以上投资者委托，可以作为代表人参加诉讼，并为经证券登记结算机构确认的权利人依照前款规定向人民法院登记，但投资者明确表示不愿意参加该诉讼的除外。”

在此之前，证监会《关于在上海证券交易所设立科创板并试点注册制的实施意见》、最高人民法院《关于为设立科创板并试点注册制改革提供司法保障的若干意见》等相关政策文件中都提到要建立与科创板、注册制相适应的证券民事诉讼法律制度。例如，证监会在上述实施意见即提出：“根据试点情况，探索完善与注册制相适应的证券民事诉讼法律制度。”

何为“探索完善与注册制相适应的证券民事诉讼法律制度”？自然，证券集团诉讼制度被提上讨论的日程。证券集团诉讼制度恰恰符合上述各项政策的本质精神和具体要求，其充分维护投资者合法权益的制度设计，可以在推动与科创板和注册制相适应的民事诉讼法律制度上有所建树。应该说，本次规范的代表人诉讼制度并没有运用证券集团诉讼基本的、完整的内容，其实在这方面还可以更进一步。

证券集团诉讼制度的设计核心或者共同点在于：一是启动制约机制（受案范围限制及集团诉讼成立审查等）；二是正当程序机制（首席原告和集团律师的选任机制、防止职业原告和滥诉机制、声明退出机制等）；三是激励机制（费用承担和律师的酬金制度等）；四是赔偿分配机制（赔偿责任的明确以及和解方案、分配方案的确定等）。在接下来的《证券法》进一步修订以及民事诉讼法律的完善中，对其应当进一步借鉴和吸收。

另外就是证券刑事法律的完善。新《证券法》生效施行后,接下来需要刑事法律法规作出进一步的响应与对接,将《证券法》所规范的刑事责任落到实处,充分发挥证券违法刑事责任规制的威慑性,形成民事、行政与刑事"三位一体"的证券法律责任规范,切实发挥刑事责任的规制对资本市场的规范与推进发展功能。有专家认为,刑法修订趋向已明,主要是做好法律间协调与刑法谦抑性之间的平衡。对此我们亦非常认可。

十、新冠肺炎疫情下,如何发挥资本市场支持防疫抗疫与复工复产的功能?

在目前新冠肺炎疫情的影响下,如何充分并合法合规发挥资本市场支持防疫抗疫、复工复产的功能,这是摆在所有资本市场参与主体面前值得关注的问题。其中有人士建议,可以将2020年首次公开募股(Initial Public Offering,IPO)超募资金提取一定比例,用于支持防疫抗疫、复工复产。

对此,我们认为,该建议出发点很好,但具体实施存在一定的障碍。一则IPO超募资金从法律上讲也是股东投资给上市公司的资金,其财产权是明晰的,从保护包括中小股东在内的股东利益角度,其财产权不能直接以行政手段予以转移。二则目前IPO发行越来越市场化,包括科创板在内的IPO发行价格的确定越来越市场化,而IPO企业的募集资金使用也越来越少计划经济的痕迹,如补充流动资金也是募集资金的使用方式之一,因此,很难界定哪些是超募资金。

我们支持充分利用资本市场募集资金用于支持防疫抗疫、复工复产,但具体操作应市场化和规范化,充分体现市场经济思想,践行法治思维方式。比如,设立公募基金,用于购买湖北地区上市公司IPO股票、再融资股票,或者用于上市公司并购重组湖北地区的中小微企业。又如,发售地方政府专项低息债券,缓解财政压力,尽管利息低,但是信用高,包括上市公司在内的广大投资者一样会投资。

另外,可以设立公募的区域性产业投资基金,由专业基金管理公司负责,专用于投资湖北地区有潜力的企业恢复生产和发展,或者设立公募的产业整合基金,投资于与防疫抗疫有关产业的企业整合,更好地发挥相关企业的产能,做好防疫抗疫工作。

当然,最重要的支持或许是应该为湖北地区企业和防疫抗疫相关产业企业IPO、再融资、并购重组开启绿色通道,在合法合规的前提下,使相关企业能够更快地完成IPO、再融资、并购重组,从而更好地抗击疫情、支持恢复生产。

(本文撰写于2020年3月2日)

新《证券法》与股票发行制度改革

朱　峰　胡子豪

2019 年 12 月 28 日上午,第十三届全国人大常委会第十五次会议审议通过了新修订的《证券法》,新《证券法》于 2020 年 3 月 1 日正式施行。本次《证券法》修订是继 2005 年 10 月《证券法》第一次"大修"后的又一次"大修",在 2014 年修正的《证券法》240 条的基础上减少部分条款至 226 条,但实际规范的内容却更加精练,并且在原先的基础上更注重细节。新《证券法》从证券的发行、信息披露、收购制度、证券交易、投资者保护、监管措施等几大方面入手,在修改原先规定的同时也增设了许多新的内容,许多方面的规定更加清晰化,并且明确了相关方的义务与责任。

当然,本次修订是有重点的,重点在于历经"六年四读"以及科创板注册制试点后,新《证券法》终于确立了在我国资本市场的证券发行注册制度,证券发行注册制的确立是我国金融市场影响深远的一次改革,其涉及的不仅仅是《证券法》第二章"证券发行",还以点带面地涉及信息披露、退市制度、投资者保护、监管措施等方面。本文就新《证券法》针对注册制改革带来的相关问题抛砖引玉,作出相关解读。

一、《证券法》修订历程

注册制的全面放开是本次《证券法》修订的一大特色,但注册制的最终确定不能仅仅归功于本次修订,还需要结合本次《证券法》修订的整个过程乃至科创板注册制试点等实践变化综合看待,才能更好地把握本次《证券法》证券发行部分的修订所蕴含的核心价值。

本次修订从 2013 年就已经开始启动,从 2013 年至今分别经历了 2015 年 4 月、2017 年 4 月、2019 年 4 月以及 12 月四次审议,每次审议稿的内容都有小幅度的变动,其中就是否全面实施注册制这一问题也几经波折。2015 年 4 月《证券法》(修订一审稿)中,曾经有相关表述是"拟取消股票发行审核""确立股票发行注册制"的,但随着当时股票市场的整体情况变化，相应的规则设置在《证券法》的修订中也随之延期。但国家还是坚持推行证券发行注册制改革，同年12月，全国人大常委会通过的《关于授权国务院在实施股票发行注册制改革中调整适用〈中华人民共和国证券法〉有关规定的决定》，正式"授权国务院对拟在上海证券交易所、深圳证券交易所上市交易的股票的公开发行，调整适用《中华人民共和国证券法》关于股票公开发行核准制度的有关规定，实行注册制度"，授权期限为两年，至此注册制试点工作拉开大幕。

直至2017年4月《证券法》（修订二审稿）出台前夕，国家对注册制是否写入《证券法》仍旧存在不同的声音，考虑到当时股票发行注册制改革的实际进展情况，《证券法》（修订二审稿）只是对注册制实施作出了衔接性的规定，强调"国务院应当按照全国人大常委会关于注册制改革授权决定的要求，逐步推进股票发行制度改革"，相应地修改了一审稿中第二章对于"股票发行实施注册制"的相关规定并沿用了2014年修正的《证券法》的内容。可见在当时股票发行制度仍旧存在很多争议，究竟是由监管机构实施具体监管还是将相关监管交给市场确实是一道难以把握的题目。

二审稿之后，全国人大对国务院第一次注册制试点的授权也即将到期，鉴于2015~2017年这两年来市场机制逐步完善、市场秩序逐步规范等新情况，注册制改革工作其实还是有较为有利的条件的，因此2018年2月全国人大常委会审议并通过了《关于延长授权国务院在实施股票发行注册制改革中调整适用〈中华人民共和国证券法〉有关规定期限的决定》，将对国务院实施注册制试点工作的授权延长两年至2020年2月。在此情况下，国家有政策支持、市场环境也有所稳定、相关立法文本的起草也已有基础，只欠一场东风。

2018年11月，习近平主席在首届中国国际进口博览会开幕式上宣布设立科创板，并在该板块内进行注册制试点。2019年1月，中国证券监督管理委员会（以下简称证监会）发布《关于在上海证券交易所设立科创板并试点注册制的实施意见》。3月1日，证监会发布《科创板首次公开发行股票注册管理办法（试行）》。至此，注册制试点的政策文件、配套法规性文件均已出台，东风浩荡。于是，2019年4月，《证券法》三审稿顺势将"注册制"写入了《证券法》，虽然它是在第二章专门设立了"科创板注册制的特别规定"专节，将主板、中小板与科创板的发行制度作出了区分，但这亦是进步。

三审稿仅仅是开始，3月科创板注册制相关规则的设立也仅仅是开始，当时实务界人士也对科创板实施注册制有过争论，但随着科创板工作的有序推进，至2019

年7月22日科创板正式开市，业界对注册制如何实施都有了更加全面的认识，实践大力推动着立法的步子，而立法总是会在一定程度上引领实践。2019年12月28日，《证券法》四审稿获得了第十三届全国人大常委会第十五次会议的通过，宣示着证券发行注册制的全面开放。

二、新《证券法》注册制解读

在本次《证券法》修订之前，我国股票发行一直适用核准制，核准制和注册制都是证券发行的管理方式，两者其实并无高下之分，两者的适用只和市场环境以及市场适应性以及适应程度有关。笔者认为，注册制的全面放开是本次《证券法》修订的灵魂，且本次修订涉及证券的发行、信息披露、收购制度、证券交易、投资者保护、监管措施等多个方面，其实很多章节是为了注册制的实施而修订。相较于核准制，注册制更加注重信息披露制度的完备、完善的市场机制（如退市制度）、中介机构的责任加强、对中小投资者的保护（如加大证券违法处罚力度）等，可以说新《证券法》都是为注册制的全面开放所作出的配套修订。故以下将从注册制及配套制度的修订重点问题进行详细解读。

（一）证券发行实施注册制

证券发行注册制修法前后对比详见表3－2－1。

表3－2－1 修法前后内容对比

2014年修正的《证券法》	新《证券法》
第十条 公开发行证券，必须符合法律、行政法规规定的条件，并依法报经国务院证券监督管理机构或者国务院授权的部门核准；未经依法核准，任何单位和个人不得公开发行证券。 有下列情形之一的，为公开发行： （一）向不特定对象发行证券的； （二）向特定对象发行证券累计超过二百人的； （三）法律、行政法规规定的其他发行行为。 非公开发行证券，不得采用广告、公开劝诱和变相公开方式	第九条 公开发行证券，必须符合法律、行政法规规定的条件，并依法报经国务院证券监督管理机构或者国务院授权的部门注册。未经依法注册，任何单位和个人不得公开发行证券。证券发行注册制的具体范围、实施步骤，由国务院规定。 有下列情形之一的，为公开发行： （一）向不特定对象发行证券； （二）向特定对象发行证券累计超过二百人，但依法实施员工持股计划的员工人数不计算在内； （三）法律、行政法规规定的其他发行行为。 非公开发行证券，不得采用广告、公开劝诱和变相公开方式

续表

2014 年修正的《证券法》	新《证券法》
第十三条　公司公开发行新股,应当符合下列条件: (一)具备健全且运行良好的组织机构; (二)具有持续盈利能力,财务状况良好; (三)最近三年财务会计文件无虚假记载,无其他重大违法行为; (四)经国务院批准的国务院证券监督管理机构规定的其他条件。 上市公司非公开发行新股,应当符合经国务院批准的国务院证券监督管理机构规定的条件,并报国务院证券监督管理机构核准	第十二条　公司首次公开发行新股,应当符合下列条件: (一)具备健全且运行良好的组织机构; (二)具有持续经营能力; (三)最近三年财务会计报告被出具无保留意见审计报告; (四)发行人及其控股股东、实际控制人最近三年不存在贪污、贿赂、侵占财产、挪用财产或者破坏社会主义市场经济秩序的刑事犯罪; (五)经国务院批准的国务院证券监督管理机构规定的其他条件。 上市公司发行新股,应当符合经国务院批准的国务院证券监督管理机构规定的条件,具体管理办法由国务院证券监督管理机构规定。 公开发行存托凭证的,应当符合首次公开发行新股的条件以及国务院证券监督管理机构规定的其他条件

[解读]

1. 核准制改为注册制

第 9 条规定是新《证券法》第一个明确注册制的条文,同时新《证券法》还明确了证券发行注册制的实施具体范围、步骤由国务院另行规定,能够看出新《证券法》虽然放开了注册制的实施,但具体的实施步骤以及开放的程度是循序渐进式,而非一蹴而就。同时,该条也是授权国务院对证券发行注册制的实施出台相关配套的法规文件,这是在 2015 年 12 月《关于授权国务院在实施股票发行注册制改革中调整适用〈中华人民共和国证券法〉有关规定的决定》的注册制试点授权基础上的更进一步,未来也就不需要人大将该授权继续延期了。

2. 公开发行的定义

在公开发行的定义上,第 9 条修订考虑得更加细致,将员工持股计划排除在公开发行的认定范围外。上市公司的员工持股计划往往涉及的员工人数众多,如果也算公开发行,那么员工持股计划也就失去可行性与意义,当然,对于上市公司员工持股计划的设立时间、人数、是否在职人员等事项均需要更加明确,从而避免上市公司用员工持股计划规避超过 200 人公开发行的限制。现行证监会发布的《关于上市公司实施员工持股计划试点的指导意见》对于员工持股总数、时间期限等均有安排,但仍需出台更高级别的法规文件对相关内容进行进一步明确。而非上市公司的员工持股一般采用增资扩股的形式进行,与本条并无涉及。

相比于2019年4月的三审稿,本次修订删去了三审稿的第11条关于"通过互联网平台和证券公司发行证券募集资金数额较小情况下可以豁免核准、注册"的规定,也能够看出监管机构对于通过互联网平台发行证券的谨慎态度,当然,这也不排除是因为注册制对于发行证券门槛降低的部分原因导致。

3. 区分首发与再融资

可以看到第12条在公开发行新股前新增了"首次"字样,这是为了与再融资作出区分。本条目前仅适用于首次公开募股(Initial Public Offering,IPO),对于再融资发行新股的条件则应当另寻依据。

4. 放宽盈利能力限制

IPO的持续盈利能力一直是限制企业发行上市的一大实质性门槛,在核准制标准下,企业想上市就需要有一定的企业规模并且在上市前就具备连续盈利的能力,但实际上过去的连续盈利不代表将来的持续盈利,同时如此设置也会将具有高增长潜力的高新技术企业排除在外,也造成公司为了上市导致虚增利润、权力寻租等现象的产生。而注册制下,监管机构在注册审核时,不会再实质性地审核发行人的持续盈利能力,而是把是否有投资价值交给市场去决定,监管机构不再重点关注这一部分内容,这是注册制较核准制的一大显著变化。同时,这也潜在地点明了中介机构的义务,此后中介机构核查的标准看似放宽,但实质上对信息披露的要求却更高了,发行人是否具有"持续经营能力"不仅要看财务报表,还需要结合政策、行业等大背景进行综合分析。

"最近三年财务会计报告被出具无保留意见审计报告"也是注册制下的应有之义,也符合现实情况。在核准制下,要求财务会计文件无虚假记载意味着对申报材料中的财务报表的真实性要求,但这一真实性却很难通过审核监管来认定。在注册制下,"最近三年财务会计报告被出具无保留意见审计报告"也显得更具实操性,由中介机构对发行人的财务情况进行真实性确认,责任到机构,会促使财务数据的真实性更有保证。

"发行人及其控股股东、实际控制人最近三年不存在贪污、贿赂、侵占财产、挪用财产或者破坏社会主义市场经济秩序的刑事犯罪"这一项虽然是新增内容,但其实在实践中是本就必须由中介机构核查的事项,此处修改将相关内容更加明确、具体。

5. 规范新证券发行条件

新《证券法》将资产管理产品归入了证券，对资产管理产品发行、交易的规则授权国务院制定，这是《证券法》对该类资管产品证券性质的确定，也侧面反映了我国未来对金融市场秩序规范性引导的大方向。本条将“公开发行存托凭证”的条件与 IPO 等同，实际上在证监会发布的《存托凭证发行与交易管理办法（试行）》第 5 条第 1 款“公开发行以股票为基础证券的存托凭证的，境外基础证券发行人应当符合下列条件：（一）《证券法》第十三条第（一）项至第（三）项关于股票公开发行的基本条件”中已有规定，本次修正在放宽 IPO 发行新股条件的同时，也适度放宽了存托凭证的发行条件。

（二）交易所的审核权、上市交易要求、退市制度

审核权、上市交易要求及退市制度修法前后对比详见表 3－2－2。

表 3－2－2　修法前后内容对比

2014 年修正的《证券法》	新《证券法》
第二十三条　国务院证券监督管理机构依照法定条件负责核准股票发行申请。核准程序应当公开，依法接受监督。 参与审核和核准股票发行申请的人员，不得与发行申请人有利害关系，不得直接或者间接接受发行申请人的馈赠，不得持有所核准的发行申请的股票，不得私下与发行申请人进行接触。 国务院授权的部门对公司债券发行申请的核准，参照前两款的规定执行	第二十一条　国务院证券监督管理机构或者国务院授权的部门依照法定条件负责证券发行申请的注册。证券公开发行注册的具体办法由国务院规定。 按照国务院的规定，证券交易所等可以审核公开发行证券申请，判断发行人是否符合发行条件、信息披露要求，督促发行人完善信息披露内容。 依照前两款规定参与证券发行申请注册的人员，不得与发行申请人有利害关系，不得直接或者间接接受发行申请人的馈赠，不得持有所注册的发行申请的证券，不得私下与发行申请人进行接触
第五十条　股份有限公司申请股票上市，应当符合下列条件： （一）股票经国务院证券监督管理机构核准已公开发行； （二）公司股本总额不少于人民币三千万元； （三）公开发行的股份达到公司股份总数的百分之二十五以上；公司股本总额超过人民币四亿元的，公开发行股份的比例为百分之十以上； （四）公司最近三年无重大违法行为，财务会计报告无虚假记载。 证券交易所可以规定高于前款规定的上市条件，并报国务院证券监督管理机构批准	第四十七条　申请证券上市交易，应当符合证券交易所上市规则规定的上市条件。 证券交易所上市规则规定的上市条件，应当对发行人的经营年限、财务状况、最低公开发行比例和公司治理、诚信记录等提出要求

续表

2014 年修正的《证券法》	新《证券法》
第五十六条　上市公司有下列情形之一的，由证券交易所决定终止其股票上市交易： （一）公司股本总额、股权分布等发生变化不再具备上市条件，在证券交易所规定的期限内仍不能达到上市条件； （二）公司不按照规定公开其财务状况，或者对财务会计报告作虚假记载，且拒绝纠正； （三）公司最近三年连续亏损，在其后一个年度内未能恢复盈利； （四）公司解散或者被宣告破产； （五）证券交易所上市规则规定的其他情形	第四十八条　上市交易的证券，有证券交易所规定的终止上市情形的，由证券交易所按照业务规则终止其上市交易。 证券交易所决定终止证券上市交易的，应当及时公告，并报国务院证券监督管理机构备案

[解读]

1. 交易所的审核权及股票交易要求

第 21 条实质上是注册制下如何对发行人申报材料进行审核的具体操作规则。一方面证监会发行审核委员会不再被提及，另一方面也是授权交易所对发行人申报文件进行审核的权利。但更加注重形式审查，交易所仅对发行人是否符合发行条件、是否满足信息披露的具体要求进行审核，而不再过多关注发行人是否具备盈利能力与投资价值等实质性要素。所以，注册制并不意味着不对发行材料进行审核，而是审核的关注点发生了变化，更加注重对信息披露文件的完备性进行审核。这一审核特性在科创板注册制试点过程中其实也已经显露。

此外，交易所对于发行的股票上市交易有更加详细的规定，包括发行人的经营年限、财务状况、最低公开发行比例和公司治理、诚信记录等，这在首发当中没有提及，可见就审核的内容来看首发与上市交易之间也存在一定的区别。

2. 退市制度

股票发行对应的是回购，而股票上市对应的则是退市，退市的相关情形及规则由交易所制定，这是新《证券法》将权力下放的结果，将退市的情形由法定变为了交易所制定交易规则决定，更加体现了市场化导向。

（三）对大股东、实控人、证券公司在发行、信息披露过程中采取过错推定原则

发行、信息披露中的过错推定原则修法前后对比见表 3－2－3。

表 3-2-3 过错推定原则修法前后对比

2014 年修正的《证券法》	新《证券法》
第二十六条　国务院证券监督管理机构或者国务院授权的部门对已作出的核准证券发行的决定,发现不符合法定条件或者法定程序,尚未发行证券的,应当予以撤销,停止发行。已经发行尚未上市的,撤销发行核准决定,发行人应当按照发行价并加算银行同期存款利息返还证券持有人;保荐人应当与发行人承担连带责任,但是能够证明自己没有过错的除外;发行人的控股股东、实际控制人有过错的,应当与发行人承担连带责任	第二十四条　国务院证券监督管理机构或者国务院授权的部门对已作出的证券发行注册的决定,发现不符合法定条件或者法定程序,尚未发行证券的,应当予以撤销,停止发行。已经发行尚未上市的,撤销发行注册决定,发行人应当按照发行价并加算银行同期存款利息返还证券持有人;发行人的控股股东、实际控制人以及保荐人,应当与发行人承担连带责任,但是能够证明自己没有过错的除外。 股票的发行人在招股说明书等证券发行文件中隐瞒重要事实或者编造重大虚假内容,已经发行并上市的,国务院证券监督管理机构可以责令发行人回购证券,或者责令负有责任的控股股东、实际控制人买回证券
第六十九条　发行人、上市公司公告的招股说明书、公司债券募集办法、财务会计报告、上市报告文件、年度报告、中期报告、临时报告以及其他信息披露资料,有虚假记载、误导性陈述或者重大遗漏,致使投资者在证券交易中遭受损失的,发行人、上市公司应当承担赔偿责任;发行人、上市公司的董事、监事、高级管理人员和其他直接责任人员以及保荐人、承销的证券公司,应当与发行人、上市公司承担连带赔偿责任,但是能够证明自己没有过错的除外;发行人、上市公司的控股股东、实际控制人有过错的,应当与发行人、上市公司承担连带赔偿责任	第八十五条　信息披露义务人未按照规定披露信息,或者公告的证券发行文件、定期报告、临时报告及其他信息披露资料存在虚假记载、误导性陈述或者重大遗漏,致使投资者在证券交易中遭受损失的,信息披露义务人应当承担赔偿责任;发行人的控股股东、实际控制人、董事、监事、高级管理人员和其他直接责任人员以及保荐人、承销的证券公司及其直接责任人员,应当与发行人承担连带赔偿责任,但是能够证明自己没有过错的除外

[解读]

1. 违规发行的问责途径

第 24 条实则是注册制下对违规发行行为的兜底规定,注册制强调事中与事后监管,对于发行人违规发行的行为必然需要一定的事后规制手段。对于隐瞒重要事实或者编造重大虚假内容进行发行上市的行为,即使已经上市了,证监会仍有权使发行人回购、发行人的实际控制人(以下简称实控人)买回证券,这一条款的设置的警示意义很大,因为涉及发行人及控股股东的切身利益,也必然会迫使相关人员在股票发行过程中更加注重合规性，确保申报文件的真实性以及披露信息的准确、及时、完整。

注册制与核准制的一大区别也在这里，注册制强调事后控制，股票能发行就能被勒令强制回购以及必要的退市制度等，都是注册制用来规范发行人行为的重要武器。

2. 发行、信息披露中相关人员的过错推定原则

违规发行的问责对于发行人控股股东、实控人以及保荐人的责任推定有了更高层级的要求，“发行人的控股股东、实际控制人以及保荐人，应当与发行人承担连带责任，但是能够证明自己没有过错的除外”这一条款实质是侵权责任法上的过错推定原则的具体运用。传统的过错责任原则采取“谁主张，谁举证”的原则，只有受害人提出相应的证据证明行为人有过错，行为人才对受害人负有赔偿责任。而过错推定原则采取“举证责任倒置”原则，行为人若不能提出合理的抗辩事由来证明自己没有过错，则将被直接推定为有过错并且承担赔偿责任。需注意的是，本次过错推定原则的适用主体从保荐人扩大到了发行人的控股股东、实控人，可以说是对欺诈发行的源头进行了强力遏制。本条欺诈发行使用了过错推定原则，也变相地警示了发行人的控股股东及保荐人要正确行使自己的权利，在股票发行过程中采取谨慎的态度，对申报文件的全面、真实、完整性负责。可见，注册制虽然发行门槛降低，但事后问责的力度却更大。

对于信息披露中的虚假陈述问责，新《证券法》将过错推定责任的范围扩大到发行人的控股股东、实控人，也体现了《证券法》抓主要矛盾解决问题的立法本意，相信如此实施能够更好地保护中小投资者的利益。

（四）注册制下信息披露制度的要求

修法前后对信息披露的要求对比详见表3－2－4。

表3－2－4　信息披露制度修法前后对比

2014年修正的《证券法》	新《证券法》
第六十五条　上市公司和公司债券上市交易的公司，应当在每一会计年度的上半年结束之日起二个月内，向国务院证券监督管理机构和证券交易所报送记载以下内容的中期报告，并予公告： （一）公司财务会计报告和经营情况； （二）涉及公司的重大诉讼事项； （三）已发行的股票、公司债券变动情况；	第七十九条　上市公司、公司债券上市交易的公司、股票在国务院批准的其他全国性证券交易场所交易的公司，应当按照国务院证券监督管理机构和证券交易场所规定的内容和格式编制定期报告，并按照以下规定报送和公告： （一）在每一会计年度结束之日起四个月内，报送并公告年度报告，其中的年度财务

续表

2014 年修正的《证券法》	新《证券法》
(四)提交股东大会审议的重要事项; (五)国务院证券监督管理机构规定的其他事项	会计报告应当经符合本法规定的会计师事务所审计; (二)在每一会计年度的上半年结束之日起二个月内,报送并公告中期报告
第六十七条　发生可能对上市公司股票交易价格产生较大影响的重大事件,投资者尚未得知时,上市公司应当立即将有关该重大事件的情况向国务院证券监督管理机构和证券交易所报送临时报告,并予公告,说明事件的起因、目前的状态和可能产生的法律后果。 下列情况为前款所称重大事件: (一)公司的经营方针和经营范围的重大变化; (二)公司的重大投资行为和重大的购置财产的决定; (三)公司订立重要合同,可能对公司的资产、负债、权益和经营成果产生重要影响; (四)公司发生重大债务和未能清偿到期重大债务的违约情况; (五)公司发生重大亏损或者重大损失; (六)公司生产经营的外部条件发生的重大变化; (七)公司的董事、三分之一以上监事或者经理发生变动; (八)持有公司百分之五以上股份的股东或者实际控制人,其持有股份或者控制公司的情况发生较大变化; (九)公司减资、合并、分立、解散及申请破产的决定; (十)涉及公司的重大诉讼,股东大会、董事会决议被依法撤销或者宣告无效; (十一)公司涉嫌犯罪被司法机关立案调查,公司董事、监事、高级管理人员涉嫌犯罪被司法机关采取强制措施; (十二)国务院证券监督管理机构规定的其他事项	第八十条　发生可能对上市公司、股票在国务院批准的其他全国性证券交易场所交易的公司的股票交易价格产生较大影响的重大事件,投资者尚未得知时,公司应当立即将有关该重大事件的情况向国务院证券监督管理机构和证券交易场所报送临时报告,并予公告,说明事件的起因、目前的状态和可能产生的法律后果。 前款所称重大事件包括: (一)公司的经营方针和经营范围的重大变化; (二)公司的重大投资行为,公司在一年内购买、出售重大资产超过公司资产总额百分之三十,或者公司营业用主要资产的抵押、质押、出售或者报废一次超过该资产的百分之三十; (三)公司订立重要合同、提供重大担保或者从事关联交易,可能对公司的资产、负债、权益和经营成果产生重要影响; (四)公司发生重大债务和未能清偿到期重大债务的违约情况; (五)公司发生重大亏损或者重大损失; (六)公司生产经营的外部条件发生的重大变化; (七)公司的董事、三分之一以上监事或者经理发生变动,董事长或者经理无法履行职责; (八)持有公司百分之五以上股份的股东或者实际控制人持有股份或者控制公司的情况发生较大变化,公司的实际控制人及其控制的其他企业从事与公司相同或者相似业务的情况发生较大变化; (九)公司分配股利、增资的计划,公司股权结构的重要变化,公司减资、合并、分立、解散及申请破产的决定,或者依法进入破产程序、被责令关闭; (十)涉及公司的重大诉讼、仲裁,股东大

续表

2014 年修正的《证券法》	新《证券法》
	会、董事会决议被依法撤销或者宣告无效； （十一）公司涉嫌犯罪被依法立案调查，公司的控股股东、实际控制人、董事、监事、高级管理人员涉嫌犯罪被依法采取强制措施； （十二）国务院证券监督管理机构规定的其他事项。 公司的控股股东或者实际控制人对重大事件的发生、进展产生较大影响的，应当及时将其知悉的有关情况书面告知公司，并配合公司履行信息披露义务
第六十八条　上市公司董事、高级管理人员应当对公司定期报告签署书面确认意见。 上市公司监事会应当对董事会编制的公司定期报告进行审核并提出书面审核意见。 上市公司董事、监事、高级管理人员应当保证上市公司所披露的信息真实、准确、完整	第八十二条　发行人的董事、高级管理人员应当对证券发行文件和定期报告签署书面确认意见。 发行人的监事会应当对董事会编制的证券发行文件和定期报告进行审核并提出书面审核意见。监事应当签署书面确认意见。 发行人的董事、监事和高级管理人员应当保证发行人及时、公平地披露信息，所披露的信息真实、准确、完整。 董事、监事和高级管理人员无法保证证券发行文件和定期报告内容的真实性、准确性、完整性或者有异议的，应当在书面确认意见中发表意见并陈述理由，发行人应当披露。发行人不予披露的，董事、监事和高级管理人员可以直接申请披露
—	第八十四条　除依法需要披露的信息之外，信息披露义务人可以自愿披露与投资者作出价值判断和投资决策有关的信息，但不得与依法披露的信息相冲突，不得误导投资者。 发行人及其控股股东、实际控制人、董事、监事、高级管理人员等作出公开承诺的，应当披露。不履行承诺给投资者造成损失的，应当依法承担赔偿责任

[解读]

1. 定期报告规则简化

相较于 2014 年修正的《证券法》，新《证券法》只对年度报告、半年度报告的公告时间进行了规定，看似是简化了但实则是细化了，因为公告应当披露的内容、公告的格式等详细规则均放权给了监管机构和交易所，交由两者制定。

2. 临时报告的要求细化

首先，临时报告纳入了新三板公司，这是新《证券法》对报告主体范围扩大化的体现。其次，《证券法》明确了公司重大投资和重大资产处置行为的标准，将其标准划定为一年内购买、出售超过公司资产总额百分之三十，或者对于营业用的主要单一资产来说，对其进行权利限制或出售、报废一次超过该资产百分之三十即达到标准。这一规定将2014年修正的《证券法》的规定细化，体现了新《证券法》的严谨设置。再次，新《证券法》增加了公司董事长、经理无法履职的临时报告要求以及控股股东、实控人被采取强制措施的临时报告要求，这些均是源于实践中的一些现象，但对于注册制而言，公司的股东、董事、高管的情况变化也应当作为重要情况进行临时披露。最后，新《证券法》增加了实控人及其控制企业进行的同业竞争变动情况的临时报告要求。上述临时报告条件的细化更能体现出注册制对发行人信息披露的严格要求，须知注册制的监管重点就在于事中与事后。

3. 董监高对发行人信息披露的监督

新《证券法》第82条第3款新增了董事、监事、高级管理人员（以下简称董监高）对发行人披露信息的异议权，在发行人隐瞒应披露信息时，董监高被赋予了直接披露信息的权利。这体现了注册制对于信息披露制度具备多方位的监督，不仅有市场化监督，也有监管机构的监管，还有来自发行人内部的监督，从多个角度来保证发行人对外披露信息的及时、准确、真实、完整。

（五）注册制下投资者的保护

注册制下对投资者保护为新增内容，见表3-2-5。

表3-2-5 注册制下对投资者的保护条款

2014年修正的《证券法》	新《证券法》
—	第八十八条　证券公司向投资者销售证券、提供服务时，应当按照规定充分了解投资者的基本情况、财产状况、金融资产状况、投资知识和经验、专业能力等相关信息；如实说明证券、服务的重要内容，充分揭示投资风险；销售、提供与投资者上述状况相匹配的证券、服务。 投资者在购买证券或者接受服务时，应当按照证券公司明示的要求提供前款所列真实信息。拒绝提供或者未按照要求提供信

续表

2014 年修正的《证券法》	新《证券法》
	息的,证券公司应当告知其后果,并按照规定拒绝向其销售证券、提供服务。 证券公司违反第一款规定导致投资者损失的,应当承担相应的赔偿责任
—	第八十九条　根据财产状况、金融资产状况、投资知识和经验、专业能力等因素,投资者可以分为普通投资者和专业投资者。专业投资者的标准由国务院证券监督管理机构规定。 普通投资者与证券公司发生纠纷的,证券公司应当证明其行为符合法律、行政法规以及国务院证券监督管理机构的规定,不存在误导、欺诈等情形。证券公司不能证明的,应当承担相应的赔偿责任
—	第九十四条　投资者与发行人、证券公司等发生纠纷的,双方可以向投资者保护机构申请调解。普通投资者与证券公司发生证券业务纠纷,普通投资者提出调解请求的,证券公司不得拒绝。 投资者保护机构对损害投资者利益的行为,可以依法支持投资者向人民法院提起诉讼。 发行人的董事、监事、高级管理人员执行公司职务时违反法律、行政法规或者公司章程的规定给公司造成损失,发行人的控股股东、实际控制人等侵犯公司合法权益给公司造成损失,投资者保护机构持有该公司股份的,可以为公司的利益以自己的名义向人民法院提起诉讼,持股比例和持股期限不受《中华人民共和国公司法》规定的限制

[解读]

1. 证券销售诉讼对普通投资者的保护

第 88 条第 3 款首先明确了证券公司如果在向投资者销售证券时未审慎地对投资者的投资能力等情况进行调查,没有充分说明投资风险或销售的证券、提供的服务不与投资者的能力相匹配,那么证券公司应当承担赔偿责任。但在随后的第 89

条，新《证券法》区分了普通投资者和专业投资者，对专业投资者的划分由证券监管机构另行规定；对于普通投资者，如因证券公司误导、欺诈等情况进行销售导致损失与证券公司发生纠纷，那么证券公司在民事诉讼中适用举证责任倒置的过错推定责任，这体现了新《证券法》对弱势的中小投资者的保护，也是注册制下对中小投资者保护的应有之义。

2. 程序法角度对中小投资者的保护

新《证券法》也明确了中小投资者服务中心等投资者保护机构的职能与权利，2013 年国务院就出台了《关于进一步加强资本市场中小投资者合法权益保护工作的意见》鼓励投资者权益保护机构的发展，新《证券法》也在此赋予了这类投资者权益保护机构的调解权利，属于多元化纠纷解决机制的一种。考虑到小投资者因为争议金额不大诉讼成本过高，赋予了小投资者申请强制调解的权利。此外，新《证券法》还赋予了投资者保护机构对投资者的支持起诉制度，这与公益诉讼中的支持起诉制度相似但不相同，可以说，目前，新《证券法》在保护投资者的诉讼制度设计方面是走在前列的。

此外，新《证券法》还打破了《公司法》的规定，支持持有公司股份的投资者保护机构对损害公司利益的控股股东、董监高等人提起股东代表诉讼的，不再受到持股 1% 以上和连续持股 180 日以上的限制。可以看出，今后在解决证券投资纠纷当中，投资者保护机构的作用将会越来越大，不断地推动注册制在我国的发展完善。

发达的证券诉讼制度是注册制实施的保障，只有保护好中小投资者的利益，才有助于增加整个市场的活力，提升市场的开阔性和包容性，促进金融市场的发展。

（六）注册制下严密的事中监管与反应机制

修法前后事中监管与反应机制对比详见表 3－2－6。

表 3－2－6　修法前后事中监管与反应机制对比

2014 年修正的《证券法》	新《证券法》
第一百一十四条　因突发性事件而影响证券交易的正常进行时，证券交易所可以采取技术性停牌的措施；因不可抗力的突发性事件或者为维护证券交易的正常秩序，证券交易所可以决定临时停市。 证券交易所采取技术性停牌或者决定临时停市，必须及时报告国务院证券监督管理机构	第一百一十一条　因不可抗力、意外事件、重大技术故障、重大人为差错等突发性事件而影响证券交易正常进行时，为维护证券交易正常秩序和市场公平，证券交易所可以按照业务规则采取技术性停牌、临时停市等处置措施，并应当及时向国务院证券监督管理机构报告。 因前款规定的突发性事件导致证券交易结果出现重大异常，按交易结果进行交收将对证券交易正常秩序和市场公平造成重大

续表

2014 年修正的《证券法》	新《证券法》
	影响的,证券交易所按照业务规则可以采取取消交易、通知证券登记结算机构暂缓交收等措施,并应当及时向国务院证券监督管理机构报告并公告。 证券交易所对其依照本条规定采取措施造成的损失,不承担民事赔偿责任,但存在重大过错的除外
—	第一百一十三条　证券交易所应当加强对证券交易的风险监测,出现重大异常波动的,证券交易所可以按照业务规则采取限制交易、强制停牌等处置措施,并向国务院证券监督管理机构报告;严重影响证券市场稳定的,证券交易所可以按照业务规则采取临时停市等处置措施并公告。 证券交易所对其依照本条规定采取措施造成的损失,不承担民事赔偿责任,但存在重大过错的除外
第一百八十条　国务院证券监督管理机构依法履行职责,有权采取下列措施: (一)对证券发行人、上市公司、证券公司、证券投资基金管理公司、证券服务机构、证券交易所、证券登记结算机构进行现场检查; (二)进入涉嫌违法行为发生场所调查取证; (三)询问当事人和与被调查事件有关的单位和个人,要求其对与被调查事件有关的事项作出说明; (四)查阅、复制与被调查事件有关的财产权登记、通讯记录等资料; (五)查阅、复制当事人和与被调查事件有关的单位和个人的证券交易记录、登记过户记录、财务会计资料及其他相关文件和资料;对可能被转移、隐匿或者毁损的文件和资料,可以予以封存; (六)查询当事人和与被调查事件有关的单位和个人的资金账户、证券账户和银行账户;对有证据证明已经或者可能转移或者隐匿违法资金、证券等涉案财产或者隐匿、伪造、毁损重要证据的,经国务院证券监督管理机构主要负责人批准,可以冻结或者查封; (七)在调查操纵证券市场、内幕交易等重大	第一百七十条　国务院证券监督管理机构依法履行职责,有权采取下列措施: (一)对证券发行人、证券公司、证券服务机构、证券交易场所、证券登记结算机构进行现场检查; (二)进入涉嫌违法行为发生场所调查取证; (三)询问当事人和与被调查事件有关的单位和个人,要求其对与被调查事件有关的事项作出说明;或者要求其按照指定的方式报送与被调查事件有关的文件和资料; (四)查阅、复制与被调查事件有关的财产权登记、通讯记录等文件和资料; (五)查阅、复制当事人和与被调查事件有关的单位和个人的证券交易记录、登记过户记录、财务会计资料及其他相关文件和资料;对可能被转移、隐匿或者毁损的文件和资料,可以予以封存、扣押; (六)查询当事人和与被调查事件有关的单位和个人的资金账户、证券账户、银行账户以及其他具有支付、托管、结算等功能的账户信息,可以对有关文件和资料进行复制;对有证据证明已经或者可能转移或者隐匿

续表

2014 年修正的《证券法》	新《证券法》
证券违法行为时，经国务院证券监督管理机构主要负责人批准，可以限制被调查事件当事人的证券买卖，但限制的期限不得超过十五个交易日；案情复杂的，可以延长十五个交易日	违法资金、证券等涉案财产或者隐匿、伪造、毁损重要证据的，经国务院证券监督管理机构主要负责人或者其授权的其他负责人批准，可以冻结或者查封，期限为六个月；因特殊原因需要延长的，每次延长期限不得超过三个月，冻结、查封期限最长不得超过二年； （七）在调查操纵证券市场、内幕交易等重大证券违法行为时，经国务院证券监督管理机构主要负责人或者其授权的其他负责人批准，可以限制被调查的当事人的证券买卖，但限制的期限不得超过三个月；案情复杂的，可以延长三个月； （八）通知出境入境管理机关依法阻止涉嫌违法人员、涉嫌违法单位的主管人员和其他直接责任人员出境。 为防范证券市场风险，维护市场秩序，国务院证券监督管理机构可以采取责令改正、监管谈话、出具警示函等措施
—	第一百七十一条　国务院证券监督管理机构对涉嫌证券违法的单位或者个人进行调查期间，被调查的当事人书面申请，承诺在国务院证券监督管理机构认可的期限内纠正涉嫌违法行为，赔偿有关投资者损失，消除损害或者不良影响的，国务院证券监督管理机构可以决定中止调查。被调查的当事人履行承诺的，国务院证券监督管理机构可以决定终止调查；被调查的当事人未履行承诺或者有国务院规定的其他情形的，应当恢复调查。具体办法由国务院规定。 国务院证券监督管理机构决定中止或者终止调查的，应当按照规定公开相关信息

[解读]

1. 交易所的交易监管措施

注册制的显著特点就是对证券上市后的交易过程有严密的监管机制，新《证券法》也赋予了交易所因发生法定情况而采取技术性停牌、临时停市的行为，这一部分在 2014 年修正的《证券法》有所规定，但其未进行规定的是证券交易所采取特殊处置措施后无过错的不需要承担民事责任，这一无过错责任举证原则给予了交易所进行市场交易监管及采取相应措施的民事免责权利。

2. 交易所对交易的取消权

技术性停牌和临时停市等措施偏向事后监管，而在异常交易发生后，如何对异常结果进行补救，新《证券法》也给予了正面回应，它赋予了交易所对交易进行取消或者通知证券结算机构暂缓结算的权利，这一规定充分体现了注册制对事中监管措施的重视。

3. 证监会的监管职权更明确

注册制下的《证券法》对证监会的调查权也规定得更加细化，比如明确了查封冻结的期限及启动程序、调查期间限制被调查人买卖证券的时间延长等规定都有力地增强了证监会的调查权，再配合后续的强化处罚手段，监管力度会大大增强，相信能更好地遏制证券市场违法违规行为，保证注册制在我国证券市场的逐步发展。

4. 监管下的和解程序

新《证券法》第171条就规定了被调查人的自认、纠正及和解程序，这是《证券法》首次引入行政和解的相关内容。2015年证监会发布的《行政和解试点实施办法》对相关的证券监管中被调查人向证监会申请和解的相关内容作出了详细的规定，这也是首次被写入法律中，说明试点工作开展的已经较为成熟，后续证监会可能会就《行政和解试点实施办法》出台正式的规范性文件。

（七）注册制下的中介机构

修法前后对中介机构的规定对比见表3-2-7。

表3-2-7 修法前后有关中介机构的规定对比

2014年修正的《证券法》	新《证券法》
第一百六十九条　投资咨询机构、财务顾问机构、资信评级机构、资产评估机构、会计师事务所从事证券服务业务，必须经国务院证券监督管理机构和有关主管部门批准。 投资咨询机构、财务顾问机构、资信评级机构、资产评估机构、会计师事务所从事证券服务业务的审批管理办法，由国务院证券监督管理机构和有关主管部门制定	第一百六十条　会计师事务所、律师事务所以及从事证券投资咨询、资产评估、资信评级、财务顾问、信息技术系统服务的证券服务机构，应当勤勉尽责、恪尽职守，按照相关业务规则为证券的交易及相关活动提供服务。 从事证券投资咨询服务业务，应当经国务院证券监督管理机构核准；未经核准，不得为证券的交易及相关活动提供服务。从事其他证券服务业务，应当报国务院证券监督管理机构和国务院有关主管部门备案

续表

2014 年修正的《证券法》	新《证券法》
—	第一百六十二条　证券服务机构应当妥善保存客户委托文件、核查和验证资料、工作底稿以及与质量控制、内部管理、业务经营有关的信息和资料,任何人不得泄露、隐匿、伪造、篡改或者毁损。上述信息和资料的保存期限不得少于十年,自业务委托结束之日起算

[解读]

明确中介机构地位、从业门槛,明确核查要求。

这是新《证券法》首次将律师事务所写入"证券服务机构"章节,这体现了《证券法》对发行人业务合规性的重视,也体现了《证券法》对律师在证券业务中所起到作用的重视。而且会计师事务所也被排在第 160 条的首位,可见证券监管对财务工作的重视。除证券投资咨询机构外,新《证券法》也将各中介从业门槛从"批准"变为了"备案",而之前没有审批要求的律师事务所今后也有了备案要求。

新《证券法》还对中介机构从业进行了概括性的规定,要求证券服务机构应重视发行人资料的核查及保存等工作,底稿必须保存 10 年以上,以前底稿保存要求分别规定在证监会发布的规则文件中,如《公开发行证券公司信息披露的编报规则第 12 号——公开发行证券的法律意见书和律师工作报告》(证监发〔2001〕37 号)第 17 条规定,工作底稿由制作人所在的律师事务所保存,保存期限至少 7 年。新《证券法》统一规定保存至少 10 年。上述是注册制下新《证券法》对中介机构资质、执业要求的进一步明确。

(八)注册制显著提高证券违法违规成本

为了保证注册制能够顺利实施,加大对证券违法违规的处罚力度也是必不可少的,新《证券法》修订较多的部分集中在第十三章"法律责任",它对发行人违规发行、欺诈发行、信息披露违法行为、虚假陈述行为等都加大了处罚力度,顶格处罚的额度标准也跟上了现实情况的需要。此外,新《证券法》对于发行人控股股东、实控人、证券公司等的连带责任也有所规定,从源头遏制相关违法行为的产生。除了处罚外,新《证券法》也规定了监管措施以及证券诚信信息档案,相信以后将会对市场中的违规行为起到很好的警示效果乃至处理效果。

三、结语

注册制在欧美资本市场具有成功的经验,此次《证券法》的修改重点虽在于全面推进注册制，但也不仅仅是为了推行注册制，更多的还是国家为了证券市场化导向而作出的努力。注册制的推出牵一发而动全身，也顺势推动了《证券法》的修订，更新了提高证券违法违规成本、完善投资者保护制度、进一步强化信息披露要求、压实中介机构市场看门人法律职责、强化监管执法和风险防控等内容。注册制对A股市场的信息披露、退市等制度的完善有很大的促进作用，也能使市场的筛选机制更合理地发挥功能，资本市场也将更好地发挥直接融资功能，促进金融市场的发展。

注册制的通过将会使市场内的壳资源价值进一步下降，“炒壳”行为将会受到更进一步的限制，而新上市的股票不再享受监管机构的审核背书，将会更明显地体现出市场价值，其价值取向也将更加市场化。这一过程中，中介机构的义务与责任加深，也在督促着中介机构更加勤勉尽责，审慎履行自己的职责。

本次修订仅仅是一个开始，在新《证券法》生效后，监管机构如何调整与交易所的关系、如何构建动态的上市与退市关系、如何做到主动放权并避免权力下放被滥用等事项都需要通过实践不断努力。本次《证券法》修订的最终通过是一大进步，全面放开证券发行注册制也给资本市场带来了一次深远意义的变革，中国的资本市场需要开放性与包容性，而注册制改革正是实现此目标的第一步。

（本文成文于2020年1月，修订于2020年6月）

互联网资管产品的法律规制

林　祯　刘瑞广

2020年3月1日新《证券法》的实施第一次在法律层面明确了资产管理产品的概念，确定了其作为“证券”的法律地位并将其纳入《证券法》的管理范畴。新《证券法》第2条第3款规定，“资产支持证券、资产管理产品发行、交易的管理办法，由国务院依照本法的原则规定”。国务院被授权制定相应规则，但应符合强制信息披露和投资者保护等新《证券法》的基本精神，同时国务院自顶层对不同监管部门管理的资产管理业务统一原则也将进一步缩减套利空间。在此之前，资产管理业务主要由一行两会（央行、证监会、银保监会）、国家外汇管理局发布相关规则予以规范。

这些规则包括但不限于2018年3月28日生效的《关于加大通过互联网开展资产管理业务整治力度及开展验收工作的通知》（整治办函〔2018〕29号，以下简称《29号文》）。《29号文》并非实质意义上的“新规”，而系前期监管规定的重申与延伸，且更着重于整治后的验收工作。即便如此，本次通知亦不乏亮点。本文将以《29号文》为基础，结合自国务院办公厅《关于印发互联网金融风险专项整治工作实施方案的通知》（国办发〔2016〕21号）发布以来的其他主要互联网资产管理业务监管规定，着重分析《29号文》对相关企业的影响及其规范措施。

一、监管主体

目前互联网资产管理业务的监管主体为互联网金融风险专项整治工作领导小组办公室（以下简称整治办），其由央行、中宣部、发改委、工信部、公安部、财政部、住建部、工商总局、法制办、原银监会、证监会、原保监会、国家信访局、最高院、最高检、中央维稳办及网信办联合组成。

二、监管内容及监管要点

(一)监管的主要内容——资产管理业务

根据《29 号文》的规定,整治办本次监管的重点内容为“互联网 + 资产管理业务”。

1. 官方定义

参照《关于规范金融机构资产管理业务的指导意见》(银发〔2018〕106 号,以下简称《106 号文》)的规定,资产管理业务系指“银行、信托、证券、基金、期货、保险资产管理机构、金融资产投资公司等金融机构接受投资者委托,对受托的投资者财产进行投资和管理的金融服务”。将从事资产管理业务的主体限定在“金融机构”范围内。

同时值得注意的是,《106 号文》相比其征求意见稿而言,在金融机构范围中明确添加“金融资产投资公司”。根据《金融资产投资公司管理办法(试行)》(中国银行保险监督管理委员会令 2018 年第 4 号)的规定,金融资产投资公司是指经国务院银行业监督管理机构批准,在中华人民共和国境内设立的,主要从事银行债权转股权及配套支持业务的非银行金融机构。其主要由在中华人民共和国境内注册成立的商业银行作为主要股东发起设立。

2. 主要模式、投资产品及相应案例

《29 号文》监管的互联网 + 资产管理业务主要有“定向委托投资”、“定向融资计划”、“资产管理计划”、“理财计划”、“信托计划”和“收益权转让”等模式,其中部分模式简述如下:

(1)定向委托投资

本意为银行间的定向委托投资。在互联网模式中,一般指投资人(委托方)通过网络借贷信息中介机构(以下简称 P2P 公司)将资金借予借款人(受托方),并由受托方投资于资产管理计划等金融产品的行为。该借款人一般为非持牌的资产管理公司,且为 P2P 公司的关联方。故该模式除不符合关于互联网资产管理相关规定外,亦不符合《网络借贷信息中介机构业务活动管理暂行办法》关于 P2P 公司不得为自身或变相为自身融资的规定。

(2)定向融资计划

与常规资产管理产品有所区别,参考《29 号文》暂先列入。一般为发行人借助地方金融资产交易所平台向合格投资者发行,而合格投资者直接借钱给发行人,并最终由发行人约定在一定期限内还本付息的投融资产品。发行人一般为服务于基础工程或公共服务设施建设的政府投资公司，并由第三方公司提供增信担保。

相关案例：浙江金融资产交易中心挂牌发行的宁波镇海城市建设定向融资计划（第二期）双跟塘外婆粮类项目。

（3）收益权转让

在互联网环境下，一般是指将投资资管产品所得收益的权利通过协议或其他形式转让给受让人持有。收益权的基础资产可包括信贷资产、股权、应收账款、资管计划、票据等。

在上述情形中，无论何种模式，其在实践中的共性往往为：规避监管，并倾向于突破公开发行、公开募集及合格投资者的相关规定。

（二）监管要点

1. 除另有规定外，金融机构方可从事资产管理业务。

2. 取得中央金融管理部门颁发的牌照方可依托互联网发行、销售资管产品。

3. 未经许可，依托互联网以定向委托、定向融资、资管计划、理财计划、收益权转让等方式公开募集资金的行为系非法金融活动。

4. 未经许可的存量业务最迟须于 2018 年 6 月底前压缩至零。

5. 网贷机构及其剥离的资管业务实体须一并验收，未达标影响网贷机构的备案登记。

6. 互联网平台不得为各类交易场所代销（含引流）违规资产管理产品。

三、受影响公司及其应对

（一）受影响的主要公司类型

根据 29 号文规定，资产管理业务“属于特许经营行业，须纳入金融监管。非金融机构不得发行、销售资产管理产品，国家另有规定的除外”。这一态度延续了《通过互联网开展资产管理及跨界从事金融业务风险专项整治工作实施方案》（银发〔2016〕113 号，以下简称银发〔2016〕113 号文）、《关于进一步做好互联网金融风险专项整治清理整顿工作的通知》（银发〔2017〕119 号）的要求，但更为明确。

根据《关于印发银行业金融机构从业人员行为管理指引的通知》（银监发〔2018〕9 号）、《中国银监会非金融机构行政许可事项实施办法》（银监会令 2015 年第 6 号）、《证券期货投资者适当性管理办法》（证监会令第 130 号）等的规定，金融机构一般主要包括：

1. 央行体系：第三方支付公司。

2. 银保监会体系：（1）商业银行、农村信用合作社等；（2）金融资产管理公司（国有独资)、金融资产投资公司、信托公司、企业集团财务公司、金融租赁公司、货币经纪公司、消费金融公司、汽车金融公司、贷款公司;(3)保险公司、保险代理/经纪公司。

3. 证监会体系:证券公司、期货公司、基金管理公司及其子公司、证券投资咨询公司、独立基金销售公司。

4. 其他:典当公司、小额贷款公司、融资性担保公司、融资租赁公司。

故根据经营范围及常见业务内容,此次纳入监管范围的对象主要指以下公司:

1. 未获相应牌照的公司

(1)P2P 公司

互联网资产管理业务的整治出发点即为监管部门在整治 P2P 公司过程中发现的各项违规行为,由此引发进一步的清理整顿,故自 2016 年开始的资产管理业务整治首当其冲受到影响企业即为 P2P 公司。

(2)第三方财富管理/资产管理公司

第三方财富管理与资产管理应有区别,前者更着重于协助作理财规划,但目前二者界限越来越模糊。若仅从事理财咨询,则认为不属于本次整治的范围,但发行、代销仍应取得对应资质。

(3)其他互联网金融平台的运营主体

与第二项相似,有否发行、代销资质将可能使该些平台两极分化。如在近两年第三方基金销售牌照严控批复的情况下,该类牌照的壳价值已水涨船高,龙头平台已领先完成布局。

(4)地方金融交易所/交易中心的运营主体

除《关于对互联网平台与各类交易场所合作从事违法违规业务开展清理整顿的通知》(整治办函〔2017〕64 号)外,《29 号文》亦明确规定,"互联网平台不得为各类交易场所代销(包括'引流'等方式变相提供代销服务)涉嫌突破国发〔2011〕38 号文、国办发〔2012〕37 号文以及清理整顿各类交易场所'回头看'政策要求的资产管理产品"。这势必对交易所带来一定的影响。

2. 已持牌但经营不规范的公司

除银发〔2016〕113 号文的规定外,《29 号文》同样原则性规定了已持牌的金融机构应规范经营,不得从事变相规避监管及未经许可的变相公开募集资金等违规行为。

(二)主要影响及规范措施

1. 对非金融机构及未获牌照金融机构的影响及规范措施

(1)非金融机构被限定于从事还原本质的业务,违规资产管理业务须清零根据《29 号文》及《106 号文》的规定，除国家另有规定外，非金融机构不得发行、销售资产管理产品。借鉴央行有关部门负责人就《106 号文》征求意见稿之答记者问，此处“国家另有规定”应主要指私募基金的发行和销售。《106 号文》第二部分也明确“私募投资基金适用私募投资基金专门法律、行政法规，私募投资基金专门法律、行政法规中没有明确规定的适用本意见”。亦即，除私募基金发行、销售外，非金融机构的其他资产管理产品须在限定日期前化解为零。而私募基金发行、销售的产品按照私募投资基金专门法律、行政法规及《106 号文》等的规定管理。

(2)存量业务的提前兑付、资金压力大

根据《29 号文》规定，非金融机构以及未获牌照的金融机构之存量业务须在 2018 年 6 月底前完成，对于发行长期以及层层嵌套资产管理产品的机构而言，化解存量业务势必受产品封闭期、投资标的合同的条款约束，除筹集预期的投资收益额度回购资金外，还可能被合同相对方追究违约责任，影响现有业务的开展。

(3)影响 P2P 机构的备案进程及剥离业务的规划

在《29 号文》发布前夕，《关于做好 P2P 网络借贷风险专项整治整改验收工作的通知》(网贷整治办函〔2017〕57 号)要求于 2018 年 4 月底前完成 P2P 机构的备案登记工作，并再次强调备案前须对该类机构的业务进行验收整治。部分 P2P 机构为轻装上阵，多选择剥离含资产管理在内的不合规和灰色业务。针对该种情形，《29 号文》明确规定网贷机构(根据近期单项治理规定，应指 P2P 网贷机构)及其剥离的互联网资产管理业务实体须一并进行验收，验收未通过的将就网贷机构不予备案。这将极大影响拟进行剥离及已经剥离业务的 P2P 的规划及成本。

(4)以公开发行、销售方式公开募集资金的行为存在受刑事追责的风险

根据《29 号文》规定，未经许可，依托互联网以发行销售各类资产管理产品等方式公开募集资金的行为，应当明确为非法金融活动。同时《106 号文》亦明确，非金融机构违反《106 号文》规定，为扩大投资者范围、降低投资门槛，利用互联网平台等公开宣传、分拆销售具有投资门槛的投资标的、过度强调增信措施掩盖产品风险、设立产品二级交易市场等行为，按照国家规定进行规范清理，构成非法集资、非法吸收公众存款、非法发行证券的，依法追究法律责任。非金融机构违法违规开展资产管理业务的，依法予以处罚；同时承诺或进行刚性兑付的，依法从重处罚。据了解，现存部分机构曾存在通过特定模式，将本应适用于合格投资者及特定对象的资产管理产品进行分拆并销售给风险承受及认知能力不相匹配的投资者，变相公开发行、销售及募集资金的行为，存在根据《刑法》等法律法规被认定构成非法吸收公众存款罪、集资诈骗罪而被追究刑事责任的风险。

针对以上影响，非金融机构及未获牌的金融机构之规范措施可为：

(1)公司或新设公司向中央金融管理部门申请牌照或收购相关持牌机构

根据理解，目前应暂无统一的资产管理业务牌照，从事相关业务的机构本身或设立的新公司可根据实际发行、销售的产品类别分别向中央金融管理部门(非地方性金融管理部门，通常指改革后的一行两会、国家外汇管理局)申请牌照，如《经营证券期货业务许可证》、金融资产投资公司的开业核准及《金融许可证》等。

此外，根据《29 号文》规定，已补齐牌照的机构将被出具验收合格意见而移交牌照发放部门进行日常监管，除可不再进行存量业务清零外，与取缔类相比，似乎暂可不被出具“行政认定和处置意见”以及不被进一步研判“是否涉及非法集资、非法发行证券等”，然而，该点尚待通过实践印证。但应当注意的是，金融机构的资产管理业务也在不断规范进程中，根据《106 号文》及《关于进一步明确规范金融机构资产管理业务指导意见有关事项的通知》，该些业务规范的过渡期为《106 号文》发布之日起至 2020 年年底，对提前完成整改的机构给予适当监管激励。过渡期结束后，金融机构的资产管理产品按照《106 号文》进行全面规范(因子公司尚未成立而达不到第三方独立托管要求的情形除外)，金融机构不得再发行或存续违反《106 号文》规定的资产管理产品。

(2)或尽快与产品相关方终止协议，化解存量并停止发售新资管产品

鉴于协议不宜继续履行的预期已出现，建议未获牌照的企业尽快确认本次通知是否属于协议约定的不可抗力情形、是否产生违约责任等，并与产品相关方及时沟通协议终止事宜，以便提前了解化解成本。

同时，鉴于化解过程可能较为复杂以及未化解完毕将引起的处罚，企业在未获牌照前的有限时间内不宜再发行、销售新的资产管理产品。

(3)或择机出售原有业务予持牌机构

运行良好、合规程度较高的资产管理业务，未获牌照企业也可考虑打包出售，但在整治验收的关键阶段，亦须考虑出售的定价问题。

(4)遵守公开发售、公开募集规定，或取得相应资质

公开发售、募集的情形一般主要指向不特定对象募集或向特定对象募集资金累计超过 200 人的情形，金融机构可选择获取相应的公开发行资质以保存现有的资产管理业务。

2. 对已持牌企业后续的监管

结合《106 号文》的相关规定，《29 号文》对已持牌企业的不规范行为监管主要如下：

(1)公开发售资管产品及公开募集资金须取得相应的资质,在获取相应资质前不利用互联网平台公开宣传、分拆销售具有投资门槛的投资标的,不存在不揭示或未充分揭示风险及向不具有风险识别能力的投资者推介产品等行为。

(2)不承诺或进行刚性兑付,不向投资者承诺保本保收益等。

(3)消除通道业务和资金嵌套,清理资金池,避免存在“影子”银行。

(4)遵守国务院《关于清理整顿各类交易场所切实防范金融风险的决定》(国发〔2011〕38 号)的相关规定,不为交易所代销违规资产管理产品,如交易所将权益拆分为均等份额公开发行的产品等。

(本文于 2018 年 4 月成稿,并根据新《证券法》补充修订)

私募基金认定的法律分析

周　邯

一、私募基金的内涵和本质缺少法理界定

中国证券投资基金业协会(以下简称基金业协会)会长洪磊在2018年青岛·中国财富论坛上发言指出,私募基金本质属性和治理逻辑不清晰,防范利益冲突、保护投资者利益仍面临巨大挑战。从法律层面看,私募基金的内涵和本质缺少法理界定,导致行政监管和行业自律规则无法将基金治理要求落到实处。

《私募投资基金监督管理暂行办法》第2条第1款规定,私募投资基金是指在中华人民共和国境内,以非公开方式向投资者募集资金设立的投资基金。该法律定义主要明确了私募的具体含义,对于"基金"本身的实质含义并未进行界定。造成在实际适用与实践操作中,往往以本末倒置的方式判定是否属于私募投资基金,即通过核查投资主体是否已纳入私募投资基金监管、适用私募投资基金法律规定,倒推判断该投资主体是否为私募投资基金。

举例而言,若某合伙企业的名称及经营范围包含"投资管理""资产管理""股权投资""创业投资"等字样,且执行事务合伙人为企业。在判断该合伙企业是否属于私募基金时,往往先查询该合伙企业是否已备案为私募基金或核查该合伙企业是否拟进行私募备案,其执行事务合伙人是否已登记为私募基金管理人或拟进行私募基金管理人登记。若是,则该合伙企业为私募基金;若否,则初步认定该合伙企业为投资持股平台,再结合合伙人之间的人合性而非资合性、是否经过非公开募集程序募集资金、执行事务合伙人是否收取管理费用、对外投资情况等进一步论述其不属于私募投资基金。

二、私募基金外延的不明晰与监管思路的多元性

追溯私募投资基金的立法监管历程,从最早由信托公司发行受原中国银行业

监督管理委员会(以下简称原银监会)监管的阳光私募基金到国家发展和改革委员会(以下简称发改委)主管的创业投资企业,再到中国证券监督管理委员会(以下简称证监会)主管的证券投资基金以及中国人民银行(以下简称人行)实施宏观审慎管理的资产管理产品,私募投资基金身份的多重性及监管思路的多元性可见一斑。

(一)作为信托计划受原银监会监管

阳光私募基金通常是指由信托公司作为发起人和受托人、投资者作为委托人、私募基金公司作为投资顾问、银行作为资金托管人、证券公司作为证券托管人,依据《信托法》发行证券投资类信托集合理财产品。

该等私募基金实质上属于信托计划的一种,以契约形式为主,受原银监会监管,具体适用的主要法律法规为《信托公司集合资金信托计划管理办法》(2009 年修订,现行有效)等。阳光私募基金的设立、运行及监管思路集中体现了私募基金的信托属性,即投资人与管理人的关系为:委托人基于对受托人的信任,将其财产权委托给受托人,由受托人按委托人的意愿以自己的名义,为受益人的利益或者特定目的,进行管理或者处分。

(二)作为创业投资企业受发改委监管

根据《创业投资企业管理暂行办法》(2006 年生效,现行有效)的规定,创业投资企业,系指在中华人民共和国境内注册设立的主要从事创业投资的企业组织。前文所称创业投资,系指向创业企业进行股权投资,以期所投资创业企业发展成熟或相对成熟后主要通过股权转让获得资本增值收益的投资方式。

创业投资企业的定义集中体现了私募基金的企业属性,即投资人与管理人的关系为:合伙企业的有限合伙人与执行事务合伙人的关系或公司股东与管理层的关系。发改委对该等创业投资企业进行备案管理。

(三)作为证券投资基金受证监会及基金业协会监管

根据《证券投资基金法》(2015 年修正,现行有效)的规定,担任非公开募集基金的基金管理人,应当按照规定向基金业协会履行登记手续,报送基本情况。未经登记,任何单位或者个人不得使用"基金"或者"基金管理"字样或者近似名称进行证券投资活动。国务院证券监督管理机构依法对证券投资基金活动实施监督管理,其派出机构依照授权履行职责。

鉴于《私募投资基金监督管理暂行办法》《私募投资基金管理人登记和基金备案办法(试行)》等规制私募投资基金的法律法规均根据《证券投资基金法》制定,在实践中,一般认为除私募证券投资基金之外的其他私募投资基金也应参照适用《证券投资基金法》的相关规定,受证监会及基金业协会的监管。

（四）作为资产管理产品受人行监管

根据《关于规范金融机构资产管理业务的指导意见》（2018 年生效，现行有效，以下简称《资产新规》）第 2 条的规定，资产管理业务是指银行、信托、证券、基金、期货、保险资产管理机构、金融资产投资公司等金融机构接受投资者委托，对受托的投资者财产进行投资和管理的金融服务。私募投资基金适用私募投资基金专门法律、行政法规，私募投资基金专门法律、行政法规中没有明确规定的适用本意见，创业投资基金、政府出资产业投资基金的相关规定另行制定。

根据《资管新规》第 26 条的规定，人行负责对资产管理业务实施宏观审慎管理，会同金融监督管理部门制定资产管理业务的标准规制。

（五）私募基金份额属于证券，其上市交易适用《证券法》的相关规定

2020 年 3 月 1 日生效的《证券法》明确规定，证券投资基金份额的上市交易，适用本法；其他法律、行政法规另有规定的，适用其规定。资产支持证券、资产管理产品发行、交易的管理办法，由国务院依照《证券法》的原则规定。在中华人民共和国境外的证券发行和交易活动，扰乱中华人民共和国境内市场秩序，损害境内投资者合法权益的，依照本法有关规定处理并追究法律责任。

综上，由于私募基金外延的不明晰，导致多元监管思路下，部分私募基金的募集、投资、管理、退出可能涉及银保监会、发改委、证监会、基金业协会及人行的多重监管。一方面，具体监管规则零散，且未明确各部门监管规定之间的优先适用规则，政出多门，往往让初入者无所适从。另一方面，由于监管规则对于私募基金的本质未进行明确界定，存在实为私募基金，但规避监管的情形。

三、私募基金在司法实践中的认定

笔者于 2018 年 8 月 6 日登录把手案例（http://www.lawsdata.com/）数据库，以“私募基金管理人”为全文搜索的关键词搜索，截至查询之日，涉及私募基金管理人的裁判文书共计 164 份。其中，刑事案件的裁判文书共计 47 份，包括非法吸收公众存款案件 40 起、集资诈骗案件 7 起；民事案件的裁判文书共计 104 份，包括委托理财合同纠纷 50 起、借款合同纠纷 22 起、合伙协议纠纷 12 起、股权纠纷 6 起、劳动争议 5 起、不当得利纠纷 3 起、其他合同纠纷 6 起；行政案件的裁判文书共计 3 份；执行案件的裁判文书共计 10 份。（见图 3－4－1）

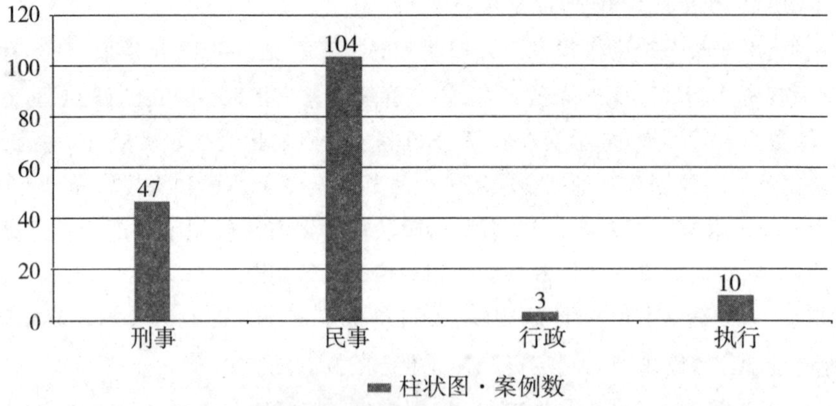

图3-4-1　案件类型柱状图

当然,按以上检索方式无法穷尽全部与私募基金相关的诉讼仲裁案件,限于个人时间精力,笔者仅以上述案件为抽样案例,就委托理财合同纠纷、借款合同纠纷、非法吸收公众存款案件中的典型案例进行重点分析,总结司法实践对于私募基金认定的现状。

(一)委托理财合同纠纷(名为基金实为委托理财)

案件基本情况:黄某飞与袁某光、温某平等多名投资者签署《基金认购协议》,约定由投资者出资认购广州天股投资有限公司设立的天龙基金;委托黄某飞与长安国际信托股份有限公司签订伞型信托合同,并利用基金认购款及信托融资款进行炒股,投资者可以随时登录账户查询持仓及股票交易、盈亏状况;基金托管银行是光大银行,股票交易通道是光大证券股份有限公司;基金亏损止损比例为初始资金的15%,即亏损累计达到初始资金的15%时,基金终止并清算;在基金终止时,黄某飞收取投资额的1.5%作为管理费;基金封闭期自2015年4月20日开始至2016年4月20日结束。后因基金亏损,投资者诉至法院请求判令黄某飞返还投资款,并支付逾期返还投资款的利息。经审理,法院判令黄某飞向投资者返还85%的投资款,驳回投资者其他诉讼请求。

经查询,广州天股投资有限公司系黄某飞设立的有限责任公司,由黄某飞持股100%,并担任执行董事、总经理及法定代表人,该公司未曾办理私募基金管理人登记,已列入企业经营异常名录。广州天股投资有限公司设立的私募基金未曾办理工商登记及私募基金备案。

根据公告的判决,法院认定《基金认购协议》属于委托理财合同,重点核查论述黄某飞是否存在超越授权、未经委托人同意变更委托人指示的行为,进而认定其作为代理人是否应承担赔偿责任。

分析:天龙基金从实质上符合私募基金“以非公开方式向投资者募集资金设立并进行投资活动”的定义,广州天股投资有限公司作为天龙基金的管理人未经登记使用“基金”“基金管理”等字样进行投资活动的行为违反了私募基金的相关规定。根据《证券投资基金法》第133条的规定,应承担以下法律责任:没收违法所得,并处违法所得1倍以上5倍以下罚款;没有违法所得或者违法所得不足100万元的,并处10万元以上100万元以下罚款;对直接负责的主管人员和其他直接责任人员给予警告,并处3万元以上30万元以下罚款。但因其未曾办理私募基金管理人登记,有关行政监管部门未将其纳入监管体系,无从对其是否具备管理能力、其募集过程是否合法合规、其投资者是否具备合格投资者条件、资金投向是否受托管银行监管等进行监管。有鉴于此,笔者认为,是否办理私募基金管理人登记不应作为是否属于私募基金的认定依据。

同时,由于私募基金相关规定未明确管理人违反规定应对投资者承担的赔偿责任,司法机关在处理私募基金相关纠纷过程中,往往透过当事人基于基金认购协议形成的私募基金关系,认定其为委托代理关系,适用一般民商事法律法规的规则,梳理诉讼各方的权利义务关系,并据此厘清各方法律责任。但私募基金关系不仅仅包括管理人与投资者的关系,还涉及基金托管人、基金服务机构、其他基金份额持有人与投资者的法律关系;投资者作为基金份额持有人区别于一般的被委托人,应适用私募基金的相关规则。建议私募基金相关规定除明确行政法律责任外,进一步规定各方主体的民事法律责任。

(二)借款合同纠纷(名为基金实为借贷)

案件基本情况:汇金信达国际投资基金(北京)有限公司(以下简称汇金公司)与刘某、齐某简、朱某熙等多名投资者签署《法律合同书》,约定采取有限合伙模式,共同出资设立股权投资基金“汇金中心”,委托汇金公司担任基金管理人,同时担任普通合伙人;基金存续期限为一年,每半年分配一次,预期年化收益率10%。基金存续期届满,投资者未取得投资本金及预期收益,诉至法院请求判令汇金公司偿还本金、收益及逾期违约金。法院基本支持了投资者的诉讼请求,判决汇金公司还本付息并支付逾期违约金。

经查询,汇金公司未曾办理私募基金管理人登记,其对外投资的北京汇金浦繁投资管理中心(有限合伙)、北京汇金浦昌投资管理中心(有限合伙)等在工商行政部门登记的合伙人均为2人,案件涉及的投资者均未登记为合伙企业的合伙人;该等合伙企业也未曾办理私募基金备案。

根据公告的判决,法院认定《法律合同书》虽载明了在基金投资运营期内各种风险因素会存在并影响投资权益,但《法律合同书》的手写条款明确了固定的年化收益率及兑付日期,符合借贷关系的法律特征。投资人不关心资金的实际用途,以追求固定收益为缔约目的,且投资者不具备私募基金合格投资者的条件、未作为有限合伙人在工商登记,故该合同名为合伙、实为借贷,案件案由调整为民间借贷纠纷。

分析:汇金中心符合私募基金"以非公开方式向投资者募集资金设立并进行投资活动"的定义,但基金合同约定固定收益,违反了《私募投资基金监督管理暂行办法》第15条的规定。由于《私募投资基金监督管理暂行办法》的效力层级为部门规章,而非法律、行政法规,违反该规定,不属于主张合同无效的法定情形,基金合同有效。

私募基金投资具有高风险的特点,对投资者风险识别能力和风险承受能力要求较高,固定收益意味着投资者不用承担投资风险,不符合私募基金的特征。且在司法实践中,往往将约定固定收益的基金合同关系认定为借贷关系,还原了该等法律关系的本质。因此,笔者认为,应将是否约定固定收益作为认定私募基金的判断依据之一。

(三)非法吸收公众存款罪(名为私募、实为公募)

案件基本情况:成都澳信资产管理有限公司(以下简称澳信公司)实际控制人庞某鸿、法定代表人张某松、总经理李某平及相关员工,通过澳信公司发起设立的理财产品澳信定投基金8号资产管理计划(以下简称澳信8号)、天宜专项资产管理计划(以下简称澳信天宜)向社会募集资金,并承诺8%的固定年收益。澳信公司主要通过银行等渠道进行销售。销售总监"包干"提成为合同金额的20%,向客户支付8%~14%不等的收益,向经理提成1%,并向销售人员、中介人员进行提成。涉案金额2000余万元,所获款项均转移至庞某鸿实际控制公司并用于支付庞某鸿其他非法集资款项的偿还。经所属检察机关提起公诉,法院判决涉案人员犯非法吸收公众存款罪。

经查询,澳信公司已完成私募基金管理人登记,并已完成私募基金千石资本—东航期货—澳信1号专项资产管理计划、澳信2号私募证券投资基金的备案,但涉案理财产品澳信8号、澳信天宜未进行私募基金备案。目前已被协会作为失联(异常)私募机构公示。

分析:根据最高人民法院《关于审理非法集资刑事案件具体应用法律若干问题的解释》的规定,非法吸收公众存款罪的四个构成要件为主体非法性、公开宣传性、承诺还本付息或给付回报、向社会不特定对象吸收资金。根据公告的判决，主要从理财产品违反规制私募基金的相关规定、具有非法占有的故意、明确承诺还本付息、投资者包括银行客户经理介绍的客户并非仅限于亲友和单位内部人员等角度核查论证具备非法吸收公众存款罪的构成要件。

该等构成要件同时也是私募基金产品与非法吸收公众存款罪区分的界限。因此，笔者认为，除了不进行公开宣传、向特定对象募集、不承诺固定收益外，应将是否具有非法占有的故意作为认定私募基金的判断依据之一。

四、从基金业协会的自律监管看私募基金的认定

经查询基金业协会官方网站（http://www.amac.org.cn/）的信息公示信息，截至2018年8月6日，基金业协会公示的纪律处分共计35个，经中国证监会及所属地方证监局调查并通报违法违规情况后，由基金业协会对私募基金管理人作出纪律处分决定。处分原因主要为公司登记备案的信息与实际情况严重不符，已不能正常运营；存在未备案产品、向非合格投资者募集资金、公司或其关联方涉嫌非法吸收公众存款罪；资金投向不明，存在被侵占、借用的可能；向不特定对象进行宣传推介，重大事项未按规定向基金业协会报告，基金存在到期兑付问题等。其中被基金业协会决定注销私募基金管理人登记的共计8个，具体情况见表3-4-1。

表3-4-1　纪律处分情况

处罚对象	处罚原因
北京炳隆资产管理有限公司	登记备案信息与实际情况严重不符，公司登记的法定代表人不配合监管部门检查，而且目前已经无法正常运营，不再符合私募基金管理人的登记条件
福建东方银商投资管理有限公司	实际控制人投资的其他公司涉嫌违法违规，实际控制人已被采取强制措施，公司已停止经营
广西世纪红榕创业投资管理有限公司	关联方广西跨世纪大酒店股份有限公司涉嫌非法吸收公众存款罪，实际控制人病逝，相关资产被冻结；公司人员均已离职，公司已不能正常运营
华夏恒业投资基金管理（北京）有限公司	部分基金未办理备案手续；未如实向投资者披露可能导致利益冲突情况及可能影响投资者合法权益的其他重大信息；向非合格投资者募集资金，以及承诺保本保收益；基金账户管理混乱；登记备案信息与实际情况严重不符，所从事的部分业务不属于私募基金业务

续表

处罚对象	处罚原因
上海国渭资产管理有限公司	未及时变更高级管理人员及从业人员信息;公司目前已无员工办公,公司已无法正常运转,公司备案的产品由投资者管理,公司已不再是实际的基金管理人
深圳市德赋资产管理有限公司	以私募基金的名义向非合格投资者募集资金,未在协会办理备案手续;向深圳同盈股权基金管理有限公司借出募集资金;涉嫌非法吸收公众存款已被公安机关立案侦查
深圳同盈股权基金管理有限公司	根据投资者的多起投诉,3只已经备案的私募基金的募集金额、资金投向均与备案信息严重不符;公司在全国设有数十家子公司,涉及投资者数量多、地域分布广泛,具有高度的涉众性,且大部分为不合格投资者;资金投向不明,存在被挪用、侵占的可能;涉嫌非法吸收公众存款,被公安机关立案侦查
郑州百盛投资管理有限公司	合规风险控制负责人未取得基金从业资格;主要联合银行对中小微企业进行股权、债权及夹层资本投资,投资者人数未填报;长期无具体经营场所,登记备案信息与实际情况严重不符

《私募投资基金管理暂行条例(征求意见稿)》第2条对于私募投资基金的定义较《私募投资基金监督管理暂行办法》第2条对于私募投资基金的定义,增加了以下限定:(1)向合格投资者募集资金设立;(2)由基金管理人管理;(3)为投资者的利益进行投资活动。将上述纪律处分中涉及的以下违规行为排除在外:(1)向非合格投资者募集资金;(2)私募基金由投资者管理;(3)资金投向不明,被挪用、侵占,不属于为投资者利益进行的投资活动。

在实践操作中可能会出现以下情形:其一,以私募基金为名义进行投资活动,但不符合私募投资基金的定义,不适用规制私募基金的相关规定,不纳入相关行政监管体系;其二,已登记备案为私募基金,但管理人存在不符合私募基金本质的投资行为或管理人不再具备管理能力,进而被注销登记,不得再以“基金”“基金管理”等字样进行投资活动,不再纳入相关行政监管体系。而结合诉讼仲裁案件,与私募投资基金相关的风险事件与争议纠纷往往在该等情形下发生。

因此,在明晰违规行为与私募基金界限的同时,证监会、基金业协会等有关主管部门,应进一步加强投资者教育,做好风险揭示;并配合公安、地方金融办等监管部门加强对不属于私募基金却以私募基金名义进行投资活动行为的监管。

五、小结

近年来，我国私募基金行业蓬勃发展，基金业协会2018年第一季度数据显示，私募股权投资基金、创业投资基金在投项目合计62811个、在投本金合计达4.65万亿元，项目数量与本金保持高速增长，已成为支持多层次资本市场发展的重要力量。但非法集资、兑付危机、违规宣传、违反投资者适当性制度等风险事件也开始显露。其中，以金融创新名义，变相突破合格投资者底线标准的案例陆续涌现。明确私募基金的内涵、外延对于投资者、基金管理人、基金托管人、基金服务机构及监管部门均具有重要意义。

本文通过纵向梳理私募基金的立法及监管体系，从司法实践、自律监管的角度，对私募基金的认定进行了简要分析，供讨论参考。

（本主撰写于2018年8月22日，修改于2020年3月）

新三板转板上市法律问题研究

林　祯　刘瑞广

自党的十八大《坚定不移沿着中国特色社会主义道路前进　为全面建成小康社会而奋斗》报告提出要深化金融体制改革、加快发展多层次资本市场以来，国务院、中国证券监督管理委员会（以下简称中国证监会）多次发文或颁布相应的业务细则不断完善多层次资产市场体系建设。然而，该体系的发展不仅应着眼于各板块内部发行、交易、监管审核细则的出台，更为重要且必要的应是打破多层次资本市场间的藩篱、引入优胜劣汰的转板机制、促进市场资金的自由流动。只有各层次市场间定位明确，并且相互连接，才能形成多层次资本市场之间相互补充促进、相互连通协调的良性互动机制，加大对经济发展的支持力度。

2020年6月3日，中国证监会发布的《关于全国中小企业股份转让系统挂牌公司转板上市的指导意见》（中国证券监督管理委员会公告〔2020〕29号，以下简称《指导意见》）即是对上述体系建设要求的呼应。

一、新三板转板机制的发展历程与尘埃落定

1. 2013年12月13日，国务院《关于全国中小企业股份转让系统有关问题的决定》明确，"在全国股份转让系统挂牌的公司，达到股票上市条件的，可以直接向证券交易所申请上市交易"。

2. 2014年全国"两会"期间，中国证监会相关人员表示，达到上市条件的新三板挂牌公司，即可向证券交易所申请上市，上市过程中只要不涉及发行新股，就不需要经过中国证监会的前置行政许可；新三板公司转板到交易所上市没有法律障碍。同年5月9日，国务院印发《关于进一步促进资本市场健康发展的若干意见》明确要"逐步形成公司进退有序、市场转板顺畅的良性循环机制"。5月19日，中国证监会主席就资本市场改革发展提出11条要求时表示，"研究在创业板建立单独层次，支持尚未盈利的互联网和高新技术企业在新三板挂牌一年后到创业板上

市”。同年9月和10月,中国证监会再次对上述内容予以说明,并表示力争尽快推出转板机制。

3. 2015年全国“两会”时,时任中国证监会主席肖钢就曾表示,多层次市场间的转板机制将是中国证监会当年改革重点工作之一。但当年的新三板业务培训会明确表示,“短期内无法实现直接转板,还是需要中国证监会审核”。

4. 2015~2019年,新三板转板被不时地提出,但均未能如期落地。

5. 2019年至今的资本市场深化改革,持续为转板上市奠定基础。为解决贸然转板可能引起的投机套利,在新《证券法》即将实施前后,监管机构自2019年11月至2020年3月持续发布《非上市公众公司监督管理办法》《非上市公众公司信息披露管理办法》和6项配套规则[即全国中小企业股份转让系统《股票向不特定合格投资者公开发行并在精选层挂牌规则(试行)》《股票定向发行规则》《分层管理办法》《挂牌公司信息披露规则》《挂牌公司治理规则》《股票交易规则》]以及这些规则对应的业务细则、指引和指南,涵盖股票公开发行、股票定向发行、市场分层管理、股票交易、投资者适当性和公司监管六方面,与中国证监会系列规章、规范性文件共同构成了新三板改革的制度体系,为新三板转板机制打下坚实的基础。

6. 2020年转板机制的实质性推进。在上述法律法规及规范性文件的基础上,中国证监会顺势于2020年6月3日发布《指导意见》,实践中将着力加强多层次资本市场体系互联互通的有机联系,不断优化符合投资者和融资者需求的良好市场生态以及持续改进精准服务挂牌/上市企业的功能。

二、关于转板上市意见主要内容之简要分析

《指导意见》从基本原则、主要制度安排、监管安排三方面对转板上市事宜予以原则性的规定。在此之前,较多已挂牌公司因未达到预期挂牌目的而纷纷选择摘牌离场。鉴于目前挂牌公司仍存在较为强烈的转板上市需求,笔者特就《指导意见》中的相关内容予以简要分析。

(一)关于转板上市与直接IPO的比较

对有关转板上市与直接IPO的比较见表3-5-1。

表 3-5-1 转板上市与直接 IPO 比较分析

序号	要素	转板上市	直接首次公开募股(Initial Public Offering,IPO)	关于转板上市的简要分析
1	上市对象	精选层挂牌公司,且在精选层连续挂牌一年以上	股份有限公司	挂牌公司须进行公开发行(中国证监会核准)、符合相应精选层挂牌条件,并运行满一年,前期时间成本较高
2	上市板块	科创板、创业板	主板、科创板、创业板、中小板	鉴于试点转入板块的特殊定位,转板公司宜具有一定的科技属性
3	上市条件	与科创板、创业板 IPO 标准保持基本一致,交易所可提差异化要求	明确的上市条件	详见下文分析
4	审核制度	由交易所审核决定,但前期股票公开发行并进入精选层时应由中国证监会核准	科创板实行注册制,创业板注册制试点或加速,其他板块依然为核准制	1. 发行及上市属于独立的两个环节,进入精选层时已公开发行,故转板上市时仅涉及交易所审核环节 2. 深圳证券交易所人事变动,创业板试点注册制或提速 3. 注册制下转板上市的必要性详见下文分析
5	股份限售安排	限售期原则上可扣减在精选层已限售的时间,同时交易所可对上市公司的控股股东、实际控制人、董事、监事、高级管理人员等所持股份的限售期作出规定	遵守法律法规及交易所的规则	精选层挂牌公司的控股股东、实际控制人及其亲属以及发行前直接持有 10% 以上股份的股东等的锁定期为 12 个月,高级管理人员、核心员工参与战略配售的锁定期为 12 个月,其他投资者参与战略配售的锁定期为 6 个月。股份限售期的缩减,有利于转板公司的相应人员自主选择合适的时点设计减持方案

（二）转板上市的必要条件

在挂牌公司审慎评估后，若拟享受该项转板上市政策，则须满足以下条件：

1. 成为创新层挂牌公司，并在全国股转系统连续挂牌满12个月

创新层基本条件要求详见《全国中小企业股份转让系统分层管理办法》第11～14条。此处12个月自挂牌之日起计算，而非自进入创新层之日起，故已入选或可入选创新层的挂牌公司如已挂牌满一年，可直接评估是否符合精选层标准并着手辅导备案工作。如基础层挂牌公司浙伏医疗（837891）已向浙江证监局提交了向不特定合格投资者公开发行股票并在精选层挂牌辅导备案登记材料且已公示。

2. 公开发行股票、符合入层四套标准之一并在精选层连续挂牌一年以上

公开发行条件、进入精选层的四套标准等要求可见《非上市公众公司监督管理办法》第55条、《全国中小企业股份转让系统分层管理办法》第15～17条、《全国中小企业股份转让系统精选层挂牌审查问答（一）》以及国浩律师事务所《非上市公众公司监督管理办法和信息披露办法及配套六大监管规则要点解读》。在公开发行条件方面，监管部门秉着"不增设条件、不设置财务门槛、可尚未盈利"的原则制定相应条款，以与新《证券法》相匹配。

3. 符合科创板或创业板的上市条件

根据《指导意见》的规定，"挂牌公司转板上市的，应当符合转入板块的上市条件。转板上市条件应当与首次公开发行并上市的条件保持基本一致，交易所可根据监管需要提出差异化要求"。

在IPO过程中，发行与上市是不同的两个独立环节，发行一般由中国证监会核准或注册，上市由交易所审核决定。《指导意见》亦有类似精神，其明确转板上市仅为上市板块的变更，不涉及股票公开发行，故无须中国证监会核准。根据上述规定并结合《证券法》、新三板精选层业务规则及本次转板上市的相关内容，笔者理解此处"首次公开发行并上市的条件"指的是应同时符合发行条件和上市条件，而非仅指交易所上市规则中的上市条件。有鉴于此，仍需提醒拟上市公司的是，进入精选层前的公开发行和挂牌条件及其审核口径更具包容性，若在获得中国证监会核准公开发行前未能按照直接IPO的标准规范的，在获得中国证监会核准后、转板上市前仍需按照《科创板首次公开发行股票注册管理办法（试行）》《首次公开发行股票并在创业板上市管理办法》《上海证券交易所科创板股票上市规则》《深圳证券交易所创业板股票上市规则》等规定不断完善。具体上市条件等内容亦可见国浩律师事务所《科创板相关配套规则要点解读》。

4. 满足交易所的差异化要求

交易所可以根据需要，在上市条件中对股东人数、持股比例、市值及流动性等提出要求，但这一差异化要求尚无具体细则标准可依。笔者认为，相应审核口径应予以细化确定，以便给予拟上市公司合理的预期评估转板上市及直接IPO的可行性。

（三）注册制下转板上市的必要性

在现行系列规定下，新三板转板上市须经历的程序、应具备的条件与直接A股IPO主要存在如下区别与联系：

1. 审核程序逐渐趋同，但仍有差异

(1)科创板、创业板（交易所审核+中国证监会注册）

根据新《证券法》的规定并结合科创板、创业板的相关制度，在注册制下，证券交易所负责审核公开发行证券申请，判断发行人是否符合发行上市条件、信息披露要求、中介机构发表的意见是否明确完整等，审核通过后由中国证监会审查并作出是否同意注册的决定。交易所审核阶段，主要由问询、现场检查、上市委员会审议，科技咨询委员会/专家咨询委员会可提供专业咨询意见；中国证监会核查时，亦可提及反馈意见，但审核时间极大缩减。

(2)转板上市（股转公司审核+中国证监会核准+交易所审核）

第一，“股转公司审核+中国证监会核准”主要在转板上市前，挂牌公司公开发行股票并进入精选层时适用。根据《全国中小企业股份转让系统股票向不特定合格投资者公开发行并在精选层挂牌业务指南1号——申报与审查》的规定，新三板转板上市前进入精选层时的公开发行由股转公司问询并结合挂牌委员会的审议意见出具自律监管意见等；股转公司审查通过的，将向中国证监会报送公开发行申请文件，并由中国证监会负责核准，中国证监会有权在核准期间向申请人出具反馈意见函。虽然仍属于“核准”，但根据该规定，中国证监会在此阶段的功能被缩减，未规定A股核准制下的其他审核程序，包括初审会、发审会审议等，而将部分事项下放至由股转公司先行自律监管。此外，新《证券法》已删除关于设置发行审核委员会审核股票发行申请的条款。

第二，交易所审核阶段将由拟转板块的交易所自行根据其相关规则进行审核，在注册制下与前文程序差异不大，但无须再由中国证监会审查作出是否同意注册的决定。

上述转板上市审核程序已逐渐与注册制下审核程序趋同，但仍有差异。在环节的增加、不同市场及监管机构间的衔接等制度尚未落地的情况下，转板上市政策亦存在低于市场预期的可能性。

2. 发行上市条件均需满足，但是否被摊薄股份存在差异

如上文所述，新三板转板上市的，挂牌公司在满足公开发行条件后还应符合首次公开发行股票并上市条件，不再赘述。

同时因转板上市不涉及公开发行新股环节，不再被摊薄股份，而前期入选精选层时的公开发行，要求公众股东持股比例不低于25%（股本超过4亿元的为10%），但此处的"公众股东"与A股市场存在差异。根据《全国中小企业股份转让系统分层管理办法》，公众股东是指除以下股东之外的挂牌公司股东：(1)持有公司10%以上股份的股东及其一致行动人；(2)公司董事、监事、高级管理人员及其关系密切的家庭成员，公司董事、监事、高级管理人员直接或间接控制的法人或者其他组织。关系密切的家庭成员，包括配偶、子女及其配偶、父母及配偶的父母、兄弟姐妹及其配偶、配偶的兄弟姐妹、子女配偶的父母。亦即，新三板精选层的公众股东可包含公开发行前的部分股东，其持股比例可计入公众股东持股比。该点与直接A股IPO中要求公开发行股份达到股份总数的25%（股本总额超过4亿元的比例为10%）存在差异（注册制下的创业板IPO除外）。

科创板已在其上市规则中明确上市条件之一，即为"公开发行的股份达到公司股份总数的25%以上；公司股本总额超过四亿元的，公开发行股份的比例为10%以上"，拟转板上市的公司仍存在被要求扩大新股发行比例的可能性，须提前在公开发行时满足相关条件，该点尚待股转公司与交易所协调明确。

3. 期待转板上市其他政策利好的情况下可两手准备

(1)政策上仍有留白

目前《指导意见》属于比较原则性的规定，其配套的转板上市细则尚待监管部门研究确定。其中最受关注的莫过于转板程序，以及挂牌公司是否需要与其他直接申报科创板IPO的公司同步排队或与其他申报创业板IPO的企业之审核机关不同应如何衔接等。若精选层挂牌公司在挂牌期间及时、真实、准确、完整地履行了信息披露义务，其选择转板上市时是否可被给予一定的便利优势。正如本次《指导意见》的精神，这种优势不应体现在降低上市条件上，否则极易造成投资套利，引起资本市场的混乱。则该种优势是否可体现在程序简化上？

(2)在期待政策利好的情况下，实践中可两手准备

针对具体板块而言，鉴于科创板与创业板均已实行注册制，在现有转板上市审核程序与科创板、创业板差异不大，且挂牌公司仍应满足科创板、创业板IPO的发行及上市条件的情况下，则拟上市公司股东可分别从上市时间成本及解限售规则

上考量自己的需求以作出判断。

通过对比《首发业务若干问题解答》《上海证券交易所科创板股票发行上市审核问答》《深圳证券交易所创业板股票首次公开发行上市审核问答》《全国中小企业股份转让系统精选层挂牌审查问答(一)》的规定,挂牌公司在公开发行并于精选层挂牌时须由中国证监会核准,但其审核标准及监管口径相对其他板块而言更具包容性。故在以较低标准通过中国证监会核准后,拟转板公司尚有时间不断按照上市条件予以规范,并享受交易所审核的类注册制利好。

此外,根据深圳、陕西、河北等地证监局于2020年2月、3月陆续发布的《关于开展辖区挂牌公司公开发行辅导(备案及)验收工作的通知》,对已在证监局IPO辅导备案的挂牌公司,保荐机构仅需向证监局提交书面说明变更为公开发行并在精选层挂牌之辅导备案,无须重新申请;对已在证监局完成IPO辅导验收的挂牌公司,保荐机构可直接申报,无须重新辅导验收;同时确认公开发行的辅导备案及验收工作参照相应证监局《拟上市公司辅导备案工作指引》执行。上述政策已有案例,如挂牌公司球冠电缆(证券代码:834682)2020年3月5日公告称,公司已将首次公开发行股票并上市辅导备案变更为向不特定合格投资者公开发行股票并在精选层挂牌的辅导备案。故根据这些规定及实践操作要求,挂牌公司可积极规范并申请辅导备案,做好转板上市和直接IPO的两手准备。

(本文主要内容撰写于2020年3月,并根据《指导意见》进行完善)

上市公司分拆子公司境内上市的监管

林　祯　刘瑞广　叶柏村

2019年8月23日,中国证券监督管理委员会(以下简称证监会)发布《上市公司分拆所属子公司境内上市试点若干规定(征求意见稿)》(以下简称《征求意见稿》)。历时约4个月,2019年12月13日,中国证监会正式发布《上市公司分拆所属子公司境内上市试点若干规定》(以下简称《若干规定》)。

经本所律师研究发现,证监会对分拆上市的关注重点与首次公开募股(Initial Public Offering,IPO)关注重点存在很大程度的重合,公司可按照IPO标准不断规范。本次《若干规定》实施后,分拆上市的适用范围、实质条件和监管重点主要如下。

一、本次分拆上市规定的适用范围

经对比,《若干规定》规定的适用范围比《征求意见稿》更加明晰,但实质内容未变化。

1. 分拆主体——境内上市公司。

2. 目的市场——扩大至整个境内证券市场,而不再局限于科创板。

3. 上市主体——上市公司的控股子公司,不包含其参股公司。故不满足《若干规定》分拆上市条件的上市公司,可继续通过转让股权或股东权益委托等方式变相分拆上市。

4. 上市形式——IPO或重组上市。

二、分拆上市须满足的实质性条件

根据《若干规定》的规定,分拆上市有七项实质性条件。

（一）上市公司股票境内上市已满3年。（"变化"）

［解读］

1. 在《征求意见稿》基础上增加了"境内"描述，明确了《若干规定》的适用主体。

2. 此项规定主要借鉴境外证券市场关于分拆上市的规定，意在避免立即分拆上市对上市公司带来不利影响、侵害股东利益；同时也减少不间断纵向分拆的可能性。

3. 此处3年指36个月。

（二）上市公司最近3个会计年度连续盈利，且最近3个会计年度扣除按权益享有的拟分拆所属子公司的净利润后，归属上市公司股东的净利润累计不低于6亿元人民币（净利润以扣除非经常性损益前后孰低值计算）。（"重大变化"）

［解读］

1. 本条为核心条款，是划定分拆上市门槛的重要规定。《征求意见稿》规定净利润为10亿元，延续了中国证监会一贯的严格控制分拆上市的监管思路，本次《若干规定》综合各方意见后降至6亿元，进一步发挥分拆的工具作用。

2.《若干规定》依旧未对上市公司设置市值的要求。

3. 对净利润的要求亦意在保持母公司的独立上市地位，减少造壳、炒壳机会。

（三）上市公司最近1个会计年度合并报表中按权益享有的拟分拆所属子公司的净利润不得超过归属于上市公司股东的净利润的50%；上市公司最近1个会计年度合并报表中按权益享有的拟分拆所属子公司净资产不得超过归属于上市公司股东的净资产的30%。（"变化"）

［解读］

1. 在《征求意见稿》基础上，将"合并报表净利润/净资产"修改为"归属于上市公司股东的净利润/净资产"，更加准确。

2. 与第二项条件结合，意在保持母公司的独立上市地位，减少造壳、炒壳的机会。

3. 子公司的净利润和净资产指标均以最近1个会计年度计算，不同于对上市公司最近3个会计年度净利润数据的要求。

（四）上市公司不存在资金、资产被控股股东、实际控制人及其关联方占用的情形，或其他损害公司利益的重大关联交易。上市公司及其控股股东、实际控制人最近36个月内未受到过中国证监会的行政处罚；上市公司及其控股股东、实际控制人最近12个月内未受到过证券交易所的公开谴责。上市公司最近一年及一期财务会计报告被注册会计师出具无保留意见审计报告。(“未变化”)

[解读]

1. 本条款内容系上市公司再融资时的常规要求,但适用的主体略有不同。

2. 与上市公司再融资时的要求相比,本条款未包含尚未完结及已完结的刑事犯罪、正被中国证监会立案调查的情形等。

(五)上市公司最近3个会计年度内发行股份及募集资金投向的业务和资产,不得作为拟分拆所属子公司的主要业务和资产,但拟分拆所属子公司最近3个会计年度使用募集资金合计不超过其净资产10%的除外;上市公司最近3个会计年度内通过重大资产重组购买的业务和资产,不得作为拟分拆所属子公司的主要业务和资产。所属子公司主要从事金融业务的,上市公司不得分拆该子公司上市。(“重大变化”)

[解读]

1. 针对募投项目,《若干规定》增加了除外条款,以免过分因子公司使用较少募集资金被排除在分拆上市范围外,同时也属于在《征求意见稿》基础上对“不得作为拟分拆所属子公司的‘主要’业务和资产”的进一步量化。

2. 与67号文及保代培训内容相比,本条规定增加了关于重大资产重组的内容,避免上市公司母公司享受上市红利后短期内继续分拆抢占市场资源而影响其他实体公司的发展。同时也增加了从事金融业务的上市公司不得分拆上市的规定,体现对金融行业一贯的谨慎监管。并且这两方面延续了《征求意见稿》的内容,未增加除外条款或予以进一步量化。

3. 募投项目和通过重大资产重组购买的业务、资产在3个会计年度后可以拆出。

(六)上市公司董事、高级管理人员及其关联方持有拟分拆所属子公司的股份,合计不得超过所属子公司分拆上市前总股本的10%;上市公司拟分拆所属子公司董事、高级管理人员及其关联方持有拟分拆所属子公司的股份,合计不得超过所属子公司分拆上市前总股本的30%。(“重大变化”)

[解读]

1.《若干规定》在《征求意见稿》基础上将子公司董事、高级管理人员的持股比例由10%调整为30%。中国证监会在综合考虑各方意见后,在减少利益输送以及盲目拆分上市为高级管理人员致富谋利的风险上,提升了对存在业务转型需求或存在可在科创板上市的新业务、新板块的子公司董事、高级管理人员主观能动性及发挥股权激励工具作用的关注。

2. 本条在《征求意见稿》基础上增加“合计”表述，对持股比例予以明确；同时修改“关联人员”为“关联方”，以与主要上市规则中的术语保持一致，避免对定义和范围的重复界定。

3. 限制持股主体包含上市公司和子公司的董事、高级管理人员，但不包括监事。

4. 未规定董事、高级管理人员的任职时间要求，若拟持股比例超出规定的，原则上可通过辞职予以解决。

5. 非董事、高级管理人员的普通员工不在受限范围。

（七）上市公司应当充分披露并说明：本次分拆有利于上市公司突出主业、增强独立性。本次分拆后，上市公司与拟分拆所属子公司均符合中国证监会、证券交易所关于同业竞争、关联交易的监管要求，且资产、财务、机构方面相互独立，高级管理人员、财务人员不存在交叉任职，独立性方面不存在其他严重缺陷。（“变化”）

[解读]

1. 本条款要求的同业竞争、关联交易、独立性问题是证监会历来关注的重点。《若干规定》在《征求意见稿》基础上修改了关于同业竞争的表述以适应不同板块安排，同时增加了对关联交易的规范，并扩大要求上市公司的独立性亦不存在严重缺陷。

2. 虽业务独立未与其他独立性并列规定，但鉴于兜底要求“独立性方面不存在其他严重缺陷”，故业务独立仍应规范。

3. 人员独立性的要求进一步扩大，高级管理人员亦不得交叉担任董事、监事职务。

三、分拆上市须满足的其他程序性规定

除上述实质性条件外，比较值得关注的内容则是《若干规定》在《征求意见稿》基础上明确了聘请律师事务所、会计师事务所的要求。本次明确，主要是对上市公司分拆与上市公司重大资产重组进行衔接，确认“上市公司分拆的，应当聘请独立财务顾问、律师事务所、具有相关证券业务资格的会计师事务所等证券服务机构就分拆事项出具意见”。

在此之前，根据《征求意见稿》的规定，上市公司分拆的，应当聘请证券公司担任财务顾问履行出具核查意见和持续督导的责任，未明确要求其他中介机构参与。但同时又规定应当参照中国证监会、证券交易所关于上市公司重大资产重组的有关规定充分履行信息披露义务。上市公司分拆，自上市公司角度而言不一定构成

重大资产重组；若构成，是否仍需完全按照重大资产重组的标准聘请独立财务顾问、律师事务所以及会计师事务所等机构出具意见并不明确。

此外，关于“分拆事项多数决，董事、高级管理人员持股事项半数决”的事项本次未予变更，仍值得讨论。

（本文撰写于2019年12月）

附：《征求意见稿》与《若干规定》规定的对比表

《征求意见稿》条款	《若干规定》条款
一、上市公司分拆的条件 本规定所称上市公司分拆，是指上市公司将部分业务或资产，以其直接或间接控制的子公司（以下简称所属子公司）的形式，在境内证券市场首次公开发行股票上市或实现重组上市的行为。上市公司分拆原则上应当同时满足以下条件： （一）上市公司股票上市已满3年。 （二）上市公司最近3个会计年度连续盈利，且最近3个会计年度扣除按权益享有的拟分拆所属子公司的净利润后，归属上市公司股东的净利润累计不低于10亿元人民币（净利润以扣除非经常性损益前后孰低值计算）。 （三）上市公司最近1个会计年度合并报表中按权益享有的拟分拆所属子公司的净利润不得超过上市公司合并报表净利润的50%；上市公司最近1个会计年度合并报表中按权益享有的拟分拆所属子公司净资产不得超过上市公司合并报表净资产的30%。 （四）上市公司不存在资金、资产被控股股东、实际控制人及其关联方占用的情形，或其他损害公司利益的重大关联交易。上市公司及其控股股东、实际控制人最近36个月内未受到过中国证监会的行政处罚；上市公司及其控股股东、实际控制人最近12个月内未受到过证券交易所的公开谴责。上市公司最近一年及一期财务会计报告被注册会计师出具无保留意见审计报告。 （五）上市公司最近3个会计年度内发行股份及募集资金投向的业务和资产、最近	一、上市公司分拆的条件 本规定所称上市公司分拆，是指上市公司将部分业务或资产，以其直接或间接控制的子公司（以下简称所属子公司）的形式，在境内证券市场首次公开发行股票上市或实现重组上市的行为。上市公司分拆原则上应当同时满足以下条件： （一）上市公司股票境内上市已满3年。 （二）上市公司最近3个会计年度连续盈利，且最近3个会计年度扣除按权益享有的拟分拆所属子公司的净利润后，归属于上市公司股东的净利润累计不低于6亿元人民币（本规定所称净利润以扣除非经常性损益前后孰低值计算）。 （三）上市公司最近1个会计年度合并报表中按权益享有的拟分拆所属子公司的净利润不得超过归属于上市公司股东的净利润的50%；上市公司最近1个会计年度合并报表中按权益享有的拟分拆所属子公司净资产不得超过归属于上市公司股东的净资产的30%。 （四）上市公司不存在资金、资产被控股股东、实际控制人及其关联方占用的情形，或其他损害公司利益的重大关联交易。上市公司及其控股股东、实际控制人最近36个月内未受到过中国证监会的行政处罚；上市公司及其控股股东、实际控制人最近12个月内未受到过证券交易所的公开谴责。上市公司最近一年及一期财务会计报告被注册会计师出具无保留意见审计报告。

续表

《征求意见稿》条款	《若干规定》条款
3个会计年度内通过重大资产重组购买的业务和资产,不得作为拟分拆所属子公司的主要业务和资产。所属子公司主要从事金融业务的,上市公司不得分拆该子公司上市。 (六)上市公司及拟分拆所属子公司董事、高级管理人员及其关联人员持有所属子公司的股份,不得超过所属子公司分拆上市前总股本的10%。 (七)上市公司应当充分披露并说明:本次分拆有利于上市公司突出主业、增强独立性;上市公司与拟分拆所属子公司不存在同业竞争,且资产、财务、机构方面相互独立,高级管理人员、财务人员不存在交叉任职;拟分拆所属子公司在独立性方面不存在其他严重缺陷	(五)上市公司最近3个会计年度内发行股份及募集资金投向的业务和资产,不得作为拟分拆所属子公司的主要业务和资产,但拟分拆所属子公司最近3个会计年度使用募集资金合计不超过其净资产10%的除外;上市公司最近3个会计年度内通过重大资产重组购买的业务和资产,不得作为拟分拆所属子公司的主要业务和资产。所属子公司主要从事金融业务的,上市公司不得分拆该子公司上市。 (六)上市公司董事、高级管理人员及其关联方持有拟分拆所属子公司的股份,合计不得超过所属子公司分拆上市前总股本的10%;上市公司拟分拆所属子公司董事、高级管理人员及其关联方持有拟分拆所属子公司的股份,合计不得超过所属子公司分拆上市前总股本的30%。 (七)上市公司应当充分披露并说明:本次分拆有利于上市公司突出主业、增强独立性。本次分拆后,上市公司与拟分拆所属子公司均符合中国证监会、证券交易所关于同业竞争、关联交易的监管要求,且资产、财务、机构方面相互独立,高级管理人员、财务人员不存在交叉任职,独立性方面不存在其他严重缺陷
二、上市公司分拆的信息披露和决策程序要求 (一)严格履行信息披露义务。上市公司分拆,应当参照中国证监会、证券交易所关于上市公司重大资产重组的有关规定,充分披露对投资者决策和上市公司证券及其衍生品种交易价格可能产生较大影响的所有信息。 (二)充分披露分拆的影响、提示风险。上市公司应当根据中国证监会、证券交易所的规定,披露分拆的目的、必要性、可行性;分拆对各方股东特别是中小股东、债权人和其他利益相关方的影响;分拆预计和实际的进展过程、各阶段可能面临的相关风险,以及应对风险的具体措施、方案等。 (三)董事会应切实履职尽责。董事会	二、上市公司分拆的信息披露和决策程序要求 (一)严格履行信息披露义务。上市公司分拆,应当参照中国证监会、证券交易所关于上市公司重大资产重组的有关规定,充分披露对投资者决策和上市公司证券及其衍生品种交易价格可能产生较大影响的所有信息。 (二)充分披露分拆的影响、提示风险。上市公司应当根据中国证监会、证券交易所的规定,披露分拆的目的、商业合理性、必要性、可行性;分拆对各方股东特别是中小股东、债权人和其他利益相关方的影响;分拆预计和实际的进展过程、各阶段可能面临的相关风险,以及应对风险的具体措施、方案等。

续表

《征求意见稿》条款	《若干规定》条款
应当就所属子公司分拆是否符合相关法律法规和本规定、是否有利于维护股东和债权人合法权益,上市公司分拆后能否保持独立性及持续经营能力,分拆形成的新公司是否具备相应的规范运作能力等做出决议。 (四)股东大会应逐项审议分拆事项。股东大会应当就董事会提案中有关所属子公司分拆是否有利于维护股东和债权人合法权益、上市公司分拆后能否保持独立性及持续经营能力等进行逐项审议并表决。 (五)严格执行股东大会表决程序。上市公司股东大会就分拆事项作出决议,须经出席会议的股东所持表决权的三分之二以上通过,且经出席会议的中小股东所持表决权的三分之二以上通过。上市公司董事、高级管理人员在拟分拆所属子公司安排持股计划的,该事项应当由独立董事发表专项意见,作为独立议案提交股东大会表决,并须经出席股东大会的中小股东所持表决权的半数以上通过。 (六)聘请财务顾问审慎核查、持续督导。上市公司分拆的,应当聘请具有保荐机构资格的证券公司担任财务顾问履行以下职责: 一是对上市公司分拆是否符合本规定、上市公司披露的相关信息是否存在虚假记载、误导性陈述或者重大遗漏等,进行尽职调查、审慎核查,出具核查意见,并予以公告; 二是在所属子公司在境内上市当年剩余时间及其后一个完整会计年度,持续督导上市公司维持独立上市地位,并承担下列工作: 1. 持续关注上市公司核心资产与业务的独立经营状况、持续经营能力等情况; 2. 针对所属子公司发生的对上市公司权益有重要影响的资产、财务状况变化,以及其他可能对上市公司股票价格产生较大影响的重要信息,督导上市公司依法履行信息披露义务; 3. 持续督导工作结束后,自上市公司年报披露之日起10个工作日内出具持续督导意见,并予以公告	(三)董事会应切实履职尽责。董事会应当就所属子公司分拆是否符合相关法律法规和本规定、是否有利于维护股东和债权人合法权益,上市公司分拆后能否保持独立性及持续经营能力,分拆形成的新公司是否具备相应的规范运作能力等做出决议。 (四)股东大会应逐项审议分拆事项。股东大会应当就董事会提案中有关所属子公司分拆是否有利于维护股东和债权人合法权益、上市公司分拆后能否保持独立性及持续经营能力等进行逐项审议并表决。 (五)严格执行股东大会表决程序。上市公司股东大会就分拆事项作出决议,须经出席会议的股东所持表决权的三分之二以上通过,且经出席会议的中小股东所持表决权的三分之二以上通过。上市公司董事、高级管理人员在拟分拆所属子公司安排持股计划的,该事项应当由独立董事发表专项意见,作为独立议案提交股东大会表决,并须经出席股东大会的中小股东所持表决权的半数以上通过。 (六)聘请财务顾问审慎核查、持续督导。上市公司分拆的,应当聘请独立财务顾问、律师事务所、具有相关证券业务资格的会计师事务所等证券服务机构就分拆事项出具意见。独立财务顾问应当具有保荐机构资格,履行以下职责: 一是对上市公司分拆是否符合本规定、上市公司披露的相关信息是否存在虚假记载、误导性陈述或者重大遗漏等,进行尽职调查、审慎核查,出具核查意见,并予以公告; 二是在所属子公司在境内上市当年剩余时间及其后一个完整会计年度,持续督导上市公司维持独立上市地位,并承担下列工作: 1. 持续关注上市公司核心资产与业务的独立经营状况、持续经营能力等情况; 2. 针对所属子公司发生的对上市公司权益有重要影响的资产、财务状况变化,以

续表

《征求意见稿》条款	《若干规定》条款
	及其他可能对上市公司股票价格产生较大影响的重要信息，督导上市公司依法履行信息披露义务； 3. 持续督导工作结束后，自上市公司年报披露之日起 10 个工作日内出具持续督导意见，并予以公告
三、加强对上市公司分拆的监管 （一）持续完善上市公司分拆配套制度 一是上市公司分拆，涉及首次公开发行股票并上市的，应当遵守中国证监会、证券交易所关于证券发行上市、保荐、承销等相关规定；涉及重组上市的，应当遵守中国证监会、证券交易所关于上市公司重大资产重组的规定。 二是证券交易所应当按照本规定确立的原则，逐步完善有关业务规则，依法依规严格监管，督促上市公司及相关各方履行信息披露义务。证券交易所、上市公司所在地证监局应当就上市公司是否符合本规定第一条规定的相关条件进行专项核查，并出具核查意见。 （二）依法追究违法违规行为的法律责任 上市公司及相关各方未按照本规定及其他相关规定披露分拆相关信息，或者所披露的信息存在虚假记载、误导性陈述或者重大遗漏的，中国证监会依照《证券法》第一百九十三条、《上市公司信息披露管理办法》等相关规定，对上市公司、有关机构及其相关责任人员依法采取监管措施、追究法律责任。对利用上市公司分拆从事内幕交易、操纵市场等证券违法行为的，中国证监会将依法严厉打击，严格追究相关主体法律责任。 本规定自公布之日起施行	三、加强对上市公司分拆的监管 （一）持续完善上市公司分拆配套制度 一是上市公司分拆，涉及首次公开发行股票并上市的，应当遵守中国证监会、证券交易所关于证券发行上市、保荐、承销等相关规定；涉及重组上市的，应当遵守中国证监会、证券交易所关于上市公司重大资产重组的规定。 二是证券交易所应当按照本规定确立的原则，逐步完善有关业务规则，依法依规严格监管，督促上市公司及相关各方履行信息披露义务。证券交易所、上市公司所在地证监局应当就上市公司是否符合本规定第一条规定的相关条件进行专项核查，并出具持续监管意见。 （二）依法追究违法违规行为的法律责任 上市公司及相关各方未按照本规定及其他相关规定披露分拆相关信息，或者所披露的信息存在虚假记载、误导性陈述或者重大遗漏的，中国证监会依照《证券法》第一百九十三条、《上市公司信息披露管理办法》等相关规定，对上市公司、有关机构及其相关责任人员依法采取监管措施、追究法律责任。对利用上市公司分拆从事内幕交易、操纵市场等证券违法行为的，中国证监会将依法严厉打击，严格追究相关主体法律责任。 本规定自公布之日起施行

中央企业混合所有制改革的规范

朱　峰　胡子豪

一、背景介绍

2013 年党的十八大《坚定不移沿着中国特色社会主义道路前进　为全面建成小康社会而奋斗》报告提出："要毫不动摇巩固和发展公有制经济，推行公有制多种实现形式，深化国有企业改革，完善各类国有资产管理体制，推动国有资本更多投向国家安全和国民经济命脉重要行业和关键领域，不断增强国有经济活力、控制力、影响力。"自此，国家对国有企业混合所有制改革（以下简称国企混改）的推动力度不断加大，国企混改相关的法律法规、政策文件也不断出台。

截至 2020 年 2 月底，我国已公布了三批国企混改企业的名单，前两批试点企业全部为央企，第三批试点既包括央企也包括地方国企，试点企业的主营业务主要集中在电力、石油、天然气、铁路、民航、电信、军工等七大领域，而国企混改企业的第四批名单也呼之欲出。此前对于国企混改的一些实操细则还散见于不同的法规、政策文件中，不利于实务操作的实施，有鉴于此，国务院国资委于 2019 年 10 月印发了《中央企业混合所有制改革操作指引》（以下简称《央企混改指引》），从操作流程、混资本、改机制、政策支持等多角度系统性地阐述了央企混改路径及要求，旨在为央企的混改实践提出较为明确的操作规范与指导。《央企混改指引》已正式生效。

二、《央企混改指引》深度解析

（一）对央企混改进行流程上的规范

《央企混改指引》将央企混改进行了六大操作流程的规范，这也是国资委首次以规章形式将央企混改的操作流程加以明确。《央企混改指引》指出，中央企业所属各级子企业实施混改，一般应履行以下基本操作流程：可行性研究、制订混改方案、履行决策审批程序、开展审计评估、引进非公有资本投资者、推进企业运营机制改革。以新设企业、对外投资并购、投资入股等方式实施混改的,履行中央企业投资管理有关程序。

1. 明确制订混改方案的相关问题

《央企混改指引》指出,拟混改企业应制订混合所有制改革方案,方案一般包括以下内容:企业基本情况,混改必要性和可行性分析,改革基本原则和思路,改革后企业股权结构设置,转变运营机制的主要举措,引进非公有资本的条件要求、方式、定价办法,员工激励计划,债权债务处置方案,职工安置方案,历史遗留问题解决方案,改革风险评估与防范措施,违反相关规定的追责措施,改革组织保障和进度安排等。

本条规定实质上是对2005年国资委发布的《关于进一步规范国有企业改制工作的实施意见》第1条规定的梳理与重申。[①] 在此基础上,《央企混改指引》还增加了员工激励计划、职工安置方案、历史遗留问题解决方案、违反相关规定的追责措施、改革组织保障和进度安排等方案具体内容的规定,这也体现了《央企混改指引》贴合实践需要的特性,对当前国企混改涉及的员工激励等热点内容的进一步规范。

此外,《央企混改指引》也对混改方案制订的过程提出了进一步的明确要求,特别强调了三大内容:(1)要求充分向非公有资本释放股权,尽可能使非公有资本能够派出董事或监事。(2)注重保障企业职工对混合所有制改革的知情权和参与权,涉及职工切身利益的要做好评估工作,职工安置方案应经职工大会或者职工代表大会审议通过,这也是国有企业保护职工利益的应有之义。(3)要求科学设计改革路径,用好用足国家相关税收优惠政策,降低改革成本。

2. 进一步细化央企改制决策审批程序

《央企混改指引》指出,混改方案制订后,中央企业应按照"三重一大"决策机制(重大事项决策、重要干部任免、重大项目投资决策、大额资金使用),履行企业内部决策程序。拟混改企业属于主业处于关系国家安全、国民经济命脉的重要行业和关键领域、主要承担重大专项任务子企业的,其混改方案由中央企业审核后报国资委批准,其中需报国务院批准的,由国资委按照有关法律、行政法规和国务院文件规定履行相应程序;拟混改企业属于其他功能定位子企业的,其混改方案由中央企业批准。

---

① 《关于进一步规范国有企业改制工作的实施意见》第1条规定:"改制方案的主要内容应包括:改制的目的及必要性,改制后企业的资产、业务、股权设置和产品开发、技术改造等;改制的具体形式;改制后形成的法人治理结构;企业的债权、债务落实情况;职工安置方案;改制的操作程序,财务审计、资产评估等中介机构和产权交易市场的选择等。"

该条规定是在2005年国资委发布的《关于进一步规范国有企业改制工作的实施意见》第1条第5款①的基础上进行了进一步的细化,《关于进一步规范国有企业改制工作的实施意见》第1条主要是针对国企改制中遇到涉及财政、劳动保障、社会公共管理等事项所需履行的不同审批程序。《央企混改指引》则在此基础上,细化了中央企业的子公司在混改过程中其混改方案需要进行的相关决策审批程序,比如属于主业处于关系国家安全、国民经济命脉的重要行业和关键领域、主要承担重大专项任务的子企业,混改方案由中央企业审核后报国资委批准。而对属于其他功能定位的子企业,混改方案由中央企业批准即可。

由此可见,《央企混改指引》在《关于进一步规范国有企业改制工作的实施意见》的基础上,对中央企业子公司改制的决策审批程序进行了细化,对相关企业混改的审批程序的操作指导更具实践性,符合当下国企混改大潮在实务操作中的实际需要。

3. 重申审计评估工作的必要性

《央企混改指引》指出,企业混改前如确有必要开展清产核资工作的,按照有关规定履行程序。拟混改企业的资产范围确定后,由企业或产权持有单位选聘具备相应资质的中介机构开展财务审计、资产评估工作,履行资产评估项目备案程序,以经备案的资产评估结果作为资产交易定价的参考依据。

一直以来,审计和评估工作都是混改的必备程序,清产核资却要视情况而定。《关于进一步规范国有企业改制工作的实施意见》第2条第3款指出,企业实施改制仅涉及引入非国有投资者少量投资,且企业已按照国家有关规定规范进行会计核算的,经本级国有资产监督管理机构批准,可不进行清产核资。《央企混改指引》对央企混改中清产核资程序的非必备性也进行了重申,认为"确有必要"进行清产核资的才进行。

对于审计和评估工作,《央企混改指引》一如既往地重视,也对审计、评估及资产评估项目备案程序进行了再次明确。对于资产评估及备案程序,早在2002年财

---

① 《关于进一步规范国有企业改制工作的实施意见》第1条第5款规定:"国有企业改制方案需按照《企业国有资产监督管理暂行条例》(国务院令第378号)和国务院国有资产监督管理委员会的有关规定履行决定或批准程序,否则不得实施改制。国有企业改制涉及财政、劳动保障等事项的,须预先报经同级人民政府有关部门审核,批准后报国有资产监督管理机构协调审批;涉及政府社会公共管理审批事项的,依照国家有关法律法规,报经政府有关部门审批;国有资产监督管理机构所出资企业改制为非国有企业(国有股不控股及不参股的企业),改制方案须报同级人民政府批准。"

政部发布的《国有资产评估管理若干问题的规定》第3条①中就有所规定，此次重申不是老生常谈，而是提示央企在混改过程中对重点问题要加强关注。

（二）"混资本"环节的操作指引

1. 对审计、评估机构资质的严格要求

审计、评估工作是"混资本"实施到位的前提，为了避免国有资产的流失，相关审计、评估工作必须审慎、细致地开展；而对于进行审计和评估工作的中介机构，《央企混改指引》也提出了相应的主体要求，详见表3-7-1。

表3-7-1 《央企混改指引》主体要求

对审计机构的要求	对评估机构的要求
（1）近两年内在企业财务审计中没有违法、违规记录； （2）未承担同一混合所有制改革项目的评估业务，与企业不存在经济利益关系	（1）采取差额竞争方式在本企业评估机构备选库内选聘评估机构； （2）近3年内没有违法、违规执业国有资产评估项目记录； （3）掌握企业及所在行业相关的法律法规、政策、经济行为特点和相关市场信息； （4）与混合所有制改革相关方无经济利益关系； （5）评估对象为企业股权的资产评估项目，由产权持有单位委托，其中涉及增资扩股事项的，可由产权持有单位和增资企业共同委托

由表3-7-1可知，《央企混改指引》对于评估机构的筛选标准规定得更加严格，不仅要从央企的评估机构备选库内选聘，还需要与混改的相关方均无利益关系。对于涉及企业股权或增资扩股事项的评估，其委托方更是被《央企混改指引》进一步地限制了，这也从侧面反映了《央企混改指引》对混资本交易定价公允性的重视，只有定价公允才能保护国有资产在混资本过程中不会流失。

此外，《央企混改指引》还对评估工作设置了重点关注事项：一是评估基准日选取应尽量接近混改的实施日期。如果期后发生对评估结果产生重大影响的事项，应调整评估基准日或评估结果。二是评估范围应与混改方案、决策文件、评估业务

① 《国有资产评估管理若干问题的规定》第3条规定："占有单位有下列行为之一的，应当对相关国有资产进行评估：（一）整体或部分改建为有限责任公司或者股份有限公司；（二）以非货币资产对外投资；（三）合并、分立、清算；（四）除上市公司以外的原股东股权比例变动；（五）除上市公司以外的整体或者部分产权（股权）转让；（六）资产转让、置换、拍卖；（七）整体资产或者部分资产租赁给非国有单位；（八）确定涉讼资产价值；（九）法律、行政法规规定的其他需要进行评估的事项。"

委托约定书等确定的范围一致。三是纳入评估的房产、土地、矿产资源等资产应当权属明晰、证照齐全。符合划拨用地条件的国有划拨土地使用权,经所在地县级以上人民政府批准可继续以划拨方式使用。四是涉及企业价值的资产评估项目,原则上应当采用两种以上评估方法。五是资产评估项目备案前,应当按照资产评估项目公示制度履行公示程序。这些重点关注事项均体现了《央企混改指引》从小处入手对央企混改工作进行实践指导的细微性,只有注重细节,才具备更强的实操性。

2. 进一步明确通过产权市场实施混改的相关规定

《央企混改指引》也进一步细分了通过产权交易市场和通过股票市场进行混改两种方式分别需要注意的规则要点。根据《央企混改指引》,通过产权市场实施混改,需要注意的主要有产权交易机构选择、信息披露时点、投资人遴选等问题。

《央企混改指引》指出,非上市企业通过产权转让、增资扩股方式实施混合所有制改革应按照《企业国有资产交易监督管理办法》(国资委、财政部令第 32 号)、《关于印发〈企业国有产权交易操作规则〉的通知》(国资发产权〔2009〕120 号)等有关规定,在国资委确定的可以从事相关业务的产权交易机构中公开进行。从事中央企业产权转让业务的机构有北京产权交易所、天津产权交易中心、上海联合产权交易所和重庆联合产权交易所,从事中央企业增资扩股业务的机构有北京产权交易所和上海联合产权交易所。目前几大交易所网站都已经专门推出了央企混改专区板块提供更好的针对性服务。

产权增资或转让交易的流程此前已经在《企业国有资产交易监督管理办法》中有详细的规定,故本次《央企混改指引》未就该部分内容进行重述。当然,《央企混改指引》也属于方向性的文件,对于很多细小的具体操作细节也并不会过多地涉及。相应地,国企混改产权交易中对于信息披露时点等问题此前也在《企业国有资产交易监督管理办法》中有了详细的规定,《央企混改指引》对相关问题也进行了重申。

此外,在投资人遴选环节,《央企混改指引》指出,拟混改企业要合理确定投资人的遴选方式。产权转让项目可采取拍卖、招投标、网络竞价等方式,增资扩股项目可采取竞价、竞争性谈判、综合评议等方式。投资人遴选过程中,对战略投资人主要关注与企业发展战略、经营目标、主营业务等方面的匹配和协同情况,对财务投资人主要关注资金实力和财务状况等。这是国资委首次对央企的战略投资人遴选进行大方向上的要求把关,《央企混改指引》特意将财务投资人与战略投资人两类投资人分开,分别提出了不同的要求,说明了在满足《企业国有资产交易监督管理办法》第14条[1]的基本前提下，还需要对投资人进行综合把关，避免对混改完成后企业的未来经营产生影响。

值得重点关注的是，《央企混改指引》首次明确了企业混改后继续保持国有控股地位的，企业增资和产权转让如同步进行则统一按照增资流程进行操作，产权转让价格和增资价格保持一致。这一规定对此前实务中的混乱起到了很好的引领作用。

3. 进一步明确通过股票市场实施混改的相关规定

《央企混改指引》也指明了央企通过股票市场实施混改的相关方式，包括发行证券、国有上市公司股份转让、国有股东与上市公司资产重组等。在发行证券方面，《央企混改指引》指明了“符合国家战略、拥有关键核心技术、科技创新能力突出、主要依靠核心技术开展生产经营、具有稳定商业模式、市场认可度高、社会形象良好、具有较强成长性的企业，可积极申请在科创板上市”，积极推动具备高新技术的央企在科创板上市，不仅有利于央企进行融资扩大生产经营，也有助于科创板的进一步发展壮大。

此外，《央企混改指引》也明确了央企通过股份转让、重大资产重组等方式实施混改时，其内部需要履行的决策与审批程序以及对外的部分基本流程。《央企混改指引》也特别强调：“通过股票市场实施混合所有制改革应做好信息披露工作，切实防控内幕交易，其中涉及的投资人遴选、商业秘密保护等事项按照‘通过产权市场实施混合所有制改革’中明确的原则操作。”可见，《央企混改指引》也比较重视对证券内幕交易等行为的防范，规范央企混改操作的同时，也不曾轻视证监会对证券市场有序发展的实际要求。

（三）“改机制”环节的操作指引

1. 对混改后企业公司治理和管控方式的指引

对“改机制”环节的相关指导性要求其实已经不是第一次提出了，2015年发布的中共中央、国务院《关于深化国有企业改革的指导意见》《关于国有企业发展混合所有制经济的意见》均对建立健全混合所有制企业治理机制、完善现代企业制度等内容提出了明确的指导性要求。

《央企混改指引》提出的改善混合所有制企业法人治理结构、企业管控方式、党的建设等内容不仅仅是对前述文件精神的重申，更是对目前实务中存在的一些现

---

① 《企业国有资产交易监督管理办法》第14条规定：“产权转让原则上不得针对受让方设置资格条件，确需设置的，不得有明确指向性或违反公平竞争原则，所设资格条件相关内容应当在信息披露前报同级国资监管机构备案，国资监管机构在5个工作日内未反馈意见的视为同意。”

象进行提醒,这样做也可以使民间资本对参与央企混改工作更有信心与期待。毕竟改善、完善公司治理,提高效率、效益是国企混改的目的之一。

此外,《央企混改指引》提出了对混改后的企业也要加强党的建设不放松,充分体现了在健全现代公司治理体系下,对于混改后的国有控股企业也要加强党的领导与建设,国企之所以为国企,不仅仅是因为国家对其出资,更多的还是要发挥国企中党的精神与力量,带动国有企业为了维护广大人民群众的利益而不断发展。

2. 对三项制度改革的指引

《央企混改指引》提出的三项制度改革分别是建立市场化选人用人机制、健全市场化用工制度、建立市场化薪酬分配机制。这三项制度改革分别对应中央企业中的管理人员、普通员工、关键岗位核心技术人员,分别对其用人体系、用工、薪酬体系再次进行了明确。

中共中央、国务院《关于深化国有企业改革的指导意见》第三部分"完善现代企业制度"下"(九)建立国有企业领导人员分类分层管理制度""(十)实行与社会主义市场经济相适应的企业薪酬分配制度"就曾对上述事项提出明确的意见,《央企混改指引》在重申相关精神的基础上,也重点指出了"统筹推进上市公司股权激励、科技型企业股权分红、员工持股等中长期激励措施"来增强企业员工的向心力与荣誉感。

3. 对激励与约束机制的指引

(1)员工持股计划

近年来,国有企业对员工持股计划与高级管理人员股权激励计划的实施热度不断上升,国有企业适度地进行激励措施有利于企业员工增加凝聚力与对企业的认同感。《央企混改指引》也对该部分内容进行了较为细致的规定,《央企混改指引》对国有控股企业实施员工持股计划提出的基本要求是:主业处于充分竞争行业和领域的商业类企业;股权结构合理,非公有资本股东所持股份应达到一定比例,公司董事会中有非公有资本股东推荐的董事;公司治理结构健全,建立市场化的劳动人事分配制度和业绩考核评价体系,形成管理人员能上能下、员工能进能出、收入能增能减的市场化机制,营业收入和利润90%以上来源于所在企业集团外部市场。员工持股总量原则上不高于公司总股本的30%,单一员工持股比例原则上不高于公司总股本的1%。

《央企混改指引》有关该部分的相关规定其实是对2016年《关于国有控股混合所有制企业开展员工持股试点的意见》部分条款内容的重申,这也从侧面反映出《央企混改指引》在国有控股企业实施员工持股计划的条件中,对公司资本结构、营业收入与利润来源、员工持股数量的重点关注。

(2)股权激励计划

相较于员工持股计划,股权激励计划牵涉的利益更加巨大,对于股权激励计划,《央企混改指引》也创设性地开放了部分指标。《央企混改指引》对股权激励计划的相应条款的推出是在《国有控股上市公司(境内)实施股权激励试行办法》第14条的内容上进行了大幅度的修改,相关对比情况见表3-7-2:

表3-7-2 《国有控股上市公司(境内)实施股权激励试行办法》与《央企混改指引》对比

《国有控股上市公司(境内)实施股权激励试行办法》	《央企混改指引》
在股权激励计划有效期内授予的股权总量,应结合上市公司股本规模的大小和股权激励对象的范围、股权激励水平等因素,在0.1%~10%之间合理确定。但上市公司全部有效的股权激励计划所涉及的标的股票总数累计不得超过公司股本总额的10%。 上市公司首次实施股权激励计划授予的股权数量原则上应控制在上市公司股本总额的1%以内。 在股权激励计划有效期内,高级管理人员个人股权激励预期收益水平,应控制在其薪酬总水平(含预期的期权或股权收益)的30%以内。高级管理人员薪酬总水平应参照国有资产监督管理机构或部门的原则规定,依据上市公司绩效考核与薪酬管理办法确定	中小市值上市公司及科技创新型上市公司,首次实施股权激励计划授予的权益数量占公司股本总额的比重,最高可以由1%上浮至3%。上市公司两个完整会计年度内累计授予的权益数量一般在公司总股本的3%以内,公司重大战略转型等特殊需要的可以适当放宽至总股本的5%以内。 股权激励对象实际获得的收益不再设置调控上限

此外,《央企混改指引》也指出,除主营业务整体上市公司外,国资委不再审核上市公司股权激励分期实施方案,上市公司依据股权激励计划制订的分期实施方案,国有控股股东应当在董事会审议决定前,报中央企业审核同意。这也对目前实务程序中模糊不清的部分作出明确性的指导。

(3)国有科技型企业股权和分红激励

对于国有科技型企业,《央企混改指引》单独将其激励措施与员工持股计划、股权激励计划等并行排列,足以证明国家对符合条件的国有科技型企业的科研骨干和关键人才的重视。《央企混改指引》指出,优先支持符合《"十三五"国家科技创新规划》战略布局和中央企业"十三五"科技创新重点研发方向,创新能力较强、成果技术水平较高、市场前景较好的企业或项目实施股权和分红激励。综合考虑职工岗位价值、实际贡献、承担风险和服务年限等因素,重点激励在自主创新和科技成果转化中发挥主要作用的关键核心技术、管理人员。科学选择激励方式,鼓励符合条件的企业优先开展岗位分红激励,科技成果转化和项目收支明确的企业可选择项目分红激励,在积累试点经验的基础上稳妥实施、逐步推进股权激励。

(4)相关支持政策的指引

《央企混改指引》明确提到了对于央企混改过程中涉及的税务、土地处置等问题的支持政策,对于混改过程中遇到的具体情形进行了一定的税务减免,涉及六项税种。

对于土地处置,《央企混改指引》也在国务院《关于促进企业兼并重组的意见》、国务院《关于进一步优化企业兼并重组市场环境的意见》、国务院《关于全民所有自然资源资产有偿使用制度改革的指导意见》等法规的基础上对部分问题进行了重申。

三、结语

混改具有较强的探索性和挑战性,涉及面广、政策性强、影响广泛、社会关注度高。在混改过程中,国有企业需要谨慎、小心地应对每一个环节可能产生或已经产生的问题,在此过程中,很多实务操作中的程序已经由法律法规或政策文件给予了相关的指导,但实践操作中的部分问题还未能够有统一的法律法规或政策性文件给予解答,《央企混改指引》的出台很好地改善了上述问题,进一步弥补了当前对于央企混改过程中法律法规引导性不足的瑕疵,而且也通过非常翔实、务实的规章条文,对未来央企混改的实践操作进行了既理论丰富又充满实践性的指导,既满足了当前央企混改工作推进中的现实需要,也符合广大央企、社会资本、广大职工的实际利益,是央企混改工作中的及时雨。国家为推进混改提供了重要的思想指导,也正一步步优化改革发展的环境,希望未来我国国有企业混改的道路能够越走越广阔,切实提升企业效益,维护国有资产利益,也为广大人民群众谋福祉。

(本文修订于2020年3月24日)

主板、创业板再融资新规解读

宋萍萍　姚妍韡

2020年2月14日，中国证券监督管理委员会（以下简称证监会）发布《关于修改〈上市公司证券发行管理办法〉的决定》（以下简称《主板再融资办法》）、《关于修改〈创业板上市公司证券发行管理暂行办法〉的决定》以及《关于修改〈上市公司非公开发行股票实施细则〉的决定》（以下简称《非公实施细则》），对《上市公司证券发行管理办法》、《创业板上市公司证券发行管理暂行办法》及《上市公司非公开发行股票实施细则》进行修改。2020年6月12日，为落实创业板注册制，证监会发布《创业板上市公司证券发行注册管理办法（试行）》（以下简称《创业板再融资办法》），对《创业板上市公司证券发行管理暂行办法》进行了进一步修订。

一、再融资新规修订的主要内容及解读

《主板再融资办法》涉及5条修订，《非公实施细则》涉及12条修订；其中《非公实施细则》对《主板再融资办法》《创业板再融资办法》中涉及的非公开发行股票相关规定进行了细化（《主板再融资办法》《创业板再融资办法》《非公实施细则》，以下统称《再融资新规》）。相比2017年2月再融资规定的修订，此次修订的主要大方向是减少再融资条件、放开监管、促进市场化，且修订内容不仅包括非公开发行股票，亦涉及其他再融资方式。2020年6月12日修订的《创业板再融资办法》则根据《中华人民共和国证券法》《国务院办公厅关于贯彻实施修订后的证券法有关工作的通知》《国务院办公厅转发证监会关于开展创新企业境内发行股票或存托凭证试点若干意见的通知》等规定，补充了证券发行注册制、存托凭证试点等内容。

（一）《非公实施细则》的制定依据

《上市公司非公开发行股票实施细则》（2017年修订）第1条规定，该实施细则的制定依据为《上市公司证券发行管理办法》；此次公布的《非公实施细则》第1条

规定,该办法的制定依据为《上市公司证券发行管理办法》《创业板上市公司证券发行管理暂行办法》即增加《创业板上市公司证券发行管理暂行办法》作为制定依据。据上,《非公实施细则》将作为《创业板上市公司证券发行管理暂行办法》的相关配套细则实施。2020 年 6 月 12 日的《创业板再融资办法》对《创业板上市公司证券发行管理暂行办法》进行了进一步修订。

(二)适用于所有再融资的修订

1. 主板、创业板再融资批复有效期从 6 个月延长至 12 个月

根据《再融资新规》,再融资批复/注册决定有效期从 6 个月延长至 12 个月;超过 12 个月未发行的,核准文件失效,须重新经证监会核准后方可发行。修订后的再融资批复有效期与重大资产重组配套融资批复有效期一致。

再融资批复/注册决定有效期的适当延长有助于上市公司在发行窗口期内选择发行时点和发行方法,给予上市公司更多的选择权,增加了上市公司、投资银行和投资人之间的博弈,进一步促进再融资的市场化。

2. 创业板再融资取消关于资产负债率的要求

《创业板上市公司证券发行管理暂行办法》(2014 年版)第 9 条规定,"上市公司发行证券,应当符合《证券法》规定的条件,并且符合以下规定:……(五)最近一期末资产负债率高于百分之四十五,但上市公司非公开发行股票的除外;……"《创业板再融资办法》将上述第 9 条第 5 项予以全部删除。

证监会取消创业板再融资项目中关于资产负债率的条件要求,以求降低创业板再融资的门槛,拓宽再融资覆盖面。

3. 创业板再融资取消前次募集资金基本使用完毕等要求

《创业板上市公司证券发行管理暂行办法》(2014 年版)第 11 条规定,"上市公司募集资金使用应当符合下列规定:(一)前次募集资金基本使用完毕,且使用进度和效果与披露情况基本一致;……"《创业板再融资办法》将上述第 11 条第 1 项的要求予以删除。

这意味着,创业板上市公司募集资金不再以前次募集资金使用完毕为前提。

4. 创业板再融资审核机构改为发行审核委员会

根据《创业板上市公司证券发行管理暂行办法》(2014 年版)规定,创业板发行证券的审核机构为创业板发行审核会;《创业板再融资办法》将审核规则修订为经深圳证券交易所发行上市审核并报中国证监会注册。

(三)适用于非公开发行股票的修订

1. 主板、创业板非公开发行股票发行对象上限增加至35名,完善产品数量的认定标准

根据《再融资新规》修订前的相关规定,主板(中小板)上市公司非公开发行股票发行对象不超过10名,创业板上市公司非公开发行股票发行对象不超过5名。此次公开的《再融资新规》统一将主板(中小板)、创业板上市公司非公开发行股票的发行对象调整为"不超过35名"。

《再融资新规》进一步明确,证券投资基金管理公司、证券公司、合格境外机构投资者、人民币合格境外机构投资者以其管理的二只以上产品认购的,视为一个发行对象。

本次新规放宽非公开发行股票认购对象的数量限制,有利于分散投资者风险、减轻投资人的资金压力,提升非公开发行股票项目的吸引力,便于上市公司通过再融资(特别是股权融资)做优做强。

2. 主板、创业板定价机制——发行底价从九折变更到八折

《再融资新规》调整非公开发行股票定价机制,将主板(中小板)、创业板上市公司非公开发行股票发行价格不得低于定价基准日前20个交易日公司股票均价的90%改为80%。

调整后的定价机制更加考验投资人的定价能力、与上市公司博弈的能力,使得非公开发行股票市场更加市场化。

3. 主板、创业板非公开发行股票锁定期减半并豁免减持规则

《再融资新规》修订前后对比情况见表3-8-1。

表3-8-1 修订前后对比

—	《再融资新规》	《再融资新规》修订前的规定
非公开发行的股份	6个月内不得转让	12个月内不得转让
控股股东、实际控制人及其控制的企业认购的股份	18个月内不得转让	36个月内不得转让
《非公实施细则》第7条规定的特殊情况	18个月内不得转让	—
关于是否适用《减持规则》	明确:按照新规通过的非公开发行股票,不适用《上市公司股东、董监高减持股份的若干规定》(以下简称《减持规则》)的有关规定	《再融资新规》修订前的再融资规定未明确非公开发行的股份是否适用《减持规则》的规定。但根据《减持规则》第2条的规定,上市公司股东减持其持有的上市公司非公开发行的股份的,适用《减持规则》规定中关于非公开发行股票的规定

《再融资新规》的该项修订意味着,投资者获得的非公开发行的股份最快可以在6个月锁定期届满后完成投资退出,提高投资者的积极性。

4. 主板、创业板非公开发行股票定价基准日——发行期首日为原则,三选一为例外并锁定18个月

(1)定价基准日历次修改情况

定价基准日是非公开发行股票项目的重点要素。《上市公司非公开发行股票实施细则》(2017年)(已失效)与《上市公司非公开发行股票实施细则》(2011年修订)(已失效)规定,定价基准日可以为董事会决议公告日、股东大会决议公告日或发行期的首日。在上述规定施行期内,董事会决议公告日、股东大会决议公告日最为常用。

《上市公司非公开发行股票实施细则》(2017年修订)(已失效)将定价基准日确定为发行期的首日,取消了董事会决议公告日及股东大会决议公告日两个选择项,当时被列为重大修改之一。

(2)本次关于定价基准日的修改

《非公实施细则》第7条在结合定价基准日修订历史和实际操作情况的基础上,确定:①原则上来说,定价基准日为发行期首日。②例外情况,定价基准日可以为董事会决议公告日、股东大会决议公告日或者发行期首日,即三标准择一。具体情况见表3-8-2。

表3-8-2 定价基准日原则与例外情况

原则:定价基准日为发行期首日	
例外:定价基准日可以为(1)董事会决议公告日;(2)股东大会决议公告日;(3)发行期首日	
前提1	董事会决议提前确定全部发行对象
前提2	满足以下任一条件: A. 上市公司的控股股东、实际控制人或其控制的关联人; B. 通过认购本次发行的股份取得上市公司实际控制权的投资者; C. 董事会拟引入的境内外战略投资者
结果1	认购的股份自发行结束之日起18个月内不得转让
结果2	定价基准日为董事会决议公告日或股东大会决议公告日的,董事会决议公告后,出现以下情况的,应当由董事会重新确定本次发行的定价基准日: A. 本次非公开发行股票股东大会决议的有效期已过; B. 本次发行方案发生变化; C. 其他对本次发行定价具有重大影响的事项

注:前提1与前提2应同时满足。

5. 创业板非公开发行股票取消连续2年盈利条件

《创业板上市公司证券发行管理暂行办法》(2014年版)第9条规定,“上市公司发行证券,应当符合《证券法》规定的条件,并且符合以下规定:(一)最近二年盈利,净利润以扣除非经常性损益前后孰低者为计算依据……”《创业板再融资办法》将其修改为“上市公司向不特定对象发行股票,应当符合下列规定:……(五)最近二年盈利,净利润以扣除非经常性损益前后孰低者为计算依据……”《创业板再融资办法》对于向特定对象发行股票仅规定消极条件。

据此,创业板上市公司非公开发行股票无须满足最近2年盈利的条件。上述修订说明,证监会支持创业板亏损企业进行非公开发行股票,甚至是借壳上市,与《上市公司重大资产重组管理办法》(2019年修订)的修订思路一致。

6. 主板、创业板关于竞价非公开发行

《非公实施细则》第8条第2款规定,董事会决议确定部分发行对象的,该部分发行对象不得参与竞价,但应当接受竞价结果;并应当明确在没有通过竞价方式产生发行价格的情况下,是否继续参与认购、认购数量及价格确定原则。

7. 关于主板、创业板非公开发行股票不得保底承诺、财务资助的规定

《非公实施细则》新增第29条:“上市公司及其控股股东、实际控制人、主要股东不得向发行对象作出保底保收益或变相保底保收益承诺,且不得直接或通过利益相关方向发行对象提供财务资助或者补偿。”在《再融资新规》放开融资条件,方便上市公司通过再融资做优做强的大背景下,该条是此次新规唯一一条监管层面的限制性条款。

目前现行有效的《证券发行与承销管理办法》(2018年修订)规定,发行人和承销商及相关人员不得直接或通过其利益相关方向参与认购的投资者提供财务资助或者补偿。该规定主要限制发行人和承销商,相关人员的定义较为模糊,因此实践中,部分上市公司通过控股股东、实际控制人或其关联方向投资人进行保底保收益承诺或提供财务资助。此次《非公实施细则》的修订将限制对象明确扩大至非公开发行股票的上市公司及其控股股东、实际控制人、主要股东。

另外,证监会早已在《再融资业务若干问题解答(一)》问题10中要求保荐机构及发行人律师就“是否存在发行人及其控股股东或实际控制人直接或通过其利益相关方向认购对象提供财务资助、补偿、承诺收益或其他协议安排的情形”发表明确意见。此次《再融资新规》的修订将上述内容上升至部委规章的层面。

8. 关于上市公司非公开发行股票引入战略投资者的监管要求

2020年3月20日,证监会发布《发行监管问答——关于上市公司非公开发行

股票引入战略投资者有关事项的监管要求》(以下简称《监管要求》),针对上市公司引入战略投资者,从基本要求、决策程序、信息披露要求、保荐机构和证券服务机构履职、监管和处罚等五方面作出规定。

《监管要求》对战略投资者提出了三大要求:(1)愿意长期持有上市公司较大比例股份。该条对上市公司而言增加了寻找投资者的难度,对投资者而言则提高了参与门槛。(2)委派董事实际参与公司治理。该条旨在要求上市公司谨慎选择战略投资者,进一步限制了可引入投资者的数量。(3)上市公司应当与战略投资者签订具有法律约束力的战略合作协议,作出切实可行的战略合作安排。

同时《监管要求》设置了新老划断的安排,该《监管要求》发布后,尚未向证监会提交再融资申请的上市公司,应当按照《监管要求》的要求办理。

二、《再融资新规》的实施

根据《再融资新规》的立法说明,关于再融资新规旧规的衔接以发行完成时点进行新老划断,即《再融资新规》施行后,再融资申请已经发行完毕的,适用修改之前的相关规则;在审或者已取得批文、尚未完成发行且批文仍在有效期内的,适用修改之后的新规则,上市公司履行相应的决策程序并更新申请文件或办理会后事项后继续推进,其中已通过发审会审核的,不需重新提交发审会审议;已经取得核准批文预计无法在原批文有效期内完成发行的,可以向证监会申请换发核准批文。相比 2017 年 2 月再融资规则以"受理函"为新老划断的标准,此次新老划断的标准略有不同。

根据《关于创业板改革并试点注册制实施前后相关行政许可事项过渡期安排的通知》,创业板试点注册制实施前,创业板上市公司再融资、并购重组申请已通过发审委、并购重组委审核的,由中国证监会继续履行后续程序。创业板试点注册制实施之日起,中国证监会终止尚未经发审委、并购重组委审核通过的创业板在审企业首次公开发行股票、再融资、并购重组的审核,并将相关在审企业的审核顺序和审核资料转深交所,对于已接收尚未完成受理的创业板上市公司再融资、并购重组申请不再受理。

根据《关于创业板试点注册制相关审核工作衔接安排的通知》,2020 年 6 月 15 日至 2020 年 6 月 29 日(共 10 个工作日),深圳证券交易所接收证监会创业板首次公开发行股票、再融资、并购重组在审企业提交的相关申请。2020 年 6 月 30 日起,深圳证券交易所开始接收新申报企业提交的相关申请。

三、《再融资新规》总体思路

1. 大力推动上市公司提高质量。《再融资新规》旨在精简优化现行再融资发行条件,降低硬性门槛,规范上市公司再融资行为,切实提高公司治理和财务信息披露质量;支持上市公司便捷融资,促进上市公司真实、透明、合规,让投资者认可的公司融到更多发展资金,切实提升上市公司整体质量,夯实资本市场可持续发展的基石。

2. 落实以信息披露为核心的注册制理念。《再融资新规》的修订拟立更加严格、全面、深入、精准的信息披露要求,督促上市公司以投资者投资决策需求为导向,真实、准确、完整地披露信息;审核标准、程序、内容、过程公开透明,增强市场可预期性。

3. 努力提高上市公司融资效率。从实际操作角度,《再融资新规》有意调整再融资市场化发行定价机制,充分发挥市场对资源配置的决定性作用,形成买卖双方充分博弈,市场决定发行成败的良性局面,提升再融资的便捷性。

四、《再融资新规》的深层解读

1. 配套重大资产重组管理办法

2019 年 10 月 18 日,证监会发布《上市公司重大资产重组管理办法》(2019 年修订),恢复重组上市配套融资制度,取消创业板不能借壳上市的限制。本次《再融资新规》的相关修订是为配合重组管理办法的修订。

2. 不同板块再融资规则求同存异

创业板设立之初的定位有别于主板(中小板),上述差异落实到实际操作层面上,即为创业板在再融资、重组方面具有额外的条件和约束。根据本次《再融资新规》的修订方向,并结合《上市公司重大资产重组管理办法》(2019 年修订)的修订方向,证监会在保留创业板与主板(中小板)定位差异的同时,有意缩小创业板与主板(中小板)的实施区别。

3. 多层次资本市场再融资体系

2019 年 11 月 8 日,证监会亦公布《科创板上市公司证券发行注册管理办法(试行)》(征求意见稿),拟建立科创板再融资制度。可以预见,多层次资本市场再融资体系将为不同定位、不同需求的上市公司提供融资基础和制度保障。

4. 向注册制逐步迈进

注册制是我国资本市场的重要改革方向,目前科创板、创业板是注册制的主要试验田。尽管主板(中小板)未实施注册制,但是注册制的原则、思路已经逐步在制度中体现并在实践中实施。《证券法》(2019 年修订)明确规定,公开发行证券,必须符合法律、行政法规规定的条件,并依法报经国务院证券监督管理机构或者国务院授权的部门注册。未经依法注册,任何单位和个人不得公开发行证券。此次《再融资新规》的立法说明中,证监会也明确,相关新规的修订落实以信息披露为核心的注册制理念。可以预见,在《证券法》(2019 年修订)的明确规定及深刻借鉴科创板经验的基础上,各板块将逐步贯彻市场导向、适度监管、归位尽责、效率优先的原则,为全面实现注册制打下坚实的基础。

(本文撰写于 2020 年 6 月)

上市公司股东及董监高减持制度分析

吕红兵　朱奕奕

一、《9号新规》，规制新貌

2017年5月26日，证监会公布实施了《上市公司股东、董监高减持股份的若干规定》（证监会公告〔2017〕9号，以下简称《9号新规》），对证监会2016年1月7日公布的《上市公司大股东、董监高减持股份的若干规定》（证监会公告〔2016〕1号，以下简称《1号旧规》）进行了全面升级。与此同时，上海证券交易所与深圳证券交易所分别于次日公布实施了《上海证券交易所上市公司股东及董事、监事、高级管理人员减持股份实施细则》与《深圳证券交易所上市公司股东及董事、监事、高级管理人员减持股份实施细则》，以配合《9号新规》的全面顺利实施。诚如证监会发言人邓舸先生所言，此次减持新规基于"问题导向、突出重点、合理规制，有序引导"的原则，对当前资本市场发展过程中突出存在的问题进行了针对性的规制，旨在从减持方式、减持对象、减持时间、减持数量、信息披露等方面多管齐下对股东及董监高等减持行为进行合理合法、有序有力地规范，以维护市场的稳定、保障广大投资者的合法权益。

总览《9号新规》，有通盘考量、平衡兼顾，亦有查漏补缺、完善修复，更有对症下药、借鉴创新。具言之：

1. 规制对象扩大。较之《1号旧规》，《9号新规》首先扩大了减持制度规制的对象，从此不仅大股东（控股股东和持股5%以上股东）与董监高不得任意减持，而且特定股东持有的特殊股份亦不能随意减持。① 《9号新规》第2条明确，股东减持其持有的公司首次公开发行前发行的股份、上市公司非公开发行的股份，适用本规定。因此，持有特殊股份的特定股东在股份减持行为上须彻底贯彻新规规范，当然

① 特殊股份系指上市公司首次公开发行前发行的股份、上市公司非公开发行的股份。

需注意,针对特定股东持有的特殊股份并未规定如5%以上之要求。

2. 程序严格透明。较之《1号旧规》,《9号新规》对于减持行为规制既从严亦透明:第一,对于大股东与董监高禁止进行减持行为的情形之一由“违反证券交易所自律规则”修改为“违反证券交易所规则”①,一词之差,效果差距巨大,“规则”范围远超“自律规则”,显示出违规之下禁止减持的坚定决心。第二,在通过证券交易所以集中竞价方式进行的减持行为中,将“董监高”纳入预先披露与备案的主体范围,赋予董监高更为严苛的减持义务,以规制自身之行为。第三,减持信息披露,将事前、事中、事后监管贯彻到底,立体式地构建在减持行为前15个交易日报告、预先披露并予以备案,在减持时间区间内披露减持进展情况,在减持计划实施完毕后的两个交易日内报告并公告减持结果(未依减持计划实施者亦需报告公告),将相关减持行为透明地展示在广大投资者与监管者的视野下。②

3. 设计科学全面。较之《1号旧规》,《9号新规》目标明确,内容设计兼具科学性与全面性。第一,《9号新规》填补了针对大宗交易式减持行为的规范,所谓“过桥减持”,在《9号新规》规则下,出让方与受让方双方均应遵守交易所关于减持数量、持有时间等规定,从而对减持行为的规制实现了集中竞价、大宗交易、协议转让等方式的全面覆盖。③ 第二,《9号新规》增加了针对特殊股份的减持规制,尤其针对非公开发行股份在限售期届满后的减持规制,既是回应市场需求,亦体现出监管的逐渐成熟。④ 第三,明确减持数量的计算以“一致行动”为准,如此不仅符合证券交易实操情况,而且反映出减持规制的科学性。⑤ 第四,扩大交易所监管权力,充分发挥交易所身处一线的优势,对异常交易行为进行及时的监管限制。⑥

二、以史为鉴,逐渐完善

资本市场的核心在于证券的发行与交易,前者关系证券的产生,后者关系证券的流通。保障资本市场的健康发展的核心在于科学有效地规制证券的发行与交易行为,显然两者缺一不可。本文研究的减持制度系资本市场重要的基础性制度,宏观言之,因其直接关系证券交易市场秩序的有序确立,关系证券市场的稳定与风

---

① 《9号新规》第6条第2项、第7条第2项。

② 《9号新规》第8条。

③ 《9号新规》第10条、第11条。

④ 《9号新规》第9条。

⑤ 《9号新规》第9条第4款、第11条第2款。

⑥ 《9号新规》第13条。

险;微观言之,因其直接关系上市公司的治理与广大投资者的合法权益。① 因此,关于减持制度的规制一直是监管机构履行职责的核心要求,尤其是在历经断崖式股灾后,随着交易市场的深入发展,定增限售股份集中解禁,在高估值诱惑下违规减持套现事件层出不穷之大环境下,科学有效、合法合理地规制减持行为历来考验着监管机构的智慧。

早在2007年4月5日,证监会公布实施了《上市公司董事、监事和高级管理人员所持本公司股份及其变动管理规则》(以下简称《规则》)。这是证监会首次较为系统地规制减持行为,从减持行为的时点至减持信息的及时披露,《规则》均首次进行了全面的细化与明确,其最大的突破点在于首次设立了"交易窗口期",有效地限制了董监高利用信息优势,为己牟利的行为。然如通知所言,《规则》旨在加强对上市公司董监高所持本公司股份及其变动的管理,维护证券市场秩序,本次规定规制对象仅限于董监高等管理层,在内容上更多的是延续《公司法》及《证券法》的已有规范,如董监高任期内的转让行为、短期交易行为等,同时,囿于监管处罚措施的缺失,故在规制效果上大打折扣,未能如愿有效引导并限制董监高的减持行为。

随着股权分置改革的进行,证券市场交易逐步实现全流通,"大小非"的减持逐步成为市场及投资者的关注重点。为此,证监会于2008年4月20日公布实施了《上市公司解除限售存量股份转让指导意见》,对上市公司解除限售存量股份的转让行为进行了规制,尤其明确了解除限售存量股份通过大宗交易系统转让的,应当遵守交易所和证券登记结算公司的相关规则。② 至此,监管机构首次将以大宗交易式的减持行为纳入规制体系,虽对象局限,但方向明确,尤显进步。

时间行至2013年,伴随新一轮股票发行体制改革的启动,广大投资者的权益保护提至核心位置。一方面,国务院办公厅于2013年12月25日出台了《关于进一步加强资本市场中小投资者合法权益保护工作的意见》,从"健全投资者适当性制度""优化投资回报机制""保障中小投资者知情权""健全中小投资者投票机制""建立多元化纠纷解决机制""健全中小投资者赔偿机制""加大监管和打击力度""强化中小投资者教育""完善投资者保护组织体系"等九个方面对加强资本市场中小投资者合法权益保护工作提出了指导性意见,其中针对减持制度明确要求建立限售

① "纵观我国证券市场发展历程,如何科学有效地规制违规增持减持股票行为始终是证券市场立法执法面临的一个突出问题。"参见陈洁:《对违规增持减持股票行为定性及惩处的再思考》,载《法学》2016年第9期。

② 为配合监管机构对"大小非"股份在集中解限下的转让行为,从2008年7月起,中国证券登记结算公司开始逐月披露"大小非"减持情况,加强"大小非"减持信息披露的透明性与及时性。

股股东减持计划预披露制度，在披露之前有关股东不得转让股票；鼓励限售股股东主动延长锁定期等内容。

另一方面，证监会于2013年11月30日亦公布实施了《关于进一步推进新股发行体制改革的意见》，在推进新股市场化发行机制的同时要求强化发行人及其控股股东等责任主体的诚信义务，鉴于此，对上市公司大股东（及董监高）的减持行为提出了新的要求：第一，增添发行人大股东（及董监高）减持行为的承诺。① 第二，提高大股东持股意向的透明度。② 至此，针对上市公司大股东的减持行为亦有了初步的规制。

资本市场有进即有退，有所为有所不为。在上市公司行运不济之时，不仅是中小投资者设法逃离，大股东及董监高减持的欲望更为强烈，故为防止违法退市相关主体利用减持规避法律责任，证监会于2014年10月15日公布了《关于改革完善并严格实施上市公司退市制度的若干意见》，其中对相关主体的股份减持行为进行了严格限制，明确在上市公司首次公开发行股票申请、发行新股申请、构成借壳上市的重大资产重组申请或者披露文件存在虚假记载、误导性陈述或者重大遗漏等违法行为而被证监会立案稽查的，在形成案件调查结论前，上市公司控股股东、实际控制人及其一致行动人、董监高等管理人员、持有首次公开发行股票前已发行股份的股东及持有其他限售股的股东或者自愿承诺限售的股东，应当暂停转让股份。因此，针对违法退市相关情形，为维护市场交易秩序，保障信息不对称的投资者利益，监管机构采取了严厉的减持规制措施。

如果说牛市中的减持套现行为尚未引起波澜起伏，那么牛市坍塌中的减持行为则为市场不可承受之重，各种违法违规现象层出不穷，此时的减持已非属正常理性，甚至铤而走险，对减持规制视而不见者有之，避而绕行者有之，对市场交易秩序形成巨大的冲击，引发市场交易的异常波动，更遑论对中小投资者权益的大肆收割侵夺。在2015年股灾时，我国证券市场即遭受了严峻的减持挑战，证监会为积极应对，于2015年7月8日临时公布实施了《关于维护资本市场稳定的公告》，行文虽短，但规则明确："从即日起6个月内，上市公司控股股东和持股5%以上股东（以下

---

① 发行人控股股东、持有发行人股份的董事和高级管理人员应在公开募集及上市文件中公开承诺：所持股票在锁定期满后两年内减持的，其减持价格不低于发行价；公司上市后6个月内如公司股票连续20个交易日的收盘价均低于发行价，或者上市后6个月期末收盘价低于发行价，持有公司股票的锁定期限自动延长至少6个月。

② 发行人应当在公开募集及上市文件中披露公开发行前持股5%以上股东的持股意向及减持意向。持股5%以上股东减持时，须提前3个交易日予以公告。同时，证监会还以问答的形式补充道："减持意向应说明减持的价格预期、减持股数，不可以'根据市场情况减持'等语句敷衍。"

并称大股东)及董事、监事、高级管理人员不得通过二级市场减持本公司股份。”显然,此乃特殊时期临时应对,规则有效期仅6个月。6个月后证监会于2016年1月7日公布了《1号旧规》,彼时基于上述各个时期的减持规定《1号旧规》进行了补充完善,从适用范围、提高信息披露要求(减持前预披露制度)、明确禁止减持情形及强化监管措施等方面对大股东、董监高的减持行为进行了较为全面的规制。

然而,市场在发展,规则亦需升级完善。据统计,2016年是减持大年,公告减持市值2723亿元,2017年预估减持市值约3400亿元,同比增长近三分之一。[①] 同时,随着首次公开募股(Initial Public Offering,IPO)发行的提速,进入证券市场的交易主体数量大幅飙升,上市公司壳价值亦随之下降,在证监会加强事中事后监管力度后,上市公司相关主体的减持意愿空前强烈,违法违规减持行为全面爆发。基于此,证监会在历经调研、细加研究之基础上,针对市场上集中出现的利用“高送转”推高股价配合减持、大宗交易式的过桥减持、“大小非”解禁后的集中减持等突出现象,《9号新规》千呼万唤始出来。[②] 究其规制而言,《9号新规》充分承接吸收了以《1号旧规》为代表的先前减持规范的有益内容,基于“问题导向、突出重点、合理规制,有序引导”,对减持规制进行了全面升级,在填补漏洞的同时,以崭新的姿态适应市场交易的需要。

三、探求本旨,理性规制

资本市场的健康发展在于有效维护各方参与主体的合法权益,避免出现因地位悬殊、信息不对称等因素强势方永远处于收割侵夺弱势方利益的局面,基于此,作为资本市场中立及裁判角色的监管机构肩负着保障权利、协调各方、维护公平的重要使命。准此以言,无论是大股东、董监高等强势主体抑或中小投资者等弱势一方,在证券市场的交易中均应遵循权利义务一致之原则,在行使权利的同时,亦应

---

① 据统计,5月的大宗交易市场,共有116家公司月成交金额超过亿元,其中,又以美的集团、中国太保(601601)、新湖中宝(600208)、兴源环境(300266)、分众传媒的成交规模最大,月成交额均超过了10亿元,美的集团以46.4亿元拔得了月内交易规模的头筹。美的集团实际控制人何享健的大额减持,使颇受追捧的家电白马股蒙上了一层阴影,也由此引发了业内对于董监高减持股份相关规定的激烈讨论。参见http://stock.hexun.com/2017-06-03/189470816.html? from=rss,最后访问日期:2017年7月27日。

② 据机构测算,由于此前的减持规定未对通过大宗交易过桥减持作出限制,使大宗交易成为上市公司主要股东实施减持的主渠道。据统计,大宗交易受让方平均持股时间为20个交易日,7个交易日以内就通过集中竞价交易卖出的占到受让股份的68%左右,大宗交易显露出了很明显的“过桥通道”的性质。参见http://stock.hexun.com/2017-06-03/189470816.html? from=rss,最后访问日期:2017年7月27日。

积极履行义务,自觉维护市场的交易秩序。

上市公司股份减持制度是资本市场重要的基础性制度,因其直接关乎股东转让股份的基本权利,又直接与市场交易秩序的维护及其他投资者权益的保护息息相关,因此,针对上市公司股份减持的规制,无论是我国大陆还是其他域外国家(地区)均制定了审慎、特殊的规则。《公司法》第114条更是明确规定,上市公司的股票应当依照有关法律、行政法规及交易所交易规则进行上市交易。有鉴于此,如欲更清晰、更准确、更理性地了解现行的减持规范,则应探寻减持制度规制的本旨。

(一)对大股东、董监高特殊地位的限制

从规制历史而言,减持制度针对的是处于特殊地位的股东,一般而言,为上市公司大股东及董监高。对大股东及董监高而言,因其在上市公司治理中处于特殊地位,或为创业者或为决策者或为执行者,对于上市公司的治理信息、发展信息等了如指掌,直接掌握着上市公司股票交易的主动权,这种主动权不仅表现为利用股票进行商业融资,更表现为利用信息可以轻易获取交易价值。易言之,在上市公司股票交易上,处于特殊地位的股东应受到相应的限制,此种限制主要体现在股票减持行为上——减持信息披露、减持数量时间限定等,因减持行为直接获取的为交易价值。[①] 同理,此亦为《证券法》等法律法规规制虚假陈述损害赔偿、严惩内幕交易等行为的主要出发点。

当然,随着市场的发展与成熟,持有特殊股份的特定股东亦被逐渐纳入减持行为的规制对象中,之所以如此,一方面基于特殊股份的特性,《证券法》等对特殊股份的发行几近给予豁免,事前监管微乎其微,事中仅规制了一定的限售期;另一方面特殊股份的持有者在公司治理中通常处于较为优势的地位,随着限售期的届满,为有效引导特殊股份的交易,基于监管需要,应在事后给予一定程度的减持限制。[②]

---

① 随着股权分置改革的完善,虽然使大股东及中小投资者的价值取向趋于一致,但并未从根本上消除大股东获取私人利益的机会主义倾向,因此,要抑制大股东损害中小股东的利益,应当通过完善公司治理与强化监管来约束大股东的行为。参见章卫东、邹斌、廖义刚:《定向增发股份解锁后机构投资者减持行为与盈余管理——来自我国上市公司定向增发新股解锁的经验数据》,载《会计研究》2011年第12期。

② 大股东利用自身的信息和控制权优势,在二级市场减持上市公司股份后,再通过低价参与上市公司定向增发,然后再通过二级市场高价减持,形成了一个无风险套利的新机制。这种套利机制往往具有一定的隐蔽性,可以帮助大股东规避禁售期的限制,成了向大股东利益输送、掏空上市公司的新模式。因此,对于监管层来说有必要严格监控在定向增发前后的大股东减持行为,否则定向增发股份的锁定期限将形同虚设。邓鸣茂:《大股东减持时机与定向增发套利行为研究》,载《审计与经济研究》2016年第3期。

(二)对投资利益与交易秩序的维护

中小投资者是我国现阶段资本市场的主要参与群体,但基于公司治理的境况,其通常处于信息弱势地位,抗风险能力及自我保护能力较弱,尤其是在牛市坍塌时期,对中小投资者合法投资利益的侵蚀更是首当其冲。基于此,维护中小投资者合法权益是证券监管工作的重中之重,关系着广大人民群众切身利益,是资本市场持续健康发展的基础。在证券市场上,对大股东及董监高股份交易行为尤其是减持行为进行限制,可以有效地防止因地位悬殊、信息不对称等因素造成弱势一方"任人宰割、无可奈何"的残酷局面。

同时,大股东及董监高的任意任性减持不仅将严重影响公司治理的正常进程,套利掏空、利益输送等行为将更肆无忌惮,无论是对公司抑或对其他股东都将造成重大甚至是毁灭性的伤害;而且任意任性的减持行为亦将造成交易市场的动荡,严重扰乱交易市场的秩序。[①] 基于此,针对具优势地位的大股东及董监高的股份交易行为,尤其是直接实现交易价值的减持行为,监管机构必须立足于政策考量,夯实规则,有序引导规制;否则,无秩序不成方圆,资本市场必将沦为大股东及董监高们圈钱收割的工具。

一言以蔽之,《证券法》等法律法规及市场监管的最终目标在于通过强制性的信息披露使投资者获取足以能使自己形成独立投资决策的信息,以尽力消除各方交易主体,尤其是中小投资者与大股东、董监高间的信息不对称,最终使以信息为主导的市场得以稳健运行,市场效率得以充分发挥。因此,以信息披露为核心的减持规制制度正是平衡大小股东、兼顾维护市场秩序考量的集中体现,是资本市场合法合理有序有力运行的保障,为依法追求并实现公平正义保驾护航。

四、结论:顺应历史,符合本旨

就监管规制历程而言,《9 号新规》充分承接吸收了以《1 号旧规》为代表的先前减持规范的有益内容,符合减持规制一贯的监管理念。在市场发展出现新问题、新情况的背景下,无论是对于上市公司还是广大的投资者而言,都亟须监管机构就大股东、董监高及特定股东的减持行为作出与时俱进的规制,正可谓"百尺竿头更进

---

① 研究发现,越是法制欠发展的地区上市公司越是遭受大股东的减持,大股东减持、掏空成本较低,这势必进一步增强大股东减持掏空的动机。如此,法制监管的缺陷在一定程度上纵容了大股东的掏空行为,而大股东进一步掏空必将引发大股东的持续减持,变本加厉、恶性循环,此势必成为阻碍中国资本市场健康发展的主要矛盾。参见黄志忠、周炜、谢文丽:《大股东减持股份的动因——理论和证据》,载《经济评论》2009 年第 6 期。

一步”。

就监管规制本旨而言,《9 号新规》基于“问题导向、突出重点、合理规制,有序引导”的原则,对大股东、董监高及特定股东利用“高送转”推高股价进行减持、利用大宗交易规则真空进行“过桥减持”等违规无序行为进行全面规制,旨在恢复广大投资者对公司治理的预期,恢复广大投资者对证券市场发展的信心,阻却产业资本大规模减持的路径,为整个宏观经济、实体经济的发展“输血”“护航”,正可谓“长风破浪会有时,直挂云帆济沧海”。

(本文撰写于 2017 年 7 月 31 日)

上市公司章程中反收购条款之法理审视

朱奕奕

一、前言：当前"反收购热"产生之背景

随着我国证券市场的发展，证券交易行为变得越发普遍与频繁，量小者如普通散户的炒股行为，量大者则涉及企业间的资源配置行为（如融资、收购、重组等），而由此产生的交易效果不仅在经济上直接影响着交易主体，而且在法律上与股票发行者、市场监管者乃至整个市场体系息息相关。在证券市场发展的潮流中，作为公众公司的典型代表——上市公司基于其自身交易特性永远处于弄潮儿的位置。然机遇与风险并存，在证券市场发展的最前沿，上市公司虽第一时间享受着资本带来的发展机遇，但亦遭受着资本对公司的无情冲击，其中，针对上市公司的收购行为即资本冲击的表现之一，当然，有收购必有反收购，盖因揭开收购的面纱，其中关乎的是上市公司控制权的争夺。核心利益攸关，各方必定竭尽全力，招数无穷，此时的市场充斥着资本无情的决然，若招数不济唯有情怀，则断然落入"空悲切"的境地。

当下的证券市场，资本无情之战再度来袭，"门口的野蛮人"早已褪去了昔日"宝延风波"中的稚嫩，变得强壮无比，在收购大军中所向披靡。尤其是在"宝万之争"延续一年有余后，作为万科第一大股东的收购方——宝能系向万科管理层发起了强有力的挑战，宝万双方刀枪相向，颇为不快，在一定程度上已严重影响了万科的发展。面对如此犀利之势，尤其是经济上严重的不利后果，基于上市公司股权分散、股票流通性强的特点，反收购或防御收购成为上市公司面临的迫切难题。在"宝万之争"的影响下，众多上市公司的掌控者们纷纷未雨绸缪——修改章程。在修改后的公司章程中，上市公司设计了众多的防御收购条款，在收购前、收购中、收购后不同阶段分别进行了针对性的防御设计，旨在全面地、有效地防御野蛮人的入侵。正如商赢环球股份有限公司（以下简称商赢环球）在章程修改的说明中明确述

之:“由于公司目前股权较为分散,最大股东持股比例不足10%,为稳定公司业务、防止恶意收购的发生,特向股东大会提议修改《公司章程》,修改及加强反收购相应条款。”

盾牌虽已举起,但妥当与否仍待检验,尤其是章程中反收购条款的设计不仅针对作为未来股东的收购方,亦针对现有在册股东,倘条款涉及限制股东权利行使等事项,则须进行法理上的审视判断;否则,不仅防御了“野蛮人”,也限制了现有股东们,有违公平之嫌。基于此,本文选择以当前15家上市公司章程修改中反收购条款为研究对象,对相应条款归纳分类,并从法理的视角对其效力进行审视,从而正确地甄别反收购条款的妥适性、合法性。①

二、15家上市公司反收购条款之解析

(一)15家上市公司章程修改内容之解析

针对近期众多上市公司纷纷实施的未雨绸缪之计,笔者选择了其中15家上市公司章程中的反收购条款进行分类整理,在此基础上归纳出防御恶意收购所进行的八大反收购条款的设计:(1)对恶意收购行为进行界定;(2)降低信息披露的股权比例;(3)扩大董事会主动实施系列反收购措施的职权;(4)提高股东自行召集和主持股东大会的持股要求;(5)提高股东行使提案权的资格标准;(6)增加对高管人员的补偿金计划(金色降落伞计划);(7)提高对高管人员的任免条件;(8)提高针对恶意收购方所提特定议案表决通过的标准。具言之:

1. 对恶意收购行为进行界定

显然,界定恶意收购行为乃上市公司举起防御盾牌的前提;否则,敌我不分,容易影响公司正常的融资行为,错失发展机遇。故在上市公司章程修改的过程中,大部分公司在“释义”章节对恶意收购行为进行了明确的界定。在笔者考察的15家上市公司中,其中7家明确对恶意收购行为进行了定义,分别为伊利股份、山东金

---

① 笔者选择的15家上市公司分别是:内蒙古伊利实业集团股份有限公司(以下简称伊利股份)、山东金泰集团股份有限公司(以下简称山东金泰)、多氟多化工股份有限公司(以下简称多氟多)、广宇集团股份有限公司(以下简称广宇集团)、上海龙宇燃油股份有限公司(以下简称龙宇燃油)、商赢环球股份有限公司(以下简称商赢环球)、深圳世联行地产顾问股份有限公司(以下简称世联行)、中国宝安集团股份有限公司(以下简称中国宝安)、袁隆平农业高科技股份有限公司(以下简称隆平高科)、廊坊发展股份有限公司(以下简称廊坊发展)、山东江泉实业股份有限公司(以下简称*ST江泉)、新疆亿路万源实业投资控股股份有限公司(以下简称*ST新亿)、中国南玻集团股份有限公司(以下简称南玻A)、广东海印集团股份有限公司(以下简称海印股份)、中节能太阳能股份有限公司(以下简称太阳能)。

泰、多氟多、广宇集团、龙宇燃油、商赢环球、世联行。[①]

经比较分析,上市公司对恶意收购行为界定的核心要素在于:第一,收购方未将收购行为告知目标公司董事会并取得董事会讨论通过;第二,此收购行为旨在谋取目标公司控制权或对公司决策产生重大影响力;第三,在对某项收购行为定性产生分歧之时,董事会审议认定的恶意收购行为;第四,收购行为一般通过二级市场的证券交易或未披露的一致行动人而进行。当然,基于上市公司股权极度分散的特性,有些上市公司直接规定了未经董事会同意的收购方股权购买达比例时即构成恶意收购,如伊利股份在章程第192条即规定:"恶意收购,是指在未经公司董事会同意的情况下通过收购或一致行动等方式取得公司3%及以上股份或控制权的行为。"

2. 降低信息披露的股权比例

依据《证券法》第63条的规定,在证券交易过程中,倘投资者持有或与他人共同持有股份达到5%时,应依法向监管机构及证券交易所履行信息披露义务,并及时通知上市公司,且在后续的增持或减持行为中仍得依法而为。法律之所以规定5%的披露线,乃结合信息披露成本、披露之必要性及上市公司股权特性等因素而综合判定的,此举旨在保障证券交易行为的公开性、公正性,防止产生内幕交易等损害交易秩序之行为。显然,在上市公司掌控者们看来,此信息披露义务至关重要,盖因不仅可以维护本公司股票交易之秩序,更能及时知晓关于本公司股份之大额变动情况。基于此,在公司反收购条款设计中,此信息披露义务大有可用,故为更早地知晓本公司股份之持有情况,防止暗中的"野蛮人",上市公司纷纷在章程中作出修改,将证券交易行为的举牌线由5%降至3%,尤其是在股权极度分散的公司中,3%的持有比例甚至已经处于前三或前五的股东地位。

当然,为区别于《证券法》第63条的规定,上市公司针对信息报告的规定避开了证券监管机构及证券交易所等监管部门,因其无法以章程条款规定监管部门的义务,为此,在主动规定降低信息披露线的条款设计中,上市公司规定了投资者在股权比例达到3%时即得向公司董事会作出书面报告,并在后续的增持或减持行为中仍得履行书面报告的信息披露义务。经归纳总结,此项报告义务一般包括如下信息:信息披露义务人介绍、本次权益变动的目的、本次权益变动方式、本次交易的资金来源、后续计划、对上市公司影响的分析、前6个月内买卖公司股份的情况、信息披露义务人的财务资料、其他重要事项、备查文件、信息披露义务人及其法定代

---

① 伊利股份章程第192条,山东金泰章程第193条,多氟多章程第221条,广宇集团章程第198条,龙宇燃油章程第77条,商赢环球章程第30条,世联行章程第208条。

表人的声明。①

在降低信息披露股权比例的同时，章程亦规范了收购方违反信息披露义务所应承担的责任，一般包括：第一，收购方赔偿其他股东因恶意收购所导致的经济损失（含直接和间接损失）；第二，在违规行为改正前，收购方不得行使所持或所控制股票的表决权，董事会可拒绝收购方行使除领取股票股利之外的其他权利。

3. 扩大董事会主动实施系列反收购措施的职权

面对来势汹汹的收购大军，为及时、有效地采取防御措施，在章程反收购条款的设计中，众多上市公司纷纷赋予了董事会主动实施系列反收购措施的职权。在笔者考察的范围内，6 家上市公司通过修改章程扩大了董事会主动实施系列反收购措施的职权，分别为伊利股份、山东金泰、多氟多、广宇集团、商赢环球、世联行等。②

经比较分析，上市公司在面临恶意收购时所赋予董事会实施反收购的职权主要集中于以下方面：第一，实施“白衣骑士”计划，为公司长远利益之考量，董事会可为公司选择其他的收购者；第二，实施“毒丸计划”，根据相关法律及章程的规定，董事会可采取对公司股权结构进行适当调整以降低恶意收购者持股比例或增加收购难度的行动；第三，为阻止恶意收购方收购之目的，董事会可实施对抗性反向收购、法律诉讼策略等反收购行动；第四，在公司面临恶意收购时，特定股东有权采取或经特定股东书面申请，董事会可采取章程之外、法律法规未禁止且不损害公司及股东合法权益之反收购行动，而无须另行单独获得股东大会的决议授权。其中，对于特定股东的界定，各上市公司标准不一，如山东金泰界定标准为连续 270 日以上持有公司 10% 以上股份的股东，多氟多、广宇集团及世联行界定标准为连续 180 日持有公司 10% 以上股份的股东；当然，更为激进者，如伊利股份省略了特定股东的书面申请，直接赋予了董事会主动采取反收购行动的职权。

4. 提高股东自行召集和主持股东大会的持股要求

在收购方取得一定股权比例之后，依据《公司法》第 100 ~ 101 条的规定，收购方势必会请求召开临时股东大会，当董事会及监事会均未履行召集及主持职责时，持股达一定比例之收购方可依法自行召集并主持股东大会。基于此，为防止持股达一定比例之收购方行使此召集及主持权利，上市公司在章程修改中相应地提高了股东自行召集和主持股东大会的持股要求。其中，山东金泰及龙宇燃油皆在章程第 48 条中规定，唯有连续 270 日以上单独或者合计持有公司 10% 以上股份的股

① 具体条款可参见伊利股份章程第 37 条、世联行章程第 37 条。

② 伊利股份章程第 107 条，山东金泰章程第 107 ~ 108 条，多氟多章程第 120 条，广宇集团章程第 200 条，商赢环球章程第 30 条、第 125 条、第 130 条，世联行章程第 109 条。

东才可自行召集和主持股东大会。

5. 提高股东行使提案权的资格标准

当收购方持有股份达到一定比例时,在公司治理进程中,收购方必然会发出自己的声音,行使自身的股东提案权,故针对既已形成的客观收购事实,在公司章程反收购条款的设计中,通常以持股时间及持股比例为核心要素,提高了股东行使提案权的资格标准。其中,伊利股份在章程第53条明确限定,唯有连续两年以上单独或合计持有公司15%以上股份的股东才能就更换或提名董事会和监事会成员、修改公司章程等事项提出提案。山东金泰及龙宇燃油皆在章程第53条限定,唯有连续270日以上单独或合计持有公司3%以上股份的股东才有权向公司提出提案;在股东大会召开10日前,连续270日以上单独或合计持有公司3%以上股份的股东亦有权提出临时提案。

6. 增加对高管人员的补偿金计划(金色降落伞计划)

当上市公司面临恶意收购时,不仅公司原有大股东的控制权面临着被夺之危险,以董事、监事为核心的公司高级管理人员(以下简称高管)亦可能被随时"炒鱿鱼",故在董事会推动的章程修改过程中,关于高管的条款设计数量众多,其中主要内容为增加针对高管的"金色降落伞计划"以及下文所涉及的提高对高管的任免条件等。在笔者考察的范围内,7家上市公司在章程修改中增添了高管的金色降落伞计划之内容,分别为伊利股份、山东金泰、中国宝安、多氟多、广宇集团、商赢环球、世联行。

经比较分析,金色降落伞计划规范的主要内容是:在公司被恶意收购时,倘任何董事、监事、总裁或其他高管在不发生违法犯罪行为并未丧失任职的要求或资格及未发生违反公司章程规定的情形下,未经本人同意,于任期届满之前被解除职务,此时,上市公司通常赋予了高管要求公司额外支付经济赔偿金或补偿金之请求权。至于赔偿或补偿金额的具体计算方式稍有不同,如以高管税前年薪及福利待遇为基数,规定5倍或以上者有之,[①]规定支付10倍或以上者亦有之[②]。同时,倘若高管已与公司签订了劳动合同者,则公司尚应按照《劳动合同法》的有关规定另外支付经济补偿金或赔偿金。[③] 倘高管或核心技术人员在公司被恶意收购时主动提

---

① 如多氟多章程第101条,世联行章程第97条。

② 如伊利股份章程第96条,山东金泰章程第96条、第125条、第139条,中国宝安章程第10条,广宇集团章程第199条。

③ 如山东金泰章程第96条、第125条、第139条,中国宝安章程第10条,广宇集团章程第199条。

出辞职,则公司仍应以该职位税前年薪及福利待遇为基数,支付3倍或足额的赔偿金。①

7. 提高对高管人员的任免条件

当上市公司面临恶意收购时,以董事、监事为核心的公司高管可能首当其冲地处于被"炒鱿鱼"之境,故上市公司为最大限度地维持公司管理层的稳定,在章程反收购条款的设计中,通常详细地规范了关于高管任免的条件,在笔者考察的范围内,15家上市公司均不约而同地涉及于此。

经比较分析,关于高管任免条款的规范主要涉及以下内容:第一,提高股东行使提名董事、监事等高管权利的持股要求。在修改后的章程中,唯有持股达一定比例且满足一定时间要求的股东才有权提出关于董事或监事改选的提案,其中有要求连续2年以上持股15%以上的股东才有权提名董事或监事,如伊利股份章程第96条、第137条;有要求连续2年以上持股10%以上者,如世联行章程第83条;有要求1年以上持股10%以上者,如*ST新亿章程第82条;有要求连续180日以上持股10%以上者,如商赢环球章程第84条;有要求连续270日以上持股3%以上者,如山东金泰章程第82条、龙宇燃油章程第82条。更有甚者,要求股东提名的董事、监事候选人应经董事会或监事会提名委员会评议通过,如商赢环球章程第84条。第二,附有条件性地剥夺收购方提名董事、监事候选人的权利。此条件的设定一般基于收购方或其一致行动人持股达到一定比例时所负有的信息披露义务,如南玻A股章程第82条规定,倘收购方或其一致行动人持股达10%时,其应以书面形式向董事会报告后续增持的具体计划及真实目的,申请董事会同意其增持计划,否则不具有提名董事、监事候选人的权利。② 第三,限制对董事会或监事会的改选比例。如有规定在董事会任期届满后,继任董事会成员中至少应有三分之二以上的原任董事会成员连任,在每年度内更换的董事不得超过全部董事会成员的四分之一;③亦有规定董事会(或监事会)换届选举时,更换的董事(或监事)人数不得超过全部成员的三分之一。④ 第四,限制对董事会或监事会的改选频率。如伊利股份在章程第96条、第137条即规定在连续12个月内,选举或更换董事、监事只能进行一次。第五,限定董事、监事等高管的任职条件。在特定股东提名董事、监事等高管

---

① 如多氟多章程第120条,世联行章程第109条,商赢环球章程第130条。

② 类似规定的还有商赢环球章程第30条。

③ 如山东金泰章程第82条,中国宝安章程第96条,隆平高科章程第106条,多氟多章程第101条,广宇集团章程第199条,世联行章程第83条,*ST江泉章程第96条。

④ 如伊利股份章程第96条、第137条,商赢环球章程第98条、第165条。

候选人时,上市公司均要求相应的候选人应具备一定期限的工作经验与业务知识,其不同之处在于,部分章程规定针对总经理人选的工作经验应来自本公司(包括控股子公司)的任职;[①]部分章程规定针对董事或监事人选的工作经验与公司目前经营或主营业务相同即可。[②]

8. 提高针对恶意收购方所提特定议案表决通过的标准

当收购方及其一致行动人进入公司后,势必将在公司经营活动中发挥更大的影响,甚至主导涉及上市公司重大资产处置或关联交易等经营活动。针对此,在章程反收购条款的设计中,上市公司提高了恶意收购方所提特定议案表决通过的标准,其中有的章程规定涉及收购方及其一致行动人提交的关于购买或出售资产、对外投资、对外担保等内容之议案均应由出席股东大会所持表决权四分之三以上通过方可;[③]更有甚者直接将通过标准提至出席股东大会所持表决权五分之四以上。[④]

(二)对15家上市公司章程修改内容之法律质疑

在"宝万之争"愈演愈烈之背景下,证券市场风起云涌,为全力抵御"野蛮人"的入侵,近期上市公司在董事会的推动下纷纷以修改章程为核心,掀起了一股激烈的反收购热浪。正如前文所述,上市公司掌控者们未雨绸缪,设计了针对收购前、收购中及收购后全方位的反收购条款。倘仅以反收购效果观之,前文所述八大核心内容可以较好地维护公司的稳定,尤其是维护以董事会及监事会为核心管理层的稳定。然而,在法律的审视下,前述八大核心内容尚需谨慎而为,盖因条款内容在针对恶意收购方的同时亦约束着所有其他股东,在章程自治的范围内,此种条款是否妥当仍需在法理层面上仔细考量。事实上,在防御盾牌举起之际,上市公司陆续收到来自证券监管部门的问询函,要求就章程修改内容的相关原因、背景及其中所涉之法律问题详细说明情况。经笔者归纳,针对上述章程修改的八大核心内容,在法律的审视下,具有如下质疑意见:

1. 针对界定恶意收购行为之规定。依章程的释义,对恶意收购行为界定的核心要素是收购方及其一致行动人在未主动告知公司董事会并取得董事会讨论通过之情形下实施收购行为。此处收购行为是否构成恶意乃取决于董事会的自我判定,倘若收购行为未经董事会讨论通过则构成恶意收购,若此,则将触发后续的反恶意

---

① 如山东金泰章程第125条,多氟多章程第145条,广宇集团章程第199条。

② 如伊利股份章程第96条,隆平高科章程第96条,山东金泰章程第96条,多氟多章程第101条,广宇集团章程第199条,商赢环球章程第84条,世联行章程第97条。

③ 如伊利股份章程第77条,山东金泰章程第77条,多氟多章程第82条,龙宇燃油章程第77条,世联行章程第78条。

④ 如商赢环球章程第79条。

收购条款。在此过程中,章程对恶意收购行为的界定完全取决于董事会的主观判定,如此界定是否妥当,不无疑问,甚至有违公平原则之嫌。

2. 针对降低信息披露的股权比例之规定。依上文所述,上市公司在章程修改中纷纷将证券交易行为的举牌线由5%降至3%,并规定了针对收购方违反此信息披露义务的制裁措施。显然,此3%的规定降低了《证券法》第63条规定的要求比例,在此须审视的是,章程中此项降低性的规范是否违背了《证券法》等相关法律法规的立法本意,是否变相地限制了股东自由转让股份的权利?同时,制裁性质的规定的法律依据何在?尤其是制裁措施在涉及剥夺股东表决权的情形下,更应具备坚实的法理基础。

3. 针对扩大董事会主动实施系列反收购措施职权之规定。当公司面临恶意收购时,董事会获得了主动实施系列反收购措施的权利,甚至包括在特定股东的要求下,无须获得股东大会的决议授权直接采取章程中未规范的反收购措施,当然,实施这些措施的前提是不得违反法规、不得损害公司及股东的权益。在此过程中,法律仍需审视的是,董事会主动实施的系列反收购措施是否符合现行法规的规定?尤其是经特定股东要求,董事会可采取措施的职权甚至无须获得股东大会授权的法律依据何在?此项职权的设定是否越俎代庖?

4. 针对提高股东自行召集和主持股东大会持股要求之规定。依据《公司法》第101条的规定,连续90日以上单独或合计持有公司10%以上股份的股东可自行召集和主持股东大会。在修改后的章程中,将连续90日以上提高至连续270日以上,就客观效果而言,如此规定必将严重影响股东的相关权利,故需审视的是,此项持股要求的提高是否有悖《公司法》第101条的立法本意?是否不当地限制了股东权利的行使?

5. 针对提高股东行使提案权资格标准之规定。此项规定与提高股东自行召集和主持股东大会持股要求的规定相似,无论是将提案资格限定为连续270日以上还是连续两年以上均势必影响股东权利的行使,故此项规定仍需接受《公司法》《上市公司股东大会规则》等法规的检验。

6. 针对高管金色降落伞计划之规定。第一,针对以董事、监事为核心的公司高管实行数倍于该职位薪资的补偿金计划之法律依据何在?是否涉嫌关联交易与利益输送,是否不当地侵犯了公司及股东的合法权益?第二,以自身判定的恶意收购行为作为实施补偿金计划的前提是否合理?

7. 针对提高高管人员任免条件之规定。经归纳,在公司章程反收购条款的设计中,关于以董事、监事为核心的公司高管的规定着墨甚多,尤其是关乎高管的任免问题。其中,值得检验的有:首先,规定提高了股东提名董事、监事等高管的持股要求(如须连续两年以上单独或合计持有公司15%以上股份的股东才能提名候选人且提名人数受限),是否限制了股东行使提名权?其次,章程设置的提名标准是否具有法律依据?当股东的提名资格及提名人数均受限制时,是否不当地维护了现任高管的地位?在公司治理进程中,是否损害了公司及股东的利益?最后,限制对董事会或监事会的改选频率法律依据何在?限定董事、监事等高管的任职条件是否会导致公司形成内部人控制之情形?是否不利于股东对高管人员履职的监督?

8. 针对提高恶意收购方所提特定议案表决通过标准之规定。在此项规定中,上市公司将恶意收购方提出的特定议案表决通过的标准进行了大幅度的提高(提至四分之三或五分之四),以此限制收购方带来的影响。在此过程中,值得审视的有:此项规定法律依据何在?是否违背了平等原则?若反向言之,通过标准的提高意味着否决标准的降低,在此是否导致了一票否决权的产生?倘提案涉及的是公司重大经营活动时(尤其是发展机遇),则此项规定是否涉嫌阻碍公司的发展、侵犯公司及股东的合法权益?

三、章程中反收购条款之法理审视

(一)章程的性质与公司自治

随着"宝万之争"剧情的持续发展,为未雨绸缪式的抵御"野蛮人"的入侵,维护上市公司的稳定,在公司管理层——董事会的推动下,以反收购为核心内容的章程修改活动如火如荼。显然,证券交易市场上持续不断的举牌行为是促使近期上市公司修改章程的最大动因,收购与反收购之博弈亦成为公司治理中的热点课题。作为公司治理中统领性的文件——章程内容自然成为各方关注的焦点,尤其在章程修改内容涉及股东权利义务核心关系时,对章程内容的审视至关重要,盖因其不仅影响权利义务主体,亦将对整个证券交易市场的秩序产生重大影响。

显然,在公司治理进程中,董事会提议修改公司章程乃依职而为,程序上合法合规即可,此属于公司自治之范畴;对于章程规范之内容,尚得接受法规法理之审视,以保护公司及股东等之合法权益,同时维护管理秩序。[①] 基于此,应考察作为公司自治意见的载体——章程之性质,明确公司自治的范畴。

关于公司章程之性质,法理上具有不同的学说,简言之:(1)自治规范说。此说

---

① 正如有学者指出,公司虽有修改章程的自由权,但对于公司章程的修改并非皆有效,尤其是章程的修改须立足于公司整体利益而非大股东滥用权限的结果。参见王建文、孙清白:《论公司章程防御性条款的法律效力》,载《南京师大学报》(社会科学版)2014年第5期。

的核心主张是,章程是国家赋予公司自治立法权的产物,其不仅约束制定者,亦约束公司治理机关与后加入之股东,在公司内部,章程具有规范公司组织及其行为的法律效力。(2)契约说,亦称为"公司合同说"。此说的核心主张是,章程乃股东间、股东与公司间就权利义务达成的一致意思表示,本质上乃股东作出的平行意思表示。(3)公司宪章说。此说的核心主张是,公司章程是规范股东及公司行为的法律文件,在公司所有文件中具宪章性的地位,其他文件均不得与之发生冲突。

就公司章程的性质而言,三种学说仁者见仁智者见智,依笔者之见,三种学说均揭示的特点是,公司章程是公司自治意思的体现,对全体股东及公司组织具有约束力。基于此,针对章程内容的制定及修改均应体现股东的意思自治,既要保障股东参与自治的自由,亦要明确公司自治的界限;否则,章程即陷入瑕疵处境,或导致无效,或导致可撤销之后果。在近期上市公司以反收购条款为核心内容的章程修改过程中,一方面,章程修改须严格遵守法律程序上的限制,由特定主体提出修改议案,经符合表决权要求的股东表决通过。另一方面,修改内容须接受法规法理的检验,章程不得修改法律法规的强制性规范内容,未经股东同意,不得针对特定股东设定额外的义务;同时,未经股东一致同意,不得为部分股东设定新的权利,否则即与同股同权原则相悖。① 一言以蔽之,章程乃公司自治之载体,公司应在自治的界限内从事章程的制定与修改,不得悖于股东意思,损害公司、股东(尤其是中小股东)及债权人等人之合法权益;不得悖于法律强制规范,破坏市场管理秩序,否则章程内容或为无效或为可撤销。

(二)反收购条款之法理审视:以 15 家上市公司章程为分析对象

针对反收购行为乃此次上市公司修改章程之核心内容,基于章程之性质,在公司自治之界限内,立足于维护公司、股东及其他方的合法权益,须对前文所述反收购条款之设计进行法理上的审视,详述如下:

1. 恶意收购之界定难谓合理

依上文所述,章程中对恶意收购界定的核心乃收购方的行动是在未主动告知并征得董事会的同意之下而进行的,由此触发了系列针对收购方的限制措施。显然,此项界定针对的是一种不受董事会欢迎或不请自来的收购行为,自收购之法律意义言,收购行为乃收购方实施证券交易之行为,实系证券市场上常态行为之一,客观上乃交易事实之呈现,唯行为符合法规要求即可,本质上并无善意与恶意之分。在法律效果上,此种"不受欢迎之收购"与"受欢迎之收购"并无二致,更遑论受

① 李建伟:《公司法学》(第 3 版),中国人民大学出版社 2014 年版,第 107 页。

制于董事会或章程之主观界定而陷入不利之法律地位。自此观之,此项界定充斥着主观价值上的判断,非严格意义上之法律概念,建立于此基础上之系列规范亦留下了主观判定之烙印,致使众多规范措施主观针对性明显,有失偏颇,甚至有违同股同权等基本准则。故作为触发限制措施之前提,对收购行为之界定应避免单方的主观臆断,尤其是针对未来股东——收购方采取诸如限制权利等措施,更不能立足于如此充满主观性质的界定。

此时,针对章程关于恶意收购之界定,须澄清的是收购行为之含义,盖因在证券市场上能够导致公司控制权发生移转,产生收购后果的证券交易行为具有多种:第一,以目标公司股份为客体的交易行为。此种行为通过市场上股份转让获得目标公司的股份,从而获得公司控制权或对公司决策产生重大影响力,以达到收购之效果。第二,针对目标公司的合并。此行为涉及公司主体资格的变更,一般分为吸收合并与新设合并,尤其在吸收合并之模式下,目标公司丧失主体资格而被合并至收购方名下,因此,收购方达到彻底控制之效果。第三,对目标公司重大资产之处置。收购方以目标公司重大资产为交易对象,使目标公司获得收购方的股份或现金收入,从而达到控制目标公司之效果。就上述三种交易模式而言,所谓恶意收购针对的应是第一种以目标公司股份为客体的交易行为,盖因一方面针对后两种交易模式,目标公司董事会有权基于商业判断标准作出接受、拒绝收购的决定或提出建议由股东大会表决决定,在抵御收购方面,董事会本身具有较大甚至决定性的权限;另一方面,纵览章程修改之内容,所有反收购措施皆针对的是通过证券市场交易行为买入股份一方,此交易行为因董事会及股东大会无法控制,故需通过修改章程设计系列反收购措施以抵御收购方的行动。

在明确收购行为含义之基础上,基于股份交易市场性、自由性等特征,再次证明针对恶意收购界定之荒谬。在股份交易行为中,收购方的行为唯遵循证券交易规范,履行信息披露等义务即可,而无须主动告知董事会或股东大会,更遑论征得董事会或股东大会的同意;否则,将严重违背证券市场交易秩序。同时,收购方交易行为的对象为上市公司股东,而非董事会或股东大会等组织,故董事会等并不具备阻碍收购方进行股份交易行为之权限,其至多只是在分析利弊之基础上对股东提出建议,但并不能左右股东交易与否的决定。基于此,章程所界定的恶意收购行为难谓合理,作为触发系列反收购措施之前提,其建立在主观判定上的标准缺乏任何的法律依据,在收购方合法取得股份后,以限制股东权利为核心的反收购措施亦将因违法而无效。

2. 降低信息披露线与法相悖

在证券交易行为中，交易双方具有交易自由；然而，为维护交易秩序，保障股东的知情权，交易方应负有信息披露义务，此项义务乃公权力介入证券交易市场的结果，具有法定性、强制性，故《证券法》第63条及《上市公司收购管理办法》（以下简称《收购管理办法》）第13～14条均对此进行了明确的规定。概言之，交易方在持股达至5%时应公开进行信息披露义务，且在后续的交易行为中，以5%为单位，增持或减持方均得履行信息披露义务；否则，即得承担相应的法律责任。5%乃法定的举牌线，其之设立乃基于交易秩序、交易自由、交易效率、披露成本及披露之必要性，实系利益平衡之法定数值，具有不可更改性；否则，将严重影响公法与私法的协调，破坏法之安定性。据此观之，在章程修改中，上市公司将交易行为的举牌线由5%降至3%的规范与法相悖，应属无效。

同时，基于章程之性质，在公司自治范围内，章程之修改不仅不得违反法律法规之强制规范内容，在未经股东同意时，亦不得针对特定股东设定额外的义务。章程将举牌线由5%降至3%实则擅自增加了收购方的披露义务，在一定程度上侵犯了交易双方的商业秘密，侵蚀了交易秩序，故难谓有效。同理，针对章程所设定的违反3%披露义务的制裁措施亦归于无效。

3. 董事会有可为有可不为

在抵御“野蛮人”入侵的过程中，扩大董事会的职权与限制收购方的权利乃上市公司章程修改的核心举措，但基于公司治理与公司、股东合法权益之平衡，董事会的职权不可能过度扩大，更不可能跳过股东大会越俎代庖而为，因此，在通过章程修改扩大董事会职权之问题上，董事会应有可为有可不为。在法理的审视下，可为者，乃于法律规定的限度内，基于商业判断标准的主动而为；不可为者，乃违反法律强制性规定或损害公司及股东等合法权益之行为。

基于此，当面临来者不善之收购时，董事会立于商业判断，为维护公司及股东利益，可采取诸如为公司寻找其他收购者（所谓寻找“白衣骑士”），对公司股权结构进行适当调整以降低收购者的持股比例（所谓实施“毒丸计划”），法律诉讼策略、对抗性反向收购等措施。然而，董事会此项主动而为之职权须严格遵守以下原则：第一，在法律规定的职权范围内，切不可越俎代庖而为，尤其是实施股权调整计划、处置公司重大资产等行为需经股东大会所决定。[①] 第二，董事会成员在尽职履行忠实勤勉义务之上作出商业判断，应避免主观臆断等行为。正如《收购管理办法》第8

---

① 当然，倘股东对于股东大会所作相关决议具有异议时，股东可依据《公司法》第142条要求公司回购其所持有的股份。

条之规定，一方面董事等高管应严守忠实勤勉义务，平等地对待所有收购者；另一方面董事会针对收购所作出的决策及采取的措施，应当有利于维护公司及其股东的利益，不得滥用职权对收购设置不适当的障碍，不得利用公司资源向收购人提供任何形式的财务资助，不得损害公司及其股东的合法权益。倘董事会违反上述原则，不可为而为之时，则不仅应对公司承担损害赔偿责任（《公司法》第 149 条、第 151 条），亦应对股东承担损害赔偿责任《公司法》第 152 条。

针对章程中“特定股东有权采取或经特定股东书面申请，董事会可采取章程之外、法律法规未禁止且不损害公司及股东合法权益之反收购行动，而无须另行单独获得股东大会的决议授权”之规范，本文认为缺乏法律依据，在法理上亦难获支持。当公司面临收购时，特定股东（一般是控股股东）必然会采取系列措施阻止收购行为，倘其基于自身考量采取增持股份等个人行为并无不可，但若通过章程赋予其以公司名义采取反收购行动缺乏法律依据，不只破坏了公司治理，且更多的是大股东滥用权利的体现，此项赋权规范应属无效。

同理，经特定股东申请，董事会可在无须股东大会另行决议授权之下采取反收购行动之规范亦缺乏法律依据，且赋予董事会此项职权实乃越俎代庖，违背公司治理之基本准则。而且，至为重要的是，就法律关系而言，董事会并非股份交易变更的主体，故收购与反收购理论上应直接置于收购方与原股东方之间。虽然董事会在经济利益上与此息息相关，但基于董事会的职责，在此过程中，董事会应始终遵循自身之忠实勤勉义务，努力维护公司与股东之利益，而非急于充当反收购之先锋军。对此，《上市公司收购管理办法》第 33 条具有明确的规定，董事会除应继续从事正常的经营活动或者执行股东大会已经作出的决议外，未经股东大会批准，董事会不得通过处置公司资产、对外投资、调整公司主要业务、担保、贷款等方式，对公司的资产、负债、权益或者经营成果造成重大影响。固然，董事会可能受原股东（尤其是大股东）之控制，但以忠实勤勉义务为限，董事会所采取之行为均应遵循上述规范并基于正常商业之判断；否则，股东可提起派生诉讼与直接诉讼要求停止实施违规行为，并请求董事等高管向公司及股东承担损害赔偿责任。

4. 严格保障股东召集和主持股东大会的权利

依据《公司法》第 101 条之规定，连续 90 日以上单独或合计持有公司 10% 以上股份的股东可自行召集和主持股东大会，此乃股东参与破解公司僵局之法定权利，亦是反制大股东滥用股东权利之必备手段。以“连续 90 日以上单独或合计持有公司 10% 以上股份”为标准对股东行使此项权利进行限定，乃基于股东大会性质及股东权利义务平衡而为之，具有强制性特点。在修改后的章程中，将“连续 90 日以上”提高至“连续270日以上”，对股东行使特定权利之资格进行了大幅提高，如此将剥夺部分股东行使召集和主持股东大会的权利，势必破坏原有公司治理秩序，应属无效条款。

5. 限制股东提案权悖于公司自治之核心要求

在公司治理体系中，对股东提案权与提名权的保障是股东参与公司自治的核心要求，亦是法律规范股东权利义务关系的核心内容，《公司法》第4条、第102条，《上市公司股东大会规则》第14条及《上市公司章程指引》第53条等均对此作出了明确规定。其中，单独或合计持有公司3%以上股份的股东有权向公司提出（临时）提案，此项要求乃基于公司效率与保障股东权利而作出的法定界限，具有强制属性，故对持股时间与持股数量均不可任意修改；否则，将严重影响股东提案权的行使，破坏公司治理秩序。

基于此，针对公司章程将股东提案资格限定为连续270日以上或两年以上之规范，本文认为，此项限定缺乏法律依据，乃不当地限制了股东权利之行使，甚至对股份交易之秩序产生不利影响，应属无效条款。盖因一方面在法律未对股东持股时间作出规范之前提下，章程亦无权对此作出限制性规定；否则，将出现持相同股份之股东享有不同权利之窘境，显然违反了同股同权之原则，亦不当地排除了部分股东参与公司治理之权利。另一方面，以持股时间作为股东行使提案权之前提与上市公司股票流通强等特性不符，持股时间长短与否并非判断股东是否更有资格行使提案权之标准；否则，对股东权利行使之界定不仅过于主观，且不符合商业判断。

6. 金色降落伞计划一般可“安全降落”

当公司控制权发生移转时，以董事、监事为核心的公司高管很可能首当其冲地被“炒鱿鱼”，故在章程修改中增添关于高管人员无故遭受解聘时的经济补偿条款乃情理之中。依据《公司法》第37条之规定，决定有关董事、监事的报酬事项乃股东大会之职权（其他高管报酬之决定权属于董事会）；同时，《上市公司治理准则》亦规定公司应与董事间签署聘任合同，就双方权利义务及公司提前解除合同进行补偿等事宜作出约定，因此，在章程中就高管无故遭受解聘规定经济补偿金等计划应属公司自治内容，一般应认为有效。在此过程中，仍应作出如下审视：

第一，应合理设置补偿金数额。在以高额的补偿金为代价抵御收购方时，尤其应注意补偿金数额设置的合理性问题，切不可为保住自身位置而损害公司利益，尤其是中小股东的利益。例如，美国雷曼兄弟公司为高管设置了高昂的补偿金计划，远远超过了收购者收购的成本，在临近破产之际，收购者们均对公司收购事宜望而却步，当初为抵御收购设置的补偿金计划最终却成为阻碍公司获得他人救命投资的致命因素。

第二，防止高管利益输送，严格审视忠实勤勉义务。当高管巨大的经济利益与公司是否被收购挂钩时，此时将产生利益冲突问题，尤其是在数额巨大之情形下，高管可能会忽视自身的忠实勤勉义务而作出不利于公司或股东的经营决策，甚至以高昂的补偿金为形式对高管或背后股东在撤出公司前进行最后之利益输送，如此，则严重损害公司与中小股东的利益。

第三，高管负有举证说明义务。在设置金色降落伞计划时，倘股东对补偿设置怀有疑问，则高管应进行详细说明，以证明此条款的设置乃基于公司利益而作出的合理商业安排；倘证券市场监管等机构对此设置具有疑问，则高管人员应证明自身已尽忠实勤勉义务。

一言以蔽之，在公司被收购而触发金色降落伞条款时，高管在补偿金上一般可实现“安全降落”，但在此过程中，高管的行为应严格接受忠实勤勉义务之检验，倘因此条款损害了公司及股东的合法权益，则此补偿计划条款应归为无效。

7. 对高管的任免不应限制股东参与公司治理之权利

依据《公司法》第 4 条之规定，股东享有选择公司管理者的权利，此项选择权利即表现为股东对公司高管的提名权。正如上文所言，股东的提名权乃股东参与公司自治的核心内容之一，具有法定属性，在法律强制规定之外，章程无权对此进行更改或限制。据此，在章程修改中，倘对股东行使提名权进行持股时间或持股数量方面的限制（如条款约定唯有连续 2 年或 270 日以上持股 10% 或 15% 以上者才有权提名董事或监事），则此条款应归为无效。倘对股东提名人数进行限制（如每一提案所提候选人不得超过全体董事的五分之一），显然此种条款亦为无效。倘要求股东提名的董事或监事候选人应经董事会或监事会提名委员会评议通过，如此设计更无道理，本质上仍严重限制了股东提名权之行使，应属无效条款。[①] 在擅自为股东设置信息披露义务之上，以剥夺股东提名权为内容的处罚措施皆应归为无效条款。

值得注意的是，针对限制改选董事会或监事会比例及频率的条款（如更换董事不得超过全体董事的三分之一；在连续 12 个月内，选举或更换董事只能进行一次），本文认为，应仔细甄别其效力，一般言之，限制改选频率的条款本质上仍不当地限制了股东提名权之行使，故应属无效条款；至于限制改选比例的条款应视规范

---

① 在“大港收购爱使风波”中，爱使章程中同样对收购方行使提名权进行了持股数量、持股时间及提名人数等方面的限制，最终这些条款均被认定为无效条款，应予以纠正。具体可参见吕红兵、徐晨：《大港油田收购爱使股份的操作实录与法理探析》，载《中国律师》1999 年第 6 期。

不同而分别作出判断：

第一，约定诸如“在董事会任期届满后，继任董事会成员中至少应有三分之二以上的原任董事会成员连任”等内容的条款应属无效，盖因在董事会任期届满之后，董事获得连任与否应再次由股东选举决定，倘章程直接规定一定比例的董事获得留任，则显然侵犯了股东选择公司管理者的合法权利。

第二，约定诸如“在每年度内更换的董事不得超过全部董事会成员的四分之一或董事会（或监事会）换届选举时，更换的董事（或监事）人数不得超过全部成员的三分之一”等内容的条款应属无效，盖因更换董事（或监事）或选举任期届满董事（或监事）乃股东行使提名权的固有内容，在法无明文限制之下，章程等条款无权对此进行限制。当然，此时须特别注意的是，对此种约定条款与分级董事会制度应严格予以甄别。分级董事会制度系在章程中将全体董事依任期分为若干小组，不同小组董事具有不同的任期，如此将形成每次均有若干董事因任期届满而被改选之局面。在此种安排下，倘公司被收购，可以有效地延缓收购方迅速控制董事会等管理机构，若欲达到更换全体董事的效果则其只能投入更多的时间成本，在商业市场充满众多不确定性之下，如此设计可以有效地抵御“野蛮人”的入侵，且不侵害股东之提名权。据此，上述章程中直接规定股东更换的董事不得超过一定比例非属于分级董事会制度，故此种刚性规定本质上仍不当地限制了股东的提名权，应归为无效条款。

第三，针对诸如“在董事（或监事）任期届满前，股东大会不得无故解除其职务”等内容的约定，应适用最高人民法院《关于适用〈中华人民共和国公司法〉若干问题的规定（五）》第3条的规定：“董事任期届满前被股东会或者股东大会有效决议解除职务，其主张解除不发生法律效力的，人民法院不予支持。董事职务被解除后，因补偿与公司发生纠纷提起诉讼的，人民法院应当依据法律、行政法规、公司章程的规定或者合同的约定，综合考虑解除的原因、剩余任期、董事薪酬等因素，确定是否补偿以及补偿的合理数额。”

至于在章程中对高管的任职设置一定的条件，本文认为，无论是就公司治理还是维护公司及股东利益而言，此项任职条件的要求并无不当。唯仅条款的设计应注意如下问题：针对高管人员的任职条件要求应适用于所有股东提名的人选，而非仅针对收购方及其一致行动人提名的人选；否则，该条款的设置非旨在选择合理的管理者，而仅在于限制收购方及其一致行动人行使提名权而已，实质上仍悖于“同股同权”等原则，应归为无效。

8. 提高通过标准应谨防大股东权利之滥用

依据《公司法》第103条之规定,修改公司章程、增加或减少注册资本,公司合并、分立、解散或变更公司形式等作为特别决议事项,应经出席股东大会的股东所持表决权的三分之二以上通过。《公司法》所列举的特别决议事项乃法定内容,关乎公司重大事宜变更,故法定地提高了表决通过上的标准。就特别决议事项的内容而言,在章程自治的范畴内,上述事项的范围不容减少,但增加特别决议事项的内容,基于公司自治的性质,章程中可以设定其他的关乎公司重大利益的事项,此类条款应属有效。① 在此过程中,此类条款的设计仍需审视如下问题:第一,对重大事项的判断应立足于公司利益,而非仅针对特定股东。在公司治理中,之所以增加特别决议事项的内容乃因该事项对公司及股东利益产生重大之影响,为谨慎处之,应最大限度地征求股东的同意。基于此,对于重大事项之判断应立足于公司的利益。倘章程中仅对收购方及其一致行动人所提特定内容的议案规范了严格的表决通过标准,因内容主观针对性明显,故应审慎判断是否构成公司之重大事项;否则,即变相地限制收购方及其一致行动人行使提案权。第二,在提高表决标准的同时应防止大股东权利之滥用。就公司股权结构而言,倘就特定事项大幅提高表决通过的标准,反向言之,实质上乃赋予大股东的一票否决权,则此项条款的设计应归为无效。盖因一票否决权的存在已经背离了设定特别决议事项的初衷,反而演变成大股东固化自身利益的大杀器,且一票否决权的存在容易导致公司僵局的后果,如此反而不利于公司及股东利益的维护。

四、结论

股东利益与公司利益的保护是公司治理中永恒的话题,也是审视所有治理措施亘古不变的基石,在上市公司面临的收购与反收购博弈过程中,此项审视尤为重要。鉴于"宝万之争"的影响,上市公司纷纷通过章程修改构建未雨绸缪式的防御屏障,在公司自治的范围内,倘为维护公司及股东利益,其实并无不妥。在此过程中,应全面审视条款设计的合法合理性,避免人为地固化利益,破坏公司治理结构,影响证券市场之交易与监管秩序。基于此,在反收购条款的设计中,应循法循理而为,一方面严守股东权利义务关系平衡之准则,基于同股同权之法理,不得于法之外限制股东权利之行使,不得未经股东同意增设额外义务;另一方面高管人员应严守忠实勤勉义务,切实维护公司之利益,避免沦为大股东滥用权利、巩固自身位置

① 王建文、孙清白:《论公司章程防御性条款的法律效力》,载《南京师大学报》(社会科学版)2014年第5期。

的工具。唯有如此,反收购条款方属有效,亦能真正地发挥抵御“野蛮人”入侵之作用,否则,极易沦为以管理层为代表的公司掌控者们固化自身利益之自私条款,在法律法理的审视下应归为无效,倘由此损害公司及股东利益,则侵权者尚应承担损害赔偿责任。

(本文成文于2016年9月20日)

上市公司重组新规解读

朱　峰　胡子豪

2019年10月18日，中国证券监督管理委员会（以下简称证监会）发布《关于修改〈上市公司重大资产重组管理办法〉的决定》，对现行《上市公司重大资产重组管理办法》（以下简称《重组管理办法》）部分条文进行了修订。现行《重组管理办法》中，证监会作出了以下五个方面的修改：一是简化重组上市认定标准，取消“净利润”指标。二是将累计首次原则计算期间进一步缩短至36个月。三是允许符合国家战略的高新技术产业和战略性新兴产业相关资产在创业板重组上市，其他资产不得在创业板实施重组上市交易。四是恢复重组上市配套融资。五是丰富重大资产重组业绩补偿协议和承诺监管措施，加大问责力度。《重组管理办法》已正式生效。本文将对现行《重组管理办法》中涉及的修订新规进行分析、解读。

一、本次《重组管理办法》修订的背景

从宏观层面来看，本次《重组管理办法》的修订一方面响应了习近平总书记“要建设一个规范、透明、开放、有活力、有韧性的资本市场，完善资本市场基础性制度，把好市场入口和市场出口两道关，加强对交易的全程监管”指示精神；另一方面也体现了《2019年政府工作报告》提出的“2019年政府工作任务”中要“改革完善资本市场基础制度”和“提高直接融资特别是股权融资比重”的重要任务。

当前我国经济发展模式正由高速增长向高质量发展转变。重组上市这一交易类型在资本市场中也占据着重要地位，随着2016年9月“史上最严借壳新规”——《重组管理办法》的逐步发力，如何在保持现有的抑制投机“炒壳”“囤壳”，促使劣质股“新陈代谢”不再过度占用市场资源的机制的前提下，适当地鼓励与支持其他上市公司借助重组上市来实现自身的“减负、解压”，优化与拓展主营业务，通过资本运作实现自身经营质量的提升，就成为下一步监管机关高效引导市场的重要任务，于是现行《重组管理办法》也就因势而生。

二、现行《重组管理办法》修改的主要内容

（一）取消认定标准中的“净利润”指标

修订前后净利润指标内容对照见表 3－11－1。

表 3－11－1　修订前后对照

2016 年《重组管理办法》	现行《重组管理办法》
第 13 条第 1 款　上市公司自控制权发生变更之日起 60 个月内，向收购人及其关联人购买资产，导致上市公司发生以下根本变化情形之一的，构成重大资产重组，应当按照本办法的规定报经中国证监会核准： （一）购买的资产总额占上市公司控制权发生变更的前一个会计年度经审计的合并财务会计报告期末资产总额的比例达到 100% 以上； （二）购买的资产在最近一个会计年度所产生的营业收入占上市公司控制权发生变更的前一个会计年度经审计的合并财务会计报告营业收入的比例达到 100% 以上； （三）购买的资产在最近一个会计年度所产生的净利润占上市公司控制权发生变更的前一个会计年度经审计的合并财务会计报告净利润的比例达到 100% 以上； （四）购买的资产净额占上市公司控制权发生变更的前一个会计年度经审计的合并财务会计报告期末净资产额的比例达到 100% 以上； （五）为购买资产发行的股份占上市公司首次向收购人及其关联人购买资产的董事会决议前一个交易日的股份的比例达到 100% 以上； （六）上市公司向收购人及其关联人购买资产虽未达到本款第（一）至第（五）项标准，但可能导致上市公司主营业务发生根本变化； （七）中国证监会认定的可能导致上市公司发生根本变化的其他情形	第 13 条第 1 款　上市公司自控制权发生变更之日起 36 个月内，向收购人及其关联人购买资产，导致上市公司发生以下根本变化情形之一的，构成重大资产重组，应当按照本办法的规定报经中国证监会核准： （一）购买的资产总额占上市公司控制权发生变更的前一个会计年度经审计的合并财务会计报告期末资产总额的比例达到 100% 以上； （二）购买的资产在最近一个会计年度所产生的营业收入占上市公司控制权发生变更的前一个会计年度经审计的合并财务会计报告营业收入的比例达到 100% 以上； （三）购买的资产净额占上市公司控制权发生变更的前一个会计年度经审计的合并财务会计报告期末净资产额的比例达到 100% 以上； （四）为购买资产发行的股份占上市公司首次向收购人及其关联人购买资产的董事会决议前一个交易日的股份的比例达到 100% 以上； （五）上市公司向收购人及其关联人购买资产虽未达到本款第（一）至第（四）项标准，但可能导致上市公司主营业务发生根本变化； （六）中国证监会认定的可能导致上市公司发生根本变化的其他情形

解读：本条规定的修改需要对比 2016 年《重组管理办法》的相应条文来看。按照 2016 年《重组管理办法》的规定，判断是否构成重大资产重组的依据有资产总额、营业收入、资产净额、发行股份、净利润等 5 个定量指标与主营业务发生根本变

化和证监会认定的其他情形 2 个定性指标。其中,净利润指标是 2016 年《重组管理办法》新增的指标,当时该条款的设置主要是为了严厉打击与抑制市场中愈演愈烈的炒壳行为,故将原有的"资产总额"单一指标扩展为五大指标,从而避免很多"打擦边球"的借壳交易行为。这在很大程度上对市场上的"炒壳"风气进行了抑制,毕竟五大量化指标很难被完全规避。

现行《重组管理办法》将"净利润"指标取消,实则是在继续维持抑制炒壳的监管力度下,鼓励部分上市公司通过重组交易收购优质资产实现扭亏为盈或提升净利润,增强业绩能力,提升公司质量。截至 2020 年 1 月 14 日,A 股已有超过 210 家上市公司发布了亏损、预减或略减的 2019 年度业绩预告,笔者在实务中也遇到了不少上市公司正在谋划债务重组的方式化解自身债务危机,在这一形势下,证监会本次修改《重组管理办法》体现了监管法规的包容性与适应性,鼓励部分上市公司通过并购重组进行资源整合与产业升级,进一步提升公司业绩,化解上市公司危局。

(二)累计首次原则计算期间进一步缩短至 36 个月

《〈上市公司重大资产重组管理办法〉第十四条、第四十四条的适用意见——证券期货法律适用意见第 12 号》(以下简称《12 号意见》)修改内容对照见表 3-11-2。

表 3-11-2 《12 号意见》修订对照

2016 年《12 号意见》	现行《12 号意见》
(一)执行累计首次原则,即上市公司控制权发生变更之日起 60 个月内(含上市公司控制权发生变更的同时),向收购人及其关联人购买的资产所对应的资产总额、资产净额、营业收入或净利润,占上市公司控制权发生变更的前一个会计年度经审计的合并财务会计报告的相应指标的比例累计首次达到 100% 以上的,或者所对应的发行股份的数量,占上市公司首次向收购人及其关联人购买资产的董事会决议前一个交易日的股份比例累计首次达到 100% 以上的,合并视为一次重大资产重组,应当按规定申报核准;前述 60 个月内分次购买资产的,每次所购买资产对应的资产总额、资产净额、营业收入、净利润,以该购买事项首次公告日的前一个会计年度经审计的相应指标为准。 (二)执行预期合并原则,即上市公司按累计首次原则申报重大资产重组方案时,如存在同业竞争或非正常关联交易等问题,则对于收购人及其关联人为解决该等问题所制	(一)执行累计首次原则,即上市公司控制权发生变更之日起 36 个月内(含上市公司控制权发生变更的同时),向收购人及其关联人购买的资产所对应的资产总额、资产净额、营业收入,占上市公司控制权发生变更的前一个会计年度经审计的合并财务会计报告的相应指标的比例累计首次达到 100% 以上的,或者所对应的发行股份的数量,占上市公司首次向收购人及其关联人购买资产的董事会决议前一个交易日的股份比例累计首次达到 100% 以上的,合并视为一次重大资产重组,应当按规定申报核准;前述 36 个月内分次购买资产的,每次所购买资产对应的资产总额、资产净额、营业收入,以该购买事项首次公告日的前一个会计年度经审计的相应指标为准。 (二)执行预期合并原则,即上市公司按累计首次原则申报重大资产重组方案时,如存在同业竞争或非正常关联交易等问题,则对于收购人及其关联人为解决该

续表

2016 年《12 号意见》	现行《12 号意见》
定的承诺方案，涉及未来向上市公司注入资产的，也将合并计算	等问题所制定的承诺方案，涉及上市公司控制权发生变更之日起 36 个月内向上市公司注入资产的，也将合并计算

解读：《12 号意见》从 2011 年发布以来至今经历了三次修订，最开始时《12 号意见》虽然确立了累计首次原则，但是并未规定计算期间，这对控制权变更后的实际控制人十分不利且不合理。在 2016 年《重组管理办法》修订时，将按累计首次原则计算是否构成重组上市的期间从"无限期"缩减至 60 个月，在一定程度上有利于累计首次原则的实操性，但随着中国经济发展形势日新月异，5 年的时间成本依旧太高，优质资产经历 5 年的波折可能也会成为"明日黄花"。

本次修订将累计首次原则的计算期间由 60 个月缩短至 36 个月，可以进一步增强实操性，进一步引导收购方及其关联方控制上市公司后加快优质资产的注入，提升上市公司的经营质量。这也是顺着 2016 年《重组管理办法》的思路从时间维度上进一步降低难度，鼓励企业进行并购重组。

（三）允许符合国家战略的高新技术产业和战略性新兴产业相关资产在创业板重组上市，其他资产不得在创业板实施重组上市交易

修改内容对照见表 3－11－3。

表 3－11－3　修订内容前后对照

2016 年《重组管理办法》	现行《重组管理办法》
第 13 条第 5 款　创业板上市公司自控制权发生变更之日起，向收购人及其关联人购买资产，不得导致本条第一款规定的任一情形	第 13 条第 5 款　创业板上市公司自控制权发生变更之日起，向收购人及其关联人购买符合国家战略的高新技术产业和战略性新兴产业资产，导致本条第一款规定任一情形的，所购买资产对应的经营实体应当是股份有限公司或者有限责任公司，且符合《首次公开发行股票并在创业板上市管理办法》规定的其他发行条件

解读：2013 年 11 月，证监会发布《关于在借壳上市审核中严格执行首次公开发行股票上市标准的通知》，明确了借壳上市与首次公开募股（Initial Public Offering，IPO）标准等同以及不允许创业板借壳上市的政策。2014 年修订的《重组管理办法》再次确定并重申了创业板上市公司不允许借壳上市的规定。当时证监会解释

“创业板定位于促进自主创新企业和其他成长型企业的创新发展,上市门槛相对较低,同时面临创业失败风险,投资者应当充分了解并承担投资风险”。主要原因还是当时创业板和主板的企业定位有所区别,结合当时创业板的企业类型,如果当时放开创业板借壳上市,可能会导致创业板上市公司的交易乱象。

本次放开创业板借壳也是有条件地放开,购入资产也必须是“符合国家战略的高新技术产业和战略性新兴产业资产”。对于前述“符合国家战略的高新技术产业和战略性新兴产业资产”,2018 年《中国证监会科技创新咨询委员会工作规则(试行)》第 4 条第 1 款规定:“咨询委员会由从事高新技术产业和战略性新兴产业(主要包括互联网、大数据、云计算、人工智能、软件和集成电路、高端装备制造、生物医药等)的权威专家、知名企业家、资深投资专家组成。”可见,目前法规对于“高新技术产业和战略性新兴产业”的范围划定是列举式的,列举式的法规相比于概括式而言范围限制会比较明显,这也给创业板借壳上市的合适资产划分了较为明确的范围。而证监会在 2019 年《〈关于修改《上市公司重大资产重组管理办法》的决定〉的立法说明》中也明确指出未来会指导深圳证券交易所根据实践情况明确相关“高新技术产业和战略性新兴产业资产”目录指引。

这一设置在稳定创业板并购重组交易秩序的同时,也很好地激发了中小企业借壳上市的积极性,在一定程度上可以进一步促进创业板的并购融资功能,使部分创业板企业注入优质资产后焕发活力,最终进一步激发交易市场活力。同时,这部分功能和科创板上市功能也有一定程度的竞合,以后从事高新技术产业和战略性新兴产业的企业不仅可以选择科创板上市也可以选择创业板借壳上市,给予这类企业更多的选择,有利于做活市场。

(四)恢复重组上市配套融资

修改内容:第 44 条第 1 款修改为:“上市公司发行股份购买资产的,可以同时募集部分配套资金,其定价方式按照现行相关规定办理。”修改前后对比见表 3 - 11 - 4。

表 3 - 11 - 4 修改前后对照

2016 年《重组管理办法》	现行《重组管理办法》
第 44 条第 1 款 上市公司发行股份购买资产的,除属于本办法第十三条第一款规定的交易情形外,可以同时募集部分配套资金,其定价方式按照现行相关规定办理	第 44 条第 1 款 上市公司发行股份购买资产的,可以同时募集部分配套资金,其定价方式按照现行相关规定办理

解读:上市公司在发行股份购买资产的同时募集配套资金是很常见的行为,但对于借壳上市而言,募集配套资金是否被允许也是经历过变动的。在 2016 年《重组

管理办法》修订以前，借壳上市也可以募集配套资金只是不得以补充流动性为由进行募资。但在2016年修订的《重组管理办法》中，借壳上市募集配套资金被限制了，从技术层面来看，这和2016年设置七大指标限制借壳上市是具有协同效应的，因为当时交易中存在上市公司实际控制人认购配套融资以提高其控制比例；或上市公司实际控制人提前认购标的公司权益，以降低标的公司实控人（上市公司收购人）的认购上市公司股份的比例等情况。在配套融资上设置限制后，完全阻断了借壳上市的路径。

现行《重组管理办法》在放开借壳上市的规定下，配套融资作为一项上市公司配套再融资措施也被同步放开，这也是一种协同效应。恢复重组上市再融资有利于上市公司在重组过程中改善现金流，通过融资手段为企业经营活动提供更多的资金支持。

此前受到再融资新政和减持新规的影响，2017年以来非公开发行企业数量显著减少，其中2019年1～4月增发合计实施91家，融资总额合计2490亿元，公司数量和融资规模较2018年同期分别下降32.09%和18.31%，本次恢复重组上市的配套融资也是再融资政策放松的一部分，随着相关政策的逐步放开，相信未来再融资市场会逐步恢复。

（五）加强重组业绩承诺监管

修改内容：第59条增加一款，作为第2款："交易对方超期未履行或者违反业绩补偿协议、承诺的，由中国证监会责令改正，并可以采取监管谈话、出具警示函、责令公开说明、认定为不适当人选等监管措施，将相关情况记入诚信档案。"

解读：值得注意的是，本条修订在2019年6月20日公布的《重组管理办法》征求意见稿中并没有明确，是后来补充的一条修订条款。从本条修订也能看出未来证监会会更加注重对于重大资产重组的交易对方履行相关承诺的监管，监管关注点在未来可能不再局限于业绩承诺，还会拓展到其他内容的承诺，这也是证监会完善"全链条"监管机制的步骤之一。

三、现行《重组管理办法》修订的意义

现行《重组管理办法》在一定程度上放开了上市公司并购重组的部分限制，也有条件地放开了借壳上市的限制，一方面有利于支持优质资产注入上市公司，为上市公司提质增效注入新鲜血液；另一方面经营较差的公司可通过相关子公司的资产注入，实现债务重组，提升质量重获新生。创业板借壳的放开将极大地提升创业板质量，促进市场的优质发展。

但是在重组上市部分条件放开的同时,现行《重组管理办法》也带来了严格的监管,从交易对方业绩承诺的监管就能明显看出未来的监管趋势将走向全面化、全链条。此外,对于炒壳行为,现行《重组管理办法》并没有释放出任何一点鼓励的信号,这意味着未来证监会将继续对炒壳、内幕交易、操纵市场等资本市场违规行为进行严厉打击,绝不放松。通过张弛结合的方式,一方面鼓励合法合规的并购重组行为,另一方面打击恶意的资本市场违规行为,促进上市公司质量提升和资本市场稳定健康发展。

本次《重组管理办法》的修订,也体现了上层建筑为经济基础服务的基本规律。市场在不断变化,市场需求以及各方主体的需要也随着国际形势、国内环境的变化而不断发生变化。监管政策对经济与市场的相关行为起着引导作用,也会随着市场的实际情况变化而进行一定的调整,最终目的都是把资本市场建设好、发展好、维护好。经过上一轮的严监管,如今的市场生态出现了明显改善,这也为今后我国资本市场的进一步繁荣铺好了发展路径。

(本文成文于2019年10月,修订于2020年6月)

商业银行市场化债转股法律问题与对策

朱　峰

债转股,全称“债权转股权”,指债权人将其对债务人享有的有效合法债权转换为对债务人的投资,由此增加债务人注册资本的法律行为,其中包括债权的消灭以及股权的产生两个法律关系。债转股作为债务重组的一种方式,在实践中早已有之。1999 年,为了拯救国内一批存在债务危机的国有企业,国家有针对性地实施了政策性债转股。然而,该种政策性债转股方式无论是在立法配套,还是具体施行方面都存在一定缺陷,实施效果并不理想。

有鉴于当前国内外经济形势下行、企业经营风险高发、银行不良率高企的客观现实,不良资产处置仍是我国银行业改革和发展过程中面对的重要问题。

2016 年 10 月 10 日,国务院发布《关于积极稳妥降低企业杠杆率的意见》,提出有序开展市场化银行债权转股权等七项降杠杆措施,并以附件形式提出了《关于市场化银行债权转股权的指导意见》。该指导意见指明了市场化债转股的基本原则,即市场运作、政策引导,遵循法治、防范风险,重在改革、协同推进。随着这两个文件的发布,一系列支持新一轮债转股的配套政策相继出台。

区别于此前债权银行申报、国家主管部门核定额度、资产管理公司直接持有股权等政策性债转股模式,此次债转股最显著的特点是完全遵循市场化原则,以市场调节为基础,政府调节为补充,使市场在资源配置中起决定性作用。总结历史经验和问题,对探索当前市场化债转股的实施路径具有重要的现实意义。

一、两类债转股模式之比较分析

目前,债转股在实际运用中主要体现为两种类型:一类是政策性债转股,即我国于 1999 年开始实施的国有企业债转股,此类债转股是在政府的指导和干预下推动实施的,债转股企业选择带有较强的政府选择倾向,其目的主要是帮助国有企业减轻债务负担,走出困境;另一类是市场化债转股,即在市场经济环境下,债权方选择以合理的对价接受债务方的股权抵偿其所欠自身的债务的行为。上述两类债转股从本质是一致的，都是用债务人的股权抵偿债权人的债权，不同之处在于实施债转股的企业选择是政府干预确定还是通过市场行为自发产生。

（一）两种债转股方式的相同点

1. 基础原因相同。商业银行不良资产居高不下和国有企业高负债经营，银企债务问题是社会经济生活的焦点，这是国家推出债转股政策的基础原因。当前，经济下行的压力仍然较大，钢铁、煤炭等行业产能严重过剩，去库存任务十分艰巨，企业经营举步维艰，企业负债高企，偿债能力正在下降或丧失。与此同时，商业银行等债权人不良贷款率不断攀升，金融风险持续增大。

2. 政策目标相同。政府出台债转股政策希望达成一石二鸟的政策目标，既减轻债务企业债务负担，扭亏为盈，优化债务企业资本结构；又盘活商业银行等债权人的不良资产，防范和化解金融风险。

（二）两种债转股方式的不同点

1. 侧重点不同。1999 年政策性债转股价值取向的侧重点为保全四大国有商业银行的不良债权，从政策层面积极支持国有大中型企业改制和脱困。2016 年债转股价值取向的侧重点是逐步降低企业的杠杆率，保护商业银行等债权人的利益。

2. 调节机制不同。1999 年债转股由政府主导，以国家调节为主。1999 年政策性债转股的具体运作，主要采取行政手段，债转股企业的范围和基本条件、债转股额度、债转股对价等都由行政干预，为以后股权退出的市场化运作设置了种种障碍。2016 年债转股充分发挥市场机制的作用，以市场调节为主，债转股企业的范围和基本条件、债转股额度、债转股对价等都由债权人和债务企业协商一致确定。

3. 债转股的主体和范围不同。1999 年债转股的债权人只包括四大国有商业银行分别成立的金融资产管理公司和国家开发银行，债务企业仅限于国有大中型企业，债务范围仅包括 1995 年及以前年度四大国有商业银行、国家开发银行对特定范围内国有企业的逾期不良贷款；1999 年 7 月 30 日国家经贸委、中国人民银行发布的《关于实施债权转股权若干问题的意见》还专门规定了实行债转股的企业范围和基本条件。2016 年债转股扩大主体范围，不但适用于债权银行和债务国有企业之间，而且还适用于所有的债权人和债务企业之间；债务范围则包括所有债权人和债务企业之间的债务。

二、新一轮债转股实践中面临的主要问题

新一轮债转股的主要方向是优化经济结构、转换增长方式、提高供给质量，因

而具有市场化、法治化的新特点。但随着新一轮债转股的推进,落地难的问题逐渐暴露出来。各大商业银行尽管签订的协议多,各个项目的实际进展却不容乐观,落地金额远低于协议金额。据中国人民银行统计,截至2019年年末市场化债转股投资规模超1.4万亿元,但实践中部分债转股项目的执行情况并不乐观。

出现上述现象的直接原因:一方面,大多数市场主体尤其是商业银行仍处于观望阶段;另一方面,市场化债转股在配套的法律法规、配套机制、利益协调、模式设计、退出机制等方面都存在问题。主要体现在以下五方面。

(一)商业银行不能直接持股

我国《商业银行法》第43条规定:"商业银行在中华人民共和国境内不得从事信托投资和证券经营业务,不得向非自用不动产投资或者向非银行金融机构和企业投资,但国家另有规定的除外。"因此,在1999年推行政策性债转股时,基于对银行经营范围不宜扩大的考虑,国务院在债转股实施过程中设定了中间环节,即银行对债务企业实施债转股后,不能直接持有债转股,而是由相应的四大国有资产管理公司代持,后来虽然有所改变,但并无明确的法律规范予以指导,致使一直以来,监管机构对债转股的实施一直予以限制,商业银行也无从入手。2016年10月10日,国务院《关于市场化银行债权转股权的指导意见》中仍旧延续了政策性债转股的操作方式:"银行将债权转为股权,应通过向实施机构转让债权、由实施机构将债权转为对象企业股权的方式体现。"笔者认为,这种方式将会导致债转股最终目的实现效率较低,而将债转股市场的参与主体定为商业银行其实更具优势。

主要理由如下:

第一,从该法的立法背景与当今的域外立法例看,我国《商业银行法》颁布于1995年,历经二十余年的经济情势变迁,其立法内容因时过境迁已经显现出修改的必要。中共中央、国务院2016年发布的《关于深化投融资体制改革的意见》"四、创新融资机制,畅通投资项目融资渠道"中的"(十)大力发展直接融资"中已经明确指出:"大力发展直接融资……开展金融机构以适当方式依法持有企业股权的试点。"从域外相关立法例看,德国、法国、日本均允许银行持有企业股份;日本《禁止垄断法》允许银行持有企业5%以下的股份;美国对此虽然倾向于禁止,但当企业进行债务重组时,银行也可以持有企业的股份。

第二,从我国《商业银行法》第43条的字面含义上看,立法所限制的或许仅为银行的主动投资行为,既非针对被动的、暂时的股权持有行为,也非针对破产重整程序中基于债权分组表决以及法定的表决规则而形成的作为代物清偿的被动投资。因为按照《商业银行法》第42条的规定,如果对银行债权设定的质押标的采用公司股权质押的方式,并且按照事后流质或者绝押的方式实现质押权的结果是银行仍会沦为企业股权的持有者。

第三,从我国《商业银行法》第 43 条立法目的的实现途径上看,其本意未必在于彻底禁绝商业银行的债转股,而是鼓励采取间接方式实施债转股。这可从相关政策文件中得到印证。国务院《关于积极稳妥降低企业杠杆率的意见》(国发〔2016〕54 号)第 16 条指出:"鼓励多类型实施机构参与开展市场化债转股。除国家另有规定外,银行不得直接将债权转为股权。银行将债权转为股权应通过向实施机构转让债权、由实施机构将债权转为对象企业股权的方式实现。鼓励金融资产管理公司、保险资产管理机构、国有资本投资运营公司等多种类型实施机构参与开展市场化债转股;支持银行充分利用现有符合条件的所属机构,或允许申请设立符合规定的新机构开展市场化债转股……"①

(二)债转股的配套机制不够完善

本轮债转股的核心特征是市场化,但与之配套的市场机制并不完善。以业界较为关心的债转股定价机制为例,目前针对转股定价仍是由银行与各个转股企业逐一谈判,没有独立的第三方评估机构和成熟的债转股定价、交易市场,这影响了债转股的效率。

此外,商业银行在债转股后如何参与企业经营也面临困境。从市场化的角度看,债转股后,商业银行作为企业股东理应取得一部分对企业的控制权和决策权;但从专业性看,商业银行并没有了解企业经营的人才,转股后银行股东权利的保障有待研究。按照债转股操作流程,商业银行对不良贷款实施债转股后,可向债转股企业派出董事及监事参加董事会及监事会,但不参与企业的日常生产经营活动,其派出的代表董事及监事仅参与企业重大决策。这无疑是对股东权的扭曲,也是对公司内部治理权的异化构造。金融资产管理公司远离企业的经营,这不但违背权利义务相称原则,也违背了国际上配置公司治理权的一般规则。

(三)各方主体在利益博弈中经常出现逆向选择情况

市场化债转股的主要目标是具有良好发展前景,但现阶段暂时处于债务困境的优质型企业,包括以下三种类型:一是由于所处行业周期波动陷入债务困境,但有望逆转的企业;二是战略性新兴产业领域中,由于高负债导致财务负担过重的成长型企业;三是产能过剩的关键性企业以及有关国家安全的战略性企业。同时,企

---

① 韩长印:《破产法视角下的商业银行债转股问题——兼与王欣新教授商榷》,载《法学》2017 年第 11 期。

业自身需制定完善的企业发展战略、发展目标、改革方案和改良计划，并能够保证良好的信用状况。

虽然政策规定了本轮债转股对象企业的类型，但在实际执行过程中，政府、企业和商业银行的道德风险与逆向选择均会对债转股对象的选择产生影响。地方政府出于对本地区经济体量及就业水平的考虑，或许会对银行施加压力，要求商业银行对一些经营不善、产能过剩、发展前景堪忧的国有企业实施债转股。而商业银行作为营利性机构，有一定动机将部分正常类贷款或者不符合规定的不良贷款实施债转股，通过市场化的方式将风险转移给社会投资者，降低自身风险，继而在公开市场上获得更高的股权溢价。对企业来说，优质企业为了获得资金支持，享受债转股的政策红利，可能通过对财务及经营状况进行篡改，使原本优质的资产变为不良资产以满足债转股的条件并从中获利；而“僵尸企业”可能通过刻意逃债或篡改企业财务及经营状况，以求搭上债转股的“便车”。如渤海钢铁、广西有色和东北特钢在推进债转股方案时受到债权人的否决，原因是其有利用债转股逃债的意图，债权人认为被动接受成为股东很可能造成更大的损失。①

银行等实施机构难以辨别并筛选出符合政策规定的企业，若对不符合政策规定的企业进行债转股，不仅有违市场化债转股的初衷，同时会滋生更多的不良资产，使银行甚至金融市场面临更大的风险。因此，如何筛选合适的企业成为实施债转股的重要且关键的问题。

（四）多为明股实债，偏离降低企业杠杆率的初衷

债转股的企业资产负债率高，经营利润所得不足以偿还借款，存在经营能否持续的风险。目前，我国有很多企业面临投资回报率低于债务成本的问题，甚至有些企业不得不借新债还旧债来维持经营，是名副其实的“僵尸企业”。目前已签约的债转股项目名股实债并不鲜见，协议通常约定债转股后享有固定收益和到期回购条款，也就意味着债转股企业或其股东要在 5～7 年后把银行转股的股权买回去。对企业而言，实质上只是将短期债务置换为长期债务，企业实际资产负债率和债务成本并没有降低，偏离了债转股的初衷；而且在实际操作中，很可能存在“抽屉协议”，容易引发股权不稳定和法律纠纷。②

对于这些明明经营状况不好，到期不能还债的企业为何不采取破产清算的方式，让其退出市场，减少资源滥用并维护市场秩序呢？实务中，商业银行往往迫于行

---

① 参见中国社会科学院研究生院金融理论与政策课题组：《市场化债转股的问题与对策——以陕煤化集团为例》，载《银行家》2018 年第 4 期。

② 参见庄建伟：《市场化债转股若干问题浅析》，载《煤炭科技》2018 年第 1 期。

政权力干预的压力抑或出于自身利益的考量，采取明股实债的方式，实施假转股真债务的债转股。

（五）退出机制不够完善

债转股作为商业银行一种暂时性调节工具，其目的是降低企业负债率，减少自身的不良贷款，在企业经营业绩转好时择时退出，以获得股权溢价。从经营的角度来讲，商业银行并非专业的战略投资者，如无合理的退出机制，则不可避免地增加了银行介入企业后的担忧及顾虑。

当前我国在债转股的退出机制中仍面临着以下问题：第一，虽然我国资产证券化业务在近几年发展迅速，但债转股资产证券化率其实并不高，股票市场对于该类股权的投资认可度亦不高，容易造成股权流动性不足；第二，对于转股后仍经营不善的企业，实施机构会要求企业回购股票，届时必定折价回购，而这会使企业再次陷入债务困境并且极有可能万劫不复；第三，由于私募基金对转股企业并不热衷，投资非上市公司的债转股积极性不高，使股权转让困难。因此，优化退出机制是在进行债转股时需要时刻关注的问题。

三、完善商业银行市场化债转股的主要对策

（一）明确债转股的根本目的，坚持市场化运作，完善市场运行机制

实行债转股应当以解决企业自身的盈利能力作为首要的目标，只有这样才能真正实现商业银行不良资产比率较高的问题。当前我国经济正经历增长放缓，经济呈L形增长模式的新常态，企业去产能、去库存、去杠杆，降成本成为亟须解决的问题。商业银行应当通过债转股，引导企业合理利用并提高资金的利用效率，加强企业的经营管理，完成从亏损到实现盈利的转变。

市场化债转股是国家逐步降低企业杠杆率，促使企业转型升级的一项重要举措，其目的是要发挥市场机制的调节作用，增强企业创造创新活力。地方政府在债转股协议中提供的承诺和担保，一方面会导致商业银行等债权人弱化对债务企业法人治理结构的改善；另一方面也会诱使更多的债务企业争夺债转股这一免费的午餐，导致债务约束力进一步弱化。政府应该减少其在债转股实践运作中的影响，减少行政干预，弱化政府在债转股实践中的作用。坚持政企分开，按市场机制办事，减少政府对债转股的不当干预，杜绝“拉郎配”现象。因此，实施市场化债转股，必须坚持自治、平等、公平、诚实、信用等基本原则，遵循市场经济规律。商业银行等债权人通过与债务企业协商一致的方式进行债转股，而不是采取行政干预的方式债转股。

（二）完善相关法律制度

良好的顶层设计是保障债转股成功实施的重要基础，既有利于债转股规范化运作，防范道德风险；也有利于银行、企业和相关利益方在推进债转股过程中有法可依、有章可循，避免违法违规风险。

笔者建议，尽快修订和完善《商业银行法》等法律制度，允许商业银行直接持股，对债转股的价格、可持有单个债务企业的股权比例和债转股的退出机制等作出具体规定。因为从国内外实践来看，允许商业银行持股已是大势所趋，与其设立市场化债转股的专业机构持股，还不如由商业银行直接持股，并在内部设立市场化债转股的专门部门负责具体工作。我们应当从政策性债转股的实践中汲取经验，减少中间环节的复杂程序，发挥商业银行作为债转股主体存在的信息优势。

此外，建议由中国人民银行牵头制定《关于实施债转股的指导意见》，进一步明确债转股的主要目的、债转股企业的基本要求、债转股的运作模式、银行持股比例限制及监管要求、转股后参与企业经营决策的权利和义务、股权退出和处置方式等。

（三）完善相关配套政策及监管规则

各部门在发布支持新一轮债转股的意见后，应继续推出具体方案，支撑并规范新一轮债转股业务的开展。现有政策存在模糊的地方也应该进一步清晰，为债转股参与方的决策提供依据。商业银行应加快新设债转股专门机构的建设，使其充分发挥作用。在五大商业银行新设机构相对成熟后，监管层也可以适度下调对中小银行新设专门机构的限制。此外，还要加快相关配套市场机制的建设，为新一轮市场化债转股提供更多的可用工具。

此外，政府部门还应完善监管规则，主要措施为：一是制定透明化的监管规则，积极引入利益相关方参与规则制定，及时向社会公众宣传和解读，鼓励社会共同监督债转股的具体操作过程。二是加强各项宏观政策的协调配合，为推进各项改革任务创造稳定的货币环境。三是发挥政府性产业投资基金的引导作用，同时积极引入社会资本参与债转股业务，积极吸引社会资金完成对处置企业的股权投资，直接承接银行债务。在财政资金日趋紧张的情况下，不再使用财政资金或国家信用为相关公司融资。四是积极试点积累经验，把符合产业政策和转型升级方向的企业作为试点的核心对象，积累新常态下稳妥推进债转股的有益经验。

（四）严格筛选目标企业

在推动债转股政策实施的前期，要制定科学的指标，对目标企业进行严格筛选,向自身有能力盘活资产、实现可持续运营的企业倾斜。① 评估过程中,可设定能够有效衡量企业发展状况的会计指标,如目标市盈率,目标净利润环比、同比增长率,目标资产负债率等。此轮债转股的目标企业集中于产能过剩行业,包括涉及基建、国家安全的资本密集型行业和科技含量高、发展前景广阔、引领社会未来发展方向的高新技术行业。前者对固定资产要求较高,需要长期资金进行基础设施建设;后者拥有核心竞争优势,需要周期性资金研发核心技术。故在考核对象企业的过程中,应考虑企业所在行业的特点以及自身主营业务的周期性,以量身定做的指标激励企业进行精细化自我管理,促进其良性发展。

(五)建立健全市场退出机制

股权的退出是债转股链条的最后一个环节,也是决定债转股能否在去杠杆和调结构中有效发挥作用的关键。不管是何种债转股模式,都需要与股权退出相匹配的市场化定价机制和参与者。

为此,一是不能忽视传统方式在股权退出机制的作用,诸如股权回购、管理层收购等传统方式相较于上市退出方式,难度系数比较低、程序比较简单,同时能够通过合同要约形式明确企业回购或收购条件,给银行以较为稳定的预期。二是通过多层次资本市场建设来完善股权退出的市场化定价机制和转让渠道,除了主板、中小板和创业板之外,还要注重发挥新三板和区域股权交易中心的作用,建议在区域股权交易中心引入做市商制度,提高市场流动性。三是引导私募股权投资基金积极对接债转股资产。四是探索建立优先股流通转让机制,从国家积极推进发展股债混合型融资工具来看,建立优先股流通转让机制的可能性在不断提高。②

(六)完善法人治理结构

企业陷入债务困境的根本原因在于治理结构的不完善、低效率,市场化的债转股必须改善和完善公司的治理结构。债转股的直接后果是增资扩股,债权人作为新股东,应与原股东精诚合作,积极促使债务企业所有权和经营权分离,不断提高

---

① 国务院《关于市场化银行债权转股权的指导意见》指出:“市场化债转股对象企业应当具备以下条件:发展前景较好,具有可行的企业改革计划和脱困安排;主要生产装备、产品、能力符合国家产业发展方向,技术先进,产品有市场,环保和安全生产达标;信用状况较好,无故意违约、转移资产等不良信用记录。鼓励面向发展前景良好但遇到暂时困难的优质企业开展市场化债转股,包括:因行业周期性波动导致困难但仍有望逆转的企业;因高负债而财务负担过重的成长型企业,特别是战略性新兴产业领域的成长型企业;高负债居于产能过剩行业前列的关键性企业以及关系国家安全的战略性企业。禁止将下列情形的企业作为市场化债转股对象:扭亏无望、已失去生存发展前景的‘僵尸企业’;有恶意逃废债行为的企业;债权债务关系复杂且不明晰的企业;有可能助长过剩产能扩张和增加库存的企业。”

② 参见邓舒仁:《债转股的实践经验、问题和对策研究》,载《浙江金融》2016 年第 4 期。

经营管理水平，从而达到提升企业价值的最终目标。债权人作为股东既要监督，又要管理，积极行使股东权利；既可以通过委派代表参加董事会、监事会行使重大决策的权利，又可以通过选择管理者的方式介入债务公司日常的生产经营管理，真正实现股东会、董事会、监事会互相配合、互相监督的公司治理，最终实现债权价值回收最大化的目的。

（七）增强激励约束

由于参与债转股的大部分是国有企业，其管理层人事任免大多依靠行政命令，因此很多金融资产管理公司（Asset Management Corporation，AMC）虽持有企业股票，管理权却得不到落实。政府应减少对国企公司治理的过多行政干预，强化AMC出资地位以及出资额对应的管理权，如此更有利于促进企业改进管理方式，提高经济效益。另外，政府相关部门应建立科学有效的考核机制，对AMC实施硬性约束，激励AMC主动加入企业的运营管理与监督。首先，政府应组织财政部门或社会中介机构开展资产核查工作，可以不良资产的实际价值作为AMC经营效率的衡量指标；其次，金融监管机构应对规模、业务相似的AMC进行排名，对于绩效较好的机构进行奖励，对于绩效较差的机构进行惩罚，打破原有的大锅饭式分配制度，通过利益考核机制提高AMC效率。

（八）引入保险机制

可以引入保险机制对债转股项目的日常运营、投资规划、投后管理过程中的风险进行覆盖，为参与各方的利益提供保障。资管公司可以加强和保险公司的合作，针对项目周期设立中长期投资规划，通过对项目的评估预计其成功的可能性，对该项目的兑付性和回购差额进行投保。在项目成立前期，企业可按一定比例向保险公司缴纳保险费；当项目结束时，若盈利能力未达到约定指标，或发生经营危机、面临破产倒闭，保险机构可向资管公司提供一定的财务救助或对其损失进行全额赔偿，加大退出资金的安全垫厚度。[①]

四、结语

债转股是市场化、法治化去杠杆的工具之一，同时是一项高难度、高成本、较复杂的长期性系统工程，需要循序渐进地不断向前推进。但实施过程中一定要切实贯彻市场化原则，即充分尊重债权人、投资人（股东）的自主意愿，切忌行政化地进

---

① 参见中国社会科学院研究生院金融理论与政策课题组:《市场化债转股的问题与对策——以陕煤化集团为例》，载《银行家》2018年第4期。

行指标分配。用好了这一市场工具可以换来一个健康的发展机制，优化中国的经济结构；用不好会成为逃废债的盛宴、寻租设租的新工具。国家应抓紧制定和完善相关配套法律法规和措施，使债转股市场机制运行规则化、制度化，以保证债转股的顺利实施。

（本文成文于2018年7月）

上市公司破产重整价值之判断体系

朱 峰 胡子豪

一、问题的提出

近年来,我国社会主义市场经济的增长模式已由过去的高速增长转为高质量增长,然而,经济运行的周期性以及结构性问题在发展过程中亦逐渐凸显,加之国际经济形势整体下行以及中美贸易摩擦等外部不利因素影响,我国经济结构在转型调整的过程中阵痛明显,不少A股上市公司业已存在资产负债率居高不下的状况,因经营不善、扩张过快而陷入财务困境的上市公司亦呈现迅速增长之势。

截至2020年2月29日,沪深两市已有76家A股上市公司自行申请或被债权人申请破产重整,其中59家已被法院裁定执行完毕。① 在此过程中,也存在一些申请破产重整的上市公司被法院依法转为破产清算或撤回重整申请或重整计划未通过的情况。如何确认陷入债务危机的上市公司应当破产重整还是破产清算?作出相应判断所依据的价值判断体系应如何构建?本文将围绕该问题进行初步论证,以期为上市公司、债权人、法院、管理人、重整投资人等相关方对破产重整价值判断事项提供决策参考。

二、破产重整价值判断的基础思维

破产重整的价值判断其实是一个综合性的工作,不仅涉及法律思维,也涉及会计学思维、社会学思维等一系列的基础思维。综合、全面、系统地把握上述思维在重整价值判断中的地位与作用,是认识与理解破产重整价值判断体系的基础。

就法律思维而言,维护破产重整的公平、正义是核心价值。自2007年我国《企业破产法》正式施行至2019年2月最高人民法院《关于适用〈中华人民共和国企业

---

① 该数据为笔者自行收集、整理得出。

破产法〉若干问题的规定(三)》的出台,其具体的制度设计都能体现我国的企业破产制度越来越注重对多方利益主体的权益保护,并逐步增强对各方利益平衡相关机制的构建。我国破产法律制度对于破产重整价值的判断是从保护多方利益主体的公平、正义角度出发的,①而并非以仅仅关注债权人一方利益的保护为中心。

就会计学思维而言,成本效益原则(Cost Benefit Principle)的核心观念是一项活动的收益必须大于其成本。破产法范畴内各主体之间的行为实质是一种交易,而该种交易在耗费资源的同时,并不能如同生产活动那般直接产生社会财富创造效益,它的作用是制止社会财富被浪费。那么在这一特殊交易中,至少应当符合卡尔多—希克斯效益观(Kaldor – Hicks Principle),即一项交易在满足交易双方的利益时,第三者的总成本不超过交易的总收益,或者说从结果中获得的收益完全可以对所受到的损失进行补偿。②

就社会学思维而言,基于社会控制理论的原则,有必要在维护社会稳定和安置好员工以免造成社会混乱、无序状态的前提下对企业的相关行为进行规制,破产重整也适用该理论,尤其是上市公司涉及员工人数众多,一旦进入破产程序必然会引起员工恐慌情绪,易引起混乱。在此情形下,在对上市公司破产重整进行价值判断时必定会有相应的考量。

三、破产重整价值判断的基本要素

破产重整的价值判断涉及多种基本要素,其中判断主体与判断客体是最基本的两个要素,之后才是遵循判断原则、依据判断标准,最后通过价值判断实现判断目标。上述五大要素缺一不可,共同构成了破产重整价值判断的一整套体系。整个价值判断流程应当是相互衔接的,参见图 3 – 13 – 1:

① 郑功成:《中国社会公平状况分析——价值判断、权益失衡与制度保障》,载《中国人民大学学报》2009 年第 2 期。

② 宋小维:《破产法的成本与效益》,载《北京科技大学学报》(社会科学版)2000 年第 4 期。

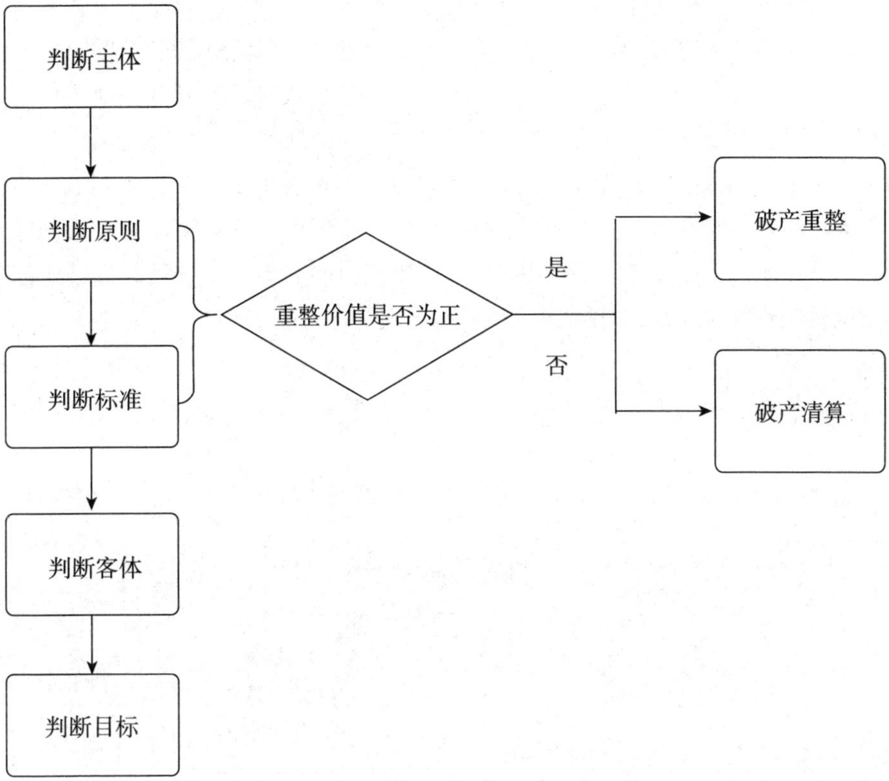

图 3－13－1　破产重整价值判断体系框架

（一）判断主体

判断主体的涉及面较为广泛，尤其是上市公司的破产重整较非上市公司的破产重整其影响的人员范围更加广大。判断主体主要包括人民法院、管理人、股东、债权人、债务人、职工、重整投资人、政府、证券监管机构以及证券市场的投资者等。①以上市公司川能动力破产重整案（原"川化股份"，证券代码：000155）为例，2016 年 2 月 15 日川能动力因不能清偿到期债务且资产不足以清偿全部债务，被债权人四川省天然气投资有限责任公司向成都市中级人民法院申请破产重整，成都市中级人民法院指定某律师事务所担任该案管理人。管理人与主要股东、债权人、重整投资人、职工、政府、四川省证监局进行沟通后，制定了《重整计划》交由债权人会议与出资人会议表决并在随后提交法院裁定批准。

① 杜坤、周含玉：《破产重整公司治理结构逻辑分析——以利益相关者间利益冲突为视角》，载《西南政法大学学报》2014 年第 4 期。

结合川能动力的重整程序来看，一般上市公司破产重整的判断主体大致包括债务人、债权人、政府、证券监管机构、职工、股东、管理人、重整投资人、人民法院等。进入破产重整程序后，上述判断主体会根据自身的利益追求与其他判断主体进行协商、磨合，从而推动各主体之间综合利益的最大化。此外，这一判断过程中由于上市公司可能面临重整失败的退市风险，所以也会影响到中小投资者的利益。该主体虽无法直接参与到破产重整的价值判断过程中，但作为判断主体之一的证券监管机构会出于保护投资者利益的考虑而将其利益在价值判断中进行体现。上述主体之间的关系较为复杂，参见图3－13－2。

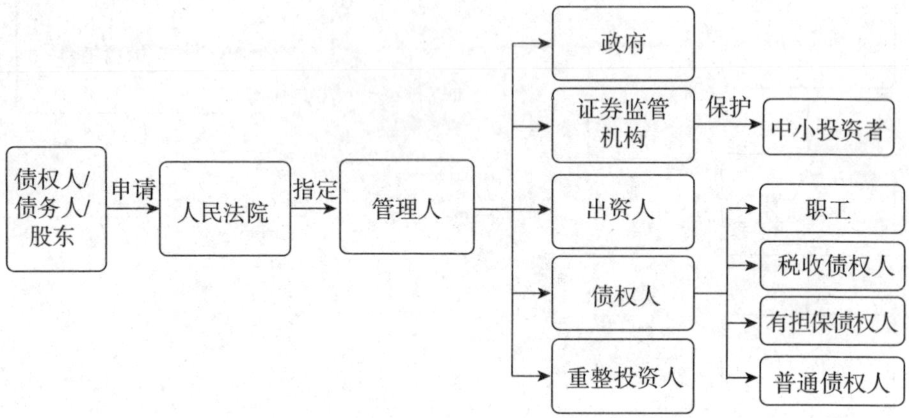

图3－13－2 判断主体在破产重整价值判断中的相互关系

(二)判断客体

从成本收益分析的角度来说，判断客体实质上就是对于破产重整企业进行重整的投入与重整后产生的经济价值的对比，也即重整价值。破产重整价值判断是建立在破产重整价值评估的基础上，而其评估的重点其实是考虑破产重整与破产清算二者带来的不同收益之间的对比，这一对比是破产重整价值判断中的定量因素。[①] 当然，这一定量因素主要还是为了匹配法院对破产重整计划的批准要求，而其他主体有着各自不同的判断方法。前述计算方式如图3－13－3所示。

---

① 栾甫贵、张丽群：《公司破产重整价值评估的环境约束及其理论框架》，载《商业会计》2010年第6期。

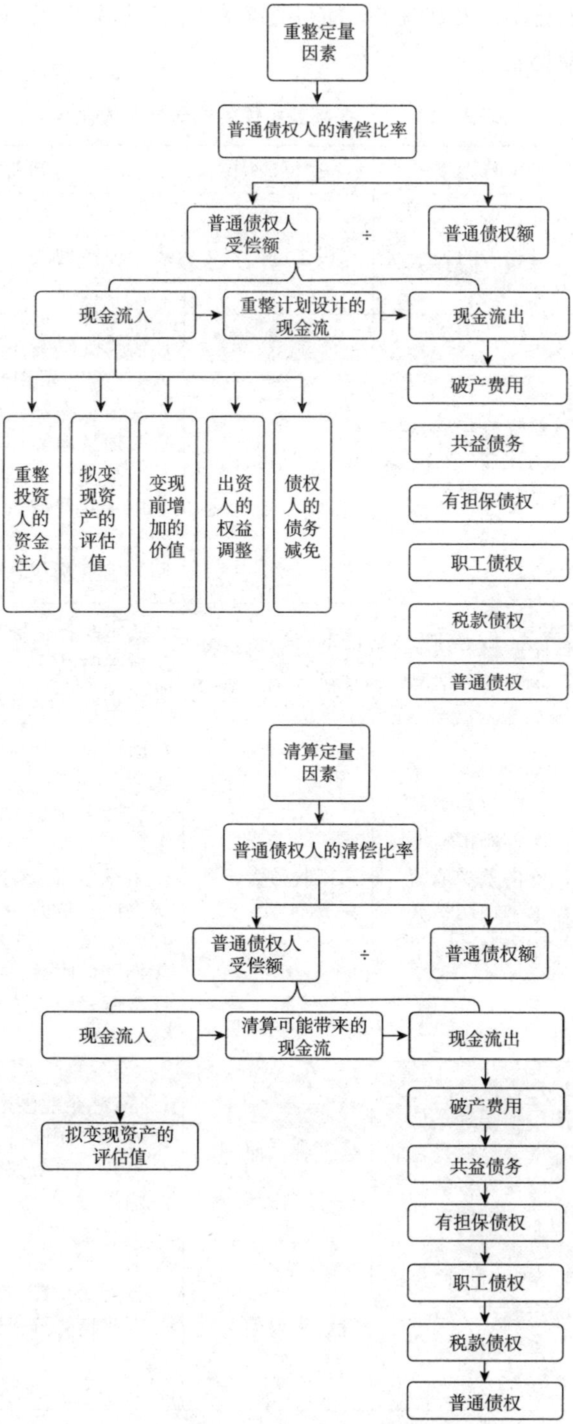

图 3－13－3　破产重整价值判断中的定量因素

实务中,从上述不同的判断主体的利益需求出发,其对判断客体作出的判断方法是不同的,详情见表 3 - 13 - 1。

表 3 - 13 - 1　各判断主体的具体判断方法

判断主体	影响因素	遵循原则	判断方法
大股东、实际控制人	企业财务状况、与自身相关的关联债务	积极推进	现金流折现法
普通债权人	重整收益与清算收益的比较(受偿率高低)	受偿率最大化	1. 清算受偿率:[清算财产变现收入 -(破产费用 + 共益债务 + 有担保债权净额 + 职工债权净额 + 税收债权净额)]/普通债权总额 2. 重整受偿率:重整收入 -(破产费用 + 共益债务 + 有担保债权净额 + 职工债权净额 + 税收债权净额)/普通债权总额
管理人	1. 企业财务状况 2. 企业经营情况	重整计划可行性原则	1. 成本法评估资产 2. 重整收益大于清算收益 3. 经营问题可得到进一步改善
重整投资人	1. 自身购买需求 2. 价格承受范围 3. 未来预期收益 4. 购买偏好	未来收益大于购买成本	1. 破产企业与自身业务是否有相关或互补性 2. 破产企业是否具有战略投资价值 3. 未来收益:未来现金流折现 + 实物期权价值 4. 购买成本:投入资金 ×(1 + 十年期国债收益)+ 风险补偿(债权评级所对应的违约概率 × 公司净资产规模)
法院	1. 是否符合法定破产重整受理条件 2. 重整计划是否能够满足大多数利益相关方的要求	公平补偿原则	1. 符合《企业破产法》规定的相关实体与程序性要求 2. 公共利益最大化与社会稳定的原则
政府	1. 企业对地区经济的贡献大小 2. 企业所在行业未来趋势	社会利益最大化	1. 收入法核算 GDP 2. 行业趋势分析法判断行业发展趋势

续表

判断主体	影响因素	遵循原则	判断方法
证券监管机构	对中小投资者的不利影响	投资者利益优先	1. 上市公司是否按照相关规定进行公告、停牌与复牌 2. 是否与中小投资者充分沟通后对让渡股权进行相应计划

此外，抛开量化的评估价值之外，也需要从定性因素出发对重整价值进行判断，这一分析虽然没有量化因素那么直观，但是也在实务中发挥着重要的作用。从定性因素分析，主要考虑以下几个方面：

1. 企业所处行业前景及市场状况

以上市公司中核钛白破产重整案（证券代码：002145）为例，2011 年 11 月 30 日中核钛白被债权人提起破产重整，并在第二年 7 月 31 日被法院裁定批准重整计划。这其中有两大重要原因：一是中核钛白自身尚有较好的机器设施、装备，具有重整的价值；二是由于当时的市场对于其主要产品钛白粉等化工原料尚有一定的容量与需求，公司并没有产能过剩，未来的行业及市场经营态势决定了其潜在的重整价值。由此也可以看出行业及市场状况对于部分生产型企业破产重组价值判断的重要定性影响。

最高人民法院 2009 年发布的《关于正确审理企业破产案件为维护市场经济秩序提供司法保障若干问题的意见》中指出："对于虽然已经出现破产原因或者有明显丧失清偿能力可能，但符合国家产业结构调整政策、仍具发展前景的企业，人民法院要充分发挥破产重整和破产和解程序的作用，对其进行积极有效的挽救。"由此也可以看出对于有行业前景的企业，国家也是鼓励并支持其进行债务重组并继续发展经营的。

2. 政府的支持程度

很多国资控股的上市公司中，在企业成立、运营过程中，得益于中央或者地方政府的扶持，往往发展得较快、较好，在遇到资不抵债或现金流断裂等情况时，也往往会得到政府的援手，得以脱离困境。在这种情况下，政府对上市公司的破产重整持有的态度以及相应的帮扶动作都会成为重整价值判断的重要定性因素。

此外，破产重整程序中，有效的府院联动机制很有必要，不仅可以加强信息的沟通、提高破产程序的效率与质量，也可以协助困难的企业进行破产重整，帮助企业解决税务问题以及恢复征信，此外破产审判工作专项基金的设立在破产重整的过程中对于企业而言也是一大助力。在上市公司破产重整中，成熟、有效的府院联动机制的帮助是必不可少的。

3. 大股东、实际控制人的决心

在上市公司破产重整中,实际控制人对于重整的支持程度与壮士断腕的决心都会在一定程度上影响破产重整的整个进程。大股东、实际控制人的积极配合是破产重整价值判断中必不可少的一大定性因素,毕竟一些上市企业是实际控制人一手做起来的,其对上市公司有很深的个人感情,有些时候哪怕上市公司陷入债务重组中,实际控制人也不愿意通过破产的方式来解决问题。此外,有实力、有背景的大股东还能够给上市公司提供一定量的资源、资金支持来帮助其解除困境。很多债务往往是大股东也承担连带责任保证,这些债务往往也是需要大股东和上市公司一起努力来进行清偿的,所以双方对于破产重整的目的具有一致性。

4. 职工就业与社会稳定

由于公司规模原因,上市公司员工人数往往较多,这种情况下,如果实施破产清算虽然可以给员工提供一定的经济补偿,但是却无法解决员工失业后的再就业难问题。大规模的员工失业势必会影响社会的稳定,从社会价值角度出发,如果通过破产重整,将上市公司员工妥善安置,将会获得不可估量的社会收益,维护当地社会的稳定。[①] 因此,员工问题也是破产重整价值判断中的重要定性因素。

5. 上市公司是否属于战略新兴产业

近年来,我国正在大力扶持战略新兴产业的发展,按照党中央、国务院决策部署,进一步落实创新驱动发展战略,对我国具有关键核心技术创新能力的企业进一步加大扶持力度是当下经济发展的重要举措。对于属于战略新兴产业的上市公司,政府和社会政策都会给予支持,只要上市公司在行业内尚有优势竞争力,那么将其重整之后得到的效益在一定程度上会高于清算得到的效益。

(三)判断原则

基本要素中的判断原则是判断主体进行价值判断时所参照的主要依据,主要包括权益均衡原则、全面性原则、效益性原则和发展性原则。[②] 该部分原则在表3－13－1中也有所体现:

1. 权益均衡原则主要体现在法院工作中,法院在裁定受理重整申请与裁定批准重整计划的工作中,会较为关注管理人、股东、债权人、职工、重整投资人及政府等

---

① 栾甫贵、侯晶:《上市公司破产重整价值判断体系的探讨》,载《北京工业大学学报》(社会科学版)2017年第4期。

② 侯晶、王一冉:《上市公司破产重整价值判断的逻辑起点及体系框架》,载《西部财会》2016年第9期。

相关方的利益均衡性,尽可能地以公平、公正为原则,保证破产重整价值判断在权益均衡的大原则下有序地进行。

2. 全面性原则包含两个方面。一方面是在价值判断时,要考虑到上市公司内外部各方面的情况,考虑到影响价值判断的定量与定性因素等多方面的情况,从一个全面的视角对上市公司进行分析;另一方面是要将上市公司作为一个整体进行考虑,而非割裂开的一个个零部件。上市公司的各部分排列组合成为一个有机整体之后才可能发挥其价值,在未来创造价值,仅以割裂的眼光是不可能看出上市公司的未来潜力的。也就是说,仅看到当下上市公司的累累负债以及不良的资产状况是片面的,必须以整体的视角看到其综合的未来价值。

3. 效益性原则的要求是在进行破产重组的价值判断时,要以未来效益的眼光来进行判断,盘活一个企业的判断是以其未来带来的产能为依据的,这也符合经济学的成本效益法的理念。此外,效益不仅仅包括经济效益,也要以全面性的原则考虑到其对当地经济、当地社会产生的综合效益。

4. 发展性原则需要判断主体以发展的眼光来看待上市公司,不能以一成不变的眼光来对待。以发展的眼光来看待上市公司,不仅要结合当前的行业前景、企业经营情况,也要有对行业的未来趋势预测与企业重整后的经营能力预测,通过动态的价值评估方法对重整价值进行判断。

(四)判断标准

重整价值判断标准是判断主体在进行判断时所依据的主要尺度,从宏观层面来看,判断标准就是指重整收益大于清算收益,但结合个案也需要具体问题具体分析,因为除了定量因素之外,还有定性因素也需要考虑。定量因素与定性因素的具体情况在前文已经有详细阐述。

以定性与定量两者结合作为判断标准,是符合实际的,具体判断标准逻辑如图3-13-4所示。

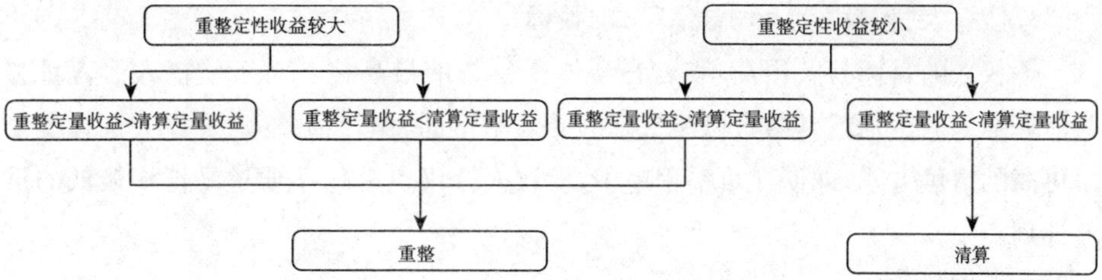

图3-13-4　破产重整价值判断具体标准

实际上,我国证券市场上的上市公司还从未有过破产清算,陷入债务危机的上市公司通常还是以破产重整以及庭外债务重组为主要解决方式。由于壳资源的商业价值,很多僵尸企业还留存在A股市场,业界戏称它们为“不死鸟”。但无论如何,在考虑上市公司破产重整价值时,还是应当结合定性与定量因素来进行分析,而且应当以定性因素为主,因为实践中还是存在一些重整定量收益可能小于清算定量收益,但是由于定性因素的存在权重很大,比如当地政府为了政绩、维稳的考虑,在和债权人进行充分沟通后将上市公司债务进行协商打折处理,债权人最终也接受了一个较低的重整清偿率的实践情况。这就是典型的定性因素的决定性作用。

(五)判断目标

从宏观、整体的角度来看,破产重整价值判断的主要目标是协调各判断主体的利益的基础上实现重整社会价值与经济价值的最大化。这一目标是较为终局的,也是最高层次的。但是在涉及不同判断主体时,重整价值的判断目标实质上也是有所区别的,由于趋利避害的心理影响,不同判断主体的判断目标是不同的。

1. 债务人的目标

债务人的目标是实现企业存活以及未来自身价值的最大化。只有企业存活才有继续发展的可能,只有继续发展才有实现未来价值的可能,而实现未来价值最大化一方面是企业发展过程的终极追求,另一方面也是满足重整投资人对自身收益最大化的侧面反映。

2. 大股东、实际控制人的目标

大股东的目标是追求自身利益的最大化。这一自身利益既需要对既有的大股东与上市公司的关联债务通过破产重整程序进行解除,也需要大股东在破产重整后能够对上市公司尚有股权或现金的权益。但限于《企业破产法》对清偿顺序的规定,大股东往往在破产重整后无法获得相应的权益,其股权还须被部分或全部让渡出去。

3. 债权人(包括职工、税务部门)的目标

债权人的目标其实很简单,就是争取受偿率的最高化。对于债权人而言重整与清算唯一的区别就是两者可能带来的受偿率不同,作为债务人,一定会选择受偿率更高的清偿方式,即使在重整程序中,债权人会议也有权不通过受偿率较低的重整计划。

4. 政府的目标

政府对于重整价值的考量主要是出于当地社会经济以及社会稳定角度,政府追求的应当是社会整体价值的最大化。政府对于重整价值的考量应该更多的是出

于对当地社会资源配置的考量,从宏观层面去衡量投入的社会资源去挽救上市公司之后能够带来的社会效益,比如员工的安置、稳定就业,促进社会经济的稳定,维持社会资源的优化、有序配置。

5. 重整投资人的目标

重整投资人追求的是投资收益的最大化,以其自身为视角,看到的其实不是破产重整,而是一个股权收购、资产收购交易。从收购一家上市公司的交易角度出发,重整投资人要的是低价购买相关权益、资产之后未来上市公司继续经营能够给重整投资人的回报,这更像是一次价值投资。重整投资人追求的是较低的购买成本与最大化的未来收益,综合来说就是投资收益最大化。

6. 证券监管机构的目标

证券监管机构是为证券市场的中小投资者说话的,它追求的是证券市场秩序与中小投资者权益保护为导向的上市公司融资秩序。与证券市场法律制度强调保护投资者特别是中小投资者的合法权益不同,破产重整制度主要是从保护债权人利益角度出发,对中小投资者利益保护并未作特别考虑。这一部分利益理应由证券监管机构来进行规范,虽然目前还没有相应规定,但是笔者建议未来进一步完善上市公司破产重整制度中对中小投资者权益的保护相关法律规范,尤其要注重中小投资者的利益表达机制与权利救济机制。

四、结语

上市公司破产重整相较于一般的破产重整而言更为复杂,一方面涉及的利益相关方更多且波及面广,另一方面影响其价值判断的定性因素与定量因素也更加灵活易变。对于上市公司破产重整进行全面、完善的价值判断,不仅要从各判断主体的角度出发通过各种不同的判断原则来践行判断标准,也需要政府、法院从整体的视角出发,全面、综合地对上市公司破产重整价值进行详细的判断,尽可能均衡地满足各利益相关方的合法权益,实现多方共赢,从而达到破产重整的最终目的。

(本文成文于2019年8月)

非上市公众公司监督管理与信息披露规则解读

林　祯　金　郁

2019年11月8日，中国证券监督管理委员会（以下简称证监会）公布《关于就〈关于修订非上市公众公司监督管理办法的决定〉〈非上市公众公司信息披露管理办法〉公开征求意见的通知》。同日，全国股转公司随即公布6项配套监管规则的公开征求意见稿。

2019年12月20日，中国证监会正式发布《关于修改〈非上市公众公司监督管理办法〉的决定》和《非上市公众公司信息披露管理办法》（以下简称《信息披露办法》），全面深化新三板改革各项措施加快落地，同时依据新《证券法》取消从事证券服务业务的会计师事务所需要批准等相关规定，就会计师事务所等服务机构准入资格要求的表述同步予以调整，该等文件自发布之日起施行。2019年12月至2020年1月，全国股转公司也陆续发布该6项配套监管规则的正式稿。

本文拟根据已正式公布的《非上市公众公司监督管理办法》（以下简称《公众公司办法》）、《信息披露办法》及其配套业务规则最新起草与修订的主要内容进行简要分析。

一、《公众公司办法》与《信息披露办法》及配套规则概要

（一）《公众公司办法》

中国证监会本次修订的《公众公司办法》共9章95条，在保持《公众公司办法》既有框架和主要内容的基础上，重点围绕实施向不特定合格投资者公开发行、优化定向发行机制、完善公司治理、确立差异化信息披露原则以及强化市场主体法律责任等内容进行修订，为新三板改革提供制度支持。主要修订内容：（1）引入向不特定合格投资者公开发行；（2）进一步完善定向发行，明确自办发行适用情形；（3）优化审核机制；（4）增加特别表决权制度安排；（5）完善公司治理有关规定；（6）确立差异化信息披露原则；（7）明确主办券商的持续督导责任；（8）促进新三板和香港交

易及结算所有限公司跨市场融资。

（二）《信息披露办法》

中国证监会本次全新起草的《信息披露办法》共7章68条，起草的内容包括总则、定期报告、临时报告、信息披露事务管理、监督管理、法律责任以及附则等，主要内容为：(1)适用范围；(2)规定信息披露基本要求；(3)明确差异化监管要求（披露形式、披露内容、信息披露事务管理）；(4)建立监管分工协作机制；(5)夯实法律责任。

（三）《全国中小企业股份转让系统股票向不特定合格投资者公开发行并在精选层挂牌规则（试行）》

为配合本次全新修订的《公众公司办法》中新增公开发行制度，全国股转公司起草发布《全国中小企业股份转让系统股票向不特定合格投资者公开发行并在精选层挂牌规则（试行）》（以下简称《公开发行规则》），共7章65条，起草的内容包括总则、一般规定、发行程序、信息披露、募集资金管理、监管措施和违规处分、附则，主要内容为：(1)总体要求；(2)一般规定；(3)发行程序；(4)信息披露；(5)募集资金管理；(6)违规处理。

（四）《全国中小企业股份转让系统股票定向发行规则》

为配合本次全新修订的《公众公司办法》对定向发行制度的完善并结合前期市场体现的问题，全国股转公司通过修订现行的股票发行规则并形成此版《全国中小企业股份转让系统股票定向发行规则》（以下简称《股票定向发行规则》），修订后的版本共7章67条，起草的内容包括总则、一般规定、挂牌公司定向发行、申请挂牌公司定向发行、中止自律审查与终止自律审查、监管措施与违规处分、附则，主要内容为：(1)取消单次发行新增股东不超35人限制；(2)明确不得发行情形；(3)优化发行审查机制；(4)完善募集资金监管要求；(5)明确挂牌同时发行监管要求；(6)补充说明自办发行操作模式；(7)完善授权发行机制。

（五）《全国中小企业股份转让系统分层管理办法》

为配合本次新设"精选层挂牌公司"，全国股转公司对分层管理业务规则进行调整并形成《全国中小企业股份转让系统分层管理办法》（以下简称《分层管理办法》），修订后的版本共5章35条，包括总则（层级设置、标准制定、层级调整、差异化制度安排等原则性规定）、各市场层级的进入条件、退出情形、层级调整程序、附则（明确相关财务指标和术语的具体含义和计算口径），主要修订内容：(1)关于精选层的进入和退出；(2)关于创新层的优化；(3)关于层级调整机制；(4)丰富差异化制度安排。

（六）《全国中小企业股份转让系统挂牌公司信息披露规则》

根据本次中国证监会发布的《公众公司办法》及《信息披露办法》，全国股转公司对应修订《全国中小企业股份转让系统挂牌公司信息披露规则》（以下简称《挂牌公司信息披露规则》），共6章73条，包括总则、定期报告、临时报告、信息披露事务管理、监管措施与违规处分和附则等章节。主要修订内容：（1）信息披露差异化安排（定期报告、审计要求、临时报告）；（2）优化信息披露规则（突出持续经营风险、加强定期报告披露监管、明确公开发行和境外上市披露要求、完善自律监管）；（3）衔接相关规则制度（落实《信息披露办法》要求、衔接公司治理规则）。

（七）《全国中小企业股份转让系统挂牌公司治理规则》

鉴于目前新三板未就挂牌公司治理规则形成完善的体系规则，全国股转公司结合本次中国证监会的修订以及此前相关规定，全新起草《全国中小企业股份转让系统挂牌公司治理规则》，共11章136条，起草的内容包括总则，股东大会、董事会和监事会，董事、监事与高级管理人员，股东、控股股东及实际控制人，重大交易，关联交易，承诺事项管理，投资者关系管理，社会责任，监管措施与违规处分，附则等，主要内容为：（1）股东大会、董事会和监事会机制、要求；（2）董事、监事与高级管理人员的选任程序、资格、行为规范；（3）股东的权利义务、控股股东及实际控制人的违规行为约束；（4）对重大交易的决策程序提出底线要求；（5）完善关联交易的管理方式；（6）监督管理承诺事项；（7）投资者关系管理；（8）强调社会责任。

（八）《全国中小企业股份转让系统股票交易规则》

为完善新三板的交易制度，全国股转公司在《全国中小企业股份转让系统股票转让规则》的基础上形成本次全新的《全国中小企业股份转让系统股票交易规则》，共13章147条，包括总则、交易市场、股票交易一般规定、做市交易方式、集合竞价交易方式、精选层竞价交易方式、大宗交易、其他交易事项、监管措施与违规处分、交易异常情况处理、交易纠纷、交易费用、附则，主要修订内容：（1）明确精选层股票采取连续竞价交易方式；（2）连续竞价增加市价订单；（3）精选层股票价格稳定机制；（4）精选层连续竞价首日临时停牌机制；（5）提高基础层、创新层撮合频次；（6）降低投资者最低申报数量，取消最小交易单位；（7）调整大宗交易成交价格范围；（8）完善交易公开信息；（9）针对不同层级，明确监管机构强制变更股票交易方式的情形；（10）完善异常交易监管依据。

二、非上市公众公司制度的重大改革及与新《证券法》规定衔接

(一)新三板市场引入公开发行制度

本次新修订的《公众公司办法》中新增了一个章节“第六章 向不特定合格投资者公开发行”,允许新三板挂牌公司公开发行股票,是新三板股票发行制度的一大突破。其从发行主体、发行对象、发行条件、内部决策、发行申请、保荐及承销等方面规定新三板股票公开发行制度,申请公开发行的挂牌公司可以尚未盈利;挂牌公司在取得全国股转系统的自律监管意见后即可向中国证监会申请,中国证监会将在20个工作日内作出决定;挂牌公司可以选择直接协商定价、竞价以及询价等方式确定发行价格,充分拓展挂牌公司融资渠道,满足其融资需求。

(二)全国股转系统创设精选层,正式发文明确精选层挂牌公司符合一定条件时可向交易所申请转板上市

新三板2016年探索实施了分层制度,目前分为基础层和创新层。为配合新三板股票引入公开发行制度的同时新设精选层,将一批“财务状况良好、市场认可度较高、具有较强公众化水平”的优质企业纳入精选层。根据本次同步修订的《分层管理办法》中对于精选层的净资产、股本、市值及负面清单要求,均显著低于科创板上市条件,并且参照本次科创板规则,亦允许科技创新公司设立特别表决权制度。此外,本次修订正式明确符合中国证监会、交易所和全国股转公司有关要求的精选层挂牌公司可直接向交易所申请转板上市。

(三)确立差异化信息披露原则、提高精选层挂牌公司披露要求

针对目前8000余家挂牌公司在规模、发展阶段、公众化程度等方面存在巨大差异,根据《公众公司办法》第27条要求,实行差异化信息披露管理,并同步推出《信息披露办法》,明确信息披露要求与日常监管。

为匹配目前基础层、创新层、精选层不同层次挂牌公司的发展阶段与风险情况,设置从披露形式、披露内容、信息披露事务管理三方面不同的信息披露制度安排。相关信息披露制度基本参照上市公司要求,但因为目前挂牌公司与上市公司之间仍存在一定差距,所以在借鉴与保留各自异同的基础上,建立了挂牌公司自身适用的信息披露原则、定期报告、临时报告、信息披露管理等。

与此同时,结合上述对精选层挂牌公司开放的各项创新制度,本次起草的《信息披露办法》与修订后的《挂牌公司信息披露规则》,均对精选层挂牌公司的信息披露提出了更高、更严的要求。

（四）调整与完善原先的定向发行制度，创设自办发行规则

本次新修订的定向发行制度充分体现了满足挂牌公司融资需求，节约投资者与挂牌公司资金成本。在发行对象方面，允许“符合投资者适当性管理规定的自然人投资者、法人投资者及其他经济组织”认购挂牌公司股票时，突破35名人数限制；在发行审查层面，将此前先打款后备案改为“事前审查”；在募集资金方面，也是同样出于资金成本考虑，除挂牌公司未能按期/如期披露定期报告或最近12个月内挂牌公司及其控股股东、实际控制人存在违法违规等情形外，允许挂牌公司在验资后使用募集资金。

本次定向发行制度中新增“自办发行”，即连续12个月内发行的股份未超过公司总股本10%且融资总额不超过2000万元的、不存在负面清单情形以及发行对象已确定且为挂牌公司前十名股东、实际控制人、董监高及核心员工之一的可豁免提供券商和律师核查意见，为挂牌公司在一定范围及程度上的简易定向发行提供更多便利并节省挂牌公司融资成本，上述“负面清单情形”主要指：非现金资产认购、发行股票导致控制权变动、存在特殊投资条款安排以及挂牌公司、控股股东、实际控制人及董监高最近12个月内受到处罚或监管措施、纪律处分。

（五）依据新《证券法》的要求同步完善行政许可取消等情形下的有关条文表述

因新《证券法》已取消从事证券服务业务的会计师事务所等机构需要进行批准的规定，改为“从事其他证券服务业务，应当报国务院证券监督管理机构和国务院有关主管部门备案”。后续发布的《公众公司办法》《信息披露办法》及配套规则的正式稿中，均将原先规定的“具有证券期货相关业务资格的会计师事务所”调整为“符合《证券法》规定的会计师事务所”，同步依据新《证券法》要求，更新、完善公众公司相关制度表述。

三、新三板现行发行制度的重大突破“引入公开发行制度”并同步推出精选层挂牌之概要

全国股转公司同步出台配套规则《公开发行规则》，在《公众公司办法》规定的制度基础上，细化相关操作细则。（见表3－14－1）

表3－14－1 《公开发行规则》操作细则

发行主体	挂牌满12个月的创新层公司
发行对象	已开通全国股转系统精选层股票交易权限的合格投资者
发行条件	1. 具备健全且运行良好的组织机构。 2. 具有持续盈利能力，财务状况良好，最近3年财务会计文件无虚假记载。 3. ~~业务明确，产权清晰，不存在主要资产、核心技术等的重大权属纠纷，主要股东所持公司的股份权属清晰。~~（该条款在征求意见稿中有规定，在正式稿中已删除） 4. 依法规范经营，最近3年内，公司及其控股股东、实际控制人不存在贪污、贿赂、侵占财产、挪用财产或者破坏社会主义市场经济秩序的刑事犯罪，不存在欺诈发行、重大信息披露违法或者其他涉及国家安全、公共安全、生态安全、生产安全、公众健康安全等领域的重大违法行为，最近12个月内未受到中国证监会行政处罚。 5.《分层管理办法》规定的精选层市值、财务条件等要求。 6. 不存在《分层管理办法》规定的不得进入精选层的情形： （1）公司或其控股股东、实际控制人最近3年内存在贪污、贿赂、侵占财产、挪用财产或者破坏社会主义市场经济秩序的刑事犯罪；存在欺诈发行、重大信息披露违法或者其他涉及国家安全、公共安全、生态安全、生产安全、公众健康安全等领域的重大违法行为； （2）公司或其控股股东、实际控制人、董监高最近12个月内存在被中国证监会及其派出机构采取行政处罚；或因证券市场违法违规行为受到全国股转公司等自律监管机构公开谴责； （3）公司或其控股股东、实际控制人、董监高因涉嫌犯罪或违法违规被司法机关、证监会及派出机构立案调查；公司或其控股股东、实际控制人被列入失信被执行人名单且情形尚未消除；未按规定披露年报或半年报； （4）最近3年财务会计报告被会计师事务所出具非标准审计意见的审计报告； （5）对公司经营稳定性、直接面向市场独立持续经营的能力具有重大不利影响，或者存在公司利益受到损害等其他情形。 7. 发行人存在违规对外担保、资金占用或其他权益被控股股东、实际控制人严重损害的情形，应在解除或消除影响后进行申请。 8. 发行人具有表决权差异安排的，该安排应当平稳运行至少一个完整会计年度，且相关信息披露和公司治理符合有关规定
内部决策	1. 董事会、股东大会审议内容： （1）本次发行股票的种类和数量； （2）发行对象范围； （3）定价方式、发行价格（区间）或发行底价； （4）募集资金用途； （5）发行前滚存利润的分配方案； （6）发行完成后股票在精选层挂牌的相关安排； （7）决议有效期； （8）对董事会办理本次发行具体事宜的授权；

续表

<table>
<tr><td colspan="2"></td><td>(9)其他必须明确的事项。
2. 股东大会作出决议必须经出席股东大会的股东所持表决权的三分之二以上通过。
3. 公司股东人数超过200人的,应当对出席会议的持有未达到10%股份的股东(不包括发行人董、监、高及其关联人,也不包括持有10%以上股份的股东的关联人)表决情况实施单独计票并披露。
4. 召开方式:现场+网络投票</td></tr>
<tr><td colspan="2">申请文件</td><td>1. 公开发行说明书;
2. 法律意见书;
3. 审计报告;
4. 发行保荐书;
5. 精选层挂牌推荐书等</td></tr>
<tr><td rowspan="2">审核程序</td><td>全国股转公司</td><td>1. 收到申请文件后2个交易日内作出是否受理的决定;
2. 以问询、检查等方式审查;
3. 挂牌委员会合议是否通过;
4. 期限:自受理申请文件之日起2个月内(不包括审查问询、检查等时间)作出是否同意的自律监管意见或终止的决定</td></tr>
<tr><td>证监会</td><td>根据全国股转公司报送的自律监管意见和审查资料,受理后在20个工作日内作出是否核准的决定</td></tr>
<tr><td colspan="2">保荐制度</td><td>适用保荐制度,保荐业务原则适用《证券发行上市保荐业务管理办法》,除尚未盈利或者已在股票发行申请文件中充分分析并揭示风险的公司申请公开发行股票外,在公开发行股票当年即亏损的,豁免保荐人相关责任</td></tr>
<tr><td colspan="2">承销方式</td><td>证券公司采取代销或包销方式</td></tr>
<tr><td colspan="2">发行价格</td><td>协商定价、竞价或询价</td></tr>
<tr><td colspan="2">战略配售</td><td>1. 高级管理人员与核心员工可以通过专项资产管理计划、员工持股计划等参与战略配售。
2. 限售期:
(1)高管、核心员工自精选层挂牌之日起12个月内不得转让或委托他人代管;
(2)其他投资者自精选层挂牌之日起6个月内不得转让或委托他人代管。
3. ~~保荐机构依法设立的相关子公司或者实际控制该保荐机构的证券公司依法设立的其他相关子公司可参与战略配售~~(该条在征求意见稿中有规定,在正式稿中已删除)</td></tr>
<tr><td colspan="2">发行失败的情形</td><td>1. 采用代销方式的,代销期限届满,向投资者出售的股票数量未达到拟公开发行股票数量的70%;
2. 发行股份数量、发行对象人数、发行后市值、发行后股本总额、发行后股东人数、公众股东持股比例等不符合进入精选层条件;
3. 全国股转公司规定的其他情形</td></tr>
</table>

四、为配合现行不同层级的挂牌公司而建立的差异化信息披露监管要求体现

根据《信息披露办法》与《挂牌公司信息披露规则》要求，基础层、创新层、精选层挂牌公司在定期报告的信息披露形式、信息披露内容以及信息披露事务管理层面设置了不同标准：

（一）信息披露形式

不同公司定期报告中信息披露形式的不同标准见表3－14－2。

表3－14－2　不同公司信息披露的不同标准

<table>
<tr><th>披露内容
主体</th><th>年报</th><th>中期报</th><th>季报</th><th>业绩预告</th><th>业绩快报</th></tr>
<tr><td>精选层挂牌公司</td><td>年审签字会计师需定期轮换</td><td>√</td><td>√</td><td>应当披露：年报披露前，预计上一会计年度净利润发生重大变化；
可以披露：预计半年度和季度净利润发生重大变化</td><td>（1）定期报告披露前出现业绩泄露或股票异常波动；
（2）无法于会计年度结束之日起2个月内披露年报，应在该期限内披露业绩快报</td></tr>
<tr><td>创新层挂牌公司</td><td>√</td><td>√</td><td>—</td><td>—</td><td rowspan="2">定期报告披露前出现业绩泄露或股票异常波动</td></tr>
<tr><td>基础层挂牌公司</td><td>√</td><td>√</td><td>—</td><td>—</td></tr>
</table>

（二）信息披露内容

除基本要求外，精选层挂牌公司应当在年度报告中披露行业经营信息以及可能对公司核心竞争力、经营活动和未来发展产生重大不利影响的风险因素；尚未盈利的，还应当在年度报告中披露原因及影响。

（三）信息披露事务管理

不同公司定期报告中信息披露事务管理的不同标准见表3－14－3。

表 3-14-3 不同公司信息披露事务管理的不同标准

—	设立董事会秘书并担任高管	设立信息披露事务管理部门（协助董事会秘书管理信息披露事务）
精选层挂牌公司	√	√
创新层挂牌公司	√	—
基础层挂牌公司	可设可不设（最低要求应配备信息披露事务负责人且为高管）	—

五、结语

此前因新三板市场缺乏流动性与活跃度，而招致许多挂牌公司纷纷摘牌。此次《公众公司办法》的修订、《信息披露办法》的起草及一系列配套监管规则的出台，将进一步促进与提升新三板市场的融资、交易、定价功能，拓宽新三板挂牌公司的融资渠道，降低挂牌公司的融资成本，并凸显新三板在我国资本市场不同层次间起承转合的作用，培育中小企业持续成长。我们期待新三板市场未来将出台更多专属的制度与配套的业务规则，建立更具有特色、更符合中小企业特点的新三板市场制度体系。

（本文撰写于2020年1月20日，2020年6月14日更新）

创新企业境内发行存托凭证（CDR）初探

贺琳菲

国务院办公厅转发证监会《关于开展创新企业境内发行股票或存托凭证试点若干意见的通知》（国办发〔2018〕21号，以下简称21号文）于2018年3月30日正式发布，同日，证监会发布了配套修改《首次公开发行股票并上市管理办法》《首次公开发行股票并在创业板上市管理办法》关于发行条件的相关条款并公开征求意见的通知（两项修订后的上市管理办法于2018年6月6日正式发布并实施）。

本次发行制度改革在制度层面实现若干突破，一是符合条件的创新企业境内发行股票可以不再适用有关盈利要求及不存在未弥补亏损的发行条件；二是明确提出允许注册在境外的创新红筹企业，可以保留符合注册地法律规定的公司治理结构[如可变利益实体（Variable Interest Entities, VIEs，以下简称VIE架构）、投票权差异等安排]，并通过发行中国存托凭证（Chinese Depository Receipt, CDR）或股票的方式回归境内发行证券。其中，CDR以其能够降低企业发行成本且清算与汇兑较为便利等优势成为优先选择。

本文将以21号文的制度设计为基础，重点解读境外创新红筹企业通过CDR方式在境内发行证券的相关制度设计及关注问题。

一、境外企业在境内发行存托凭证的上位法依据

根据《证监会新闻发言人常德鹏就开展创新企业境内发行股票或存托凭证试点答记者问》所阐释的意见，21号文出台时适用的《证券法》（2014年修订）第2条规定“在中华人民共和国境内，股票、公司债券和国务院依法认定的其他证券的发行和交易，适用本法”。从该法的适用范围及其规范内容来看，该法规范的是我国境内的证券发行、交易活动。关于在境内发行证券的公司是否必须是境内公司，即注册在境外的公司能否在境内发行证券，该法并没有作出限制。因此，注册在境外的公司在境内发行证券（包括发行CDR）符合《证券法》规定。

2019 年 12 月 28 日,《证券法》经全国人大常委会修订通过,并于 2020 年 3 月 1 日起实施。修订后的《证券法》第 2 条改为"在中华人民共和国境内,股票、公司债券、存托凭证和国务院依法认定的其他证券的发行和交易,适用本法",就境内发行 CDR 明确提供上位法依据。

二、存托业务参与主体

21 号文所称的 CDR 是指由存托人签发、以境外证券为基础在中国境内发行、代表境外基础证券权益的证券。存托业务的参与主体主要有:

(一)基础证券发行人

基础证券发行人在境外发行基础证券,并通过由存托人以签发境内 CDR 的方式在境内证券交易所上市交易,该等 CDR 在中国证券登记结算有限责任公司集中登记存管、结算。

1. 基础证券发行认定标准

按照 21 号文的相关规定,基础证券发行人应当符合国家战略、掌握核心技术、市场认可度高,属于互联网、大数据、云计算、人工智能、软件和集成电路、高端装备制造、生物医药等高新技术产业和战略性新兴产业,达到相当规模,且被证监会确认为试点红筹企业(红筹企业,是指注册地在境外、主要经营活动在境内的企业)。其中,基础证券发行人的企业规模应当满足:已在境外上市的大型红筹企业,市值不低于 2000 亿元人民币;尚未在境外上市的创新企业(包括红筹企业和境内注册企业),最近一年营业收入不低于 30 亿元人民币且估值不低于 200 亿元人民币,或者营业收入快速增长,拥有自主研发、国际领先技术,同行业竞争中处于相对优势地位。

2. 发行 CDR 的条件

境外基础证券发行人发行 CDR 应当遵守《证券法》关于股票发行的基本条件及 21 号文的相关规定。随着 CDR 相关细则逐一出台,境外基础证券发行人应当符合的条件进一步明确。根据证监会于 2018 年 6 月 6 日颁布并实施的《存托凭证发行与交易管理办法(试行)》(中国证券监督管理委员会令第 143 号),该等条件包括:

(1)符合《证券法》关于股票公开发行的基本条件;

(2)依法设立且持续经营 3 年以上的公司,公司的主要资产不存在重大权属纠纷;

(3)最近 3 年内实际控制人未发生变更,且控股股东和受控股股东、实际控制人支配的股东持有的境外基础证券发行人股份不存在重大权属纠纷；

(4)境外基础证券发行人及其控股股东、实际控制人最近3年内不存在损害投资者合法权益和社会公共利益的重大违法行为；

(5)会计基础工作规范、内部控制制度健全；

(6)董事、监事和高级管理人员应当信誉良好，符合公司注册地法律规定的任职要求，近期无重大违法失信记录；

(7)中国证监会规定的其他条件。

境外基础证券发行人在境内发行存托凭证亦需满足财务相关指标要求。根据证监会于2018年6月6日颁布并实施的《试点创新企业境内发行股票或存托凭证并上市监管工作实施办法》(证监会公告〔2018〕13号)及2020年4月30日颁布并实施的《关于创新试点红筹企业在境内上市相关安排的公告》(中国证券监督管理委员会公告〔2020〕26号)，已在境外上市的红筹企业申请境内发行股票或存托凭证，需要满足下列标准之一：(1)市值不低于2000亿元人民币；(2)市值200亿元人民币以上，且拥有自主研发、国际领先技术，科技创新能力较强，同行业竞争中处于相对优势地位。尚未境外上市的企业，需满足：(1)最近1年经审计的主营业务收入不低于30亿元人民币，且企业估值不低于200亿元人民币，企业估值应参考最近三轮融资估值及相应投资人、投资金额、投资股份占总股本的比例，并结合收益法、成本法、市场乘数法等估值方法综合判定。融资不足三轮的，参考全部融资估值判定；(2)拥有自主研发、国际领先、能够引领国内重要领域发展的知识产权或专有技术，具备明显的技术优势的高新技术企业，研发人员占比超过30%，已取得与主营业务相关的发明专利100项以上，或者取得至少一项与主营业务相关的一类新药药品批件，或者拥有经有权主管部门认定具有国际领先和引领作用的核心技术；依靠科技创新与知识产权参与市场竞争，具有相对优势的竞争地位，主要产品市场占有率排名前三，最近3年营业收入复合增长率30%以上，最近1年经审计的主营业务收入不低于10亿元人民币，且最近3年研发投入合计占主营业务收入合计的比例10%以上。对国家创新驱动发展战略有重要意义，且拥有较强发展潜力和市场前景的企业除外。

对于选择发行存托凭证并在科创板上市的红筹企业，须符合上海证券交易所《科创板股票上市规则》对于发行人申请在科创板上市的条件，同时，在市值及财务指标方面可以选取以下上市标准之一：(1)预计市值不低于人民币100亿元；(2)预计市值不低于人民币50亿元，且最近1年营业收入不低于人民币5亿元。

3. 对基础证券发行人的监管要点

基础证券发行人承担的是我国证券法律法规和监管要求中发行人的义务和责任,应当按境内法律法规、监管要求的规定接受证监会及证券交易所监督管理,其中应特别关注:

(1)信息披露

原则上应当按照境内上市公司信息披露制度履行信息披露义务,境内、境外同步披露,披露内容应当一致。存在投票权差异、VIE 架构或类似特殊安排的,首次公开发行时,应在招股说明书等公开发行文件显要位置充分、详细披露相关情况特别是风险、公司治理等信息,以及依法落实保护投资者合法权益规定的各项措施。对于财务信息的披露,基础证券发行人在境内发行证券披露的财务报告信息,可采用中国企业会计准则或经财政部认可与中国企业会计准则等效的会计准则编制,也可在采用国际财务报告准则或美国会计准则编制的同时,提供按照中国会计准则调整的差异调节信息。基础证券发行人亦应当在其在年度报告等文件中披露其存托、托管的相关安排在报告期内的实施和变化情况等。

(2)投资者保护

投资者保护的主要原则包括同等保护、便利行权等。对基础证券发行人而言,同等保护原则的要求主要包括:股权结构、公司治理、运行规范等事项适用境外注册地公司法等法律法规的企业,关于投资者权益保护的安排总体上应不低于境内法律要求,实际享有的资产收益、参与重大决策、剩余财产分配等权益与境外基础证券持有人权益与境外基础证券持有人的权益相当;境内外投资者对其拥有权益的同种类股份享有同等权利,不得以修改公司章程等任何方式剥夺、限制存托凭证持有人权利,不得存在跨境歧视;财务信息披露“就高不就低”,在境外财务报告中披露的信息,在其境内上市财务报告中也应予以披露;基础证券发行人应确保境内 CDR 持有人实际享有权益与境外基础证券持有人权益相当,当 CDR 持有人合法权益受到损害时,基础证券发行人应确保其能够与境外投资者获得相当的赔偿。

对于证券监管而言,境外基础证券发行人及其股东、实际控制人、董事、监事、高级管理人员、CDR 的其他投资者等相关主体在信息披露、权益变动、内幕交易、虚假陈述、操纵市场、短线交易、CDR 减持等方面适用的监管规则,与在境内发行股票所适用的监管规则相同或相当;存托凭证持有人与境外基础证券发行人、存托人、证券服务机构等主体发生纠纷的,也可以向中证中小投资者服务中心有限责任公司及其他依法设立的调解组织申请调解。

便利行权原则的要求主要包括:境外基础证券发行人、存托人采用安全、经济、便捷的网络或者其他方式为CDR持有人行使权利提供便利。

对于存在股东投票权差异等特殊架构的基础证券发行人,其持有特别投票权的股东应当按照所适用的法律以及公司章程行使权利,不得滥用特别投票权,不得损害存托凭证持有人等投资者的合法权益,包括:明确维持特殊投票权的前提条件,特殊投票权不得随相关股份的转让而转让,禁止在境内公开发行CDR后提高特殊投票权股份的数量及其代表投票权的比例(境内公开发行前公司章程已有合理规定的除外)等。

基础证券发行人应建立健全与投资者保护有关的制度并按相关规定予以披露,如制定基础证券发行人的企业章程、内部管理制度和股东大会、董事会、监事会有关制度并披露其履行情况,签署存托协议并披露其履行情况等,披露境外注册地公司法律制度及其公司章程或者章程性文件的主要规定与《公司法》等法律制度的主要差异,以及该差异对存托凭证在中国境内发行、上市和对投资者保护的影响等。

(二)存托人

存托人持有境外发行的基础证券(将基础证券存管于境外金融机构担任的托管人处),并在境内向境内投资者签发CDR。存托人按照存托协议的约定,根据CDR持有人意愿行使境外基础证券相应权利。

21号文仅对存托人制度作了原则性规定,存托人的主体资格、业务资质等要求由证监会等职能部门进一步出台存托业务相关细则。根据《存托凭证发行与交易管理办法(试行)》的规定,下列机构可以依法担任存托人:(1)中国证券登记结算有限责任公司及其子公司;(2)经国务院银行业监督管理机构批准的商业银行;(3)证券公司。担任存托人的机构应当符合下列条件:(1)组织机构健全,内部控制规范,风险管理有效;(2)财务状况良好,净资产或者资本净额符合规定;(3)信誉良好,最近3年内无重大违法行为;(4)拥有与开展存托业务相适应的从业人员、机构配置和业务设施;(5)法律、行政法规和规章规定的其他条件。

其中,就拟申请担任存托人的商业银行,证监会、银保监会于2018年6月15日颁布并实施的《关于商业银行担任存托凭证试点存托人有关事项规定》规定,商业银行申请担任存托人,应当符合以下条件:(1)为注册在中国境内的独立法人;(2)最近1年的资本净额不低于4000亿元人民币或等值可兑换货币;(3)在纽约、香港等地区合计拥有5家以上境外机构,且在纽约或香港地区的机构应具有股票托管业务资格;(4)公司治理良好,具备与存托业务发展相适应的组织机构和规章制度,内部控制制度、风险管理和问责机制健全有效,主要审慎监管指标符合监管要求;(5)组建了存托业务独立部门或专业团队,配备充足的专职人员,并全面实施分级授权管理;(6)具备与存托业务经营管理相适应的营业场所和相关设施;(7)在中国境内建立了符合银保监会、证监会、证券交易所、证券登记结算机构要求的技术系统和风险控制系统;(8)信誉良好,最近3年内无重大违法行为;(9)符合银保监会对商业银行的相关监管规定和国务院金融监督管理机构要求的其他条件。

上述主体担任存托人的职责主要体现为:(1)与境外基础证券发行人签署存托协议,并根据存托协议约定协助完成存托凭证的发行上市;(2)安排存放存托凭证基础财产,可以委托具有相应业务资质、能力和良好信誉的托管人管理存托凭证基础财产,并与其签订托管协议,督促其履行基础财产的托管职责,存托凭证基础财产因托管人过错受到损害的,存托人承担连带赔偿责任;(3)建立并维护存托凭证持有人名册;(4)办理存托凭证的签发与注销;(5)按照中国证监会规定和存托协议约定,向存托凭证持有人发送通知等文件;(6)按照存托协议约定,向存托凭证持有人派发红利、股息等权益,根据存托凭证持有人意愿行使表决权等权利;(7)境外基础证券发行人股东大会审议有关存托凭证持有人权利义务的议案时,存托人应当参加股东大会并为存托凭证持有人权益行使表决权等。

存托人应当忠实、勤勉地履行各项职责和义务,如存托人行使境外基础证券相应权利,应当按照存托协议约定的方式事先征求存托凭证持有人的意愿并按其意愿办理,不得擅自行使相应权利或者处分相应存托凭证基础财产;存托人应当为存托凭证基础财产单独立户,将存托凭证基础财产与其自有财产有效隔离、分别管理、分别记账,不得将存托凭证基础财产归入其自有财产,不得侵占、挪用存托凭证基础财产;存托人不得买卖其签发的存托凭证,不得兼任其履行存托职责的存托凭证的保荐人。

存托协议是约定存托凭证当事人之间权利义务的法律文件,由发行人与存托人签署,投资者持有存托凭证即成为存托协议的当事人,接受存托协议所有条款的约束。根据《存托凭证发行与交易管理办法(试行)》,发行人与存托人签订的托管协议应当包括以下内容:(1)境外基础证券发行人、存托人的名称、注册地、成立依据的法律和主要经营场所;(2)基础证券的种类;(3)发行存托凭证的数量安排;(4)存托凭证的签发、注销等安排;(5)基础财产的存放和托管安排;(6)境外基础证券发行人的权利和义务;(7)存托人的权利和义务;(8)存托凭证持有人的权利和义务;(9)基础证券涉及的分红权、表决权等相应权利的具体行使方式和程序;(10)存托凭证持有人的保护机制;(11)存托凭证涉及收费标准、收费对象和税费处理;(12)约定事项的变更方式;(13)存托凭证终止上市的安排;(14)违约责任;

(15)解决争议的方法;(16)存托协议适用中国法律;(17)诉讼管辖法院为中国境内有管辖权的人民法院;(18)其他重要事项。

(三)托管人

存托人可以委托具有相应业务资质、能力,诚实信用的境外金融机构担任托管人并与其签署托管协议。托管人的职责主要体现为:(1)托管基础财产;(2)按照托管协议约定,协助办理分红派息、投票等相关事项;(3)向存托人提供基础证券的市场信息等。

根据《存托凭证发行与交易管理办法(试行)》,存托人与托管人签订的托管协议应当包括以下内容:(1)协议当事人的名称、注册地和主要经营场所;(2)基础证券种类和数量;(3)存托人指令的发送、确认和执行的程序;(4)基础财产不得作为托管人破产财产或者清算财产,及相关资产隔离措施;(5)托管人的报酬计算方法与支付方式;(6)基础财产托管及解除托管的程序;(7)约定事项的变更方式;(8)违约责任;(9)解决争议的方法;(10)其他重要事项。

特别需要关注的是,存托人有督促托管人履行托管职责的义务,在存托凭证基础财产因托管人过错受到损害时,存托人须承担连带赔偿责任。

(四)CDR持有人

投资者持有CDR即成为存托协议当事人,视为其同意并遵守存托协议约定。持有CDR,境内投资者可以依法享有CDR代表的境外基础证券权益,并按照存托协议约定,通过存托人行使其权利。

(五)保荐人和承销商

境外基础证券发行人申请存托凭证公开发行并在境内上市时,须聘请具有保荐资格的机构担任保荐人。保荐人应当依照法律、行政法规以及中国证监会规定尽职履行存托凭证发行上市推荐和持续督导职责。

公开发行的存托凭证由证券公司承销,但投资者购买以非新增证券为基础证券的存托凭证以及中国证监会规定无须由证券公司承销的其他情形除外。

(六)登记与结算机构

存托凭证在证券交易所上市交易时由中国证券登记结算有限责任公司存管,后者出具的存托凭证登记记录,是CDR持有人持有存托凭证的合法证明。

三、存托权益与普通股权益异同简析

CDR持有人通过存托人行使对基础证券的股东权利,包括但不限于:知情权、分红权、表决权、诉讼主体资格等。

（一）知情权

如上所述，虽然创新红筹企业在境内证券交易所发行 CDR，其信息披露义务人应当披露的内容具有一定特殊性（如应披露投票权差异、VIE 架构或类似特殊安排及其风险），但从监管原则来看，基础证券发行人也应当按照境内上市公司信息披露制度，真实、准确、完整、及时、公平地披露信息，不得有虚假记载、误导性陈述或重大遗漏。可见，CDR 持有人与境内上市公司股东可以享有同等知情权。

（二）分红权

根据 21 号文的相关规定，创新红筹企业在境内的 CDR 相关发行、上市和交易等行为，均纳入现行《证券法》规范范围。因此，可以认为基础证券发行人须按照境内关于上市公司利润分配（包括现金分红）的相关规定分红派息，存托人应根据相关法律法规、监管要求的规定及存托协议的约定，及时、足额向 CDR 持有人分红派息。如基础证券发行人向股东派发红股，存托人应按照 CDR 与基础证券之间的转换比例，另行向 CDR 持有人派发对应数额的 CDR。

（三）表决权

持有上市公司普通股的投资者具有参加股东大会并作出表决的权利，但存托业务模式项下，投资人并不直接持有发行人所发行的基础证券，关于其是否具有投票权、如何行使投票权、持有存在投票权差异的 CDR 如何计算表决权等问题将成为市场关注的焦点。

比如，作为登记发行的三种级别公募美国存托凭证（以下简称 ADR）之一，一级 ADR 仅当在公司向存托人提出要求的情况下，才允许 ADR 持有人通过存托人收到股东大会通知或发送投票结果，故此种 ADR 持有人与公司股东所享有的投票权存在差别。

（四）诉讼主体资格

虽然 CDR 持有人不直接持有基础证券，但 21 号文已作出明确规定，基础证券发行人等相关市场主体导致投资者合法权益受到损害的，应依法承担赔偿责任，投资者可依法直接要求其承担损害赔偿责任。

（五）股东权益纠纷的司法管辖

创新红筹企业注册在境外，一般情况下其注册地法院按照当地诉讼法等法律法规的规定将具有属人管辖权，因此境内股东如就股东权益提出损害赔偿主张，将面临如何确认 CDR 案件中的管辖权和准据法问题。就此问题，21 号文已作出明确规定，存托协议应约定因 CDR 发生的纠纷适用中国法律法规规定，由境内法院管辖。因此，实践中，需进一步关注如何落实中国法院的司法裁决对红筹企业执行的问题。

四、结语

包括发行 CDR 在内的境外企业境内上市是一项系统工程,除了上述讨论外,还有更多的问题有待理论研究与实践总结,如现有资金跨境流动与外汇管理框架如何更好地服务资本市场发展;再如,创新企业具有高成长性伴随高风险性的特点,CDR 持有人是否应较其他市场投资者具备更强的风控意识、风险识别能力和风险承受能力。

截至目前(2020 年 6 月),国内首家发行 CDR 并在境内上市的红筹企业 Ninebot Limited(九号机器人有限公司)在历经一次中止审查的波折后已于 2020 年 6 月 12 日正式过会。作为一家注册于开曼群岛且存在投票权差异、VIE 架构等公司治理特殊安排的红筹企业,其通过发行 CDR 实现在科创板上市将对此类企业的境内上市实践起到示范作用。可以期待在现有制度框架及不断优化的制度规则的规范和呵护下市场理性拥抱“独角兽”回归。

(本文撰写于 2018 年 4 月,于 2020 年 6 月根据法规的更新进行了修订)

香港拓宽上市制度对内地资本市场的启示

朱奕奕

主动而为，迎接我们的将是广袤天地；被动等待，留给我们的将是残羹冷炙。现阶段，培育支持新兴企业上市融资乃政策所指，是大势所趋，刻不容缓。回归现实，我们却有些雷声大雨点小。更为严峻的是，在内地孵化发展的众多新兴企业，却纷纷奔赴境外（包括我国香港地区）寻求上市发展。

面对众多发迹于内地的企业奔赴境外上市的境况，我们应努力反思。面对香港地区的积极改革，我们亦应与时俱进。

2017 年 12 月 15 日，香港交易及结算所有限公司及其附属公司香港联合交易所有限公司（以下统称港交所）就 2017 年 6 月 16 日发布的《有关建议设立创新板的框架咨询文件》（以下简称《框架咨询文件》）发表官方的咨询总结意见，并发布了题为《香港交易所就拓宽香港上市制度拟定发展方向》的公告。

根据市场反馈的共识性意见，港交所明确，要积极拓宽香港的上市制度，便于新兴产业企业与创新型公司赴港上市，确保香港市场维持竞争力。在与证券及期货事务监察委员会讨论后，港交所遂决定落实《框架咨询文件》咨询意见，就拓宽香港上市制度作出重大改动。

一、港交所的行动

根据港交所发布的公告，将在《主板上市规则》中新增两个章节，容许：(1)尚未盈利/尚未有收入的生物科技发行人；(2)不同投票权架构的新兴及创新产业发行人，在作出额外披露及制定保障措施后在主板上市。同时，建议修改第二上市的相关规则，设立新的第二上市渠道，吸引在纽约证券交易所或纳斯达克或在伦敦证券交易所主市场的高级上市分类上市的新兴及创新产业发行人，来港进行第二上市。

显然，港交所的行动并非心血来潮和临时起意，这既是对过去的全面反思与检讨，更是对未来的积极判断与争取。

需要注意的是,不同投票权架构公司的预期最低市值须达100亿元,若市值低于400亿元,须通过于上市前的完整财政年度录得10亿元收入的较高收入测试。未有收入公司若根据《主板上市规则》新增的生物科技公司适用章节申请上市,预期最低市值须达15亿元。

我们知道,近年来,随着全球经济的全面复苏,以互联网、高科技为代表的新兴产业异军突起,诞生了如阿里巴巴、腾讯、京东、Facebook等一大批优质创新型公司。作为国际金融中心,香港是全球上市首选地之一,然而,面对商业模式与盈利模式均系标新立异的新兴企业,尤其是针对尚处于创业初期、暂未盈利以及采用不同投票权架构的创新型公司,在港交所上市融资直接面临着监管上的障碍。囿于此,港交所陆续丧失了对新兴企业的吸引力,并逐渐掉出了上市融资的首选之列,其中,尤以2013年错失阿里巴巴在港上市为甚。

恰如港交所行政总裁李小加所言:我们错过了一两个大的IPO,但是大家开始认真思考香港应该如何与时俱进、如何巩固自己独特的国际金融中心的优势了。为此,在2017年6月16日,港交所发布了《框架咨询文件》,聆听来自市场的声音,并向社会公布了设立创新板的改革方案。根据方案建议,创新板分为创新初板与创新主板,两者在支持中国内地公司进行第二上市及容许不同投票权架构公司上市方面并无二致,唯因创新初板不设业务记录或最低财务要求,仅上市时市值最少达2亿港元即可。因此,创新初板在投资者适当性管理等方面具有较为严格的规定。

面对层出不穷的新兴产业,为再次吸引各类创新型公司(尤其是内地的新兴企业)赴港上市,港交所从发布《框架咨询文件》到回应市场共识,再到发布改革公告,行动迅疾,方向明确。

二、我们的"主动"与"被动"

目前,我国社会经济发展进入新常态,稳增长、调结构成为新时代经济发展的主旋律。大众创业万众创新,一大批新兴企业如雨后春笋般涌现,所涉广泛,事关民生与未来。这类企业具有鲜明的时代特征,更具备重大的时代意义。为全面促进这类企业的发展,国务院颁布了《"十三五"国家战略性新兴产业发展规划》,并明确提出要大力培育、发展和扶持战略性新兴产业。这既是国家创新的需要,更是新时代发展的号角,对于推进我国现代化产业体系的革新与抢占新一轮经济和科技发展制高点,具有重大战略意义。

令人欣慰的是,面对新技术、新业态、新模式、新发展,我们主动拥抱新时代。在培育新兴产业、支持创新型公司的发展上，无论是国家社会抑或个人，均彰显主动姿态：一方面，积极宣传，营造环境，大众创业，万众创新，孵化出一大批创新型公司；另一方面，果断制定新政策，全方位培育、鼓励与发展新兴产业，根据要求，国家有关部门积极支持符合条件的新兴企业上市融资，提高企业直接融资比重，积极扶持企业做优做强。

然而，仔细剖析目前我国企业上市的条件，无论是监管机制抑或市场条件，均存在与新兴企业发展特征及发展现状脱节的现象。

1. 财务要求脱节。根据《证券法》等相关法律法规规定，在国内 A 股市场上市，对公司具有严格的财务标准要求。全面实行注册制前，在主板上市，要求“最近 3 个会计年度净利润均为正数且累计超过人民币 3000 万元”，根据 2020 年 3 月 1 日实行的新《证券法》，目前在主板上市，则降低了财务要求，需“最近三年财务会计报告被出具无保留意见审计报告”即可；在创业板上市，要求“最近两年连续盈利，最近两年净利润累计不少于 1000 万元；或者最近一年盈利，且净利润不少于 500 万元”。财务上的硬性指标，成为横亘在众多处于初创阶段或前景看好却尚未盈利的企业面前一道难以逾越的鸿沟。

2. 治理要求脱节。鉴于新兴企业自身的发展特色，容易出现新型的公司治理结构，典型者如采用不同投票权架构（包括 Google、Facebook、Alphabet、阿里巴巴、百度、京东等知名公司），如此选择，真实地反映出企业对市场融资存在新的需求。在现有上市制度下，无论是主板抑或创业板，新型的公司治理结构均被拒之门外，几无例外。

3. 审核效率脱节。目前，在国内 A 股市场科创板与创业板均已实行了注册制审核改革，在此之前，我国上市仍然实行核准制，既要核亦要准，流程繁杂冗长。虽然监管机构几经努力缩短周期，但行政审核与市场效率间的矛盾仍较为突出。对于等待核准的新兴产业企业而言，效率即生命，行政审核难以真正体现市场的需求。“市场的归行政”，其负面作用不言亦明。

面对众多发迹于内地的企业奔赴海外上市的境况，我们应努力反思。面对香港地区的积极改革，我们或陷入被动。

三、启示与未来

新兴产业突飞猛进，垂涎美国市场一路高歌猛进的同时，新加坡正积极研究容许不同投票权架构公司上市，伦敦亦正研究推出“国际板”让不同投票权架构的大型国际公司前往上市。港交所虽初遭挫折，与阿里巴巴等失之交臂，但港交所勇于面对问题、征询市场,并据市场反馈,推动香港资本市场进行了20多年来最重大的一次上市改革。

回顾香港改革的动因,在新兴企业的上市征程中,我们处境相似——监管与市场脱节,传统与创新脱节。面对问题,香港主动改革,争取未来。同时,国际市场步步紧逼的态势促使我们必须思考未来该何去何从?

1. 拓宽上市条件。立足于现有多层次资本市场体系,针对新兴企业的上市融资,采取差异化的制度安排。一方面,在财务标准上,根据新兴产业的发展现状,因时、因地主动调整财务指标,同时积极构建新型的财务评判标准,强化针对新兴企业市值的评估;另一方面,适应市场,在完善投资者保护与信息披露制度规则的基础上,主动吸纳新型治理结构企业的上市融资,甚至为境外上市新兴企业的回归创设一定空间。

2. 继续推进股票发行市场化改革。行政主导市场,市场适应行政,曾经的辉煌并不代表今日的希望。市场在变,需求在变,股票发行制度亦须与时俱进。现阶段,日新月异的新兴企业形成了崭新的融资需求,守旧意味着被市场和企业抛弃。唯有拥抱市场,以市场化的需求为导向对股票发行制度进行有效改革。推进股票发行市场化改革,完全可在新兴企业领域先行先为。

3. 完善相关的配套制度。牵一发而动全身,改革意味着变动,变动即蕴含风险,因此,在我们的行动进程中,必须及时完善相关配套制度建设。

第一,强化投资者适当性管理。市场有风险,投资需谨慎,保护投资者合法权益是避免系统性风险的首要任务。因此,在推进市场化改革进程中,应加强对投资者适当性的管理,不同的投资板块应针对不同的投资主体,尤其是面对新兴企业的投资,更应强化对投资者适当性的管理。应明确各市场参与主体(尤其是证券交易会员)的职责,严格把控投资者的适格性,引导投资者树立正确的投资观念,理性参与市场交易。

第二,强化信息披露制度建设。要求发行人真实、准确、全面披露相关信息,此乃资本市场制度建设中永恒的话题。充分的信息意味着投资的契机,信息的充分严守着安全的大门。当强化市场弱化行政因素,当允许新型治理结构的企业发行上市,则发行人的信息披露更显得重要。同时,在市场化改革中,应充分发挥保荐人等中介机构的作用,协助发行人建立严格的信息披露制度,强化并承担风险防范责任。

第三,强化交易所一线监管地位。交易所作为证券交易的一线平台,身处前沿,理应发挥天然的管理优势。在行政因素逐渐退却,市场角色逐渐突出的监管环境下,应进一步明确交易所作为市场监管、预防系统性风险第一道防线的法定地位,赋予其对会员、上市公司、投资者等市场参与主体和市场交易活动进行全面一线监管所必备的权限及手段。同时,更要积极发挥各市场参与主体的联动作用,推动协作监管,如上海证券交易所积极推动监管资源整合、形成监管合力,目前已形成了上市公司监管、市场监察和会员监管的“三位一体”综合监管体系。

党的十九大描绘了新时代中国特色社会主义建设的宏伟蓝图,对资本市场改革提出了新的要求。深化金融体制改革,增强金融服务实体经济的能力,提高直接融资比重,促进多层次资本市场健康发展。在新的历史时期,面对新的时代要求,我们的证券市场亦需与时俱进,坚持从中国资本市场实际出发,充分学习借鉴境外成熟市场的法治经验与革新做法,有节奏、有步骤地推动上市制度改革,建设资本市场强国。

(本文成文于2018年1月4日)

私募基金管理人的香港上市之路

周若婷　史佳佳

一、前言

上海瑞威资产管理股份有限公司(以下简称瑞威资本)于2018年11月13日在香港联交所主板上市(股份代码:1835),成为内地第一家经中国证监会批准赴港上市的私募基金管理公司,获得业内广泛关注。2018年,国内私募行业受到了前所未有的挑战:资管新规下的强监管、外资私募加快布局等行业内的挑战、经济去杠杆及中美贸易战等为中国经济带来的种种不确定因素。2019年1月18日,上海交通大学上海高级金融学院与瑞威资本联合主办了"高金—瑞威大讲堂"开堂首论暨私募基金管理与创新发展之路专题研讨峰会在上海隆重举行。研讨峰会上国内私募领域优秀企业家、学者及行业专家围绕私募管理人上市之实践探索、对香港资本市场发展现状以及对私募基金业的影响等焦点话题进行深入探讨,为私募基金管理业创新发展寻找更多的灵感。国浩上海办公室作为瑞威资本H股上市的发行人中国法律顾问,有幸受邀参与本次研讨峰会。我们将结合目前私募基金行业的发展现状,就私募管理人赴港上市的相关上市要求及对私募管理人的合规性要求进行进一步探讨。

二、国内私募基金行业的整体发展现状

2019年1月10日,中国证券投资基金业协会在南京召开私募基金行业座谈会。在私募基金行业代表发言环节,会议围绕当前私募基金行业发展的机遇与挑战进行了深入交流。根据各基金行业代表的发言,在经济结构性转型与市场经济下行的情况下,私募基金行业仍然取得了重要成就,但也面临着重大挑战,行业活跃度有所下降。一是资金募集困难,存在以个人资金为主、机构资金为辅,短期资金为主、长期资金为辅的弊端,造成行业短期化投资行为,影响资本市场和资产定价

的稳定。二是私募基金退出困难,渠道少、退出机制不完善,无法形成退出与再投资的良性循环;私募基金重点布局的中小企业、科技创新类企业,仍面临首次公开募股(Initial Public Offering,IPO)退出障碍。三是税收制度尚不完善,在落地实践中存在政策不明确、执行困难等问题,不利于发挥税收的正向调节作用,不利于长期资本形成。四是社会对私募基金的认知度较低,对私募基金的重要作用认识不足;受打着私募基金旗号进行非法集资以及 P2P 风险事件的负面影响,私募行业遭遇诸多误解,影响了私募基金正常注册和展业。五是顶层制度设计欠缺,对基金定义缺少合理共识,对大资管新规和相关监管细则如何适用于私募基金存在困惑。

私募基金行业整体面临募资难、退出难、行业监管趋严及整体信誉遭受社会环境冲击等问题,而私募基金机构本身很难通过自身的征信或信息披露来获得普遍的市场公信力,2015 年国内有多家私募机构(硅谷天堂、信利中、菁英时代、方富资本等)纷纷登陆新三板。然而,2015 年年底证监会表示需要加强对此类私募基金管理机构的监管,暂停私募基金管理机构在全国股转系统挂牌和融资。随后,全国中小企业股份转让系统有限责任公司于 2016 年 5 月 27 日发布《关于金融类企业挂牌融资有关事项的通知》(股转系统公告〔2016〕36 号),在现行挂牌条件的基础上,对私募基金管理机构新增 8 个方面的挂牌条件,极大提高了私募管理机构挂牌的门槛。

截至目前,A 股市场上仅有九鼎投资一家私募股权基金公司,其他私募基金管理人在国内主板市场几乎没有上市募资的可能,新三板市场的融资难度也大幅提高。面对资管新规的强监管、经济去杠杆及私募基金管理人在境内资本市场频频受阻的现状,私募基金管理人可以选择通过境外上市的方式以开拓新的募资渠道,并通过不断完善自身内控体系和履行严格信息披露义务的方式,增强企业增信及提高品牌公信力。

三、香港上市要求及模式

(一)香港上市要求

企业申请于香港联交所主板或创业板上市,需要在主体资格、营业记录及财务表现等方面符合《联交所上市规则》的相关要求。

1. 主体资格

根据《联交所上市规则》,注册在香港的公司以及注册在百慕大及开曼群岛的普通法管辖区的公司,或中国股份有限公司可以申请在联交所上市。

2. 营业记录

根据《联交所上市规则》,发行人需具备连续3年的营业记录,但在市值/收益测试下,若能证明公司的董事及管理层至少有3年所属业务和行业经验并予披露,且管理层最近1年持续不变,则联交所可能考虑接纳较短的营业记录。

3. 财务表现

(1)主板

主板新申请人须具备不少于3个财政年度的营业记录,并须符合下列三项财务准则其中一项:

①盈利测试

盈利:过去3个财政年度至少5000万港元(最近一年盈利至少2000万港元盈利,及前两年累计盈利至少3000万港元)。

②市值/收入测试

市值:上市时至少达40亿港元;

收入:最近一个经审计财政年度至少为5亿港元。

③市值/收入/现金流测试

市值:上市时至少达20亿港元;

收入:最近一个经审计财政年度至少为5亿港元;

现金流量:前3个财政年度来自营运业务的现金流入合计至少为1亿港元。

(2)创业板

创业板申请人须具备不少于2个财政年度的营业记录,包括:

现金流量:日常经营业务有现金流入,于上市档刊发之前2个财政年度合计至少达3000万港元;

市值:上市时市值至少达1.5亿港元。

(二)境内企业赴港上市的两种模式比较

1. 红筹模式

以红筹模式上市是指上市主体注册在境外(通常在开曼、百慕大或英属维尔京群岛等地),适用当地法律和会计制度,但主要资产、业务以及管理层均在境内的赴港上市模式。红筹股公司香港上市一般采用可变利益实体(Variable Interest Entities,VIEs,也称VIE架构),常见的VIE架构一般分为境内和境外两个部分,境外:由创始人在开曼或英属维尔京群岛设立拟上市主体,拟上市主体在境外(通常是香港)设立全资子公司,香港子公司在境内投资设立一家外商独资企业(Wholly Foreign Owned Enterprise,WFOE);境内:由创始人作为股东设立一家内资企业作为境内运营实体(VIE 公司),通过 WFOE 与 VIE 公司及其股东之间签署的一系列协议,达到境外拟上市主体对 VIE 公司协议控制并将经营利润从境内转移到境外拟上市主体中。红筹模式在设立阶段需将企业的权益重组注入海外拟上市主体,整体红筹架构搭建的成本较高,但上市后企业的融资、发债等行为基本不会涉及境内主管部门的各项审批。

2. H 股模式

H 股模式指在中国境内(不包括港、澳、台地区)注册成立的股份公司,直接向香港联交所申请发行境外上市外资股(H 股)股票并在香港联交所上市交易的境外上市模式。H 股模式无须搭建海外红筹构架,无须进行境外重组。根据《证券法》、国务院《关于股份有限公司境外募集股份及上市的特别规定》等相关规定,H 股模式上市需在境内取得中国证监会的批准及行业监管部门的同意(如适用)。因此,H 股公司在上市、融资等各方面需要受到股份有限公司境外公开募集股份及上市(包括增发)审核关注要点中国证监会和香港联交所、香港证监会双方证券监管部门的审核监管。

与红筹模式相比,H 股企业本身受中国证监会监管,上市主体资格为境内股份有限公司,未来在满足 A 股上市要求后可以考虑在港股和 A 股同时上市。另外,H 股全流通政策的不断推进将大幅提升 H 股企业股票流通量,改善流通市值和企业规模不匹配问题,拓宽股东资金退出渠道。VIE 模式企业若计划重回内地 A 股市场,则需要将企业的权益资本转移回内地,重新搭建股份有限公司结构后再申请上市。

四、私募基金管理人的合规性

作为一家专注于不动产投资的私募基金管理人,瑞威资本在中国从事私募股权基金业务的主要监管机构包括中国证监会和基金业协会。中国证监会为国务院直属正部级事业单位,依照法律、法规和国务院授权,统一监督管理全国证券期货市场。基金业协会作为对证券投资基金行业和私募基金行业进行行业自律的自律性组织,接受中国证监会和国家民政部的业务指导和监督管理。作为瑞威资本 H 股发行上市的发行人境内法律顾问,我们对私募基金管理人在从事私募基金业务过程中的各项合规性也进行了规范核查,包括但不限于私募基金的行业准入及登记备案、资金募集合规性及基金投向合规性等诸多方面。

(一)私募基金行业准入及登记备案

根据《私募投资基金监督管理暂行办法》(以下简称《私募暂行办法》),设立私募基金管理机构不设行政审批。各类私募基金管理人应当根据基金业协会的规定办理登记手续。获准登记的私募基金管理人应当在各类私募基金募集完毕后向基金业协会办理登记手续。各类私募基金管理人应当根据基金业协会的规定办理登记手续。各类获准登记的私募基金募集完毕,私募基金管理人应当根据基金业协会的规定,向基金业协会报送基金基本信息申请登记,办理登记手续。

根据《私募暂行办法》,私募基金管理人如未按照规定向基金业协会办理登记的,责令改正,给予警告并处3万元以下罚款;对直接负责的主管人员和其他直接责任人员,给予警告并处3万元以下罚款;情节严重的,中国证监会可以依法对有关责任人员采取市场禁入措施。

（二）资金募集的合规性

根据《私募暂行办法》,私募基金管理人在募集资金过程中,不得向合格投资者之外的单位和个人募集资金,不得通过报刊、电台、电视、互联网等公众传播媒体或者讲座、报告会、分析会和布告、传单、手机短信、微信、博客和电子邮件等方式,向不特定对象宣传推介。私募基金管理人不得向投资者承诺投资本金不受损失或者承诺最低收益。私募基金管理人应当采取问卷调查等方式,对投资者的风险识别能力和风险承担能力进行评估,由投资者书面承诺符合合格投资者条件;应当制作风险揭示书,由投资者签字确认。私募基金管理人应当自行或者委托第三方机构对私募基金进行风险评级,向风险识别能力和风险承担能力相匹配的投资者推介私募基金。

根据基金业协会于2016年4月15日颁布并于2016年7月15日生效的《私募投资基金募集行为管理办法》(以下简称《募集管理办法》),私募基金管理人可以自行募集其设立的私募基金,在中国证监会注册取得基金销售业务资格并已成为基金业协会会员的机构(以下简称基金销售机构)可以受私募基金管理人的委托募集私募基金。私募基金管理人、基金销售机构在募集资金的过程中应当履行如下程序:(1)特定对象确定;(2)投资者适当性匹配;(3)基金风险揭示;(4)合格投资者确认;(5)投资冷静期;(6)回访确认。

合格投资者是指具备相应风险识别能力和风险承担能力,投资于单只私募基金的金额不低于100万元且符合下列相关标准的单位和个人:(1)净资产不低于1000万元的单位;(2)金融资产不低于300万元或者最近3年个人年均收入不低于50万元的个人。下列投资者视为合格投资者:(1)社会保障基金、企业年金等养老基金,慈善基金等社会公益基金;(2)依法设立并在基金业协会备案的投资计划;(3)投资于所管理私募基金的私募基金管理人及其从业人员;(4)中国证监会规定的其他投资者。

(三)产品投资方向的合规性

基金业协会于2017年2月13日颁布的《证券期货经营机构私募资产管理计划备案管理规范第4号——私募资产管理计划投资房地产开发企业、项目》(以下简称《4号文》),对以委托贷款、嵌套投资信托计划及其他金融产品、受让信托受益权及其他资产收(受)益权、以名股实债的方式受让房地产开发企业股权或基金业协会根据审慎监管原则认定的其他债权投资方式投资于房地产价格上涨过快热点城市普通住宅地产项目的私募资产管理计划将暂不予备案。强调资产管理人应当依据勤勉尽责的受托义务,履行向下穿透审查义务,以确定受托资金的最终投资方向符合要求。基金业协会明确证券期货经营机构新设立的私募资产管理计划投资房地产开发企业、项目应当符合《4号文》要求,存续产品不得新增与《4号文》不符的投资项目,存续产品已投项目存在上述情形的,相关投资项目到期后不得续期。

基金业协会于2018年1月12日颁布《私募投资基金备案须知》,私募基金的投资不应是借贷活动。基金业协会于2018年2月12日起不再办理以下不属于私募投资基金范围的产品的新增申请和在审申请:(1)底层标的为民间借贷、小额贷款、保理资产等《私募基金登记备案相关问题解答(七)》所提及的属于借贷性质的资产或其收(受)益权;(2)通过委托贷款、信托贷款等方式直接或间接从事借贷活动的;(3)通过特殊目的载体、投资类企业等方式变相从事上述活动的。

五、结语

在瑞威资本赴港上市的全过程中,国浩上海办公室受聘担任本次发行上市的发行人内地法律顾问,以丰富的资本市场经验为瑞威资本提供了专业、高质量的法律服务,助力瑞威资本成为第一家经中国证监会批复赴港上市的私募基金管理公司。在提供了优质法律服务的同时,我们也有幸参与并见证了私募基金管理公司在资本市场迈出的坚实一步。面对经济放缓及行业监管日趋严苛对私募行业带来的各方面挑战,瑞威资本赴港上市之路为私募基金管理人提供了新的发展思路,也体现了优秀的私募基金管理人在困境下能够突破创新寻找机遇的自信和能力。

(本文撰写于2019年1月23日)

律师从事股票发行上市业务执业规范

陈　杰　刘水灵　杜佳盈

一、《执业细则》出台背景

根据中国证监会关于《〈律师事务所从事首次公开发行股票并上市法律业务执业细则(试行)〉(征求意见稿)的起草说明》,为进一步规范和指导律师事务所及律师从业首次公开发行股票并上市(以下简称首发)证券法律业务活动,适应科创板发行注册制下提升中介机构能力、强化中介机构责任的要求,明确律师事务所及律师查验事项范围和勤勉尽责标准,督促律师事务所及律师归位尽责,证监会会同司法部研究起草了《律师事务所从事首次公开发行股票并上市法律业务执业细则(试行)》(征求意见稿)(以下简称《执业细则》)。由此可见,证监会起草《执业细则》的初衷源于两方面:科创板设立与注册制试点下审核的新要求;首发审核趋严趋势下对律师事务所及律师执业勤勉尽责的新标准。

当然,《执业细则》的征求意见稿出台后,鉴于新《证券法》已于2019年年底审议通过,并于2020年3月实施;《执业细则》征求意见前新《证券法》已经历了多次征求意见和审议,因此《执业细则》实质上也体现了新《证券法》对投资者保护、包括律师事务所和律师在内的证券服务机构及从业人员的更高执业要求的相关精神,并必然在后续征求意见完成、生效规则出台后进一步衔接并体现新《证券法》的指导思想和制度创新。

(一)科创板设立与注册制试点下审核的新要求

2019年1月30日,证监会发布《关于在上海证券交易所设立科创板并试点注册制的实施意见》,正式对科创板设立并试点注册制作了思想指导。

2019年3月1日,证监会官网正式发布了《科创板首次公开发行股票注册管理办法(试行)》和《关于在上海证券交易所设立科创板并试点注册制的实施意见》,同时上海证券交易所(以下简称上交所)配套发布了《上海证券交易所科创板公司首次公开发行股票注册管理办法》、《上海证券交易所科创板上市公司持续监管办法（试行）》、《上海证券交易所科创板股票上市规则》（以下简称《科创板上市规则》）、《上海证券交易所科创板股票发行上市审核规则》，对科创板上市申报及审核要求作出了具体规定。

2019 年 3 月 4 日，上交所发布了科创板配套的两个指引，包括《上海证券交易所科创板企业上市推荐指引》和《上海证券交易所科创板股票发行上市审核问答》［以下简称《科创板审核问答（一）》］，结合后续出台的《上海证券交易所科创板股票发行上市审核问答（二）》［以下简称《科创板审核问答（二）》，合称《科创板审核问答》］，明确了科创板企业上市推荐工作和 32 条审核规范，对科创板企业的具体定位标准及细节审核要求作了进一步说明。

2019 年 7 月 22 日，首批 25 只科创板股票在上交所上市交易，标志着设立科创板并试点注册制这一重大改革任务正式落地。

科创板自设立以来获得前所未有的关注，上交所亦就科创板所涉审核问题给出了明确的指引及要求，故为适应科创板新规及注册制试点下的审核新要求，规范律师核查手段和方式，律师事务所及律师从事科创板业务的执业规则制定显得刻不容缓。

（二）首发审核趋严趋势下律师事务所及律师执业勤勉尽责的新标准

除了适应科创板推行及注册制试点对中介机构核查能力和责任的要求，A 股其他板块首发法律业务亦需要律师事务所及律师执业的勤勉尽责。

据统计，2018 年上会企业的首次公开募股（Initial Public Offering，IPO）过会率仅为 60.4%，创新低。A 股 IPO 审核趋严之下暴露了很多中介机构项目经办过程中核查不到位的问题。2019 年，在科创板的带动下，IPO 过会率显著提高。但过会率的提高不能仅是政策红利的贡献，而应是更多优质企业被发掘的成果。优质企业的发掘自然离不开中介机构的核查与规范。因此，提升中介机构核查能力、促使中介机构勤勉尽责至关重要。

就法律核查规则而言，2001 年 3 月，证监会发布《公开发行证券公司信息披露的编报规则第 12 号——公开发行证券的法律意见书和律师工作报告》，列举了法律意见书及律师工作报告披露事项的查验内容；2010 年 10 月，证监会和司法部发布《律师事务所证券法律业务执业规则（试行）》（以下简称《执业规则》），就律师事务所及律师从事证券法律业务查验规则作出规定；2019 年 3 月，证监会发布《首发业务若干问题解答（一）》《首发业务若干问题解答（二）》（以下合称《首发业务解答》），对首发审核过程中常见法律问题的具体理解和把握作出解答。而此次《执业细则》的发布,则是对上述核查规则(包括科创板相关规则)中涉及首发法律业务查验规则的梳理、吸收和整合。

(三)新《证券法》实施下律师事务所及律师执业的新风险

新《证券法》首次设立了"投资者保护"专章,在证券交易及其他相关证券活动中对于投资者的保护达到了一个新的高度。同时,相应地,对于作为证券市场看门人的律师事务所等证券服务机构的执业要求提出了更高的标准,而律师事务所及律师从事包括首发业务在内的证券业务的从业风险也大大增加了。

可以预见的是,未来当律师事务所及律师在从事首发业务中不能严格遵照生效实施后的《执业细则》,不能提高从业人员的业务素质和业务能力,不能在首发业务执业过程中遵守更加全面和细致的核查要求时,则会依据新《证券法》相应被认为未能履行勤勉尽责义务,导致出具的法律文件存在虚假记载、误导性陈述或重大遗漏,面临一系列的民事责任和行政责任,具体根据新《证券法》第 163 条、第 213 条、第 221 条等,体现在以下几个方面:

(1)民事责任:给他人造成损失的,应与委托人承担连带赔偿责任,但是能够证明自己没有过错的除外。

(2)行政责任:被证监会没收业务收入,并处以业务收入 1 倍以上 10 倍以下的罚款;没有业务收入或业务收入不足 50 万元的,处以 50 万元以上 500 万元以下的罚款;情节严重的,并处暂停或者禁止从事证券服务业务;相关责任人员给予警告,并处以 20 万元以上 200 万元以下的罚款。违法情节严重的,有关责任人员将会遭受证监会的证券市场禁入,即在一定期限内,不得从事证券业务、证券服务业务,不得在发行人处担任董事、监事、高级管理人员,或者不得在证券交易场所交易证券。

因此,在新《证券法》生效并实施后,律师事务所及律师更需要有一套能够遵照执行的依法执业、严格履责的操作规则和依据,《执业细则》恰恰为律师事务所和律师从事首发法律业务给出了很好的执行参照依据,以作为新《证券法》实施的配套规则文件,这也是《执业细则》此次发布征求意见稿并在未来正式生效实施的重大意义。

二、《执业规则》与《执业细则》的适用关系

(一)《执业细则》是《执业规则》的延伸和细化

《执业细则》并非对《执业规则》的替代,而是对《执业规则》的延伸和细化。

首先,从适用范围的角度来看,《执业规则》适用于律师事务所及律师从事证券法律业务开展核查和验证、制作和出具法律意见书等执业活动,从事期货法律业务

的参照适用;《执业细则》则适用于律师事务所从事首发的证券法律业务,从事试点创新企业公开发行存托凭证、上市公司发行证券、上市公司发行股份购买资产等其他类型的证券业务参照执行。因此,《执业规则》的适用范围相对更广,《执业细则》则是将首发法律业务作为核心,就与首发法律业务相关的查验规则进行了重点细化。

其次,从法规效力的角度来看,《执业细则》和《执业规则》是并行生效的。《执业细则》未来的生效适用并不废止《执业规则》的效力;同时,根据《执业细则》第3条的规定,律师事务所及律师从事首发法律业务,仍因按照《执业规则》的规定,遵守诚实、守信、独立、勤勉、尽责的原则,恪守律师职业道德和执业纪律,沿革履行法定职责,合理、充分运用《执业规则》要求的查验方法。

(二)《执业规则》侧重通用的查验方法,《执业细则》侧重具体查验内容

1.《执业规则》的体系和主要内容

《执业规则》共有五章,分别为总则、查验规则、法律意见书、工作底稿和附则,体系和主要内容见表3-18-1。

表3-18-1 《执业规则》章节体系及内容

章节	条款	主要内容
第一章 总则	第1~7条	规则依据,适用范围,查验要求
第二章 查验规则	第8~28条	查验原则,查验计划及落实情况编制,查验方式
第三章 法律意见书	第29~38条	法律意见书的基本内容、格式及相关要求
第四章 工作底稿	第39~41条	工作底稿的内容及相关要求
第五章 附则	第42~43条	参照适用范围,生效日期

《执业规则》对查验方式的规定从两个角度展开:一是从查验事项的角度,规定了对法人或者分支机构主体资格等事项进行查验时应当采取的查验方式;二是从具体查验方式的角度,规定了律师采用书面审查、面谈等查验方式查验相关事项过程中需要履行的必要程序。具体如下:

(1)查验事项必要的查验方式

《执业规则》对查验事项、查验方式的规定见表3-18-2。

表3-18-2　查验事项与查验方式

条款	查验事项	查验方式
第19条	法人或者其分支机构有关主体资格以及业务经营资格	应当就相关主管机关颁发的批准文件、营业执照、业务经营许可证及其他证照的原件进行查验
第20条	自然人有关资格或者一定期限内职业经历	应当向其在相关期间工作过的单位人事等部门进行查询、函证
第21条	不动产、知识产权等依法需要登记的财产	应当取得登记机关制作的财产权利证书原件，必要时应当采取适当方式，就该财产权利证书的真实性以及是否存在权利纠纷等，向该财产的登记机关进行查证、确认
第22条	生产经营设备、大宗产品或者重要原材料	应当查验其购买合同和发票原件。购买合同和发票原件已经遗失的，应当由财产权利人或者其代表签字确认，并在工作底稿中注明；相关供应商尚存在的，应当向供应商进行查询和函证。必要时，应当进行现场查验，制作现场查验笔录，并由财产权利人或者其代表签字；财产权利人或者其代表拒绝签字的，应当在查验笔录中注明
第23条	依法需要评估才能确定财产价值的财产	应当取得有证券、期货相关业务评估资格的资产评估机构（以下简称有资格的评估机构）出具的有效评估文书；未进行有效评估的，应当要求委托人委托有资格的评估机构出具有效评估文书予以确认
第24条	银行存款	应当查验银行出具的存款证明原件；不能提供委托查验期银行存款证明的，应当会同委托人（存款人）向委托人的开户银行进行书面查询、函证
第25条	难以确定是否存在被设定担保等权利负担的财产	应当以适当方式向有关财产抵押、质押登记部门进行查证、确认
第26条	对外重大担保事项	应当与委托人的财务负责人等相关人员及委托人聘请的会计师事务所的会计师面谈，并根据需要向该委托人的开户银行、公司登记机关、证券登记机构和委托人不动产、知识产权的登记部门等进行查证、确认。向银行进行查证、确认，采取查询、函证等方式；向财产登记部门进行查证、确认，采取查询、函证或者查阅登记机关公告、网站等方式

续表

条款	查验事项	查验方式
第 27 条	有关自然人或者法人是否存在重大违法行为、是否受到有关部门调查、是否受到行政处罚或者刑事处罚、是否存在重大诉讼或者仲裁等事实	应当与有关自然人、法人的主要负责人及有关法人的合规管理等部门负责人进行面谈，并根据情况选取可能涉及的有关行政机关、司法机关、仲裁机构等公共机构进行查证、确认。向有关公共机构查证、确认，可以采取查询、函证或者查阅其公告、网站等方式

(2)查验方式必要的查验程序

《执业规则》有关查验方式与查验程序的规定见表 3－18－3。

表 3－18－3 查验方式与查验程序

条款	查验方式	查验程序
第 12 条	向国家机关及其他第三方机构查证、确认事实	应当将查证、确认工作情况做成书面记录，并由经办律师签名
第 13 条	面谈	应当制作面谈笔录。谈话对象和律师应当在笔录上签名。谈话对象拒绝签名的，应当在笔录中注明
第 14 条	书面审查	应当分析相关书面信息的可靠性，对文件记载的事实内容进行审查，并对其法律性质、后果进行分析判断
第 15 条	实地调查	应当将实地调查情况作成笔录，由调查律师、被调查事项相关的自然人或者单位负责人签名。该自然人或者单位负责人拒绝签名的，应当在笔录中注明
第 16 条	查询	应当核查公告、网页或者其他载体相关信息，并就查询的信息内容、时间、地点、载体等有关事项制作查询笔录
第 17 条	函证	应当以挂号信函或者特快专递的形式寄出，邮件回执、查询信函底稿和对方回函应当由经办律师签名。函证对方未签署回执、未予签收或者在函证规定的最后期限届满时未回复的，由经办律师对相关情况作出书面说明

2.《执业细则》的体系和主要内容

《执业细则》主体部分以法律意见书和律师工作报告的披露事项为基础，针对法律意见书需要发表结论性意见的事项逐项细化了具体查验内容，见表 3－18－4。

表 3-18-4 《执业细则》具体查验内容

序号	法律意见书/律师工作报告的必备内容	《执业细则》对应核查要求所在章节
1	本次发行上市的批准和授权	第十一章其他之第 74 条股东大会授权、第 75 条行业主管部门的批准
2	发行人本次发行上市的主体资格	第二章发行人的主体资格
3	本次发行上市的实质条件	《执业细则》各章节
4	发行人的设立	第二章发行人的主体资格之第一节发行人的设立及有效存续
5	发行人的独立性	第三章发行人的独立性
6	发起人或股东(实际控制人)	第二章发行人的主体资格之第二节发行人的发起人与股东
7	发行人的股本及其演变	第二章发行人的主体资格之第三节发行人的历史沿革
8	发行人的业务	第四章发行人的业务之第 31 条主营业务、第 33 条境外经营情况
9	关联交易及同业竞争	第八章关联交易和同业竞争,第七章发行人的规范运作之第 53 条对外担保、第 54 条资金占用
10	发行人的主要财产	第五章发行人的主要财产
11	发行人的重大债权债务	第四章发行人的业务之第 34 条重大合同、第 35 条其他应收应付款、第 36 条侵权之债
12	发行人的重大资产变化及收购兼并	第四章发行人的业务之第 32 条重大资产变化及收购兼并
13	发行人公司章程的制定与修改	第六章发行人的公司治理之第 48 条公司章程
14	发行人股东大会、董事会、监事会议事规则及规范运作	第六章发行人的公司治理之第 49 条治理结构及运作,第七章发行人的规范运作之第 53 条对外担保
15	发行人董事、监事和高级管理人员及其变化	第六章发行人的公司治理之第 50 条董监高任职资格,第 51 条独立董事,第 52 条董事、高级管理人员重大变化
16	发行人的税务	第七章发行人的规范运作之第二节发行人的税务和财政补贴

续表

序号	法律意见书/律师工作报告的必备内容	《执业细则》对应核查要求所在章节
17	发行人的环境保护和产品质量、技术等标准	第七章发行人的规范运作之第三节发行人的环境保护和产品质量
18	发行人募集资金的运用	第九章发行人的募集资金运用和业务发展目标之第68～71条
19	发行人业务发展目标	第九章发行人的募集资金运用和业务发展目标之第72条业务发展目标
20	诉讼、仲裁或行政处罚	第七章发行人的规范运作之第55条重大违法、第56条违法发行证券，第十章诉讼和仲裁
21	原定向募集公司增资发行的有关问题(如有)	第二章发行人的主体资格之第三节发行人的历史沿革第25条定向募集
22	发行人招股说明书法律风险的评价	第十一章其他之第76条招股说明书确认
23	律师认为需要说明的其他问题	—

对比可见，《执业规则》侧重通用的查验方式指导，而《执业细则》侧重具体的查验内容，界定了律师事务所及律师查验事项的范围，为首发法律业务核查提供了可操作性的指引；因此从事首发法律业务过程中，律师应当依据《执业细则》确定核查范围和核查内容，并结合《执业规则》确定具体核查方式和核查程序。

三、《执业细则》借鉴和吸收了首发法律业务相关规则

作为首发法律业务查验内容的指引，《执业细则》吸纳了其他特别是近些年最新的首发法律业务各项规则涉及的审核要求和监管精神的相关内容，使细则内容更加完备，根据实操性和实效性。

(一)《执业细则》对《招股书准则》及《科创板招股书准则》相关规定的借鉴和吸收

《公开发行证券的公司信息披露内容与格式准则第1号——招股说明书》(以下简称《招股书准则》)及《公开发行证券的公司信息披露内容与格式准则第41号——科创板公司招股说明书》(以下简称《科创板招股书准则》)作为首发业务最核心的申报文件——招股说明书的格式准则，对发行人及相关中介机构进行首发申报文件制作及相关事项核查具有重要的指导和参照作用，本次《执业细则》制定

即参照了前述格式准则的相关规定。其中,尤以《执业细则》第三章发行人的独立性部分为典型,该部分内容充分借鉴和吸收了《招股书准则》第51条及《科创板招股书准则》第62条关于公司独立性基本要求的相关规定。(见表3-18-5)

表3-18-5 《执业细则》借鉴吸收《招股书准则》《科创板招股书准则》情况

序号	内容	《招股书准则》/《科创板招股书准则》的规定	《执业细则》的规定
1	资产完整性	生产型企业具备与生产经营有关的主要生产系统、辅助生产系统和配套设施,合法拥有与生产经营有关的主要土地、厂房、机器设备以及商标、专利、非专利技术的所有权或者使用权,具有独立的原料采购和产品销售系统;非生产型企业具备与经营有关的业务体系及主要相关资产	律师应当查验发行人的资产是否完整。生产型企业是否具备与生产经营有关的主要生产系统、辅助生产系统和配套设施,合法拥有与生产经营有关的主要土地、厂房、机器设备以及商标、专利、非专利技术的所有权或者使用权,具有独立的原料采购和产品销售系统。非生产型企业具备与经营有关的业务体系及主要相关资产
2	人员独立性	发行人的总经理、副总经理、财务负责人和董事会秘书等高级管理人员不在控股股东、实际控制人及其控制的其他企业中担任除董事、监事以外的其他职务,不在控股股东、实际控制人及其控制的其他企业领薪;发行人的财务人员不在控股股东、实际控制人及其控制的其他企业中兼职	律师应当查验发行人的人员是否独立。通过比对发行人及其关联方高级管理人员、财务人员、核心技术人员花名册、工资单、社保缴纳情况以及对高级管理人员、财务人员、核心技术人员的访谈等方式,查验发行人的员工是否独立于发行人的控股股东、实际控制人及其控制的其他企业,确认发行人的总经理、副总经理、财务负责人和董事会秘书等高级管理人员、核心技术人员是否在控股股东、实际控制人及其控制的其他企业中担任除董事、监事以外的其他职务,是否在控股股东、实际控制人及其控制的其他企业领薪,确认发行人的财务人员是否在控股股东、实际控制人及其控制的其他企业中兼职,以及发行人的劳动、人事、工资报酬以及相应的社会保障是否独立管理
3	财务独立性	发行人已建立独立的财务核算体系、能够独立作出财务决策、具有规范的财务会计制度和对分公司、子公司的财务管理制度;发行人未与控股股东、实际控制人及其控制的其他企业共用银行账户	律师应当查验发行人的财务是否独立。发行人是否建立了独立的财务部门、独立的财务核算体系、独立的财务会计制度和对分公司、子公司的财务管理制度,确认不与控股股东、实际控制人及其控制的其他企业共用银行账户

续表

序号	内容	《招股书准则》/《科创板招股书准则》的规定	《执业细则》的规定
4	机构独立性	发行人已建立健全内部经营管理机构、独立行使经营管理职权,与控股股东和实际控制人及其控制的其他企业间不存在机构混同的情形	律师应当查验发行人的机构是否独立。发行人是否建立了健全的内部经营管理机构,是否独立行使经营管理职权,是否与控股股东、实际控制人及其控制的其他企业存在机构混同的情形
5	业务独立性	发行人的业务独立于控股股东、实际控制人及其控制的其他企业,与控股股东、实际控制人及其控制的其他企业间不存在同业竞争或者显失公平的关联交易	律师应当查验发行人的业务是否独立。发行人的业务是否独立于控股股东、实际控制人及其控制的其他企业,与控股股东、实际控制人及其控制的其他企业是否存在同业竞争或者显失公平的关联交易

(二)《执业细则》对《首发业务解答》及《科创板审核问答》的借鉴和吸收

为了提高各板块首发企业信息披露质量,便于各中介机构履职尽责,证监会及上交所分别发布了《首发业务解答》及《科创板审核问答》,对首发审核业务及科创板发行上市业务中常见法律问题的具体理解和适用提供了解答指引,《执业细则》也借鉴和吸收了部分《首发业务解答》及《科创板审核问答》中的重要内容和精神。(见表3-18-6)

表3-18-6 《执业细则》借鉴吸收《首发业务解答》《科创板审核问答》情况

序号	内容	《首发业务解答》及《科创板审核问答》对应问题	《执业细则》对应条款
1	突击入股	《首发业务若干问题解答(一)》问题4、发行人申报前后新增股东的,应如何进行核查和信息披露?股份锁定如何安排?	第21条
		《科创板审核问答》(二)问题2:发行人申报前后新增股东的,应当如何进行核查和信息披露?股份锁定如何安排?	

续表

序号	内容	《首发业务解答》及《科创板审核问答》对应问题	《执业细则》对应条款
2	“三类股东”	《首发业务若干问题解答(一)》问题6、发行人在新三板挂牌期间形成契约性基金、信托计划、资产管理计划等“三类股东”的,对于相关信息的核查和披露有何要求?	第15条
		《科创板审核问答》(二)问题9:发行人在全国股份转让系统挂牌期间形成契约性基金、信托计划、资产管理计划等“三类股东”的,对于相关信息的核查和披露有何要求?	
3	出资瑕疵	《首发业务若干问题解答(一)》问题7、发行人历史上存在出资或者改制瑕疵等涉及股东出资情形的,中介机构核查应重点关注哪些方面?	第6条
		《科创板审核问答》(二)问题3:发行人历史上存在出资瑕疵或者改制瑕疵的,中介机构核查应当重点关注哪些方面?	
4	股份质押、冻结	《首发业务若干问题解答(一)》问题9、发行人申报前或在审核期间,如果出现股东股权质押、冻结或发生诉讼仲裁等不确定性事项的,应如何进行核查和信息披露?	第19条
5	诉讼仲裁	《首发业务若干问题解答(一)》问题13、对于发行人的诉讼或仲裁事项,应如何进行核查和信息披露?	第73条
6	同业竞争	《首发业务若干问题解答(一)》问题15、首发办法对同业竞争行为作出了限制性规定,发行人及中介机构在核查判断同业竞争事项时,应当主要关注哪些方面?	第65条、第66条
		《科创板审核问答》(一)问题4:对发行条件“发行人与控股股东、实际控制人及其控制的其他企业间不存在对发行人构成重大不利影响的同业竞争”中的“重大不利影响”,应当如何理解?	
7	关联交易	《首发业务若干问题解答(一)》问题16、首发企业报告期内普遍存在一定比例的关联交易,请问作为拟上市企业,应从哪些方面说明关联交易情况,如何完善关联交易的信息披露?中介机构核查应注意哪些方面?	第64条

续表

序号	内容	《首发业务解答》及《科创板审核问答》对应问题	《执业细则》对应条款
8	环境保护	《首发业务若干问题解答(一)》问题 19、请问对于环境保护问题,发行人应在信息披露中关注哪些事项,中介机构核查相关问题中应重点把握哪些核查要求?	第 59 条

四、小结

在科创板火热推出、首发上市业务审核趋严,同时新《证券法》实施带来的执业要求提升的大趋势下,中介机构包括律师事务所经办证券业务特别是首发业务的责任和风险也相应增大了。正是在这样的背景下,《执业细则》的征求意见稿应运而生,其不仅是对原有《执业规则》相关体系和内容的细化、延伸,亦吸收、融汇了证监会、上交所出台的主板、科创板的最新核查要求、监管精神,更是为律师事务所及律师从事首发业务时勤勉尽责地履行核查义务进而提高项目质量、控制执业风险并最终促成 A 股上市公司质量的提高及资本市场的进一步规范提供了切实可行的操作指南。

《执业细则》共 12 章 79 条,详细规定了对包括发行人首发的主体资格、发行人的独立性、业务、主要财产、公司运作、规范经营、关联交易、同业竞争、募集资金的投向等具体事项的查验要求,律师事务所及执业律师应当仔细研读、提出修订和补充建议,且应当结合新《证券法》实施下的新制度和新要求予以充分思考,并在《执业细则》正式生效后遵照执行,切实提高执业质量、控制执业风险。

(本文成文并首次发表于 2019 年 8 月,修订于 2020 年 3 月)

四、证券法·责任规制

新《证券法》中的责任规制与投资者维权

朱奕奕

2019年12月28日第十三届全国人大常委会第十五次会议审议通过了《中华人民共和国证券法(修订草案)》,修订后的《证券法》(以下称为新《证券法》)将于2020年3月1日起施行。从法律责任的角度而言,本次新《证券法》就行政处罚的力度、内幕交易的规制、虚假陈述的救济尤其是投资者维权时过错的认定、先行赔付、代表人诉讼等方面作出了修改。在提高处罚力度的同时,给予了投资者更多的维权途径,进一步发挥了证券法在推进市场改革、维护市场秩序、强化市场功能、保障投资者合法权益等方面的积极作用。

一、行政处罚方面

行政处罚的责任提高,提高证券违法成本。新《证券法》与《证券法修订三审稿》、《证券法》(2014年)相比,明显加大了对证券违法行为的处罚力度。如相关证券违法行为有违法所得的,则没收违法所得,并处违法所得的行政罚款标准由原来的1~5倍提高到1~10倍;又如实行定额罚的,处罚标准在原来的基础上分别有所提高,比如内幕交易行为提高到50万~500万元、虚假陈述、操纵市场行为提高到100万~1000万元以及欺诈发行行为提高到200万~2000万元等。(详见表4-1-1)

表4－1－1 相关法律责任比较分析

(一)虚假陈述的法律责任			
序号	新《证券法》	《证券法修订三审稿》	《证券法》(2014年)
1	第一百八十一条　发行人在其公告的证券发行文件中隐瞒重要事实或者编造重大虚假内容,尚未发行证券的,处以二百万元以上二千万元以下的罚款;已经发行证券的,处以非法所募资金金额百分之十以上一倍以下的罚款。对直接负责的主管人员和其他直接责任人员,处以一百万元以上一千万元以下的罚款。 发行人的控股股东、实际控制人组织、指使从事前款违法行为的,没收违法所得,并处以违法所得百分之十以上一倍以下的罚款;没有违法所得或者违法所得不足二千万元的,处以二百万元以上二千万元以下的罚款。对直接负责的主管人员和其他直接责任人员,处以一百万元以上一千万元以下的罚款	第一百九十三条　发行人不符合发行条件,以欺骗手段骗取发行核准、注册,尚未发行证券的,处以一百万元以上一千万元以下的罚款;已经发行证券的,处以非法所募资金金额百分之二以上百分之十以下的罚款。对直接负责的主管人员和其他直接责任人员处以五十万元以上五百万元以下的罚款。 发行人的控股股东、实际控制人从事或者组织、指使从事前款违法行为的,依照前款的规定处罚	第一百八十九条　发行人不符合发行条件,以欺骗手段骗取发行核准,尚未发行证券的,处以三十万元以上六十万元以下的罚款;已经发行证券的,处以非法所募资金金额百分之一以上百分之五以下的罚款。对直接负责的主管人员和其他直接责任人员处以三万元以上三十万元以下的罚款。 发行人的控股股东、实际控制人指使从事前款违法行为的,依照前款的规定处罚
2	第一百八十二条　保荐人出具有虚假记载、误导性陈述或者重大遗漏的保荐书,或者不履行其他法定职责的,责令改正,给予警告,没收业务收入,并处以业务收入一倍以上十倍以下的罚款;没有业务收入或者业务收入不足一百万元的,处以一百万元以上一千万元以下的罚款;情节严重的,并处暂停或者撤销保荐业务许可。对直接负责的主管人员和其他直接责任人员给予警告,并处以五十万元以上五百万元以下的罚款	第一百九十四条　保荐人出具有虚假记载、误导性陈述或者重大遗漏的保荐书,或者不履行其他法定职责的,责令改正,给予警告,没收业务收入,并处以业务收入一倍以上五倍以下的罚款;没有业务收入或者业务收入不足五十万元的,处以五十万元以上五百万元以下的罚款;情节严重的,并处暂停或者撤销相关业务许可。对直接负责的主管人员和其他直接责任人员给予警告,并处以十万元以上一百万元以下的罚款	第一百九十二条　保荐人出具有虚假记载、误导性陈述或者重大遗漏的保荐书,或者不履行其他法定职责的,责令改正,给予警告,没收业务收入,并处以业务收入一倍以上五倍以下的罚款;情节严重的,暂停或者撤销相关业务许可。对直接负责的主管人员和其他直接责任人员给予警告,并处以三万元以上三十万元以下的罚款;情节严重的,撤销任职资格或者证券从业资格

续表

(一)虚假陈述的法律责任			
序号	新《证券法》	《证券法修订三审稿》	《证券法》(2014年)
3	第一百八十四条　证券公司承销证券违反本法第二十九条规定的(进行虚假宣传、不正当竞争等违反承销业务规定的行为——笔者注),责令改正,给予警告,没收违法所得,可以并处五十万元以上五百万元以下的罚款;情节严重的,暂停或者撤销相关业务许可。对直接负责的主管人员和其他直接责任人员给予警告,可以并处二十万元以上二百万元以下的罚款;情节严重的,并处以五十万元以上五百万元以下的罚款	第一百九十六条　证券公司承销证券,有下列行为之一的,责令改正,给予警告,没收违法所得,可以并处十万元以上一百万元以下的罚款;情节严重的,暂停或者撤销相关业务许可。给其他证券承销机构或者投资者造成损失的,依法承担赔偿责任。对直接负责的主管人员和其他直接责任人员给予警告,可以并处五万元以上五十万元以下的罚款;情节严重的,并处十万元以上一百万元以下的罚款: (一)进行虚假的或者误导投资者的广告或者其他宣传推介活动; (二)以不正当竞争手段招揽承销业务; (三)其他违反证券承销业务规定的行为	第一百九十一条　证券公司承销证券,有下列行为之一的,责令改正,给予警告,没收违法所得,可以并处三十万元以上六十万元以下的罚款;情节严重的,暂停或者撤销相关业务许可。给其他证券承销机构或者投资者造成损失的,依法承担赔偿责任。对直接负责的主管人员和其他直接责任人员给予警告,可以并处三万元以上三十万元以下的罚款;情节严重的,撤销任职资格或者证券从业资格: (一)进行虚假的或者误导投资者的广告或者其他宣传推介活动; (二)以不正当竞争手段招揽承销业务; (三)其他违反证券承销业务规定的行为
4	第一百九十三条　违反本法第五十六条第一款、第三款的规定,编造、传播虚假信息或者误导性信息,扰乱证券市场的,没收违法所得,并处以违法所得一倍以上十倍以下的罚款;没有违法所得或者违法所得不足二十万元的,处以二十万元以上二百万元以下的罚款。 违反本法第五十六条第二款的规定,在证券交易活动中作出虚假陈述或者信息误导的,责令改正,处以二十万元以上二百万元以下的罚款;属于国家工作人员	—	第二百零六条　违反本法第七十八条第一款、第三款的规定,扰乱证券市场的,由证券监督管理机构责令改正,没收违法所得,并处以违法所得一倍以上五倍以下的罚款;没有违法所得或者违法所得不足三万元的,处以三万元以上二十万元以下的罚款。 第二百零七条　违反本法第七十八条第二款的规定,在证券交易活动中作出虚假陈述或者信息误导的,责令改正,处以三万元以上二十万元以下的罚

续表

(一)虚假陈述的法律责任			
序号	新《证券法》	《证券法修订三审稿》	《证券法》(2014 年)
	的,还应当依法给予处分。 传播媒介及其从事证券市场信息报道的工作人员违反本法第五十六条第三款的规定,从事与其工作职责发生利益冲突的证券买卖的,没收违法所得,并处以买卖证券等值以下的罚款		款;属于国家工作人员的,还应当依法给予行政处分
5	第一百九十七条　信息披露义务人未按照本法规定报送有关报告或者履行信息披露义务的,责令改正,给予警告,并处以五十万元以上五百万元以下的罚款;对直接负责的主管人员和其他直接责任人员给予警告,并处以二十万元以上二百万元以下的罚款。发行人的控股股东、实际控制人组织、指使从事上述违法行为,或者隐瞒相关事项导致发生上述情形的,处以五十万元以上五百万元以下的罚款;对直接负责的主管人员和其他直接责任人员,处以二十万元以上二百万元以下的罚款。 信息披露义务人报送的报告或者披露的信息有虚假记载、误导性陈述或者重大遗漏的,责令改正,给予警告,并处以一百万元以上一千万元以下的罚款;对直接负责的主管人员和其他直接责任人员给予警告,并处以五十万元以上五百万元以下的罚款。发行人的控股股东、实际控制人组织、指使从事上述违法行为,或	第二百零九条　信息披露义务人未按照本法规定报送有关报告或者履行信息披露义务的,责令改正,给予警告,并处以二十万元以上二百万元以下的罚款。对直接负责的主管人员和其他直接责任人员给予警告,并处以十万元以上一百万元以下的罚款。 报送的报告或者披露的信息有虚假记载、误导性陈述或者重大遗漏的,责令改正,给予警告,并处以五十万元以上五百万元以下的罚款。对直接负责的主管人员和其他直接责任人员给予警告,并处以十万元以上一百万元以下的罚款。 发行人的控股股东、实际控制人从事或者组织、指使从事前款违法行为,或者隐瞒相关事项导致发生前款情形的,依照前款的规定处罚	第一百九十三条　发行人、上市公司或者其他信息披露义务人未按照规定披露信息,或者所披露的信息有虚假记载、误导性陈述或者重大遗漏的,责令改正,给予警告,并处以三十万元以上六十万元以下的罚款。对直接负责的主管人员和其他直接责任人员给予警告,并处以三万元以上三十万元以下的罚款。 发行人、上市公司或者其他信息披露义务人未按照规定报送有关报告,或者报送的报告有虚假记载、误导性陈述或者重大遗漏的,责令改正,给予警告,并处以三十万元以上六十万元以下的罚款。对直接负责的主管人员和其他直接责任人员给予警告,并处以三万元以上三十万元以下的罚款。 发行人、上市公司或者其他信息披露义务人的控股股东、实际控制人指使从事前两款违法行为的,依照前两款的规定处罚

续表

(一)虚假陈述的法律责任			
序号	新《证券法》	《证券法修订三审稿》	《证券法》(2014 年)
	者隐瞒相关事项导致发生上述情形的,处以一百万元以上一千万元以下的罚款;对直接负责的主管人员和其他直接责任人员,处以五十万元以上五百万元以下的罚款		
6	第二百一十一条　证券公司及其主要股东、实际控制人违反本法第一百三十八条的规定,未报送、提供信息和资料,或者报送、提供的信息和资料有虚假记载、误导性陈述或者重大遗漏的,责令改正,给予警告,并处以一百万元以下的罚款;情节严重的,并处撤销相关业务许可。对直接负责的主管人员和其他直接责任人员,给予警告,并处以五十万元以下的罚款	第二百二十三条　证券公司及其主要股东、实际控制人违反本法第一百四十八条的规定报送、提供信息和资料,或者报送、提供的信息和资料有虚假记载、误导性陈述或者重大遗漏的,责令改正,给予警告,并处以五十万元以下的罚款;情节严重的,并处撤销相关业务许可。对直接负责的主管人员和其他直接责任人员,给予警告,并处以二十万元以下的罚款	第二百条　证券交易所、证券公司、证券登记结算机构、证券服务机构的从业人员或者证券业协会的工作人员,故意提供虚假资料,隐匿、伪造、篡改或者毁损交易记录,诱骗投资者买卖证券的,撤销证券从业资格,并处以三万元以上十万元以下的罚款;属于国家工作人员的,还应当依法给予行政处分。 第二百二十二条第一款　证券公司或者其股东、实际控制人违反规定,拒不向证券监督管理机构报送或者提供经营管理信息和资料,或者报送、提供的经营管理信息和资料有虚假记载、误导性陈述或者重大遗漏的,责令改正,给予警告,并处以三万元以上三十万元以下的罚款,可以暂停或者撤销证券公司相关业务许可。对直接负责的主管人员和其他直接责任人员,给予警告,并处以三万元以下的罚款,可以撤销任职资格或者证券从业资格

续表

(一)虚假陈述的法律责任			
序号	新《证券法》	《证券法修订三审稿》	《证券法》(2014 年)
7	第二百一十三条第三款　证券服务机构违反本法第一百六十三条的规定,未勤勉尽责,所制作、出具的文件有虚假记载、误导性陈述或者重大遗漏的,责令改正,没收业务收入,并处以业务收入一倍以上十倍以下的罚款,没有业务收入或者业务收入不足五十万元的,处以五十万元以上五百万元以下的罚款;情节严重的,并处暂停或者禁止从事证券服务业务。对直接负责的主管人员和其他直接责任人员给予警告,并处以二十万元以上二百万元以下的罚款	第二百二十四条第三款　证券服务机构违反本法第一百七十条的规定,擅自从事证券服务业务的,责令改正,没收违法所得,并处以违法所得一倍以上五倍以下的罚款;没有违法所得或者违法所得不足二十万元的,处以二十万元以上二百万元以下的罚款。对直接负责的主管人员和其他直接责任人员,给予警告,并处以十万元以上一百万元以下的罚款	第二百二十三条　证券服务机构未勤勉尽责,所制作、出具的文件有虚假记载、误导性陈述或者重大遗漏的,责令改正,没收业务收入,暂停或者撤销证券服务业务许可,并处以业务收入一倍以上五倍以下的罚款。对直接负责的主管人员和其他直接责任人员给予警告,撤销证券从业资格,并处以三万元以上十万元以下的罚款
(二)内幕交易的法律责任			
序号	新《证券法》	《证券法修订三审稿》	《证券法》(2014 年)
1	第一百九十一条　证券交易内幕信息的知情人或者非法获取内幕信息的人违反本法第五十三条的规定从事内幕交易的,责令依法处理非法持有的证券,没收违法所得,并处以违法所得一倍以上十倍以下的罚款;没有违法所得或者违法所得不足五十万元的,处以五十万元以上五百万元以下的罚款。单位从事内幕交易的,还应当对直接负责的主管人员和其他直接责任人员给予警告,并处以二十万元以上二百万元以下的罚款。国务院证券监督管理机构工作人员从事内幕	第二百零三条　证券交易内幕信息的知情人或者非法获取内幕信息的人违反本法第六十一条的规定从事内幕交易,责令依法处理非法持有的证券,没收违法所得,并处以违法所得一倍以上五倍以下的罚款;没有违法所得或者违法所得不足二十万元的,处以二十万元以上二百万元以下的罚款。单位从事内幕交易的,还应当对直接负责的主管人员和其他直接责任人员给予警告,并处以二十万元以上二百万元以下的罚款。国务院证券监督管理机构工作人员从事内幕交易的,	第二百零二条　证券交易内幕信息的知情人或者非法获取内幕信息的人,在涉及证券的发行、交易或者其他对证券的价格有重大影响的信息公开前,买卖该证券,或者泄露该信息,或者建议他人买卖该证券的,责令依法处理非法持有的证券,没收违法所得,并处以违法所得一倍以上五倍以下的罚款;没有违法所得或者违法所得不足三万元的,处以三万元以上六十万元以下的罚款。单位从事内幕交易的,还应当对直接负责的主管人员和其他直接责任

续表

(二)内幕交易的法律责任			
序号	新《证券法》	《证券法修订三审稿》	《证券法》(2014年)
	交易的,从重处罚。 违反本法第五十四条的规定,利用未公开信息进行交易的,依照前款的规定处罚	从重处罚。 违反本法第六十二条的规定,利用未公开信息进行交易的,依照前款的规定处罚	人员给予警告,并处以三万元以上三十万元以下的罚款。证券监督管理机构工作人员进行内幕交易的,从重处罚
(三)操纵市场的法律责任			
序号	新《证券法》	《证券法修订三审稿》	《证券法》(2014年)
1	第一百九十二条　违反本法第五十五条的规定,操纵证券市场的,责令依法处理其非法持有的证券,没收违法所得,并处以违法所得一倍以上十倍以下的罚款;没有违法所得或者违法所得不足一百万元的,处以一百万元以上一千万元以下的罚款。单位操纵证券市场的,还应当对直接负责的主管人员和其他直接责任人员给予警告,并处以五十万元以上五百万元以下的罚款	第二百零四条　违反本法第六十三条的规定,操纵证券市场的,责令依法处理其非法持有的证券,没收违法所得,并处以违法所得一倍以上五倍以下的罚款;没有违法所得或者违法所得不足五十万元的,处以五十万元以上五百万元以下的罚款。单位操纵证券市场的,还应当对直接负责的主管人员和其他直接责任人员给予警告,并处以二十万元以上二百万元以下的罚款	第二百零三条　违反本法规定,操纵证券市场的,责令依法处理非法持有的证券,没收违法所得,并处以违法所得一倍以上五倍以下的罚款;没有违法所得或者违法所得不足三十万元的,处以三十万元以上三百万元以下的罚款。单位操纵证券市场的,还应当对直接负责的主管人员和其他直接责任人员给予警告,并处以十万元以上六十万元以下的罚款
(四)欺诈发行的法律责任			
序号	新《证券法》	《证券法修订三审稿》	《证券法》(2014年)
1	第二百零三条　提交虚假证明文件或者采取其他欺诈手段骗取证券公司设立许可、业务许可或者重大事项变更核准的,撤销相关许可,并处以一百万元以上一千万元以下的罚款。对直接负责的主管人员和其他直接责任人员给予警告,并处以二十万元以上二百万元以下的罚款	第二百一十五条　提交虚假证明文件或者采取其他欺诈手段隐瞒重要事实骗取证券公司设立许可、业务许可或者重大事项变更核准的,撤销相关许可,并处以一百万元以上五百万元以下的罚款。对直接负责的主管人员和其他直接责任人员给予警告,并处以十万元以上一百万元以下的罚款	第二百二十一条　提交虚假证明文件或者采取其他欺诈手段隐瞒重要事实骗取证券业务许可的,或者证券公司在证券交易中有严重违法行为,不再具备经营资格的,由证券监督管理机构撤销证券业务许可

二、内幕交易方面

新《证券法》加大了内幕交易惩处力度,但是民事责任规制仍属缺失。

(一)新《证券法》的规定

新《证券法》第191条规定,证券交易内幕消息的知情人或者非法获取内幕信息的人违反规定从事内幕交易的,责令依法处理非法持有的证券,没收违法所得,并处以违法所得1倍以上10倍以下的罚款;没收违法所得或者违法所得不足50万元的,处以50万元以上500万元以下的罚款。单位从事内幕交易的,还应当对直接负责的主管人员和其他直接责任人员给予警告,并处以20万元以上200万元以下的罚款。

(二)行政处罚力度增加,但仍未明确内幕交易民事赔偿机制

1. 新《证券法》对于内幕交易民事赔偿机制仍采用原则性规定

虽然罚款的最高额从原来的违法所得5倍以下升格为10倍以下,提高了行政处罚的力度,但是对因内幕交易行为而产生的民事损害赔偿责任仍停留于新《证券法》第53条第3款的原则性规定"内幕交易行为给投资者造成损失的,应当依法承担赔偿责任",而并未就内幕交易行为人如何向投资者承担赔偿责任提供任何的规范,包括但不限于如何认定内幕交易行为与投资者损害之间的因果关系、如何确定适格投资者的范围、同时反向交易的认定、举证责任的分配、投资者损害的认定及计算等方面,显然,这都是司法机关未来需要进一步解决的问题。

2015年10月,秦某等8名投资者诉光大证券股份有限公司证券、期货内幕交易责任纠纷案成为我国内幕交易民事赔偿案中的首例胜诉案件。从该案中可见,内幕交易人的行为不仅会扰乱市场秩序,也会对投资者投资信心造成冲击。为了维护证券市场投资者的权益、提高证券违法行为的违法成本,应当在加大行政处罚和刑事制裁的同时,充分发挥民事赔偿制度的作用,对内幕交易民事责任的承担机制予以进一步的规范。

2. 美国的内幕交易民事赔偿机制设置

(1)推定因果规则

从比较法上说,英美等发达国家也越来越注重在行政和刑事追责机制之外,通过民事诉讼机制的完善来抑制内幕交易行为的发生。① 以美国为例,在民事赔偿机

① 李寿喜、汤鸯平:《我国内幕交易案件特征与监管缺陷——基于1998至2016年执法案件的思考》,载《上海大学学报》(社会科学版)2018年第1期。

制中，基于保护投资者、建立诚信有效的证券市场等政策考虑，美国司法界率先放弃直接证明内幕交易与投资者损害之间因果关系的存在，即跳出传统侵权法理论下的因果关系理论束缚，采用因果关系推定或举证责任倒置或其他方式解决内幕交易民事赔偿因果关系的难题。[①]

（2）举证责任分配

在公开市场交易时，只要存在证券欺诈行为，投资者无须证明因果，即通过法律拟制的方式推定内幕交易中因果关系的存在，但为了平衡投资者和内幕交易行为人的利益，对于该因果的推定可由内幕交易人推翻。内幕交易人可通过举证责任倒置，提供证据证明其对于内幕消息的隐瞒与投资者进行证券交易的行为之间不存在因果关系，比如市场风险、投资者个人判断失误等方面进行抗辩。

（3）同时反向交易

此外，1981 年，美国第二巡回上诉法院在 Wilson v. Comtech Telecommunications Corp. 案[②]中正式确立了同时反向交易规则，美国国会于 1988 年修订《证券交易法》第 20 条（a）将该规则落实为立法规定：任何于违法买卖证券行为（内幕交易行为）发生的同时，（违法行为是出售证券时）购买或（违法行为是购买证券时）出售了同类证券的人，可向法院提起诉讼。[③]

3. 确立内幕交易民事赔偿机制的基础和意义

在光大证券案中，上海市第二中级人民法院采用推定因果关系，认为从事与内幕交易行为反向的证券期货买卖的投资者，有权就其因内幕交易遭受的损失向不法行为人追偿。由此可见，我国在内幕交易民事赔偿的司法实践中已在一定程度上引入并采纳了推定因果关系和同时反向交易的原则。

现行的行政和刑事处罚无法给予在内幕交易中受损的投资者以救济途径。因此，设立内幕交易行为民事赔偿机制的根本目的不仅在于维护证券市场的诚实信用原则，维护市场交易秩序，更是为了保护市场各参与主体尤其是广大投资者的合法权益。

---

① 郭锋：《内幕交易民事责任构成要件探讨》，载《法律适用》2008 年第 4 期；杨峰：《美国、日本内幕交易民事责任因果关系比较研究》，载《环球法律评论》2006 年第 5 期；冯果：《内幕交易与私权救济》，载《法学研究》2000 年第 2 期；王利明：《我国证券法中民事责任制度的完善》，载《法学研究》2001 年第 4 期。

② Wilson v. Comtech Telecommunications Corp. , 648 F. 2d 88（2d Cir. 1981）.

③ See Securities and Exchange Act of 1988 Rule 20（a）.

三、虚假陈述民事责任方面

对控股股东、实际控制人修改为“过错推定”的归责原则，但是仍未触及虚假陈述民事诉讼的前置条件、证券服务机构“勤勉尽责”边界等实务争议问题。

新《证券法》中涉及虚假陈述民事责任主要集中在第85条和第163条，这两条分别由《证券法》(2014年)第69条、第173条修订而来。其中第85条主要规范信息披露义务人和发行人的控股股东、实际控制人、董事、监事、高级管理人员、其他直接责任人员以及保荐人、承销的证券公司及其直接责任人员的虚假陈述责任，第163条主要规范证券服务机构的虚假陈述责任。

(一)新《证券法》对虚假陈述民事责任的完善

与《证券法》(2014年)第69条的规定相比，新《证券法》第85条的改动和完善方面如下：

1. 新《证券法》第85条中对发行人、上市公司等主体概括使用了“信息披露义务人”的概念

新《证券法》第85条规定：“信息披露义务人未按照规定披露信息，或者公告的证券发行文件、定期报告、临时报告及其他信息披露资料存在虚假记载、误导性陈述或者重大遗漏，致使投资者在证券交易中遭受损失的，信息披露义务人应当承担赔偿责任……”

“信息披露义务人”实际上是一个常用概念，《证券法》(2014年)在涉及信息披露行政责任的相关条文(如第193条)中即使用“发行人、上市公司或者其他信息披露义务人”的用语；证监会于2011年出台的与信息披露监管直接相关的《信息披露违法行为行政责任认定规则》(证监会公告〔2011〕11号)中，就发行人等信息披露义务主体使用的也是“信息披露义务人”一词，并与信息披露中的“保荐人”“证券服务机构”等其他责任主体相区分；最高人民法院在《关于审理证券市场因虚假陈述引发的民事赔偿案件的若干规定》(法释〔2003〕2号，以下简称《虚假陈述若干规定》)中也使用了“信息披露义务人”的概念。

但是，《证券法》(2014年)第69条在虚假陈述民事责任的规定中一直使用的是“发行人、上市公司”的具体用语，其涵盖范围并不全面，容易引起争议。比如，在张翰冰诉山东京博控股股份有限公司证券虚假陈述责任纠纷案中，达到举牌线的证券交易投资方是否构成该虚假陈述的适格被告就成为案件争议焦点之一，当时由于《证券法》(2014年)规定的不明确，审理法院结合现行《证券法》(2014年)第86条及《虚假陈述若干规定》中“其他作出虚假陈述的机构或者自然人”的兜底条款才

最终确认了该案被告的适格性。①

此次新《证券法》首先在第78条第1款明确规定:“发行人及法律、行政法规和国务院证券监督管理机构规定的其他信息披露义务人,应当及时依法履行信息披露义务。”该条直接框定了“信息披露义务人”的范围,而后在第85条中规定“信息披露义务人”关于虚假陈述的民事赔偿责任。该种完善至少具有以下两点意义:

其一,与《证券法》行政责任部分的规定及证监会的监管规定就相关责任主体的指称相统一,以便于《证券法》整体的理解和适用;

其二,根据新《证券法》第78条第1款的规定,作为虚假陈述民事责任主体的“信息披露义务人”的范围和主体可以根据法律、行政法规和证监会的监管规定而变得更加明确和完整,从而能够有效避免虚假陈述案件中被告主体适格性的争议,使虚假陈述案件的审理回归到其应当关注的核心问题上。

2. 新《证券法》第85条规定的虚假陈述行为更加全面

与《证券法》(2014年)第69条相比,新《证券法》第85条明确将“未按照规定披露信息”规定为虚假陈述行为,以使虚假陈述行为的范围规定更加全面和完善。《证券法》(2014年)第69条涉及虚假陈述民事责任的部分并未直接提及“未按照规定披露信息”,以往主要依靠《虚假陈述若干规定》中规定“不正当披露”行为(根据《虚假陈述若干规定》,不正当披露是指信息披露义务人未在适当期限内或者未以法定方式公开披露应当披露的信息)属于虚假陈述来对“未按规定进行信息披露”的行为进行规制,此次新《证券法》修订时将此予以补足,具有十分重要的意义。

3. 新《证券法》第85条将“控股股东、实际控制人”归责原则由“过错责任”变更为“过错推定责任”

新《证券法》第85条规定:“发行人的控股股东、实际控制人……应当与发行人承担连带赔偿责任,但是能够证明自己没有过错的除外。”在民法上,这种规范表述的归责原则称为“过错推定责任原则”,与《证券法》(2014年)对发行人控股股东、实际控制人的“过错责任原则”不同,在“过错推定原则”下,投资者在起诉发行人的控股股东、实际控制人时并不一定要具备其有过错的相应证据,而是应由发行人的控股股东、实际控制人对自己无过错承担举证责任,如果其举证不能,则法律推定其有过错,此时发行人控股股东、实际控制人应和发行人承担连带责任。

虚假陈述民事责任的本质是侵权责任,而侵权责任构成中很重要的一个内容即归责原则,其不仅直接影响相关主体的民事责任是否成立,更直接关系到相关责

① 参见冯果:《诱空型证券虚假陈述损害赔偿民事责任之认定——评张翰冰诉山东京博控股股份有限公司证券虚假陈述责任纠纷案》,载《法律适用》2016年第13期。

任主体的举证分配,进而影响规制的法律效果。新《证券法》第85条将“控股股东、实际控制人”的“过错责任”转变为“过错推定责任”,降低了对投资者的举证难度,拓宽了投资者实际可求偿的责任主体范围,是本次《证券法》修订中强调保护投资者的重要体现,也旨在通过归责原则的转变,进一步落实控股股东、实际控制人对发行人信息披露义务的督促责任。

(二)新《证券法》第85条、第163条的不足之处

1. 未就《虚假陈述若干规定》中虚假陈述民事诉讼的相关前置条件作出回应

《虚假陈述若干规定》第6条第1款规定:“投资人以自己受到虚假陈述侵害为由,依据有关机关的行政处罚决定或者人民法院的刑事裁判文书,对虚假陈述行为人提起的民事赔偿诉讼,符合民事诉讼法第一百零八条规定的,人民法院应当受理。”由于行政处罚决定或刑事裁判文书通常需要较长的时间才能形成,以此作为虚假陈述案件起诉受理的前提,可能导致已发现或掌握发行人、上市公司相关虚假陈述线索或证据的相关投资者权益无法及时得到保护,这也是目前实践中争议较大的问题。此次新《证券法》中仍然未涉及相关问题,因此,可以预见的是,未来可能在一定的时期内仍然要以存在行政处罚决定或刑事裁判文书作为虚假陈述诉讼的前置要件。

2. 新《证券法》第163条规定的证券服务机构的“勤勉尽责”边界判断仍模糊不清

“勤勉尽责”作为《证券法》中对证券服务机构注意义务和注意程度的要求,究竟如何判断和认定一直是困扰实务界的重要问题,例如,此前东易律所诉证监会行政处罚案备受关注,其中涉及的有关发行人的财务状况是否亦包括在律师事务所核查范围内等问题引起实务界、司法界的热烈讨论,之所以引发争议,核心问题即为“勤勉尽责”到底如何认定?边界在哪儿?仅就新《证券法》而言,目前亦并未就“勤勉尽责”的认定和判断作出明确的规定,未直击问题的核心。

不过,最高人民法院在《关于为设立科创板并试点注册制改革提供司法保障的若干意见》中指出:“要严格落实证券服务机构保护投资者利益的核查把关责任,证券服务机构对会计、法律等各自专业相关的业务事项未履行特别注意义务,对其他业务事项未履行普通注意义务的,应当判令其承担相应法律责任。”据此可见,最高人民法院认为对具有不同专业属性的中介机构应设置不同程度的注意义务要求,“勤勉尽责”是一个灵活而非固化的判断标准。新《证券法》实施后,有关“勤勉尽责”的认定在司法实践中是否会迎来变化,值得大家持续关注。

四、先行赔付

新《证券法》首次以立法形式新增的投资者保护机制，但实际效果仍有待观察。

新《证券法》第93条新增了因欺诈发行或虚假陈述等引发民事责任后的“先行赔付”制度，其规定：“发行人因欺诈发行、虚假陈述或者其他重大违法行为给投资者造成损失的，发行人的控股股东、实际控制人、相关的证券公司可以委托投资者保护机构，就赔偿事宜与受到损失的投资者达成协议，予以先行赔付。先行赔付后，可以依法向发行人以及其他连带责任人追偿。”此为新《证券法》保护投资者的一项重要举措。

从先行赔付制度的法律构建来看，其法律责任的承担是由发行人的控股股东、实际控制人、相关的证券公司先行向投资者承担连带赔偿责任，再由先行赔付主体在内部追偿各责任主体的法律责任。虚假陈述等行为引发的连带责任固然来自《证券法》的相关规定，但“先行”承担连带责任，其基础则源于先行赔付主体的事先承诺或相关责任主体在虚假陈述行为揭露后的事后协议，亦即先行赔付启动的基础不在于法律规定，而在于先行赔付人明确作出了愿意承担先行赔付责任的意思表示。

就新《证券法》第93条的规定而言，其主要涉及的是虚假陈述揭露后，由愿意承担先行赔付责任的主体与投资者达成的事后协议，由此可见，新《证券法》的先行赔付仍然依赖于先行赔付主体的主观意愿，该项规定或许并不能把路越走越宽，因为该制度将全部责任归结于由个别主体承担缺乏坚实的法理基础，纯靠主动意思表示或许不是最好的选择。

在此，比较法上已有实践的公平基金制度也值得进一步参考。所谓“公平基金”，系指美国《萨班斯法案》(Sarbans – Oxley Act)中第308条规定的相应制度，该制度的运行机理为，设立针对受损投资者的快捷赔付机制，证券监督部门先行补偿证券侵权行为导致的投资者收益损失而后强制欺诈行为责任人返还不当得利。该过程中涉及的先行补偿资金主要来源于美国证券交易委员会(United States Securities and Exchange Commission，SEC)没收证券违法行为人的非法所得、对违法行为人处罚的罚款以及其所接受的公平基金捐赠，并且针对个案设立的公平基金及其执行需要SEC通过向法院诉讼并经由法院同意来实现，因而相较于新《证券法》中规定的先行赔付制度也具有更好的强制性和程序规范性。

五、代表人诉讼

（一）新《证券法》的规定

新《证券法》第95条规定了代表人诉讼：投资者提起虚假陈述等证券民事赔偿诉讼时，诉讼标的是同一种类，且当事人一方人数众多的，可以依法推选代表人进行诉讼。对按照前款规定提起的诉讼，可能存在有相同诉讼请求的其他众多投资者的，人民法院可以发出公告，说明该诉讼请求的案件情况，通知投资者在一定期间向人民法院登记。人民法院作出的判决、裁定，对参加登记的投资者发生效力。投资者保护机构受50名以上投资者委托，可以作为代表人参加诉讼，并为经证券登记结算机构确认的权利人依照前款规定向人民法院登记，但投资者明确表示不愿意参加该诉讼的除外。

（二）投资者保护机构的代表人地位

1. 投资者保护机构可以作为代表人参与诉讼

相较于《证券法修订三审稿》和《证券法》（2014年），新《证券法》中规定投资者保护机构不仅可以就损害投资者利益的行为，依法支持投资者向人民法院提起诉讼，投资者保护机构还可以作为代表人参加诉讼。现行代表人诉讼制度难以与不断创新的市场规则相衔接，其难点之一在于对代表人的选定。由于代表人诉讼往往涉及人数众多，但是分散的投资者由于主观或者客观的原因难以形成有效的共同诉讼意志，此外，代表人的选定程序也相对繁杂。赋权投资者保护机构作为代表人，一方面，可以为投资者求偿提供明确的诉讼途径；另一方面，投资者保护机构相对而言较为中立，能够从更客观的角度提供专业意见。

2. 对“明示退出、默示加入”的参与方式作出回应

对于证券市场民事诉讼具有涉及投资者人数众多，单个投资者起诉成本高、起诉意愿不强等特点，新《证券法》对投资者“明示退出、默示加入”的民事诉讼参与方式在投资者保护机构作为代表人时作出了规定，投资者保护机构可以作为代表人参加诉讼，并为经证券登记结算机构确认的权利人依照前款规定向人民法院登记，但投资者明确表示不愿意参加该诉讼的除外，从而有针对性地完善了证券市场的民事赔偿制度。

（三）代表人诉讼制度与示范判决机制的关系尚待明确

代表人诉讼制度应与示范判决机制有机结合，提高证券纠纷处理效率。

新《证券法》并未明确代表人诉讼制度与示范判决机制的关系。在代表人诉讼制度之外，对于群体性证券纠纷的处理，上海金融法院也已在实践中推行、适用证

券纠纷示范判决机制。示范判决机制在处理群体性证券纠纷时，将选取具有代表性的案件先行审理、先行判决，通过发挥示范案件的引领作用，妥善化解其他平行案件的纠纷解决机制，有助于促进适法统一。

代表人诉讼制度与示范判决机制的立法目的一致，如果两者能够有机结合，将更加有助于维护当事人合法权益，通过多元化的证券纠纷解决机制，促进证券纠纷及时有效地化解。

（本文修订于 2020 年 3 月 1 日）

新《证券法》中法律责任规定的变化

周　邮

我国证券法律责任体系包括证券刑事责任、证券民事责任和证券行政责任。其中证券刑事责任主要规定在《刑法》第三章"破坏社会主义市场经济秩序罪"，包括欺诈发行股票、债券罪等，证券法采用援引方式对证券刑事责任进行规定；证券民事责任则主要适用侵权责任法的相关规定，《证券法》(2014 年修正)的部分条款明确规定了当事人享有的民事权利，在该等民事权利受到侵害时，可以作为请求权基础。根据行政处罚法定原则，必须经法律、行政法规、地方性法规或部门规章明确规定，才可以设定行政责任。有鉴于此，《证券法》(2014 年修正)主要对证券行政责任进行了规定，并专设"法律责任"一章予以强调。

2019 年 12 月 28 日上午，第十三届全国人大常委会第十五次会议以 167 票赞成、1 票弃权表决通过了《中华人民共和国证券法(修订草案)》，《证券法》(2019 年修订)(2020 年 3 月 1 日生效，以下简称新《证券法》)相较于《证券法》(2014 年修正)，对"法律责任"的相关条款有了较大幅度的修改。本文从虚假陈述的法律责任、内幕交易的法律责任、操纵市场的法律责任以及关于投资者保护的法律责任等角度，通过比较《证券法》修订前后的具体条文，对新《证券法》关于法律责任的规定进行解读。

一、虚假陈述的法律责任

(一)虚假陈述的民事责任

关于虚假陈述民事责任的一般性规定体现在《证券法》(2014 年修正)第69 条，新《证券法》第 85 条。后者相较于前者：(1)增加"未按照规定披露"，但未增加"未按照规定报送"为虚假陈述需要承担民事责任的类型。不同于行政责任，根据《证券法》(2014 年修正)，只有在信息披露存在虚假记载、误导性陈述或重大遗漏时，才涉及追究民事责任。新《证券法》将民事赔偿责任的适用范围扩大到了"未按照规定披露”。(2)将过错推定责任扩展到了发行人的控股股东、实际控制人。发行人的控股股东、实际控制人应当与发行人承担连带赔偿责任,且法律上推定发行人的控股股东、实际控制人有过错,除非其能够证明自己没有过错的。实践中,举证证明存在过错并证明过错与投资者损失之间存在因果关系的难度较大,过错推定责任实质上是将举证责任倒置,更有利于投资者主张民事赔偿责任,有利于保护投资者。

具体条款及修订内容见表4-2-1。

表4-2-1 有关虚假陈述民事责任内容的修订

条款	内容
第85条	~~发行人、上市公司公告的招股说明书、公司债券募集办法、财务会计报告、上市报告文件、年度报告、中期报告、~~信息披露义务人未按照规定披露信息,或者公告的证券发行文件、定期报告、临时报告以及其他信息披露资料~~,有~~存在虚假记载、误导性陈述或者重大遗漏,致使投资者在证券交易中遭受损失的,~~发行人、上市公司~~信息披露义务人应当承担赔偿责任;发行人~~、上市公司~~的控股股东、实际控制人、董事、监事、高级管理人员和其他直接责任人员以及保荐人、承销的证券公司及其直接责任人员,应当与发行人~~、上市公司~~承担连带赔偿责任,但是能够证明自己没有过错的除外。 发行人~~、上市公司~~的控股股东、实际控制人~~有过错的~~应当与发行人~~、上市公司~~承担连带赔偿责任,但是能够证明自己没有过错的除外

注:阴影部分为修改,删除线部分为删除,下同。

(二)虚假陈述的行政责任

关于虚假陈述行政责任的一般性规定体现在《证券法》(2014年修正)第193条;新《证券法》第197条。后者相较于前者:(1)在条文中不再根据虚假陈述发生时间的不同,强调发行人与上市公司的区别,统一表述为“信息披露义务人”;(2)将原第1款“未按规定披露”的规定与原第2款“未按照规定报送”的规定合并为条文第1款,统一为一种需要承担行政责任的虚假陈述类型;(3)区分“未按规定报送或披露”与“信息虚假”的处罚标准,“未按规定报送或披露”的处罚标准(详见条文第1款)低于“信息虚假”的处罚标准(详见条文第3款),体现差异化;(4)除信息披露义务人外,强调发行人控股股东、实际控制人的行政责任,增加“组织”为发行人控股股东、实际控制人需承担行政责任的情节,相较于现行规定的“指使”,并不要求行为人的主观状态一定为故意,而更多地强调行为人在活动中所处的客观地位以及产生的客观作用;(5)大幅提高了对虚假陈述行为的处罚力度。

具体条款及修订内容见表4-2-2。

表4-2-2 有关虚假陈述行政责任内容的修订

条款	内容
第197条第1款	发行人、上市公司或者其他信息披露义务人未按照本法规定报送有关报告或者履行信息披露义务披露信息,或者所披露的信息有虚假记载、误导性陈述或者重大遗漏的,责令改正,给予警告,并处以五十万元以上五百万元以下三十万元以上六十万元以下的罚款;对直接负责的主管人员和其他直接责任人员给予警告,并处以二十万元以上二百万元以下三万元以上三十万元以下的罚款。 发行人、上市公司或者其他信息披露义务人未按照规定报送有关报告,或者报送的报告有虚假记载、误导性陈述或者重大遗漏的,责令改正,给予警告,并处以三十万元以上六十万元以下的罚款。对直接负责的主管人员和其他直接责任人员给予警告,并处以三万元以上三十万元以下的罚款
第197条第2款	发行人、上市公司或者其他信息披露义务人的控股股东、实际控制人组织、指使从事上述前两款违法行为,或者隐瞒相关事项导致发生上述情形的,处以五十万元以上五百万元以下的罚款;对直接负责的主管人员和其他直接责任人员,处以二十万元以上二百万元以下的罚款依照前两款的规定处罚
第197条第3款	信息披露义务人报送的报告或者披露的信息有虚假记载、误导性陈述或者重大遗漏的,责令改正,给予警告,并处以一百万元以上一千万元以下的罚款;对直接负责的主管人员和其他直接责任人员给予警告,并处以五十万元以上五百万元以下的罚款。发行人的控股股东、实际控制人组织、指使从事上述违法行为,或者隐瞒相关事项导致发生上述情形的,处以一百万元以上一千万元以下的罚款;对直接负责的主管人员和其他直接责任人员,处以五十万元以上五百万元以下的罚款

(三)发行阶段虚假陈述的行政责任

关于发行阶段虚假陈述行政责任的规定主要体现在《证券法》(2014年修正)第189条、第192条,新《证券法》第181条、第182条。后者相较于前者:(1)将适用情形由"不符合发行条件,以欺骗手段骗取发行核准"扩大到"在发行文件中虚假陈述",不再以"不符合发行条件""发行核准"为构成要件。换言之,即使发行人符合发行条件但存在虚假陈述或者发行人(尚)未获核准、注册,也有可能被追究行政责任。(2)区分发行人与发行人控股股东、实际控制人的处罚标准。对于发行人的罚款以"非法所募资金金额"为计算标准,对于发行人控股股东、实际控制人的罚款以"违法所得"为计算标准。(3)删除了对保荐人直接负责的主管人员和其他直接责任人员撤销任职资格或者证券从业资格的规定。(4)大幅提高了对发行阶段虚假陈述行为的处罚力度,且处罚力度大于一般的虚假陈述行为。

具体条款及修订内容见表4-2-3。

表 4-2-3 有关发行阶段虚假陈述的行政责任内容的修订

条款	内　容
第 181 条	发行人不符合发行条件，以欺骗手段骗取发行核准在其公告的证券发行文件中隐瞒重要事实或者编造重大虚假内容，尚未发行证券的，处以二百万元以上二千万元以下三十万元以上六十万元以下的罚款；已经发行证券的，处以非法所募资金金额百分之十以上一倍以下百分之一以上百分之五以下的罚款。对直接负责的主管人员和其他直接责任人员处以一百万元以上一千万元以下三万元以上三十万元以下的罚款。 发行人的控股股东、实际控制人组织、指使从事前款违法行为的，没收违法所得，并处以违法所得百分之十以上一倍以下的罚款；没有违法所得或者违法所得不足二千万元的，处以二百万元以上二千万元以下的罚款。对直接负责的主管人员和其他直接责任人员，处以一百万元以上一千万元以下的罚款依照前款的规定处罚
第 182 条	保荐人出具有虚假记载、误导性陈述或者重大遗漏的保荐书，或者不履行其他法定职责的，责令改正，给予警告，没收业务收入，并处以业务收入一倍以上十倍五倍以下的罚款；没有业务收入或者业务收入不足一百万元的，处以一百万元以上一千万元以下的罚款；情节严重的，并处暂停或者撤销相关保荐业务许可。对直接负责的主管人员和其他直接责任人员给予警告，并处以五十万元以上五百万元以下三万元以上三十万元以下的罚款；情节严重的，撤销任职资格或者证券从业资格

（四）违反消极信息披露义务的法律责任

关于消极信息披露义务的规定主要体现在《证券法》（2014 年修正）第 78 条，相关法律责任体现在第 206 条以及第 207 条；在新《证券法》中消极信息披露义务的规定主要体现在第 56 条，相关法律责任体现在第 193 条。后者相较于前者：（1）将消极信息披露义务的义务人由“国家工作人员、传播媒介从业人员和有关人员”扩大到“任何单位和个人”。（2）增加了关于“传播媒介及其相关工作人员”不得从事与其工作职责利益冲突证券买卖的禁止性规定，最高可处“没一罚一”。（3）明确规定任何单位和个人违反消极信息披露义务，给投资者造成损失的，应当依法承担民事赔偿责任。（4）大幅加大了处罚力度。

具体条款及修订内容见表 4-2-4。

表4-2-4 有关违反消极信息披露义务的法律责任的修订

条款	内容
第56条	禁止任何单位和个人国家工作人员、传播媒介从业人员和有关人员编造、传播虚假信息，扰乱证券市场。 禁止证券交易场所、证券公司、证券登记结算机构、证券服务机构及其从业人员，证券业协会、证券监督管理机构及其工作人员，在证券交易活动中作出虚假陈述或者信息误导。 各种传播媒介传播证券市场信息必须真实、客观，禁止误导。传播媒介及其从事证券市场信息报道的工作人员不得从事与其工作职责发生利益冲突的证券买卖。 编造、传播虚假信息或者误导性信息，扰乱证券市场，给投资者造成损失的，应当依法承担赔偿责任
第193条	违反本法第五十六条第七十八条第一款、第三款的规定，编造、传播虚假信息或者误导性信息，扰乱证券市场的，由证券监督管理机构责令改正，没收违法所得，并处以违法所得一倍以上十倍五倍以下的罚款；没有违法所得或者违法所得不足二十万元三万元的，处以二十万元以上二百万元以下三万元以上三十万元以下的罚款。 违反本法第五十六条第七十八条第二款的规定，在证券交易活动中作出虚假陈述或者信息误导的，责令改正，处以二十万元以上二百万元以下三万元以上三十万元以下的罚款；属于国家工作人员的，还应当依法给予行政处分。 传播媒介及其从事证券市场信息报道的工作人员违反本法第五十六条第三款的规定，从事与其工作职责发生利益冲突的证券买卖的，没收违法所得，并处以买卖证券等值以下的罚款

二、内幕交易的法律责任

（一）内幕交易的民事责任

根据《证券法》（2014年修正）第73条、新《证券法》第50条的规定，内幕交易是指证券交易内幕信息的知情人和非法获取内幕信息的人利用内幕信息从事证券交易活动。二者对于内幕交易的定义未发生变化，但对于内幕信息知情人的范围进行了修订，明确增加了以下主体为内幕信息知情人：（1）发行人；（2）实际控制发行人的公司及其董事、监事、高级管理人员（以下简称董监高）；（3）因与公司业务往来可以获取内幕信息的人员；（4）上市公司收购人或者重大资产交易方及其控股股东、实际控制人和董监高。并将证券监管机构、证券服务机构等证券市场参与主体的有关人员明确为"因职务、工作可以获取内幕信息"的有关人员。

关于内幕交易民事责任的规定主要体现在《证券法》（2014年修正）第76条第3款，新《证券法》第53条第3款以及第54条第2款。后者相较于前者：（1）内幕交易民事责任的承担主体不仅限于“行为人”，内幕交易涉及的主体包括内幕信息知情人、非法获取内幕信息的人员、接收泄露信息的人员、进行证券买卖交易的人员等，均可能成为被追究民事责任的主体。(2)新增关于证券市场其他参与主体的从业人员及监管人员利用未公开信息交易的禁止性规定及对应的民事责任，明确将该等主体纳入需承担民事责任的主体。

具体条款及修订内容见表4-2-5。

表4-2-5 有关内幕交易民事责任的内容的修订

条款	内容
第53条	证券交易内幕信息的知情人和非法获取内幕信息的人，在内幕信息公开前，不得买卖该公司的证券，或者泄露该信息，或者建议他人买卖该证券。 持有或者通过协议、其他安排与他人共同持有公司百分之五以上股份的自然人、法人、其他非法人组织收购上市公司的股份，本法另有规定的，适用其规定。 内幕交易行为给投资者造成损失的，行为人应当依法承担赔偿责任
第54条	禁止证券交易场所、证券公司、证券登记结算机构、证券服务机构和其他金融机构的从业人员、有关监管部门或者行业协会的工作人员，利用因职务便利获取的内幕信息以外的其他未公开的信息，违反规定，从事与该信息相关的证券交易活动，或者明示、暗示他人从事相关交易活动。 利用未公开信息进行交易给投资者造成损失的，应当依法承担赔偿责任

(二)内幕交易的行政责任

关于内幕交易行政责任的规定主要体现在《证券法》(2014年修正)第202条，新《证券法》第191条。后者相较于前者：(1)删除了对于内幕交易行为的具体表述，改为“违反本法第五十三条的规定从事内幕交易”；(2)对于违法所得高于或等于50万元的情形，由“没一罚五”改为“没一罚十”；对于没有违法所得或违法所得不足50万元的情形，最高可罚500万元；(3)新增关于证券市场其他参与主体的从业人员及监管人员利用未公开信息交易的禁止性规定，明确将该等主体纳入需承担行政责任的主体。

具体条款及修订内容见表4-2-6。

表4-2-6 有关内幕交易行政责任内容的修订

条款	内容
第191条第1款	证券交易内幕信息的知情人或者非法获取内幕信息的人违反本法第五十三条的规定从事内幕交易的，在涉及证券的发行、交易或者其他对证券的价格有重大影响的信息公开前，买卖该证券，或者泄露该信息，或者建议他人买卖该证券的，责令依法处理非法持有的证券，没收违法所得，并处以违法所得一倍以上十倍五倍以下的罚款；没有违法所得或者违法所得不足五十万元三万元的，处以五十万元以上五百万元以下三万元以上六十万元以下的罚款。单位从事内幕交易的，还应当对直接负责的主管人员和其他直接责任人员给予警告，并处以二十万元以上二百万元以下三万元以上三十万元以下的罚款。国务院证券监督管理机构工作人员进行内幕交易的，从重处罚
第191条第2款	违反本法第五十四条的规定，利用未公开信息进行交易的，依照前款的规定处罚

（三）股票限制转让的法律责任

作为内幕交易的预防措施，《公司法》《证券法》及相关法律法规对股票限制转让的情形进行了规定。关于股票限制转让法律责任的规定主要体现在《证券法》（2014年修正）第38条、第304条，新《证券法》第36条、第186条。后者相较于前者：(1)删除了对于证券类型的列举表述，统一表述为“证券”。(2)明确列举公司法为规定股票限制转让的法律之一。(3)将“买卖”证券扩大为“转让”证券。(4)明确规定持股5%以上股东、实际控制人、董监高以及持有首次公开募股(Initial Public Offering，IPO)前已发行股份或定增股份的股东为股票限制转让的主体。(5)将持有期限、卖出时间、卖出数量、卖出方式、信息披露等方面不符合规定均明确为违法转让的具体情形。(6)新增“没收违法所得”为处罚措施之一。

具体条款及修订内容见表4-2-7。

表4-2-7 有关股票限制转让的法律责任内容的修订

条款	内容
第36条	依法发行的股票、公司债券及其他证券，《中华人民共和国公司法》和其他法律对其转让期限有限制性规定的，在限定的期限内不得买卖转让。 上市公司持有百分之五以上股份的股东、实际控制人、董事、监事、高级管理人员，以及其他持有发行人首次公开发行前发行的股份或者上市公司向特定对象发行的股份的股东，转让其持有的本公司股份的，不得违反法律、行政法规和国务院证券监督管理机构关于持有期限、卖出时间、卖出数量、卖出方式、信息披露等规定，并应当遵守证券交易所的业务规则

续表

条款	内容
第186条	第一百八十六条　违反本法第三十六条的规定法律规定，在限制转让期限内转让买卖证券的，或者转让股票不符合法律、行政法规和国务院证券监督管理机构规定的，责令改正，给予警告，没收违法所得，并处以买卖证券等值以下的罚款。对直接负责的主管人员和其他直接责任人员给予警告，并处以三万元以上三十万元以下的罚款

(四)短线交易的法律责任

短线交易同样属于预防内幕交易的措施之一，关于短线交易法律责任的规定主要体现在《证券法》(2014年修正)第47条、第202条，新《证券法》第44条、第189条。后者相较于前者：(1)除上市公司外，新增“股票在国务院批准的其他全国性证券交易场所交易的公司”持股5%以上的股东及其董监高为短线交易的行为主体，将挂牌公司明确纳入监管。(2)将短线交易中“股票”的概念，扩大到其他具有股权性质的证券。(3)将交易对象的持有人由持股5%以上的股东及董监高扩大到其配偶、父母、子女及代持主体。(4)将处罚措施中的“可以并处罚款”改为“并处罚款”。

具体条款及修订内容见表4-2-8。

表4-2-8　有关短线交易的法律责任内容的修订

条款	内容
第44条	上市公司、股票在国务院批准的其他全国性证券交易场所交易的公司持有百分之五以上股份的股东、的董事、监事、高级管理人员，将其持有的该公司的股票或者其他具有股权性质的证券在买入后六个月内卖出，或者在卖出后六个月内又买入，由此所得收益归该公司所有，公司董事会应当收回其所得收益。但是，证券公司因购入包销购入售后剩余股票而持有百分之五以上股份的，卖出该股票不受六个月时间限制。以及国务院证券监督管理机构规定的其他情形除外。 前款所称董事、监事、高级管理人员、自然人股东持有的股票或者其他具有股权性质的证券，包括其配偶、父母、子女持有的及利用他人账户持有的股票或者其他具有股权性质的证券。 公司董事会不按照前款第一款规定执行的，股东有权要求董事会在三十日内执行。公司董事会未在上述期限内执行的，股东有权为了公司的利益以自己的名义直接向人民法院提起诉讼。 公司董事会不按照第一款的规定执行的，负有责任的董事依法承担连带责任
第189条	上市公司、股票在国务院批准的其他全国性证券交易场所交易的公司的董事、监事、高级管理人员、持有上市公司股份百分之五以上的股东，违反本法第四十四条的规定买卖本公司股票或者其他具有股权性质的证券的，给予警告，可以并处以十万元以上一百万元以下三万元以上十万元以下的罚款

三、操纵市场的法律责任

在追究操作市场行政责任过程中,最为关键的是对于操作市场行为的认定。关于操纵市场法律责任的规定主要体现在《证券法》(2014 年修正)第 77 条、第 203 条,新《证券法》第 55 条、第 192 条。相较于前者,后者对操作市场行为的定义有了大幅度的修改:(1)除"影响"外,明确将"意图影响"证券交易价格或证券交易量的行为定义为操纵。(2)明确增加列举 4 种市场操纵的操作手段,包括"不以成交为目的,频繁或者大量申报并撤销申报"、"利用虚假或者不确定的重大信息,诱导投资者进行证券交易"、"对证券、发行人公开作出评价、预测或者投资建议,并进行反向证券交易"以及"利用在其他相关市场的活动操纵证券市场"。(3)对于违法所得高于或等于 100 万元的情形,由"没一罚五"改为"没一罚十";对于没有违法所得或违法所得不足 100 万元的情形,最高可罚 1000 万元。(4)加大了对责任人的处罚力度。

具体条款及修订内容见表 4-2-9。

表 4-2-9 有关操纵市场的法律责任内容的修订

条款	内容
第 55 条	禁止任何人以下列手段操纵证券市场,影响或者意图影响证券交易价格或者证券交易量: (一)单独或者通过合谋,集中资金优势、持股优势或者利用信息优势联合或者连续买卖~~,操纵证券交易价格或者证券交易量~~; (二)与他人串通,以事先约定的时间、价格和方式相互进行证券交易~~,影响证券交易价格或者证券交易量~~; (三)在自己实际控制的账户之间进行证券交易~~,影响证券交易价格或者证券交易量~~; ~~(四)以其他手段操纵证券市场。~~ (四)不以成交为目的,频繁或者大量申报并撤销申报; (五)利用虚假或者不确定的重大信息,诱导投资者进行证券交易; (六)对证券、发行人公开作出评价、预测或者投资建议,并进行反向证券交易; (七)利用在其他相关市场的活动操纵证券市场; (八)操纵证券市场的其他手段。 操纵证券市场行为给投资者造成损失的,行为人应当依法承担赔偿责任
第 192 条	违反本法第五十五条的规定,操纵证券市场的,责令依法处理非法持有的证券,没收违法所得,并处以违法所得一倍以上十倍~~五倍~~以下的罚款;没有违法所得或者违法所得不足一百万元~~三十万元~~的,处以一百万元以上一千万元以下~~三十万元以上三百万元以下~~的罚款。单位操纵证券市场的,还应当对直接负责的主管人员和其他直接责任人员给予警告,并处以五十万元以上五百万元以下~~十万元以上六十万元以下~~的罚款

四、新增与投资者保护相关的法律责任

新《证券法》新增投资者保护专章，与此相对应，在法律责任方面同时新增了与投资者保护的相关规定。具体违法行为、责任类型及条文见表 4－2－10。

表 4－2－10　新增与投资者保护相关规定分析

行为	责任类型	条文
发行人及其控股股东、实际控制人、董监高不履行公开承诺	民事责任	第八十四条第二款　发行人及其控股股东、实际控制人、董事、监事、高级管理人员等作出公开承诺的，应当披露。不履行承诺给投资者造成损失的，应当依法承担赔偿责任
未按规定公开征集股东权利	民事责任	第九十条　上市公司董事会、独立董事、持有百分之一以上有表决权股份的股东或者依照法律、行政法规或者国务院证券监督管理机构的规定设立的投资者保护机构（以下简称投资者保护机构），可以作为征集人，自行或者委托证券公司、证券服务机构，公开请求上市公司股东委托其代为出席股东大会，并代为行使提案权、表决权等股东权利。 依照前款规定征集股东权利的，征集人应当披露征集文件，上市公司应当予以配合。 禁止以有偿或者变相有偿的方式公开征集股东权利。 公开征集股东权利违反法律、行政法规或者国务院证券监督管理机构有关规定，导致上市公司或者其股东遭受损失的，应当依法承担赔偿责任
	行政责任	第一百九十九条　违反本法第九十条的规定征集股东权利的，责令改正，给予警告，可以处五十万元以下的罚款
证券公司未按规定承销证券	民事责任	第八十八条　证券公司向投资者销售证券、提供服务时，应当按照规定充分了解投资者的基本情况、财产状况、金融资产状况、投资知识和经验、专业能力等相关信息；如实说明证券、服务的重要内容，充分揭示投资风险；销售、提供与投资者上述状况相匹配的证券、服务。 投资者在购买证券或者接受服务时，应当按照证券公司明示的要求提供前款所列真实信息。拒绝提供或者未按照要求提供信息的，证券公司应当告知其后果，并按照规定拒绝向其销售证券、提供服务。 证券公司违反第一款规定导致投资者损失的，应当承担相应的赔偿责任

续表

行为	责任类型	条文
证券公司未按规定履行投资者适当性管理义务	过错推定的民事责任	第八十九条　根据财产状况、金融资产状况、投资知识和经验、专业能力等因素，投资者可以分为普通投资者和专业投资者。专业投资者的标准由国务院证券监督管理机构规定。 普通投资者与证券公司发生纠纷的，证券公司应当证明其行为符合法律、行政法规以及国务院证券监督管理机构的规定，不存在误导、欺诈等情形。证券公司不能证明的，应当承担相应的赔偿责任
	行政责任	第一百九十八条　证券公司违反本法第八十八条的规定未履行或者未按照规定履行投资者适当性管理义务的，责令改正，给予警告，并处以十万元以上一百万元以下的罚款。对直接负责的主管人员和其他直接责任人员给予警告，并处以二十万元以下的罚款

五、小结

综上，新《证券法》对于虚假陈述、内幕交易、操作市场及投资者保护相关法律责任的修订，体现了以下特点：(1)监管范围的扩大化。立法结合司法实践，将多变的各类违法行为纳入了监管。(2)处罚力度的加强。随着市场经济的发展，罚款标准相应提高，违法成本的加大有利于遏制违法行为的发生。(3)民事过错推定责任的普遍化。对于投资者追究民事责任的情形，更多地适用过错推定原则，实质上将举证责任倒置，并进一步完善了证券代表人诉讼制度，有利于投资者追偿。(4)新增关于投资者保护的相关法律责任，切实维护投资者合法权益。

此外，新《证券法》"法律责任"章节首次增加了关于证券市场诚信档案的规定，并进一步强调了民事赔偿责任优先的原则，为打造规范、透明、开放、有活力、有韧性的资本市场，提供了坚强的法治保障。

（本文撰写于2019年12月30日，修改于2020年3月）

证券市场先行赔付制度的法理与实证解析

——基于新《证券法》第93条展开

朱奕奕

证券领域中的先行赔付制度起源于证券市场的实践，在新《证券法》出台之前，先行赔付制度并没有在我国证券领域的法律性文件中予以确立，但对该制度的呼吁甚至是质疑却一直不绝于耳。本次新《证券法》第93条通过立法的形式对先行赔付制度给予了正面的回应，但尽管如此，关于证券领域先行赔付制度的法理基础与实践基础仍需进一步澄清释明。

一、证券市场先行赔付制度产生的背景

先行赔付制度并非属于证券市场的首创机制，其实早在2010年的《社会保险法》第30条第2款、第42条就规定，在第三人不支付或无法确定第三人的情况下，由基本医疗保险基金先行支付医疗费用，由工伤保险基金先行支付工伤医疗费用。该项规定无疑为避免个人垫付大量医疗费用、保证工伤职工及时得到救治提供了有效的保障机制。2011年修订后的《道路交通安全法》第75条、第76条规定，保险公司在第三者责任强制保险的责任限额范围内先行支付抢救费用，赔偿有关人员伤亡、财产损失；若费用超过责任限额，未参加强制保险或肇事后逃逸的，由道路交通事故社会救助基金先行垫付。该项规定不但能够使受害方及时获得救助，而且将困难重重的索赔转嫁给具有较强实力的保险公司，有效平衡各方当事人的利益。此后，2013年修订的《消费者权益保护法》第44条规定，网络交易平台提供者在不能提供销售者和服务者相关真实信息的情况下，应当向消费者承担先行赔付责任。此规定在消费者维权难、维权成本高的情形下适时而生，在一定程度上解决了由电子商务市场特殊性所导致的索赔困境。

证券市场先行赔付制度源于证券经济发展实践，是市场主体在纠纷解决试错

中摸索出来的替代性机制。在我国证券市场中,先行赔付的最早实例是 2012 年万福生科财务造假案,其保荐机构平安证券设立专项基金先行赔付投资者损失而创设的。之后,创业板公司海联讯因连续 3 年"算错账",于 2013 年被证监会立案调查,该公司 4 位大股东设立补偿专项基金先行赔付。同样是创业板公司,欣泰电气因欺诈发行于 2016 年受到证监会的处罚,成为新退市制度实施以来首家被强制退市并不得重新上市的创业板公司,其保荐机构兴业证券设立创历史规模的先行赔付专项基金。

二、证券市场先行赔付制度的立法现状

本文所述证券市场先行赔付制度,是指在证券市场中发生虚假陈述、欺诈发行案件时,在对发行人、上市公司等市场主体据以承担赔偿责任的行政处罚、司法裁判作出之前,由虚假陈述民事赔偿责任的可能连带责任人之一先行垫资向投资者承担赔偿责任,然后再由先行赔付者向未参与先行赔付的发行人、上市公司以及其他责任人进行追偿的一种措施。

在本次新《证券法》出台之前,证券市场中的先行赔付制度并未通过正式立法予以确立,但相关监管措施关于先行赔付制度的规制一直处于探索推进中。

2016 年 1 月 1 日实施的《公开发行证券的公司信息纰漏内容与格式准则第 1 号——招股说明书(2015 年修订)》中对保荐机构自行承诺先行赔付作了安排,明确规定招股说明书扉页应载有"保荐人承诺因其为发行人首次公开发行股票制作、出具的文件有虚假记载、误导性陈述或者重大纰漏,给投资者造成损失的,将先行赔付投资者损失"。此后证监会新闻发言人表示,将基于先行赔付的自律措施定位,由证券业协会制定专门制度规则。但无论是招股说明书,还是正在制定的先行赔付细则,仅属于位阶较低的业务规则。从法律层面上,并没有保荐机构承担先行赔付责任的依据。

而对虚假陈述、欺诈发行案件中的责任认定与归责原则,在新《证券法》出台前,2014 年修正的《证券法》第 69 条、第 173 条已作出明确规定。与此规定稍有不同的是,《虚假陈述若干规定》第 7 条规定:"虚假陈述证券民事赔偿案件的被告,应当是虚假陈述行为人,包括:(一)发起人、控股股东等实际控制人;(二)发行人或者上市公司;(三)证券承销商;(四)证券上市推荐人;(五)会计师事务所、律师事务所、资产评估机构等专业中介服务机构;(六)上述(二)、(三)、(四)项所涉单位中负有责任的董事、监事和经理等高级管理人员以及(五)项中直接责任人;(七)其他作出虚假陈述的机构或者自然人。"由此可见,相较于 2014 年修正的《证券法》的

规定,《虚假陈述若干规定》关于责任主体的分类和规定更加全面和科学,责任主体范围较为广泛,并且有兜底条款的适用。

也正是基于当时的法律并无明确规定,在司法实践中对确立先行赔付制度的呼声又十分强烈的现状,2015 年的《证券法》修订草案一审稿、2017 年的《证券法》修订草案二审稿与 2019 年的《证券法》修订草案三审稿中均有关于先行赔付的规定。以 2019 年三审稿为例,其第 103 条规定:"发行人因欺诈发行、虚假陈述或者其他重大违法行为给投资者造成损失的,发行人的控股股东、实际控制人、相关的证券公司、证券服务机构可以委托国家设立的投资者保护机构,就赔偿事宜与投资者达成协议,予以先行赔付。先行赔付后,可以依法向发行人以及其他连带责任人进行追偿。"这是国家层面立法中首次出现"先行赔付"制度,由于"先行赔付"的重点是"先行",所以立足于相关责任方的意思自治,法律不可强人所难,第 103 条"可以"性质的赋权性规定是一项重要的立法技术,值得赞赏。但"委托国家设立的投资者保护机构"与第 104 条所规定的"国家设立的投资者保护机构"可能产生歧义。根据实践理解,第 103 条规定的"国家设立的投资者保护机构"应该指"中国证券投资者保护基金有限责任公司",而第 104 条规定的"国家设立的投资者保护机构"应该指"中证中小投资者服务中心有限责任公司"。因此,笔者曾经建议将三审稿中这两条规定的"国家设立的投资者保护机构"予以明确。

新《证券法》第 93 条规定:"发行人因欺诈发行、虚假陈述或者其他重大违法行为给投资者造成损失的,发行人的控股股东、实际控制人、相关的证券公司可以委托投资者保护机构,就赔偿事宜与受到损失的投资者达成协议,予以先行赔付。先行赔付后,可以依法向发行人以及其他连带责任人追偿。"该项规定属于我国历史上第一次通过立法的形式规定了证券市场中的先行赔付制度,也直接表明了立法者旨在以明文立法的形式提高先行赔付规则的法律位阶,助力其实现制度化,以更有力地保护证券投资者合法权益,顺应证券发行市场化改革的趋势。

三、证券市场先行赔付制度的实践检视

如前所述,我国证券市场先行赔付制度起源于证券市场的实践,以万福生科财务造假案、海联讯连续 3 年"算错账"案和欣泰电气欺诈发行案为例,相关的先行赔付措施相继展开。在此过程中,相关规则通过市场主体的认识更新不断形成与完善,既有值得肯定的做法,亦有值得商榷的问题。

笔者将对上述三个案例中的先行赔付措施进行比较,以便更好地了解实践中的操作:

（一）先行赔付的主体

先行赔付制度的产生在一定程度上有助于高效及时解决投资者基于证券市场虚假陈述所遭受损失而提起的民事诉讼纠纷。当然，要启用先行赔付程序，首先需要确认的是，先行赔付主体是谁？

万福生科案（保荐机构为平安证券）和欣泰电气案（保荐机构为兴业证券）均是由保荐机构作为先行赔付人，海联讯案则是由大股东作为先行赔付人。值得注意的是，作为欣泰电气的保荐机构，兴业证券在欣泰电气首次发行上市时并没有作出先行赔付的承诺，而海联讯的大股东也显然没有关于先行赔付的承诺。因此，先行承诺与否本身并不构成能否成为先行赔付人的前提条件，真正发挥决定作用的是：先行赔付人（保荐机构、控股股东、实际控制人、其他中介机构等）明确作出了愿意承担先行赔付责任的意思表示。根据新《证券法》第 93 条的规定，先行赔付人可以委托投资者保护机构，就赔偿事宜与受到损失的投资者达成协议，予以先行赔付。这个愿意承担先行赔付责任的意思表示可以在案前，也可以在案中及案后，时间不重要，重要的是先行赔付的意思自治。

此外，从已有案例的处理结果来看，平安证券作为万福生科的保荐机构未履行尽职调查、审慎核查义务，未履行持续督导责任，被罚没 7665 万元，暂停保荐资格 3 个月。海联讯的四位主要股东虽主动出资设立专项补偿基金，但仍然因为存在违法违规行为受到处罚，其中作为直接负责的主管人员章锋被罚 1203 万元，邢文飚、杨德广分别被处罚 60 万元，作为其他直接负责人员的孔飙被罚 50 万元。兴业证券作为欣泰电气的保荐机构未遵守业务规则和行业规范，未勤勉尽职地审慎调查，被罚没 5700 万元。从结果上观察，三个实例中的先行赔付人皆为主观上具有过错的行为人，按照《证券法》及《虚假陈述若干规定》的规定，在行政处罚后，该等先行赔付人皆应依法对遭受损失的投资者承担连带赔偿责任，先行赔付只是最终承担该连带赔偿责任的"先行解决措施"。

（二）先行赔付的对象

先行赔付的目的在于当发生欺诈发行、虚假陈述或其他重大违法行为时，给予投资者高效便捷的损失补偿。因此，哪些投资者能够获得补偿是该项措施目的实现的关键。为了确立可识别、可判断的客观指标，尽量涵盖各类受损投资者，已有案例均仿照《虚假陈述若干规定》的相关规定，采用买卖股票的时间段标准，以虚假陈述实施日、揭露日、更正日为重要时间点，判断先行赔付对象范围。

在万福生科案中，补偿公告确定的虚假陈述实施日为 2011 年 9 月 14 日，揭露日为 2012 年 9 月 15 日，第一次更正日为 2012 年 10 月 26 日，第二次更正日为 2013

年3月2日。受偿投资者范围的确定均以虚假陈述实施日为起点,分别延伸至揭露日或两次更正日,区分为三种不同的股票买卖持有情况。[①] 在海联讯案中,补偿公告同样确定了三类四个关键的时间点,虚假陈述实施日为2011年11月11日,揭露日为2013年3月22日,两次更正日为2013年4月27日和2014年4月30日。与万福生科不同的是,受偿投资者的范围在四个关键点之间分为三段,前后相互衔接,没有重合的情况。[②] 在欣泰电气案中,补偿公告确定的关键时间点为2014年1月15日的实施日,2015年11月27日的第一次更正日,2015年12月10日的第二次更正日。由于欣泰电气是2016年才被证监会立案稽查,故没有将立案稽查日作为揭露日在公告中载明。受偿投资者的范围则区分为一级市场适格投资者和二级市场适格投资者,仍然采取关键时间点区分时间段的方式,形成前后互相衔接的三种适格情形。[③]

比较三个实例来看,先行赔付对象范围之确定所遵循的思路基本是相同的,即不同时间段买入或卖出涉案股票的投资者是否遭受损失以及遭受多大程度的损失有所不同,因此需要借助关键时间点判断其是否属于应当获得补偿的适格投资者,并进一步根据揭露或更正信息产生的不同效果区分不同时间段的投资者,为准确

---

① 根据《平安证券有限责任公司关于设立万福生科虚假陈述事件投资者利益补偿专项基金的公告》,投资者对万福生科股票的交易具备如下情形之一的,属于基金的补偿范围:"(一)自2011年9月14日起,至2012年9月15日之前买入万福生科股票,且在2012年9月15日之后因卖出或持续持有万福生科股票而产生亏损的;(二)自2011年9月14日起,至2012年10月26日之前买入万福生科股票,且在2012年10月26日之后因卖出或持续持有万福生科股票而产生亏损的;(三)自2011年9月14日起,至2013年3月2日之前买入万福生科股票,且在2013年3月2日之后因卖出或持续持有万福生科股票而产生亏损的。"

② 根据《深圳海联讯科技股份有限公司股东章锋、孔飙、邢文飚、杨德广关于设立海联讯虚假陈述事件投资者利益补偿专项基金的公告》,投资者对海联讯股票的交易具备如下情形之一的,属于专项补偿基金的补偿范围:"(一)自2011年11月11日起,至2013年3月22日之前买入海联讯股票,且在2013年3月22日及以后因卖出或持续持有海联讯股票而产生亏损的;(二)自2013年3月22日起,至2013年4月27日之前买入海联讯股票,且在2013年4月27日及以后因卖出或持续持有海联讯股票而产生亏损的;(三)自2013年4月27日起,至2014年4月30日之前买入海联讯股票,且在2014年4月30日及以后因卖出或持续持有海联讯股票而产生亏损的。"

③ 根据《兴业证券股份有限公司关于设立欣泰电气欺诈发行先行赔付专项基金的公告》,专项基金的赔付范围为:"(一)在欣泰电气首次公开发行股票时申购新股,在股票上市后卖出或仍持有而存在亏损的投资者,为一级市场新股投资损失赔付的适格投资者。(二)欣泰电气股票上市后,投资者对欣泰电气股票的交易具备如下情形之一的,为二级市场损失赔付的适格投资者:其一,自欣泰电气股票上市之日起至2015年11月26日期间买入,且在2015年11月27日及以后因卖出或者因持续持有欣泰电气股票至退市,扣减市场风险因素所致损失后仍存在投资差额损失的;其二,自2015年11月27日起至2015年12月10日期间买入股票,且在2015年12月11日及以后因卖出或者因持续持有欣泰电气股票至退市,扣减市场风险因素所致损失后仍存在投资差额损失的。"

评估投资者的实际损失提供判断依据。虽然相较于另外两个案件,万福生科案中时间段的划分有所重合,但这方面的区别并不影响适格投资者的整体范围,仅对不同的适格投资者受到补偿的程度有影响。另外,需要注意的是,海联讯案的补偿公告将事件责任方排除在受偿范围之外,欣泰电气案的补偿公告则更为具体地排除了三类主体:第一类是欺诈发行事件责任方和首次公开发行前持有股份的股东及其关联人;第二类是欣泰电气大股东及董事、监事、高级管理人员增持买入股票的;第三类是因政策性增持买入股票的。可见,通过实践经验的不断积累,先行赔付对象范围的确定标准逐渐趋向合理化。

(三)先行赔付的资金

先行赔付的资金问题涉及从哪里来、到哪里去两个方面,即需要考虑资金来源和资金分配两个层面。资金来源是先行赔付能够顺利进行的前提,资金分配是先行赔付目标达成的手段。如果没有充足可靠的资金来源,先行赔付无从谈起。如果没有合理科学的资金分配,先行赔付不但不能起到及时弥补损失的作用,反而可能造成新的不公平,引起二次伤害。所以,先行赔付的资金问题受先行赔付人、先行赔付对象、其他责任人以及监管机构等相关主体的高度关注和重视。

当万福生科因谎报应收账款、虚构在建工程、虚增营业收入等造假行为被立案调查后,平安证券采用"先偿后追"的模式,未等证监会作出行政处罚决定,先行独家出资3亿元设立专项补偿基金。在海联讯案中,公司和涉案人员亦积极配合调查,四位主要股东在受到行政处罚之前主动出资2亿元设立专项补偿基金。在欣泰电气案中,兴业证券在收到《行政处罚及市场禁入事先告知书》后启动设立数额超前的5.5亿元专项基金。与欺诈行为的波及范围密切相关,先行赔付的基金规模均是在参考以往案例预估投资者损失并加算管理费用以及预留一定余量的基础上确定的,且均为先行赔付人"自掏腰包"。

再就资金分配来看,三个实例在补偿金额的计算方面都采用交易价差额计算法,没有采用真实价值计算法。[①] 在万福生科案中,如果投资者只符合其中一种时间段情形,那么就按照投资差额损失及相应部分的佣金和印花税外加资金利息计算补偿金额。由于时间段的划分上存在重合的部分,如果投资者同时符合两种以上时间段情形,那么分别计算每一种情形下的补偿金额,选择其中金额较高的一种作为补偿标准。在海联讯案中,投资者受偿金额的计算同样是围绕交易价差额展

---

① 有学者认为,用平均买入价减去平均卖出价或基准价乘以可索赔的股票数量计算虚假陈述中的投资者损失,不符合证券市场的实际运作,可能诱发道德风险,以及导致投资者获得的赔偿过多或过少等问题。

开,加算相应的佣金、印花税及利息。由于该案时间段的划分前后衔接,所以投资者的损失可以单独计算,无须比较选择。如果投资者在不同时间段多次交易,那么分别计算每种情形下的受偿额并加总。这两个案例的补偿额计算均体现了“充分补偿”的理念,本着有利于投资者的原则确定具体的计算方法,简便易行。[①] 而在欣泰电气案中,投资者补偿金额的计算表现出一些特殊之处:一是考虑到欣泰电气因欺诈发行退市,所以先行赔付不设基准日;二是区分一级市场和二级市场,以发行价为基础计算新股投资者的损失;三是二级市场投资者损失计算需扣减市场风险因素所致的损失。相比前两个案例而言,兴业证券给出的补偿方案更加精准,对各种情形及不同因素的考虑更加周全,对投资者的补偿力度随着计算精确度的提高而更趋向于客观情况。

(四)先行赔付的程序

程序的正义在一定程度上影响着结果的正义。投资者不仅需要得到正义,而且需要知晓正义实现的过程,借此判断是否符合自己的正义认识。作为“看得见的正义”,程序正义是自由的内核,是获得公平、合理之结果的保障。在证券市场先行赔付过程中,三个实例均表现出较大的程序正义。

首先,在先行赔付条件被触发后,平安证券和海联讯主要股东皆在较短的时间内设立投资者专项补偿基金,并广泛征求有关专业人士的意见,多次反复论证,提出最大限度维护投资者利益的补偿方案。如在海联讯案中,最初在投保基金公司的协调下各方形成了三个备选方案,最终选择了补偿金额最高的方案,比最低赔付方案高出2700余万元。当然,由于欣泰电气作为首个因欺诈发行而被强制退市的公司涉及更多复杂的细节问题,兴业证券在事发后近一年的时间才公告专项基金补偿方案,披露先行赔付的方式和流程。就程序而言,遗憾的是,三个实例的具体补偿方案皆由先行赔付人单方面提供,缺少了投资者的充分参与。

其次,为保证资金的管理和使用符合先行赔付目的要求,三个案例中的专项补偿基金均交由投保基金公司负责管理和运作,委托其担任基金管理人。一方面,作为国务院批准设立的国有独资公司,投资基金公司本身的宗旨就是切实维护投资者合法权益,不存在与发行人、上市公司及中介服务机构等的利益往来,能够保证行为的公正性。另一方面,投保基金公司日常的工作即与投资者赔付有关,具有专业的管理团队和丰富的协调经验,能够保证专项补偿基金管理使用上的合理性。

---

① 两个案例在补偿额计算上略有差别,万福生科案的补偿金额均按照与卖出或最后持有证券最为接近的揭露日或更正日及其对应的基准日计算,而海联讯案的补偿金额按照与股票买入时点最接近的揭露日或更正日及其对应的基准日计算。

同时,为防止投资者补偿资金被滥用或不当转移,专项补偿基金均由第三方银行进行专户管理,委托其担任基金托管人。万福生科案和海联讯案中的基金资产都由中国建设银行设立专户管理,欣泰电气案中的基金资产由兴业银行设立专户管理。由于海联讯案是大股东先行赔付,所以还专门设置了专项补偿基金顾问,委托平安证券为基金的实施运作提供技术支持与协助。

最后,从投资者的角度来看,每一个实例均在以往先行赔付经验总结的基础上有所进步,朝着便利投资者的方向迈进。在万福生科案中,投资者可以通过网络系统确认补偿方案,全程依托电子操作平台实现自动化,大大降低投资者获取信息的成本,提高达成和解的速度。在海联讯案中,投资者申报确认程序进一步简化,取消了网签和解承诺函的程序。在欣泰电气案中,兴业证券还专门设有投资者赔付热线、专用邮箱及现场咨询点,推动先行赔付工作的有序展开。与此同时,考虑到投资者人数以及资金安全问题,基金管理人委托中国证券登记结算有限责任公司划付赔偿金至适格投资者相应账户,以确保赔付资金划转的准确、高效。①

四、证券市场先行赔付制度的法理与实践基础

在新《证券法》出台之前,因先行赔付制度并没有在我国证券领域的法律性文件中予以确立,市场上关于该项制度的法律依据及合理性产生了重大质疑。新《证券法》第93条通过立法的形式给予了正面回应,但尽管如此,关于证券领域先行赔付制度的法理基础何在,仍需进一步澄清。

根据《证券法》及《虚假陈述若干规定》的规定,在行政处罚后,相关责任主体应向遭受损失的投资者承担连带赔偿责任。根据新《证券法》第85条的规定,若信息披露义务人未按照规定披露信息,或者披露信息存在虚假记载、误导性陈述或者重大遗漏情况,致使投资者在证券交易中遭受损失的,信息披露义务人应当承担赔偿责任;发行人的控股股东、实际控制人、董事、监事、高级管理人员和其他直接责任人员以及保荐人、承销的证券公司及其直接责任人员,应当与发行人承担连带赔偿责任,但是能够证明自己没有过错的除外。因此,在理论上,法律规定的责任主体均可成为先行赔付的主体,当然由于信息披露义务人为第一责任主体,其本就应以其全部资产积极履行赔付义务,而且考虑实际的赔付能力,一般在讨论先行赔付主体时

---

① 在万福生科案中,实际赔付金额约为1.79亿元,覆盖率达99.56%。海联讯案中,实际赔付金额约为0.89亿元,覆盖率达95.7%。欣泰电气案2017年6月19日开放适格投资者申报,截至2017年7月12日,已完成有效申报的适格投资者人数占比82.58%。可见,得益于方便快捷的程序,愿意通过先行赔付机制和解的投资者远远多于愿意通过民事赔偿诉讼解决问题的投资者。

并不刻意对其地位进行探讨。也正基于此，新《证券法》第 93 条方才规定，发行人的控股股东、实际控制人、相关的证券公司可以委托投资者保护机构，就赔偿事宜与受到损失的投资者达成协议，予以先行赔付。

基于上述基本规定，拟以“发行人的控股股东、实际控制人”与“保荐机构（相关的证券公司）”为视角进一步阐释先行赔付制度的法理与实践基础。

（一）共同的法理基础：作出先行赔付的意思表示以及应依法承担连带赔偿责任

先行赔付在我国法律制度中并非新鲜事物，主要有两种形式：一是法律明确规定某一责任主体承担先行赔付责任（法定先行赔付），如《侵权责任法》第 52 条①规定的机动车交通事故侵权中保险公司的垫付责任；二是基于当事人自身的承诺先行赔付（自愿先行赔付），如淘宝网和京东均承诺对消费者购物过程中遭受的损失先行赔付。据此，若要求某一主体承担先行赔付责任，要么有法律的明确规定，要么基于该责任主体的自愿意思表示。

证券市场“先行赔付”中“先行”是首要特征，“赔付”是法律后果。法律不可强人所难，所以“先行赔付”立足于相关责任方的意思自治，无论是“发行人的控股股东、实际控制人”还是“保荐机构”，均基于此承担先行赔付责任，而非基于法律的明确规定，此点通过新《证券法》第 93 条立法用语“可以”一词展现得淋漓尽致。

但需重点注意的是，无论是“发行人的控股股东、实际控制人”还是“保荐机构”承担先行赔付责任，首要的前提基础是出现新《证券法》第 85 条规定的“虚假陈述的行为”，根据《证券法》及《虚假陈述若干规定》的规定，在行政处罚后，投资者有权向相关主体主张损害赔偿责任，各主体就该损失承担连带赔偿责任。易言之，即使没有先行赔付的意思表示，投资者亦可在虚假陈述行为发生后要求“发行人的控股股东、实际控制人”及“保荐机构”就其所遭受的损失承担赔偿责任，基于此，新《证券法》第 93 条也明确，在相关责任主体先行赔付后，可以依法向发行人以及其他连带责任人追偿。至关重要的是，作出意思表示最大的价值在于为赔付的“先行”提供了法理基础，正是基于该意思表示或承诺，投资者才可在寻求司法救济（提起诉讼）之前“先行”要求赔偿，从而及时弥补自身的损失，避免承担诉讼的时间与经济成本。

（二）意思表示形式承载的差异：先行承诺和事后协议

基于证券市场先行赔付的“意思自治”基础，新《证券法》第 93 条属于赋权性的

① 现为《民法典》第 1215 条。

规定，其立足相关责任主体的意思自治，该种意思自治在实践操作中可能会有形式承载上的差异。新《证券法》第93条规定，发行人的控股股东、实际控制人、相关的证券公司可以委托投资者保护机构，就赔偿事宜与受到损失的投资者达成协议，予以先行赔付。但在具体实践操作中，基于“保荐机构”与“发行人的控股股东、实际控制人”角色与职能的不同，“保荐机构”囿于监管等因素，一般通过“事先的先行赔付承诺”在客观上固定了自身的“先行赔付责任”；换言之，保荐机构基于在招股说明书扉页载有的“保荐人承诺因其为发行人首次公开发行股票制作、出具的文件有虚假记载、误导性陈述或者重大纰漏，给投资者造成损失的，将先行赔付投资者损失”承诺，一旦出现虚假陈述行为，便在受损投资者与保荐机构之间形成单方允诺之债，投资者可据此直接请求保荐机构承担先行赔付责任。

“发行人的控股股东、实际控制人”因缺乏类似于“保荐机构”的监管因素，其一般并不存在“事先的先行赔付承诺”，而更多的是以事后的“自愿达成协议”形式来固定自身的“先行赔付责任”。

（三）保荐机构“事先承诺”的客观分析

虽然保荐机构作出“事先的先行赔付承诺”，更多的是基于监管规则、遵循监管的要求，但我们也必须清晰地看到，保荐机构事前作出的承诺与事后承诺被实际触发还具有一个前提，该前提就是因保荐机构的原因造成了信息披露的违规或保荐机构对信息披露违规具有过错。因此，“事先的先行赔付承诺”并不当然带来法律上实际的先行赔付责任，按下“事先的先行赔付承诺”责任按钮的仍然是基于保荐机构的自身履职行为。众所周知，准此以言，保荐机构以基于监管要求所作出的承诺违背了自身意愿而主张承诺效力瑕疵的抗辩一般也难以成立。

当然，保荐机构事前作出的承诺与事后的积极赔付行为，客观上必然会使其赢得良好的社会评价与商业信誉；也基于积极的赔付行为尽力争取酌定的从轻或减轻处罚的可能性。这一点我们可以从2018年7月27日证监会发布的《关于改革完善并严格实施上市公司退市制度的若干意见（2018年修正）》中加深对保荐机构承诺动机的理解，第一章第（四）节第二段规定，“……涉嫌欺诈发行的公司或其控股股东、实际控制人，在受到证监会行政处罚前，按照公开承诺回购或者收购全部新股，赔偿中小投资者经济损失，及时申请其股票退出市场交易的，可以从轻或者减轻处罚”。

（四）先行赔付制度的实践客观上有助于虚假陈述纠纷的解决

首先，先行赔付本质上其实是一种和解，先行赔付协议是作为平等主体的赔付人与投资者之间自愿达成的和解协议。[①] 民事争议的解决，有和解、调解、仲裁和诉讼方式，司法裁判并非确定当事人权利义务的唯一途径，那么将其视为民事和解就自然解决了制度合法性的问题。

其次，对于投资者而言，先行赔付制度确实产生与司法裁判等同的效果，投资者经过先行赔付以后，将丧失向法院提起民事赔偿诉讼的权利。[②] 但在相关责任主体的责任内部分配方面，由于涉及的是法律上最终的责任认定，先行赔付制度并不对此作出安排，责任主体之间的争议仍交由司法裁判最终确定。

最后，先行赔付与司法裁判具有同等的合理性。在上述实例中所体现的先行赔付，对赔偿条件、赔偿对象、赔偿数额等均有明确的协议规则依据，而《虚假陈述若干规定》第18条、第30条也早已明确了虚假陈述民事赔偿的对象及数额计算方法。在虚假陈述行为发生后，哪些投资者应当获得赔偿、获得多少数额的赔偿均是一个客观化的状态，在相关责任主体进行先行赔付时，按照既定的协议规则所确定的赔偿对象及赔偿数额，与司法裁判适用的规则并无区别，两者得出结果的合理性自然处于同等地位。如此一来，虽然先行赔付被视为相关责任主体和受损投资者之间的和解，但由于赔偿对象和赔偿数额均是客观化的状态，和解结果并不会影响其他责任主体的实体权利，而且在相关责任主体先行赔付后，可以依法向发行人以及其他连带责任人追偿。

（本文成文于2020年5月20日）

---

① 但从实例中可发现的稍有不足之处在于，先行赔付协议的自愿协商性并不充分，表现出较强的附和性。当然这是涉及另一方面的问题，在此不予过多讨论。

② 在万福生科案和海联讯案的主动赔偿方案中，投资者接受先行赔付后，意味着投资者与责任主体达成民事和解，同时丧失向人民法院提起诉讼的权利；若投资者不接受主动赔偿方案，则可依法向人民法院提起诉讼，要求相关责任主体予以赔偿。

内幕交易民事损害赔偿责任研究

朱奕奕

对内幕交易行为的规制一直以来都是各国资本市场监管工作中的重中之重，盖因该行为不仅直接损害证券市场交易秩序，而且严重损害投资者的投资信心和合法权益。我国自20世纪80年代股票市场恢复以来，由于各方面的原因，我国的证券市场在相当长的时间内一度被称为“消息市”，此处的“消息”通常情况下指的就是内幕消息。[①] “消息市”的称呼形象地反映了彼时我国证券市场的发展水平以及存在的问题。随着制度的完善、法治的跟进、理念的更新等各方面因素的发展，我国证券市场的发展也逐步摆脱了“消息市”的束缚，步入了持续、成熟发展的历史阶段。当然，有市场即会有消息，有消息即会有利益，有利益即会有铤而走险的行为，因此，无论处于何种历史发展阶段，在证券市场的发展过程中，针对内幕交易行为的规制一直“在路上”，而且越来越完善。

在过去的20余年中，我国证券监管机构关于内幕交易的执法工作取得了显著的进步，并逐步形成了由行政、刑事、民事等各方面多管齐下的规制与执法路径。但不可否认的是，由于历史发展等原因，目前我国关于内幕交易的执法工作更多的是由行政主导，在规制路径上，行政责任、刑事责任皆走在法治的前沿，民事责任的规制稍逊一筹。当然，这只是一个发展阶段，随着制度的完善，民事责任的规制亦将堪当大任，这也是走向成熟发展的必备制度。在比较法上，英美等发达国家也越来越注重在行政和刑事追责机制之外，通过民事诉讼机制的完善来抑制内幕交易行为的发生。[②]

完善规制内幕交易行为的民事责任，这主要是因为民事诉讼的解决机制直接

---

① 吕成龙、范良聪：《“触不可及”还是“近在咫尺”？——证监会内幕交易执法的风格与逻辑》，载《证券法苑》2019年第1期。

② 李寿喜、汤鸯平：《我国内幕交易案件特征与监管缺陷——基于1998至2016年执法案件的思考》，载《上海大学学报》（社会科学版）2018年第1期。

针对的是投资者与内幕交易行为主体之间的纠纷,纠纷的有效化解不仅可以直接保护投资者的合法权益、惩戒内幕交易行为,而且可以通过对投资者权益的保护,让更多的市场参与主体来监督、维护市场的发展秩序。准此以言,在规制内幕交易行为的进程中,民事责任的探究不可或缺,也必不可少。

民事责任的规制方向虽已清晰,但如何落实规制则成为首要解决的问题。在追究内幕交易行为主体民事责任、赔偿投资者所遭受的损失过程中,法律规制需要厘清并解决以下问题:内幕交易行为的责任基础何在?如何判定内幕交易行为主体的法律责任?构成要件为何?责任边界在哪儿?请求权主体是谁?这些问题是规制内幕交易民事赔偿责任的基础内容,也是笔者研究的出发点与核心点。

一、立法规制内幕交易行为的目的

众所周知,证券市场的设立发展立足于完善的诚实信用制度,市场的健康发展依赖于市场各参与主体对诚实信用原则的严守,因此,任何对诚实信用的破坏行为即是对证券市场发展建设的破坏,在任何时候、任何阶段都应坚决予以遏制与打击。内幕交易行为的出现即对证券市场赖以生存的诚实信用原则带来了巨大的破坏,一方面,内幕交易行为破坏了证券市场的公平性。通常认为,证券市场交易或博弈的前提是各市场参与主体均能平等、充分获取市场的价值因素与供求关系等信息,从而作出交易或博弈的决定,一旦该前提被破坏,则市场公平性就被侵蚀。内幕交易行为即属于破坏该前提的典型,内幕信息获取者与其他不知情投资者在市场进行交易,完全无公平可言。另一方面,内幕交易行为损害了市场各参与主体尤其是广大投资者的合法权益以及对市场发展的信心。内幕交易行为表现形式是内幕信息获取者利用信息优势获利或规避损失,表面看来是信息优势的投机胜利,但本质上这是一种严重的背信行为,侵害的不仅是广大市场投资者的合法权益,而且更是对证券市场基础规则的破坏,腐蚀的是人心、信心。对此,我国证券监管部门对内幕交易行为的危害性亦有着清醒的认识:"内幕交易行为人利用提前掌握的内幕信息,在其他投资者通过公开渠道获知信息之前,抢先买入或卖出股票等证券非法谋取利益,这种行为直接违反和破坏信息公平原则,本质上是资本市场的'偷窃'。内幕交易对证券市场运行根基造成的破坏是颠覆性的且难以估量,内幕交易泛滥足以摧垮一个国家的资本市场,严重拖累实体经济的发展。"①

在域外,关于内幕交易行为,欧盟称为信息的"市场滥用行为",应予以打击与

① 许志峰:《内幕交易颠覆股市根基——中国证监会副主席刘新华接受本报独家专访》,载《人民日报》2012年5月25日,第10版。

禁止。欧盟颁布的《禁止内幕交易指令》明确提出:“鉴于证券市场的稳定运行依赖于投资者对市场充满信心,而投资者信心则来源于其平等市场地位的赋予及不受不当使用内幕信息行为的影响;内幕交易仅使特定投资者获利,而对其他普通投资者则极不公平,这必将侵蚀市场信心进而损害其稳定运行,因此应予禁止。”①美国证券交易委员会(United States Securities and Exchange Commission,SEC)亦明确指出:“除操纵市场外,没有其他事件比选择性地信息披露和滥用内幕信息更损害投资大众对公司制度和证券市场的信心。”②在日本,2004 年即引入对内幕交易行为的行政处罚制度,并明确制度的立法目的在于“使违法者无法保有该违法所得之利益,以维护证券市场公平秩序及投资者信心”。③

维护证券市场的交易规则,构建市场的诚信交易秩序一直是我国发展并建设证券市场的重心与核心,此点无论是在《证券法》的立法还是各类监管规则的制定过程中均予以了明确,如现行《证券法》第 5 条规定:“证券的发行、交易活动,必须遵守法律、行政法规;禁止欺诈、内幕交易和操纵证券市场的行为。”显然,内幕交易行为的存在与证券交易市场的建设格格不入、水火不容,因此,针对内幕交易行为的遏制与打击成为我国证券市场监管的永恒主题,也是我国建设和完善证券市场法治的重要目标,过去如此,未来更是如此。随着人们对内幕交易违法性的认识越发清晰与理性,针对内幕交易行为的立法目的与归责路径也越来越完善。

在立法目的上,规制内幕交易行为的根本目的在于维护证券市场的诚实信用原则,维护市场交易秩序,保护市场各参与主体尤其是广大投资者的合法权益,维持社会对证券市场发展的信心,以最大程度上减轻内幕交易行为的危害,并坚决予以打击与遏制。基于此,无论是立法、执法还是司法,所有关于规制内幕交易行为的制度设计与考量均应围绕上述立法目的而展开。

在规制路径上,应从刑事、行政及民事责任三个方面进行全方位的规制。针对内幕交易破坏市场秩序的危害,应主要从行政与刑事责任方面进行规制,加大执法打击力度,完善执法处置程序,从“行政责任 + 刑事责任”双重角度对内幕交易行为进行实质性打击,以维护秩序,尤其需要恢复投资者对交易市场的信心。与此同时,从民事赔偿责任的角度规制内幕交易行为是市场与监管的共识,也是证券市场法治建设中必不可少的一环。尽管有难度、有争议,但围绕解决问题的研究也一直在

---

① The preamble of Directive 89/592/EEC. 转引自曹理:《证券内幕交易构成要件比较研究》,法律出版社 2016 年版。

② 曹理:《证券内幕交易构成要件比较研究》,法律出版社 2016 年版。

③ 庄玉友:《日本金融商品交易法信息披露制度研究》,人民出版社 2010 年版。

路上,经过多年的丰富发展,目前也已步入正轨。民事赔偿责任直接规制着内幕交易行为主体与受损投资者之间的关系,对内幕交易行为主体课以民事上的损害赔偿责任有利于直接对投资者所遭受的损失进行赔偿,以遏制内幕交易行为的发生。当然,为实现前述的立法与规制目的,在损害赔偿责任体系的构建上应完善因果关系、损失计算等方面的内容。

二、内幕交易行为的认定

(一)内幕信息的认定

内幕信息具有重大性和未公开性。我国目前对于重大性的认定兼采价格敏感性和理性投资者标准,已相对较为全面。就内幕信息的确定性,从我国的行政执法实践和域外的认定标准中可见,其与重大性紧密联系。我国无须在立法中将"确定性"单列为内幕信息的认定要素,而是仍应将其作为重大性的认定因素之一,并借鉴域外对确定性的认定标准,明确内幕信息的确定性是指该信息具有实现的可能性,并且足够明确,以至于能够得出该信息会对证券价格产生影响的结论,或者能够得出该信息会对理性投资者的投资决策产生影响的结论。

就内幕信息的未公开性,域外的认定分为三种标准:形式公开、实质公开、形式或实质公开兼采,我国目前的法律规定中的认定标准尚不统一,应将兼采形式或实质公开的标准在证券法中予以落实,从而对内幕信息的未公开性作出更为全面的认定。

(二)内幕交易行为的认定

通说认为,内幕交易行为本质上属于侵权行为之一种。在内幕交易行为的立法和司法实践中,一般存在交易行为和泄密行为两类。关于侵权行为的基本归责大部分可适用于针对内幕交易行为的责任规制,尤其在泄露内幕信息的泄密行为中。在单纯泄密而无相应交易的情况下,泄密人的行为虽然构成泄露内幕信息行为,但因未引发后续的内幕交易,未导致其他投资者损害后果的产生,故无须就此承担民事赔偿责任。在泄密人故意向交易人泄密,并且交易人利用该信息从事交易时,则泄密人与交易人构成共同侵权,需就内幕交易行为所导致的损失承担连带责任。在泄密人的泄密与交易人进行内幕交易之间不具有共同故意的情况下,泄密人与交易人就内幕交易行为所导致的损失在其过错范围内各自承担相应的责任。

(三)我国证券监管机构的前置认定程序

虽然2015年发布的最高人民法院《关于当前商事审判工作中的若干具体问

题》中取消了内幕交易民事赔偿的行政处罚或刑事判决前置程序,域外也未有如此之规定,但我国设置该前置程序是为了实现内幕交易民事赔偿案件的可操作性。客观上,内幕交易行为较为隐蔽,若无在先的行政或刑事处罚,投资者可能不知晓内幕交易行为的发生。此外,投资者的举证责任相较于证监会和司法机关而言较弱,没有能力提供充分证据证明所涉的内幕交易的发生,但如果已有行政或刑事处罚判决,投资者则可以直接援用,既降低了投资者的举证责任,又提高了司法的办案效率。因此,在立法中应保留内幕交易民事赔偿的前置认定程序。

三、内幕交易因果关系的认定

(一)我国内幕交易民事责任因果关系的认定困境

对于内幕交易而言,侵权理论下的因果关系认定方式在内幕交易侵权因果关系认定中是失灵的。通常难以证明内幕交易与投资者的交易行为基于信赖的因果关系(事实因果关系)和内幕交易与投资者损失之间的因果关系(损失因果关系)。假如不借助法律拟制手段确立因果关系推定原则的话,内幕交易民事赔偿案件恐将依旧会因无法跨越举证难题而被拒于司法大门之外。

(二)内幕交易归责理论

在我国,与内幕交易是否侵害投资者个人利益存在巨大争议不同的是,其对整个证券市场诚信所造成的危害已经成为普遍共识。我国历来高度重视证券市场的诚信建设,并以此作为禁止内幕交易行为的重要目标。规制并约束内幕交易等证券市场欺诈行为的有效方式之一便是赋予投资者民事赔偿的权利,并在制度上真正保障投资者的民事诉权。

尽管我国立法中未对内幕交易民事案件因果关系的证明方式作出规定,但是推定因果关系在我国的司法实践中已初见端倪。例如,最高人民法院《关于审理证券市场因虚假陈述引发的民事赔偿案件的若干规定》①这一司法解释中规定了在满足特定条件时应当认定虚假陈述与损害结果之间存在因果关系,这实际上在虚假陈述民事赔偿案件中建立了因果关系的推定原则。

虚假陈述与投资者损失之间的因果关系逻辑认定更为清晰,也更具通常意义

---

① 最高人民法院《关于审理证券市场因虚假陈述引发的民事赔偿案件的若干规定》(2003 年 1 月 9 日,法释〔2003〕2 号)第 18 条规定:"投资人具有以下情形的,人民法院应当认定虚假陈述与损害结果之间存在因果关系:(一)投资人所投资的是与虚假陈述直接关联的证券;(二)投资人在虚假陈述实施日及以后,至揭露日或者更正日之前买入该证券;(三)投资人在虚假陈述揭露日或者更正日及以后,因卖出该证券发生亏损,或者因持续持有该证券而产生亏损。"

上的法理基础,即便如此,基于实现保护中小投资者的政策考量,我国依然在虚假陈述民事赔偿案件中建立起了推定因果关系成立的原则。为了保护中小投资者,内幕交易与投资者行为与损失之间的因果关系也应通过拟制的方式予以确立。光大证券案中主审法院也采用了推定因果关系认定方式,其在因果关系认定中的态度为今后司法机关处理类似案件起到了引领示范作用。

(三)因果关系认定标准的判断:以美国为考察中心

基于保护投资者、建立诚信有效的证券市场等政策考虑,美国司法界率先放弃直接证明内幕交易与投资者损害之间因果关系的存在,转而为推定因果关系寻找理由,通过法律拟制的方式确立内幕交易中因果关系的存在,并通过一系列的判例和立法逐步确立了推定因果关系的原则。

(四)因果关系认定中举证责任的分配

从举证责任分配上看,最高人民法院《关于审理证券市场因虚假陈述引发的民事赔偿案件的若干规定》司法解释出台后,基本上克服了中小投资者举证难的问题,积极推动了我国证券市场民事赔偿责任制度的发展与完善。内幕交易案件中亦存在因果关系颇不明晰、受损投资者举证极为困难的情形。在光大证券案中,主审法院也采用了推定因果关系认定方式,降低了投资者的举证责任。

既然司法已经先试先行,我们建议最高人民法院尽快出台关于内幕交易民事赔偿司法解释,明确内幕交易民事赔偿案适用因果关系推定原则,即推定内幕交易行为与同时反向交易投资者的损害之间存在因果关系,而无须投资者对因果关系进行证明。当然,也应允许被告有反证抗辩权利,来证明原告的亏损与内幕交易无关,比如,被告证明原告属于恶意投资、操纵证券价格的,则原告的损失与被告的内幕交易之间不存在因果关系,被告可不承担赔偿责任。即便内幕交易民事赔偿适用因果关系推定理论,也不能无视内幕交易者的合法权益,规则制定者需要公平公正保护各方合法利益。

四、投资者损害的认定

(一)投资者请求资格的认定

我国的现行法律法规未对投资者的请求资格作出规定。域外对于适格投资者的认定存在实际交易相对人与同时反向交易人认定标准。前者要求投资者证明与内幕交易人之间存在直接的证券交易,强调原告必须是基于对内幕交易行为的信赖而进行交易的投资者;后者只需要投资者证明在指定期间内就特定证券类型进行了反向交易,大大降低了投资者的举证责任,相比之下更侧重于对投资者权益的保护。从光大证券案中可见,我国司法实践中目前采纳的是同时反向交易人的认定标准。

以同时反向交易人认定适格原告的法理在于:内幕交易人进行内幕交易时,该时间段内的所有反向交易者都有可能成为内幕交易的对手,即都存在这样的风险和概率;而且反向交易者如果知道对手中存在内幕交易人,其会改变交易方向或者放弃交易,所以这些反向交易者是可能受害者或最直接的实际受害者,应通过立法将同时反向交易人规则确立为内幕交易民事赔偿的投资者资格认定标准,为法院裁判说理提供明确的法律依据和规范指引。

(二)同时交易的认定

对于同时交易的"合理期间"认定会受到证券市场的各种因素的影响。为了避免出现"同案不同判",或者适格原告范围过于宽泛,而滋生内幕交易领域的职业诉讼人,因此,原则上应将同时交易限于单次内幕交易进行期间发生的交易。法院只需将投资者的交易时段与内幕交易时段进行对比即可判断投资者是否属于同时交易人。鉴于内幕交易通常采取实时交易的方式,往往在数分钟至数小时内完成,故同时交易人至少是在单次内幕交易当日进行交易的投资者。例外地,考虑到个案中的特殊情况,可以内幕信息公开时作为同时交易期间的终结点。

(三)投资者损害的计算

1. 损害计算方法

我国内幕交易相关法律尚未就投资者损害的计算等实务中具有争议的关键问题加以明确。由于美国是内幕交易法律制度最为发达的国家,我国可从美国证券欺诈相关投资者损害计算的司法实践中借鉴适合我国证券市场实际的内容。

考虑到可操作性和可确定性,美国法院通常根据具体案情进行裁量,选择净差额法(pure out of pocket measure)、净差额修正法(expedient out of pocket measure)、吐出非法利润法(disgorgement of windfall profits)或补正法(Rescissory measure)等计算方法来合理计算投资者损失。① 净差额修正法,②即为避免确定证券实际价格的困难,以内幕信息公开后一段合理期间内该证券的平均市价(基准价格)来代替实际价格。然而,由于净差额法③难以确定原告交易时相关证券的真实价格,在实

---

① See Wang K. S. Wang, *Measuring Insider Trading Damages for A Private Plaintiff*, Social Science Electronic Publishing, 2009, p. 10.

② See Elkind v. Liggett & Myers, Inc., 472 F. Supp. 123, 129 (S. D. N. Y. 1978), rev'd, 635 F. 2d 156 (2d Cir. 1980).

③ See Froid v. Berner, 649 F. Supp. 1418, 1423 (D. N. J. 1986).

践适用中具有较大争议;吐出非法利润法 [1]要求被告返还被告从该欺诈行为中所获得的全部额外利益,不宜适用于内幕交易者所获利益小于投资者所受损失的情况;补正法[2]通常要求原告证明其与被告之间存在直接的事实交易,更宜适用于大宗的、当面的(Face - to - Face)的证券期货交易,[3]而不宜用于认定公开集中交易下内幕交易受害人的损失。因此,在美国司法实践中最受认可的是净差额修正法。对于其他计算方法,美国法院会根据个案具体情况,或在考虑当事人提出的计算方法的合理性后决定是否采用其他计算方式。

从光大证券案的实践中可见,对于内幕交易相关投资者损失的计算,我国法院采用的是类似净差额修正法的计算方法,即以投资者交易价格减去基准价格再乘以交易数量所得作为损害赔偿数额的方法。

2. 基准价格的确定

我国关于虚假陈述民事赔偿基准日的规定可为内幕交易的基准日和基准价格提供参考。基于光大证券案的司法实践,在内幕信息公开日到基准日期间的平均价格并不能作为代替相关交易品种实际价格的基准价格,而应以经过市场充分反应后的基准日当日的股票收盘价或股指期货结算价作为基准价格。

3. 损害赔偿范围的确定

有学者指出,内幕交易除了给投资者造成损害外,还可能造成其他预期损失,包括相关上市公司因内幕交易而遭受的声誉损失以及由此带来的投资者流失。由于"预期损失"属于合同法范畴内的概念,而内幕交易民事赔偿的请求权基础是侵权关系,从这个意义上看,预期损失更接近于侵权法体系中学理所称的"纯粹经济损失"。

公司因内幕交易遭受的预期损失不应纳入内幕交易损害赔偿范围。首先,从《证券法》第53条的规定来看,内幕交易民事赔偿的请求主体是因内幕交易遭受损失的投资者,上市公司不在请求主体范围内,不能基于《证券法》向内幕交易者请求民事损害赔偿。其次,即便内幕交易行为可以视为一般侵权行为,受损害的上市公司享有请求资格,但在投资者损失与内幕交易的因果关系具有拟制性和推定性的情况下,作为间接结果的预期损失与内幕交易的因果关系更加疏离,且证券市场受

---

① See Elkind v. Liggett & Myers, Inc. ,635F. 2d 156 (2dCir. 1980).

② See Ambassador Hotel Co. , Ltd. v. Wei - Chuan Inv. , 189 F. 3d 1017, 1031 (9th Cir. 1999).

③ See William K. S. Wang, "Stock Market Insider Trading: Victims, Violators and Remedies—Including an Analogy to Fraud in the Sale of a Used Car with a Generic Defect", 45 *ivll. L. rev.* 27, 30 - 31 (2000).

多方面因素的影响,难以判断相关公司的投资者流失是正常的资源配置流动现象还是内幕交易行为的结果。最后,由于内幕交易者主观上不具有诋毁相关公司声誉的故意,客观上内幕交易行为和侮辱、诽谤行为存在实质区别,内幕交易对公司声誉的损害难以认定。综上,从构成要件来看,预期损失的赔偿请求缺乏充分的法律依据和法理支撑。

此外,内幕交易与虚假陈述不同,虚假陈述行为会直接影响投资者是否进行投资的判断,故应赔偿投资者的交易成本费用;而内幕交易具有秘密性,投资者无法对他人的内幕交易行为产生信赖,即使内幕交易行为会对交易品种的价格存在影响,也并不必然导致投资者进行交易,故对投资者主张的税费等交易成本费用的损失不应予以支持。

(四)举证责任的分配

原告资格的举证责任分配与民事赔偿请求主体的认定标准息息相关。根据"同时反向交易人"规则,只要原告证明自己是同时反向交易人并因内幕交易受到损害,就推定投资者损失和内幕交易行为存在因果关系,即投资者有权向内幕交易人主张民事损害赔偿。同时,由于投资者是内幕交易的受害者,更容易获取损害的证据,故应对其受到损害的事实承担初步证明责任。

在内幕交易民事赔偿数额的计算问题上,原告应就其在内幕交易开始实施时至基准日前所买卖证券的成交价格及相应的交易数量承担举证责任;被告主张投资者损失由系统风险所造成的,应就风险诱因及该诱因对证券市场的重大作用承担举证责任;原告和被告均有权提出计算实际损失的方法。

(五)内幕交易民事损害赔偿诉讼机制的构想

第一,内幕交易往往涉及的投资者范围广,涉案主体人数众多。为减轻当事人讼累,避免"同案不同判",有必要将人数不确定的代表人诉讼引入内幕交易领域,在内幕交易民事赔偿领域实行共同诉讼。同时,投资者应积极行权诉讼,在相关内幕交易行为人责任达到上限后,对于新发现的内幕交易行为人,适格投资者可依法提起诉讼。

第二,应明确多个内幕交易行为人之间的责任分配。考虑到实践中,多个内幕交易行为往往在时间上是交错开的,几乎不可能同时进行,投资者可以分别针对各个内幕交易人就不同时段的内幕交易提起诉讼,但是,不排除在同一交易时段内多个内幕交易人同时进行内幕交易的可能,这种情况下,应依据《侵权责任法》的规定及相关法理,根据行为人之间是否存在意思联络来确定行为人之间的责任分配。

第三,内幕交易行为作为特殊侵权行为,发生于时刻变动的证券市场,相关证据易于灭失;并且,证券市场的高效有序运行需要各市场主体权利义务状态的相对稳定,因此,内幕交易民事赔偿应适用特殊的诉讼时效。同时,考虑到行政前置程序仍有必要作为内幕交易民事赔偿诉讼的前提,可以参考虚假陈述对诉讼时效起算点的规定,以证监会对相关内幕交易行为人的行政处罚决定公布之日作为诉讼时效的起算点,并借鉴我国台湾地区的立法经验,以两年作为内幕交易民事赔偿的特殊诉讼时效,即投资者应当自证监会对相关内幕交易行为人的行政处罚决定公布之日起两年内,向该行为人提起民事赔偿诉讼。

五、代结论:内幕交易民事损害赔偿责任立法建议(核心条文)

第一条 证券交易活动中,涉及公司的经营、财务或者对该公司证券的市场价格有重大影响或者对理性投资者的投资决策有重大影响的尚未公开的信息,为内幕信息。

前述尚未公开指的是内幕信息未在中国证监会指定的报刊、网站等媒体披露,或者未在能被一般投资者接触到的全国性报刊、网站等媒体披露,或者未能被一般投资者广泛知悉和理解。

第二条 内幕信息知情人或非法获取内幕信息的人,在内幕信息公开前买卖或者建议他人买卖相关证券,或者泄露该信息导致他人买卖相关证券的,应向相关投资者承担损害赔偿责任。

第三条 内幕信息知情人仅泄露内幕信息,并未导致他人买卖相关证券的,投资者主张知情人应承担损害赔偿责任的,法院不予支持。

如果知情人故意泄露内幕信息或建议他人买卖相关证券,他人利用该泄露的内幕信息买卖相关证券的,则知情人与内幕交易行为人构成共同侵权,应当承担连带赔偿责任;如果知情人不知他人利用该泄露的内幕信息买卖相关证券的,则其应在过错范围内承担相应的赔偿责任。

第四条 内幕交易行为人应当对内幕交易期间从事相反证券交易的投资者所遭受的实际损失承担赔偿责任。同一内幕交易行为人承担的赔偿总金额不得超过其违法所得或所规避损失的三倍。

前述所称内幕交易期间,是指单次内幕交易进行期间。如果内幕信息在内幕交易当日内公开,内幕交易开始实施时至信息公开时产生的交易属于同时交易。如果内幕信息在内幕交易当日后公开,内幕交易开始实施时至当日收盘时产生的交易属于同时交易。

第五条 投资者所遭受的实际损失即投资差额损失,是指证券买入或者卖出价格与基准日当日的证券收盘价或股指期货结算价之间的差价损失。

内幕信息属于利空型信息时,如果原告在基准日及以前卖出证券,其实际损失为买入证券总成交额与实际卖出证券总成交额之差。如果原告投资者在基准日之后卖出或者仍持有证券,其实际损失为买入证券总成交额与以基准日价格计算的卖出证券总成交额之差。

内幕信息属于利好型信息时,其实际损失为卖出证券总成交额与以基准日价格计算的卖出证券总成交额之差。

前述所称证券总成交额,以证券价格乘以交易数量计算。

实际损失不包括佣金、税费等交易成本。

第六条 投资差额损失计算的基准日,是指内幕信息公开后,为将投资人应获赔偿限定在内幕交易所造成的实际损失范围内,确定损失计算的合理期间而规定的截止日期。基准日分别按下列情况确定:

(一)内幕信息公开日起,至被内幕交易影响的证券累计成交量达到其可流通部分100%之日。但通过大宗交易协议转让的证券成交量不予计算。

(二)按前项规定在开庭审理前尚不能确定的,对于股票,以内幕信息公开后第五个交易日的收盘价作为基准价格;对于股指期货,以内幕信息公开后第三个交易日作为基准日。

期间存在连续涨跌停板的,以涨跌停板打开后基准日的收盘价或结算价为准。

第七条 内幕交易民事赔偿案件的原告可选择以单独诉讼或者共同诉讼方式提起诉讼。

第八条 多个原告因同一内幕交易事实对相同被告提起的诉讼,既有单独诉讼也有共同诉讼的,人民法院可以通知提起单独诉讼的原告参加共同诉讼。

多个原告因同一内幕交易事实对相同被告同时提起两个以上共同诉讼的,人民法院可以将其合并为一个共同诉讼。

第九条 共同诉讼的原告人数应当在开庭审理前确定。原告人数众多的可以推选二至五名诉讼代表人,每名诉讼代表人可以委托一至二名诉讼代理人。

第十条 诉讼代表人应当经过其所代表的原告特别授权,代表原告参加开庭审理,变更或者放弃诉讼请求、与被告进行和解或者达成调解协议。

第十一条 投资者向内幕交易行为人请求民事损害赔偿的诉讼时效期间为两年。诉讼时效期间自证券监管部门对该内幕交易行为人的行政处罚决定公布之日起计算。

第十二条 如果在同一交易时段内存在多笔同时进行的内幕交易,行为人之间存在意思联络的，各个行为人就投资者损失承担连带赔偿责任。行为人之间不存在意思联络的，各个行为人就投资者损失以各自所获得的收益或规避的损失为标准按比例承担赔偿责任。

第十三条 在针对同一内幕交易行为人的判决赔偿额已经达到违法所得或规避损失的三倍后，投资者对该行为人就同一内幕交易事实提起诉讼的，法院裁定不予受理；就同一内幕交易存在其他内幕交易行为人的，法院应予受理，并追加赔偿额尚未超过前述规定上限的其他行为人作为共同被告。

第十四条 投资人以自己受到内幕交易行为侵害为由，依据有关机关的行政处罚决定或者人民法院的刑事裁判文书，对内幕交易行为人提起的民事赔偿诉讼，符合民事诉讼法第一百零八条规定的，人民法院应当受理。

第十五条 因内幕交易产生的民事赔偿案件，由被告所在的或内幕交易行为发生地所在的省、直辖市、自治区人民政府所在的市、计划单列市和经济特区中级人民法院管辖。

（本文成文于2019年12月1日）

证券虚假陈述损害赔偿实证研究：实施日、揭露日、更正日

朱奕奕

近期，关于上市公司虚假陈述的案件频繁出现，投资者积极求偿，证券公司等中介机构亦积极践行保荐责任，主动担当，如兴业证券股份有限公司（以下简称兴业证券）发布了《关于设立欣泰电气欺诈发行先行赔付专项基金的公告》，针对欣泰电气所涉虚假陈述的违法事实主动对投资者承担先行赔付①的责任。这既是中介机构的担当，②亦是投资者止损的重要通道。在先行赔付的实施中，确定投资者及赔偿范围是赔付工作的首要任务。易言之，在虚假陈述损害赔偿的确定过程中，“向谁赔，赔多少（如何算）”乃实操层面的核心问题。虽早在2003年1月9日最高人民法院就颁布了《关于审理证券市场因虚假陈述引发的民事赔偿案件的若干规定》（法释〔2003〕2号，以下简称《虚假陈述若干规定》），对相关问题均作出了基本规范，然囿于规范的抽象性及原则性，致使在司法实践中，针对具体问题之认定仍存在较大争议，各地各级法院缺乏统一裁判标准，不同之裁判观点亦层出不穷。基于此，围绕虚假陈述损害赔偿之主题进行实证研究则具重大之参考价值。

---

① 保荐机构的先行赔付是一种投资者在因虚假陈述行为致害后请求相应损害赔偿的便利性机制，对于投资者因欺诈发行等严重违法行为而遭受的损失，由承担保荐责任的保荐机构基于其事先的自律承诺先行赔付投资者，先于其他责任主体、先于法院判决，向适格投资者承担赔偿责任，并相应取得向发行人或上市公司依法追偿的权利。

② 兴业证券总裁刘志辉表示，虽然兴业证券在欣泰电气首次公开募股（Initial Public Offering，IPO）时没有作出先行赔付的承诺，但为了妥善解决投资者损失的赔付问题，切实保障投资者利益，兴业证券积极响应最高人民法院、中国证监会关于建立证券纠纷多元化解机制要求，自愿主动承担先行赔付责任，减轻投资者的诉累、降低维权成本，以快速实现对投资者合法合理的赔付，从而最大程度维护欣泰电气适格投资者的合法利益，维护证券市场稳定。

一、新《证券法》关于虚假陈述损害赔偿责任归责原则的变化

2020年3月1日生效施行的新《证券法》第85条、第163条在《证券法》(2014年修正)第69条、第173条规定的基础上对虚假陈述民事赔偿责任的责任主体和归责原则进行了修改和完善。其中,第85条规定:"……发行人的控股股东、实际控制人……应当与发行人承担连带赔偿责任,但是能够证明自己没有过错的除外。"与原《证券法》对发行人控股股东、实际控制人规制的"过错责任"不同,新《证券法》修改为"过错推定责任"。在过错推定规制下,投资者在起诉发行人的控股股东、实际控制人时并不一定要具备其有过错的相应证据,而是应由发行人的控股股东、实际控制人对自己无过错承担举证责任,如果其举证不能,则法律推定其有过错,此时发行人控股股东、实际控制人应和发行人承担连带责任。显然,新《证券法》第85条将"控股股东、实际控制人"的"过错责任"转变为"过错推定责任",降低了对投资者的举证难度,拓宽了投资者实际可求偿的责任主体范围,是新《证券法》修订中强调保护投资者的重要体现,也旨在通过归责原则的转变,进一步落实控股股东、实际控制人对发行人信息披露义务的督促责任。

二、实施日、揭露日、更正日——因果关系之始

《虚假陈述若干规定》将虚假陈述行为认定为对投资者的侵权行为,故在侵权行为成立时,虚假陈述行为人应对投资者的损害承担赔偿责任。当然,此项侵权行为的表现不同于传统意义上的侵权行为,尤其是构成要件上的因果关系问题。众所周知,在证券交易行为中,侵权行为人与受害人并非面对面地直接发生交易关系,而是借助于交易所平台以集中竞价的方式撮合成交,故在形式上,侵权行为人与受害人间的具体关系难以特定化。有鉴于此,为缓解因果关系的举证责任,《虚假陈述若干规定》第18条吸收了美国法上欺诈市场理论(Fraud on the Market Theory),以推定信赖原则确定侵权行为(虚假陈述)与损害后果(投资者损失)间是否存有因果关系。换言之,投资者只要证明证券交易满足所规范的条件,法院即推定因果关系成立,当然,侵权行为人亦可依据第19条的规定进行举证以排除因果关系的成立。

第十八条 投资人具有以下情形的,人民法院应当认定虚假陈述与损害结果之间存在因果关系:

(一)投资人所投资的是与虚假陈述直接关联的证券;

(二)投资人在虚假陈述实施日及以后,至揭露日或者更正日之前买入该证券;

（三）投资人在虚假陈述揭露日或者更正日及以后，因卖出该证券发生亏损，或者因持续持有该证券而产生亏损。

第十九条 被告举证证明原告具有以下情形的，人民法院应当认定虚假陈述与损害结果之间不存在因果关系：

（一）在虚假陈述揭露日或者更正日之前已经卖出证券；

（二）在虚假陈述揭露日或者更正日及以后进行的投资；

（三）明知虚假陈述存在而进行的投资；

（四）损失或者部分损失是由证券市场系统风险等其他因素所导致；

（五）属于恶意投资、操纵证券价格的。

根据以上规定可知，推定因果关系成立与否主要基于实施日、揭露日或更正日等时间之界定。具言之，投资人唯于虚假陈述实施日及以后，至揭露日或者更正日之前买入该证券，并且于虚假陈述揭露日或更正日及以后卖出或持续持有该证券而发生损害的，推定虚假陈述行为与投资者损害间具因果关系，于此时间段外所进行的证券交易行为并不当然推定因果关系成立。准此以言，在涉及虚假陈述损害赔偿问题中，首先需明确的是实施日、揭露日、更正日等重要时间点，盖其所涉者乃因果关系之始也。

三、实证归纳

第二十条 本规定所指的虚假陈述实施日，是指作出虚假陈述或者发生虚假陈述之日。

虚假陈述揭露日，是指虚假陈述在全国范围发行或者播放的报刊、电台、电视台等媒体上，首次被公开揭露之日。

虚假陈述更正日，是指虚假陈述行为人在中国证券监督管理委员会指定披露证券市场信息的媒体上，自行公告更正虚假陈述并按规定履行停牌手续之日。

《虚假陈述若干规定》第20条对实施日、揭露日及更正日进行了定义性规范，自汉语语义观之，规范表达明确；但自实务操作而言，却颇具抽象性，加之时点界定与损害赔偿息息相关，直接导致实践认定仁者见仁智者见智。对此，归纳如下。

（一）实施日

顾名思义，实施日描述的是虚假陈述行为作出或发生之时点，而虚假陈述主要针对的是信息披露义务，因此，对信息披露时点的确认是准确认定实施日的核心要素。虚假陈述的实施行为主要表现为积极的作为与消极的不作为，前者如虚假记载、误导性陈述，后者如披露信息时发生重大遗漏。在积极作为中，义务人积极披露行为的时点一般均为实施日时点;在消极不作为中,实施日的确定则取决于信息披露的法定时限,法定时限的最后一个期日为消极虚假陈述的实施日。[①] 例如,上海市第一中级人民法院在关于陈某保等诉鲜言证券虚假陈述责任纠纷案中审理认为,根据《上市公司收购管理办法》的相关规定,被告应当在2012年5月21日股权转让协议签订后的3日内编制权益变动报告书,履行公告、报告等信息披露义务,并通知上市公司。鉴于被告的不正当披露行为性质上属于消极虚假陈述,故该虚假陈述实施日的确定取决于信息披露的法定期限,即法定期限的最后一个日期应当为消极虚假陈述的实施日,故2012年5月23日应当为被告虚假陈述行为实施日。[②] 在现行规则下,义务人的信息披露义务均具较为明确的规定,至于针对非例行信息披露,如在《证券法》第80条第1款规定"发生可能对上市公司、股票在国务院批准的其他全国性证券交易场所交易的公司的股票交易价格产生较大影响的重大事件,投资者尚未得知时,公司应当立即将有关该重大事件的情况向国务院证券监督管理机构和证券交易场所报送临时报告,并予公告,说明事件的起因、目前的状态和可能产生的法律后果"等,对此,应从两个方面理解:一是在合理的期间内及时公告;二是在公告之前的合理期限内,有关重大事件的信息应予保密且不得为内幕人所利用。[③] 准此以言,关于虚假陈述实施日的确定相对简单,唯以下两种情况尤值得注意:

第一,在判断认定过程中,一定需明确虚假陈述所针对的信息披露具体内容,否则容易发生张冠李戴式的误认。

例如,在付某亚与山东鲁北化工股份有限公司(以下简称鲁北化工公司)证券虚假陈述赔偿纠纷案的再审中,针对虚假陈述实施日的确定,最高人民法院审理认为,根据证监会行政处罚决定书的认定,鲁北化工公司应在2007年年度报告中披露而未披露的事项是合成氨资产停产信息,而不是合成氨资产进行置换的信息。合成氨资产进行置换的信息,鲁北化工公司已在2006年8月24日发布的2006年中期报告中披露,经查,鲁北化工公司2007年第一季度报告发布日为2007年4月28日。故2007年4月28日应为本案虚假陈述实施日,一、二审判决认定鲁北化工公司最早进行虚假陈述的时间为2007年4月28日,并以此认定本案的虚假陈述实施

---

① 李国光主编:《最高人民法院关于审理证券市场虚假陈述案件司法解释的理解与适用》,人民法院出版社2003年版,第263页。

② 上海市第一中级人民法院(2014)沪一中民六(商)初字第43号民事判决书。

③ 李国光主编:《最高人民法院关于审理证券市场虚假陈述案件司法解释的理解与适用》,人民法院出版社2003年版,第263页。

日为2007年4月28日并无不当。[①]

第二,在判断认定过程中,针对持续性的虚假陈述行为,要把握虚假信息的连贯性,将系列虚假陈述行为视为一个整体,将首次实施系列虚假陈述行为的时点认定为实施日。

例如,在周某航与云南云投生态环境科技股份有限公司证券虚假陈述责任纠纷案中,针对持续性的虚假陈述行为,云南省高级人民法院审理认为,绿大地公司在其2007年12月6日公布的《招股说明书》及其后的2007~2009年年报中均存在不同程度的虚增资产、虚增收入的事实,绿大地公司虚假陈述行为内容均为虚增资产和虚增收入,其实施时间具有连续性和一贯性;在逻辑上,绿大地公司在《招股说明书》中的虚增资产、虚增收入行为必在其后续的半年报、年报中予以体现,存在后行为掩盖前行为的逻辑关联性。故绿大地公司的一系列虚假陈述行为内容一致、性质相同,其虚假陈述实施日应为其一系列虚假陈述行为首次实施之日,即其发布《招股说明书》之日。[②] 针对周某航的再审申请,最高人民法院予以驳回。[③]

(二)揭露日

对虚假陈述行为的揭示不仅对投资者投资判断意义重大,而且对法院顺利解决因虚假陈述引发的纠纷至关重要。查《虚假陈述若干规定》之内容,目前我国对虚假陈述行为的揭示主要从两个角度进行界定:一是被动式,谓监管机关、媒体或其他人针对虚假陈述行为的揭露,称之"揭露日";二是主动式,谓义务人主动披露自身虚假陈述的相关事宜,称之"更正日"。显然,无论是主动还是被动,对虚假陈述的揭示往往是一个过程,其中经常掺杂着媒体报道日期,监管机关立案稽查、作出处罚日期,义务人自行更正日期及交易所停牌日期等,因此,在实践操作中,关于揭示时点的具体确定呈现出多种司法裁判意见,尤其是针对被动式的揭露日。具言之:

1. 以公告证监会的《立案调查书》或《立案调查公告》为揭露日

此种意见认为,上市公司对监管机构发布的《立案调查书》进行公告,已经构成了对虚假陈述行为的揭示,符合法律的规定,故应将此公告时点认定为虚假陈述揭露日。

---

① 最高人民法院(2015)民申字第3212号民事裁定书。

② 云南省高级人民法院(2015)云高民二终字第196号民事判决书。相似判决亦可参见山东省高级人民法院(2015)鲁商终字第313号民事判决书,云南省高级人民法院(2015)云高民二终字第181号民事判决书,云南省高级人民法院(2015)云高民二终字第175号民事判决书,云南省高级人民法院(2015)云高民二终字第136号民事判决书,等等。

③ 最高人民法院(2017)民申字第1451号民事裁定书。

例如,河北省高级人民法院在关于秦某泽与河北金牛化工股份有限公司(以下简称金牛公司)证券虚假陈述责任纠纷案中审理认为,金牛公司在2006年12月25日发布的中国证监会对其立案调查的公告中,首次揭露了金牛公司涉嫌虚假陈述的事实,虽然该调查报告的内容没有全面、具体披露金牛公司虚假陈述的细节,但法律、法规或司法解释对此并无特别规定,只要符合在全国范围内发行或播放的媒体上披露并对投资者起到警示作用即可构成首次揭露。金牛公司于2006年12月25日在《中国证券报》披露证监会的调查报告符合虚假陈述揭露日的法律特征,故2006年12月25日应认定为金牛公司虚假陈述的揭露日。①

山东省高级人民法院在关于莫某连与山东德棉股份有限公司、山东德棉集团有限公司侵权责任纠纷案中审理认为,原审法院认定2010年11月16日,即潍坊亚星公司首次被山东证监局立案调查并发布行政监管措施公告的时间为本案虚假陈述行为的揭露日,并无不当。2011年10月29日的行政监管措施公告是对潍坊亚星公司存在的虚假陈述行为进一步的披露,不应认为是另外的揭露日。2010年11月16日公告发布以后,足以说明潍坊亚星公司存在虚假陈述的可能,已经起到了充分的风险提示作用,具有高度的警示性,足以影响投资决策。②

广东省深圳市中级人民法院在郭某与宝安鸿基地产集团股份有限公司证券虚假陈述责任纠纷案中审理认为,关于虚假陈述揭露日,双方均认可2010年11月5日(公告收到《立案调查书》之日),双方对该时间点的意见符合法律规定,法院予以认同。③ 广东省高级人民法院同意此项认定,在二审中予以维持。④

在王某与大唐电信科技股份有限公司(以下简称大唐电信公司)证券虚假陈述责任纠纷案中,北京市第一中级人民法院确定大唐电信公司虚假陈述的揭露日为2005年11月8日,即大唐电信公司在《中国证券报》上发布关于其收到"北京证监局"因其涉嫌虚假陈述而向其发出决定立案调查通知书公告之日。⑤

上海市第一中级人民法院在上海康达化工新材料股份有限公司与徐某川证券虚假陈述责任纠纷案中审理认为,虚假陈述行为一旦被揭示,即向证券市场发出了警示信号,投资人由此可以对所投资股票的价值重新作出判断,而股票价格将不可

---

① 河北省高级人民法院(2014)冀民二终字第56号民事判决书。

② 山东省高级人民法院(2015)鲁商终字第313号民事判决书。相似判决亦可参见山东省高级人民法院(2012)鲁商终字第18号民事判决书。

③ 广东省深圳市中级人民法院(2013)深中法商初字第20号民事判决书。

④ 广东省(2015)粤高法民二终字第1007号民事判决书。

⑤ 北京市第一中级人民法院(2009)一中民初字第5712号民事判决书。类似判决还有北京市第一中级人民法院(2017)京01民初104号民事判决书。

避免地因此受到影响，故在判断虚假陈述行为揭露日或更正日时，该揭露或更正行为是否对所涉股票价格产生影响，是一个重要的考量因素。显然，康达公司于2013年7月6日公告证监会立案调查这一行为，对股票价格产生了较为明显的影响，由此可以认为，该行为对股票市场释放了足够的警示信号，故一审法院认为，应以2013年7月6日作为系争虚假陈述行为的更正日（揭露日）。[①] 上海市高级人民法院对此判决予以认可。[②]

2. 以公告证监会的《处罚事先告知书》为揭露日

此种意见认为，虚假陈述被揭示的意义在于向证券市场发出一个警示信号，提醒投资人重新判断股票价值，进而对市场价格产生影响。因此，除须符合首次被公开揭露这一要件外，确定虚假陈述揭露日还应当着重考虑两个因素：一是揭露的内容应与监管机构行政处罚决定书中认定的虚假陈述行为相一致；二是此揭露行为的力度应当足以引起市场内一般理性投资者的警示。

例如，上海市高级人民法院在陆某与上海创兴资源开发股份有限公司证券虚假陈述责任纠纷案中审理认为，在被上诉人发布的关于收到中国证监会《调查通知书》的公告中，仅提及其因涉嫌违反《证券法》及相关法规被中国证监会立案稽查，该公告既没有被上诉人涉嫌违反证券法的具体内容，也没有反映出被上诉人系涉嫌未按规定披露信息违反证券法，故该公告发布不能作为对本案所涉虚假陈述行为的首次公开披露，原审法院未将该公告发布之日认定为虚假陈述揭露日并无不当。2015年6月19日被上诉人发布的公告系其对中国证监会向其下发的《行政处罚事先告知书》进行完整披露，该公告的内容与中国证监会在其后认定的被上诉人信息披露违法违规事实可完全对应，系对被上诉人虚假陈述行为首次完整披露，原审法院认定该日作为本案虚假陈述的揭露日也无不当。[③]

3. 以公告证监会的《行政处罚决定书》为揭露日

此种意见认为，确定虚假陈述揭露日或更正日的关键，在于是否对虚假陈述涉及的事实进行了充分揭示，从而起到有效的提醒或警示作用，上市公司对监管机构发布的《行政处罚决定书》进行公告，此时方才对虚假陈述事实进行了充分彻底的揭示，方能有效地警示投资者的后续投资行为，故应将公告《行政处罚决定书》的时点认定为虚假陈述之揭露日。不可否认，在《行政处罚决定书》中固然对虚假陈述

---

① 上海市第一中级人民法院（2014）沪一中民六（商）初字第138号民事判决书。

② 上海市高级人民法院（2015）沪高民五（商）终字第35号民事判决书。

③ 上海市高级人民法院（2016）沪民终160号民事判决书。相似判决亦可参见上海市高级人民法院（2016）沪民终109号民事判决书，上海市第一中级人民法院（2016）沪01民初65号民事判决书等。

行为的事实进行了完全详细的揭露,但是否唯此时的揭露才构成对投资者后续投资行为的警醒,根据证券交易市场的经验,事实并非如此。况且,根据《虚假陈述若干规定》对揭露日的界定,此时的公示往往已不满足"首次揭示"的要求,故在司法实践中,将公告《行政处罚决定书》的时点认定为虚假陈述揭露日的判决甚为罕见,反而对此进行否认的判决已司空见惯。①

4. 以媒体报道时间为揭露日

随着多媒体的发展,媒体积极介入上市公司虚假陈述事件的报道屡见不鲜,且因新闻报道的时效性,媒体频频放出爆炸性新闻。因此,此种意见认为,若相应媒体对虚假陈述行为进行了首次揭露报道,鉴于现代媒体传媒的广泛性,应将媒体公开报道日认定为虚假陈述揭露日。

例如,湖南省长沙市中级人民法院在马某萍与岳阳兴长石化股份有限公司(以下简称岳阳兴长)证券虚假陈述责任纠纷案中审理认为,马某萍在岳阳兴长虚假陈述实施日(2007 年 1 月 11 日)后至《每日经济新闻》刊登《大股东被注销岳阳兴长股东大会合法性生疑》即岳阳兴长虚假陈述揭露日(2009 年 5 月 26 日刊载财经新闻)前,先后买入岳阳兴长股票。②

然亦正是囿于媒体报道追求的时效性,在司法实践中,对以媒体报道时点认定为虚假陈述行为的揭露日,显得格外慎重。首先,《虚假陈述若干规定》要求报道媒体发行或播放维度应覆盖全国,具有权威性。其次,报道首次揭露的虚假陈述事实与监管机构认定事实的关联性。③ 再次,报道真实性的判断,尤其是现代媒体在刻意追求点击量(流量)的背景下出现的大量所谓转载性"报道","据知情人获悉""独家获悉"词眼频繁出现,消息准确性存疑。④ 最后,报道对证券市场交易一般理性投资者的警示程度,尤其是在上市公司发布澄清事宜后,应结合证券市场的交易进行判断。⑤

例如,吉林省长春市中级人民法院在曹某文与吉林紫鑫药业股份有限公司证券虚假陈述责任纠纷案中,对新闻报道能否认定为揭露日进行了详细的阐述,具言之:"本院认为,虚假陈述被揭示的意义在于其对证券市场发出了一个警示信号,提醒投资人重新判断股票价值,进而对市场价格产生影响,并非所有对上市公司不利

---

① 上海市第一中级人民法院(2015)沪一中民六(商)初字第 40 号民事判决书。
② 湖南省长沙市中级人民法院(2015)长中民四初字第 00451 号民事判决书。
③ 广东省广州市中级人民法院(2015)穗中法金民初字第 2012 号民事判决书。
④ 上海市高级人民法院(2015)沪高民五(商)终字第 62 号民事判决书。
⑤ 上海市第一中级人民法院(2016)沪 01 民初 65 号民事判决书。

的新闻报道均可被认定为是对虚假陈述行为的揭露,而应当根据各种具体情形进行判断。首先,在2011年7月8日的金融界网站、华股财经网站、亚洲财经网站、证券之星网站、股吧网站分别刊登了《紫鑫药业涉嫌空买空卖人参大肆造假》等类似内容的新闻报道中,仅提及了延边耀宇人参贸易有限责任公司、延边劲辉人参贸易有限责任公司和吉林正德药业有限公司与紫鑫药业存在关联关系,并未全面揭露紫鑫药业重大遗漏的所有关联公司和关联交易。其次,2011年7月8日的报道媒体并不具有权威性。在各类良莠不齐的网络新闻大量存在,并被以提高点击量增加受众为目的的各种网站不经核实即大量转载的网络现状背景下,仅有'知情人'简单陈述内容的《紫鑫药业涉嫌空买空卖人参大肆造假》,对于每天要阅读大量股市新闻的股民来说,并不具有可信度。再次,紫鑫药业在此之后对于网络的不利报道发布了两次澄清公告,对于以上网络报道中所涉及的关联关系进行了全面否认,令市场对以上媒体报道的真实性更加产生怀疑。最后,从客观上说,2011年7月8日,紫鑫药业的收盘价为21.27元。7月11日开市(周末),紫鑫药业的开盘价为20.77元,收盘价为21.5元,股票价格并未受到网络媒体报道的影响。而2011年8月16日晚中国证券网刊登了标题为《紫鑫药业炮制惊天骗局自导自演上下游客户》的报道,内容详尽而且有记者的实地勘查和亲自调研,经新华网转载后被大量传播。紫鑫药业于2011年8月17日停牌,此后股价仍持续下跌,正反映出虚假陈述被揭露后市场对于侵权行为的剧烈反应,符合虚假陈述揭露日的意义特征,故应当以2011年8月16日为揭露日。"①

5.小结:立足于"揭露"的立法本意

虚假陈述导致损害的本质在于,虚假陈述行为人以作为或不作为的方式违反信息披露义务,导致投资人在对股票价值产生误判的情况下对偏离了真实价值的股票进行投资,其后因虚假陈述行为被揭露股票价格向真实价值回归,投资人因股票价格的异常涨落而产生投资损失。因此,虚假陈述一经揭露,股票价格必受影响,虚假陈述揭露日的确定,对判断投资人的股票交易行为是否受虚假陈述的影响、受影响范围和损失金额的认定等均具有重要意义。

揭露具有广度性要求,按照《虚假陈述若干规定》的界定,揭露行为的信息应在全国范围发行或者播放的报刊、电台、电视台等媒体上进行发布,以达到在最广的范围内让更多的投资者知晓虚假陈述的信息,从而避免再行投资造成损失。

揭露具有时效性要求,首次披露的意义最大,因为在首次披露后,股票市场的

---

① 吉林省长春市中级人民法院(2015)长民四初字第271号民事判决书。类似判决北京市第一中级人民法院(2017)京01民初104号民事判决书。

交易价格会有强烈的反应。虚假陈述行为实施后,无论是主动还是被动揭露客观上均会多次进行,但真正具法律意义的是首次披露的时点。恰如有法院审判认为:“该公告登载于全国范围发行的《中国证券报》上,且系首次公开披露。因此,上述事实符合《关于虚假陈述赔偿的规定》中关于‘首次被公开揭露’之规定。”①

根据上文所言,鉴于不同的揭露途径,作为对于市场的警示信号,其强弱程度是有差别的。一般来说,监管机构披露的关于虚假陈述行为的调查处罚,其确定性高,具有最高的警示程度,此即为在司法实践中各地裁决大部分将公布《立案调查通知书》的时点认定为揭露日的根本原因。② 一言以蔽之,无论以何种途径揭露,关于揭露日的确定均应立足于立法的本意——揭露日是在虚假陈述行为被确认后,为认定因果关系而追溯的一个时间点,其意义在于发出警示信号,提醒投资者重新判断股票价值,故能否引起理性投资者警示应为判断是否构成揭露日的根本标准。

(三)更正日

更正日系指虚假陈述行为人自行公告更正相关的虚假陈述信息,以自我勘正的形式揭示自身的虚假行为,从而向投资者发出警示的信号。因此,自我更正与被动揭露在功能上殊途同归,更正日的确定与揭露日的确定法律意义相同。恰如上海市高级人民法院在关于上海康达化工新材料股份有限公司与徐某川证券虚假陈述责任纠纷案中审理认为,结合本案案情,发布公告的主体均为虚假陈述行为人即上诉人,本案所涉公告的发布均系信息披露义务人主动进行信息披露的行为,与被动地由他人“公开揭露”的情况不同,且“更正”和“揭露”所产生的法律后果并没有不同之处,对案件的处理结果并无实质性影响。③

自我更正可揭示虚假陈述行为,但并非所有的自我更正均已达到揭示的程度,判断的关键点仍在于虚假陈述揭示的立法本意,无论是自我揭示抑或他人揭示,最终的落脚点均在于向市场发出警示信号,提醒投资者重新、审慎判断后续股票投资行为。所以,虚假陈述行为人的自我更正信息应是对虚假陈述事实准确、充分的更

---

① 北京市第一中级人民法院(2009)一中民初字第5712号民事判决书。

② 李国光主编:《最高人民法院关于审理证券市场虚假陈述案件司法解释的理解与适用》,人民法院出版社2003年版,第264页。例如,有法院认为,证监会作为国家证券监管机构,其立案调查的性质不仅属于国家的一种行政监管措施,而且属于行政监管力度和行政监管手段都相当强烈的行政监管措施。根据相关行政法规规定,证券监管机构只有在掌握了较为确实充分的证据的前提下,才能对涉嫌证券市场违法、违规者进行立案稽查。因此,大唐电信公司于2005年11月8日发布的关于其收到“北京证监局”因其涉嫌虚假陈述而向其发出决定立案调查通知书的公告内容,对于所有投资者都应属于具有较强警示性的投资信息,足以影响投资者的投资决策,符合有关虚假陈述“揭露”之客观要求。参见北京市第一中级人民法院(2009)一中民初字第5712号民事判决书。

③ 参见上海市高级人民法院(2015)沪高民五(商)终字第35号民事判决书。

正。例如,在上海仪电(集团)有限公司(以下简称仪电公司)与柳某莉证券虚假陈述责任纠纷案中,上海市第一中级人民法院审理认为,仪电公司所主张的 2010 年 3 月 31 日,系金陵公司公布其年度报告的日期,但该年报并未完整披露相关信息,仪电公司及金陵公司亦未在上述年报发布时提示投资者注意相关持股情况,故此种年报中的揭示行为尚不足以引起投资者的充分注意,在上述年报作出之日,包括柳某莉在内的证券市场投资者并不必然知晓系争虚假陈述事实的存在,以该日作为虚假陈述的揭露日(更正日)依据尚不充分;而柳某莉主张的 2010 年 5 月 11 日,系金陵公司就系争虚假陈述事项自行发布公告,向证券市场公示仪电公司的有关持股状况,鉴于金陵公司此举已足以达到在全国范围内公开揭示系争虚假陈述行为的效果,而金陵公司的投资者对于上市公司就特定事项发布的公告亦应尽其注意义务,投资者通过阅读该公告完全有条件知悉仪电公司的相关持股事实,并进而对系争股票的价值予以重新评估,故应以柳某莉主张的 2010 年 5 月 11 日作为系争虚假陈述行为的揭露日(更正日)。[①] 对此,上海市高级人民法院予以认可,并就更正日的判断再次确定,金陵公司于 2010 年 3 月 31 日公布的年度报告中并未完整、全面地披露相关信息。该年报亦未提示投资者注意相关持股情况,显然年报内容尚不足以引起投资者的充分注意。该年报发布之日,包括被上诉人在内的证券市场投资者并不必然知晓涉讼虚假陈述事实的存在,该年报的发布尚不足以揭露涉讼虚假陈述行为,故上诉人主张应以该日作为虚假陈述揭露日(更正日)的依据并不充分。[②]

在最高人民法院《关于审理虚假陈述侵权纠纷案件有关问题的复函》中,关于更正日的确定,最高人民法院明确答复认为:"1. 1999 年 4 月 20 日,大庆联谊仅就利润虚假、募集资金使用虚假等行为进行了自我更正,没有涉及发行阶段的虚假陈述行为。2000 年 4 月 27 日,中国证监会行政处罚公告后,大庆联谊虚假发行的事实才首次得以公开披露。2. 2001 年 5 月 19 日,圣方科技就所收购的圣方显示器公司虚假注册资本 500 万元作出了更正,中国证监会事后主要就该虚假陈述内容进行行政处罚,故认定 2001 年 5 月 19 日为更正日,符合客观事实。"[③]

四、余论

在虚假陈述损害赔偿的认定中,因果关系的认定是确定损害赔偿的核心,而因

---

① 参见上海市第一中级人民法院(2015)沪一中民六(商)初字第 30 号民事判决书。

② 参见上海市高级人民法院(2015)沪高民五(商)终字第 46 号民事判决书。

③ 〔2003〕民二他字第 22 号。

果关系判断之首要因素在于实施日、揭露日或更正日等时间之界定。在证券交易市场上,虚假陈述行为的实施一般系“悄悄进行”,而虚假陈述行为被揭示通常会有一个过程,甚至如剥笋一般,但并非任何一个对虚假陈述行为揭示的时点均构成虚假陈述的揭露日或更正日。

就揭示行为具体实施而言,揭露日的确定建立于虚假陈述行为人被动公告虚假陈述实施信息,更正日系虚假陈述行为人主动对自身虚假陈述信息进行公告勘正。无论是主动还是被动,揭露与更正的目的是让市场知悉了解虚假陈述的行为。就揭示行为功能而言,揭露日与更正日的确定均系对虚假陈述涉及的事实进行充分的揭示,从而发出警示信号,提醒投资者重新判断股票价值、审慎进行后续的投资行为。但揭露并不需要以完全的镜像规则为标准,自规范功能或目的出发,只要交易市场对监管部门立案调查、权威媒体刊载的揭露文章等信息存在明显的反应,即应被认为产生了揭露的作用,不必要囿于某些固定的形式。当然,基于相同的功能,针对虚假陈述行为揭露日或更正日的判断不可能重复进行。易言之,针对同一虚假陈述行为,倘若相关监管机构已经对虚假陈述所涉事实进行了立案监管甚至处罚并予以公告,至此,虚假陈述行为即已被揭示,行为人后续对此虚假陈述所涉事实进行公告勘正的时点并不构成真正意义上的更正日。

(本文修订于2020年4月22日)

证券虚假陈述损害赔偿实证研究:损害计算方法

朱奕奕　邵　锴

一、导言

上市公司虚假陈述一直是上市公司及其董监高遭受监管部门处罚的重点问题,由此引发的民事赔偿诉讼也早已屡见不鲜。目前,证券虚假陈述的民事诉讼常常表现为投资者蜂拥式的集体起诉,法院难免应接不暇。此外,近年来,中国证券监督管理委员会(以下简称证监会)批复成立的公益性投资者保护机构——中证中小投资者服务中心有限责任公司(以下简称投服中心)已将投资者的索赔诉讼纳入《民事诉讼法》第15条规定的支持诉讼范围,[①]一旦制度化的支持诉讼机制形成,未来也会有更多的类似诉讼产生。基于此,证券虚假陈述损害赔偿客观上要求准确、明晰的实体处理规则,但反观目前的证券立法和司法解释,专门针对虚假陈述民事责任出台的规范还是2003年最高人民法院《关于审理证券市场因虚假陈述引发的民事赔偿案件的若干规定》(以下简称《虚假陈述若干规定》)。《虚假陈述若干规定》不仅已经滞后,而且其规定也较为原则和抽象,这一点也集中反映在投资者损害赔偿数额计算的问题上。

鉴于目前法律适用及司法实践状况,笔者选取了部分地区有代表性的虚假陈述索赔案例,总结了其中投资者损害赔偿计算的实践经验,以期为大家带来一些有益的思考。

二、投资者损害赔偿计算的影响因素

(一)投资差额损失的计算

证券虚假陈述引发的投资者索赔诉讼本质上是侵权损害赔偿,按侵权法之填

---

① 上海市第一中级人民法院:《现场直击——全国首例证券支持诉讼案件在沪开审》,载上海一中法院微信公众号,最后访问日期:2020年1月23日。

补原则,投资者损害赔偿以实际损失为限。《虚假陈述若干规定》的规定如下:

第三十条 虚假陈述行为人在证券交易市场承担民事赔偿责任的范围,以投资人因虚假陈述而实际发生的损失为限。投资人实际损失包括:

(一)投资差额损失;

(二)投资差额损失部分的佣金和印花税。

前款所涉资金利息,自买入至卖出证券日或者基准日,按银行同期活期存款利率计算。

因此,投资者的实际损失包括三个部分,一是投资差额损失,二是佣金和印花税损失,三是利息损失。根据规定,佣金、印花税及利息损失均以投资差额损失为基础,并且从实践情况来看,投资差额损失构成最终赔偿数额的绝大部分。因此,投资差额损失的计算是损害赔偿计算的重头戏。但所谓投资差额损失,在资本市场瞬息万变的环境中已经难以精确还原,为此必须采用相对合理的计算方法予以确定。

(二)因果关系的认定

因果关系作为侵权责任的构成要件之一,重要性毋庸置疑。尤其在证券虚假陈述中,因果关系更是直接与损害范围的确定、损害赔偿数额的确定相关。关于因果关系的认定,《虚假陈述若干规定》的规定如下:

第十八条 投资人具有以下情形的,人民法院应当认定虚假陈述与损害结果之间存在因果关系:

(一)投资人所投资的是与虚假陈述直接关联的证券;

(二)投资人在虚假陈述实施日及以后,至揭露日或者更正日之前买入该证券;

(三)投资人在虚假陈述揭露日或者更正日及以后,因卖出该证券发生亏损,或者因持续持有该证券而产生亏损。

从上述规定可以看出,只有在虚假陈述实施日之后、揭露日或更正日之前买入,在揭露日或更正日之后卖出或继续持有并产生亏损的部分才是可索赔的范围。①

当然,前述因果关系的认定实际上是一种法律推定,因而并非不可排除。正如江苏省高级人民法院在郝某与海润光伏科技股份有限公司证券虚假陈述责任纠纷上诉案审理中认为的那样:《虚假陈述若干规定》……对于投资人的损失与虚假陈述行为之间的因果关系,系以"推定信赖"的原则,投资人无须证明自己信赖了虚假

---

① 关于虚假陈述实施日、揭露日、更正日认定的实证研究,参见朱奕奕:《证券虚假陈述损害赔偿实证研究——实施日、揭露日,更正日》,载国浩律师事务所微信公众号,最后访问日期:2018年2月13日。

陈述行为才作出投资，只要证明其所投资证券的价格受到虚假陈述行为的影响，即可予以认定。如果信息披露义务人认为投资人的损失与其虚假陈述行为之间不存在因果关系的，应提出相应的反证。① 而所谓“反证”或因果关系的排除，具体见《虚假陈述若干规定》第19条的规定。

第十九条 被告举证证明原告具有以下情形的，人民法院应当认定虚假陈述与损害结果之间不存在因果关系：

（一）在虚假陈述揭露日或者更正日之前已经卖出证券；

（二）在虚假陈述揭露日或者更正日及以后进行的投资；

（三）明知虚假陈述存在而进行的投资；

（四）损失或者部分损失是由证券市场系统风险等其他因素所导致；

（五）属于恶意投资、操纵证券价格的。

在案例中经常涉及的是第4项“系统风险”的认定。当然，并非认定存在系统风险，法院就一概不支持投资者的全部赔偿请求，因为股价下跌非常可能是虚假陈述、系统风险等多种因素共同作用产生的结果，因此如何在损害赔偿数额计算中以合理的方法排除系统风险的影响是确定损害赔偿数额的一项重要课题。

就投资差额损失计算及系统风险排除两项影响投资者损害赔偿的重要因素，笔者在下文将结合司法案例分别予以探讨。

三、投资差额损失的具体计算

（一）投资差额损失的计算方法

有关投资差额损失的计算方法，《虚假陈述若干规定》给出了原则性规定：

第三十一条 投资人在基准日及以前卖出证券的，其投资差额损失，以买入证券平均价格与实际卖出证券平均价格之差，乘以投资人所持证券数量计算。

第三十二条 投资人在基准日之后卖出或者仍持有证券的，其投资差额损失，以买入证券平均价格与虚假陈述揭露日或者更正日起至基准日期间，每个交易日收盘价的平均价格之差，乘以投资人所持证券数量计算。

第三十三条 投资差额损失计算的基准日，是指虚假陈述揭露或者更正后，为将投资人应获赔偿限定在虚假陈述所造成的损失范围内，确定损失计算的合理期间而规定的截止日期。基准日分别按下列情况确定：

（一）揭露日或者更正日起，至被虚假陈述影响的证券累计成交量达到其可流

① （2017）苏民终641号民事判决书。

通部分100%之日。但通过大宗交易协议转让的证券成交量不予计算。

（二）按前项规定在开庭审理前尚不能确定的，则以揭露日或者更正日后第30个交易日为基准日。

（三）已经退出证券交易市场的，以摘牌日前一交易日为基准日。

（四）已经停止证券交易的，可以停牌日前一交易日为基准日；恢复交易的，可以本条第（一）项规定确定基准日。

在司法实践中，第32条之“基准日”通常按第33条第1项进行确定，即从揭露日/更正日起，上市公司股票每日换手率（成交股数与流通股数之比）合计首次超过100%之日。

根据以上规定，可以看出投资差额损失的核心实际上是将可索赔股票的买入均价（买入总价÷买入总股数）与卖出均价（卖出总价÷卖出总股数）或基准价（揭露日/更正日至基准日期间每个交易日收盘价的平均价）两相比较，若买入均价大于卖出均价或基准价则存在投资差额损失，将差价与可索赔的股票数相乘即可得到投资差额损失。

不过，上述规定在适用时通常局限于一种较为简单的投资状况，即投资者在实施日至揭露日/更正日期间购入上市公司股票后，仅在揭露日/更正日或基准日之后卖出或继续持有，其中并未包括投资者在实施日至揭露日/更正日期间还存在多次买入、卖出上市公司股票的情况，而此种买进卖出的情形该如何合理认定买入均价及卖出均价则成为司法实践中的难点。为此，笔者统计了部分典型案例，对上述情况下司法实践中采纳的算法总结如下：

1. 买入平均价的计算

（1）实际成本法

实际成本法是指在计算股票买入平均价时用投资人在实施日至揭露日/更正日期间买入股票的总成本减去在此期间卖出股票的总收入后再除以在揭露日/更正日或基准日后卖出或尚持有的股票数量。例如，黑龙江省高级人民法院在陈某华等23名投资者诉大庆联谊公司、申银证券公司虚假陈述侵权赔偿纠纷案中即采纳此种算法，以实际交易每次买进价格和数量计算出投资者买进股票总成本，再减去投资者此间所有已卖出股票收回资金的余额，除以投资者在更正日后尚持有的股票数量。① 北京市第一中级人民法院在汪某洪与钱某耀、北京无线天利移动信息技术股份有限公司证券虚假陈述责任纠纷案中审理认为：“《虚假陈述若干规定》所

① 《中华人民共和国最高人民法院公报》2005年第11期（总第109期）刊载的黑龙江省高级人民法院二审的陈丽华等23名投资者诉大庆联谊公司、申银证券公司虚假陈述侵权赔偿纠纷案。

指的买入证券平均价格是指投资人买入证券的成本，因此投资人在虚假陈述实施日及以后至揭露日或更正日之前存在多次买进卖出的情况时，其在此期间卖出股票收回的相应资金，属于投资人提前收回的投资成本，应在总投资成本中予以扣除。即买入证券平均价格为在揭露日或更正日之前以每次买进价格和数量计算出投资人买进股票总成本，减去投资人此期间所有已卖出股票收回资金的余额，除以投资人尚持有股票数量。① 上海市高级人民法院在胡某与上海某科技股份有限公司证券虚假陈述责任纠纷上诉案中审理认为：《虚假陈述若干规定》所指的买入证券平均价格，系指投资人买入证券的成本，而投资者在虚假陈述被揭示之前，即揭露日之前卖出股票而收回的相应资金，属投资者提前收回的投资成本，应当在总投资成本中予以扣除……应当将该部分'标的证券'因虚假行为所获利益进行冲抵，冲抵后的损失才是胡某的实际损失。"②

从笔者统计的案例来看，在遇到复杂投资行为时，实际成本法是司法实践中比较常用的一种买入均价计算方法，且该算法已获最高人民法院的肯定。在各地区司法实践中，则以北京、上海两地法院尤其青睐实际成本法的运用。③

(2)先进先出法+加权平均法

先进先出法在会计学上是一种根据先购入的商品先卖出这种假设，在存货和商品销售成本之间摊销成本的方法。④ 换用到股票交易领域，则假定投资人每次卖出股票都首先消耗其股票存量中最先购买的部分(即先买入的股票先卖出)，并以此规则推算交易成本。

在司法实践中，法院通常将先进先出法与实施日、揭露日/更正日相结合，用来划定可索赔股票的范围区间，再进一步按加权平均法(即买入总价÷买入总股数)计算该区间内股票的买入平均价。⑤ 例如，上海市第一中级人民法院在曲某宁诉上海三毛企业(集团)股份有限公司证券虚假陈述责任纠纷案中审理认为：原告在虚假陈述实施日之前已持有600689股票存量47300股，此后直至虚假陈述更正日期间，原告共计买入18800股，买入成交金额合计为人民币149865元，原告在虚假陈述实施日至虚假陈述更正日期间卖出的共计16700股，根据先进先出原则，属于对

---

① (2017)京01民初104号民事判决书。

② (2012)沪高民五(商)终字第16号民事判决书。

③ 上海市法院中适用实际成本法的案例还可参见(2016)沪01民初166号民事判决书、(2015)沪一中民六(商)初字第40号民事判决书、(2015)沪高民五(商)终字第13号民事判决书。

④ 约翰·J.怀尔特等：《会计学原理》，崔学刚译，中国人民大学出版社2012年版，第171页。

⑤ 加权平均法又称"平均成本法"，加权平均成本等于待售商品成本总额除以待售商品总数量。参见约翰·J.怀尔特等：《会计学原理》，崔学刚译，中国人民大学出版社2012年版，第173～174页。

虚假陈述实施日之前已持有股票的卖出,故不作为投资人提前收回的投资成本,不在原告买入股票的总投资成本中予以扣除。据此,原告的买入证券平均价格为人民币7.97元/股[149865元÷18800股]。[①] 山东省济南市中级人民法院在曲某娟与恒天海龙股份有限公司证券虚假陈述责任纠纷案中审理认为:“先进先出加权平均法”,即先以先进先出的原则(先买入的股票也先被卖出),将实施日至揭露日期间买入但被卖出的股票进行剔除,确定可索赔的股票范围,再按照可索赔股票的实际买入价格以加权平均的计算方法计算平均买入价。上述计算方法,符合《虚假陈述若干规定》的相关规定,并且计算方法简便,计算结果合理,应当作为本案平均买入价的计算公式。[②]

(3)直接加权平均法

所谓“直接加权平均法”,即不以先进先出法对实施日至揭露日/更正日期间卖出的股票数进行排除,而直接按加权平均法以该期间内买入股票的总价除以买入的总股票数得出买入平均价。而投资人在揭露日/更正日前卖出股票的行为,无论是亏损或获益,均被法院认定为正常的商业风险,不予评价。目前,江苏地区的司法实践中多采用此种计算方法。

江苏省南京市中级人民法院在王某克与南京纺织品进出口股份有限公司(以下简称南纺股份)证券虚假陈述责任纠纷案中审理认为:根据南纺股份所主张的对买入证券平均价格的计算方法,系将案涉期间王某克所买入的股票总股数与买入总金额作整体衡量……就本案而言,能够较客观反映投资人在案涉时间段内购入股票的平均成本价格情况,不致出现均价畸高或畸低的情形。而对于投资人在揭露日前卖出的股数,不论是亏损抑或获益,均属于正常的商业风险,不予评价……本案从整体上进行评价,对于买入证券平均价格,应按《虚假陈述若干规定》的规定文义理解……对案涉时间段内投资人买入的总股数与总价格作直接处理为宜。[③] 江苏省高级人民法院在郝某与海润光伏科技股份有限公司证券虚假陈述责任纠纷上诉案中审理认为:“根据《虚假陈述若干规定》的文义和制定目的,对郝某买入平均价的计算宜采用实施日至揭露日期间投资人所买入股票的总金额除以买入总股数的方法,而对于投资人在揭露日前卖出的股数,不论是亏损抑或获益,均属于正常的商业风险,不予评价,更加符合郝某投资证券买入平均价格的客观情况……本案中,郝某在实施日至揭露日期间就案涉股票存在多笔买卖,且并不能够一一对

---

① (2015)沪一中民六(商)初字第128号民事判决书。

② (2016)鲁01民初889号民事判决书。

③ (2015)宁商初字第161号民事判决书。

应，据此，一审法院以实施日至揭露日期间买入的股票总金额除以该期间内买入股票总数量的方式计算买入平均价，合法适当。”①

(4)移动加权平均法

移动加权平均法在会计学上是指以每次进货的成本加上原有库存存货的成本，除以每次进货数量与原有库存存货的数量之和，据以计算加权平均单位成本，作为在下次进货前计算各次发出存货成本的依据。② 以证券交易为例，移动加权平均法下的买入平均价计算的具体操作流程为：本次买入平均价 =（原有库存证券成本 + 本次购进价格 × 本次购进数量）÷（原有库存证券数量 + 本次购进数量）→（若卖出部分证券）卖出证券成本 = 卖出证券数量 × 本次买入平均价→新库存成本 = 新库存数量 × 本次买入平均价→（若又购入证券）新买入平均价 =（新库存成本 + 新购进价格 × 新购进数量）÷（新库存数量 + 新购进数量），若再次卖出、买入，买入平均价计算以此类推。③ 可以看出，与加权平均法按整段时间内发生的总额和总数来计算成本的方法有所不同，移动加权平均法在每一次发生进货行为（买入股票）时，都要进行一次加权平均计算。

在司法实践中，也有运用移动加权平均法计算买入平均价的例证。例如，福建省福州市中级人民法院在刘某华与兴业证券股份有限公司证券虚假陈述责任纠纷案中审理认为：“对于投资差额损失的具体计算，《虚假陈述若干规定》……只是原则性地规定以平均价格之差来计算投资人的实际损失，但具体应当采用什么计算方法，现行法律法规未作出明确规定。现双方对于投资差额损失的计算方法存在争议……被告认为应按移动加权平均法计算，如在计算买入均价时将投资者每笔买入与下一笔买入进行加权计算，将得出的结果再与下一笔买入进行加权计算，如此循环，直至计算至最后一笔买入……移动加权平均法……其计算过程更为复杂，计算结果也更接近客观真实。综上比较，本院对被告所主张的计算方法予以采纳。”④

2. 卖出平均价、基准价的计算

根据《虚假陈述若干规定》第 31 条、第 32 条的规定，投资者在揭露日/更正日至基准日期间卖出股票适用卖出平均价，在基准日之后卖出或继续持有股票适用

---

① (2017)苏民终 641 号民事判决书。

② 参见中国注册会计师协会编：《会计》，中国财政经济出版社 2016 年版，第 48 页。

③ 参见投服中心：《权益 360：证券支持诉讼的投资差额损失计算（二）》，载投服中心微信公众号，最后访问日期：2020 年 1 月 23 日。

④ (2017)闽 01 民初 456 号民事判决书。

基准价。

实际上,前文买入平均价的计算方法对卖出平均价也同样适用,司法实践中通常依照"先进先出法+加权平均法"来计算卖出平均价。例如,上海市高级人民法院在陈某等诉鲜言证券虚假陈述责任纠纷上诉案中完全支持了原审法院的观点:"关于揭露日之后卖出股票的卖出证券平均价格的确定……对于揭露日至基准日期间存在买入和卖出情形的,对于卖出的系揭露日之前持有还是之后买入的股票,根据'先入先出法',应当对应揭露日之前持有的股票,直至将卖出股票冲抵完毕或将揭露日之前股票冲抵完毕,卖出股票的卖出均价应当为实际卖出总价除以实际卖出数量(卖出数量小于之前持有数量)或揭露日之前持有股票数量(卖出数量大于之前持有数量)得出。"①不过,还是有一些法院采用了不同的计算方法,例如,江苏地区的法院以与计算买入平均价相同的直接加权平均法来计算卖出平均价,江苏省高级人民法院在郝某与海润光伏科技股份有限公司证券虚假陈述责任纠纷上诉案中审理认为:"对郝某买入平均价的计算宜采用实施日至揭露日期间投资人所买入股票的总金额除以买入总股数的方法……同理,卖出平均价亦应按上述方式计算,即用揭露日至基准日期间投资人卖出股票的总金额除以卖出的总股数。"②

至于基准价,法院通常按照《虚假陈述若干规定》的要求,以揭露日/更正日至基准日期间,每个交易日收盘价进行简单算数平均(各交易日收盘价总和÷交易日总数)计算基准价。由于各法院间的做法差异不大,不作详述。

3. 具体计算方法的选择

由于缺乏明确统一的规范依据,判决中最终会采用哪种计算方法计算投资差额损失并没有确定的结论。法院通常从公平和保护多数投资者的角度出发确定具体的计算方法,例如,黑龙江省高级人民法院在陈某华等23名投资者诉大庆联谊公司、申银证券公司虚假陈述侵权赔偿纠纷案中审理认为:由于证券交易的复杂性,目前用于计算投资人投资差额损失的方法有多种。只要这些方法符合《虚假陈述若干规定》第30条、第31条、第32条确定的原则,结果公平合理,采用哪种方法计算,就在法院的自由裁量范围之内。原判采用的计算方法符合《虚假陈述若干规定》,有利于保护多数投资人的利益,故不予变更。③

---

① (2015)沪高民五(商)终字第13号民事判决书。同样的判决思路参见(2012)沪高民五(商)终字第16号民事判决书。

② (2017)苏民终641号民事判决书。

③ 《中华人民共和国最高人民法院公报》2005年第11期(总第109期)刊载的黑龙江省高级人民法院二审的陈丽华等23名投资者诉大庆联谊公司、申银证券公司虚假陈述侵权赔偿纠纷民事判决书。

由于实际成本法通常能计算出较高的买入平均价,客观上存在扩大可索赔投资者范围的作用,对于保护投资者利益有一定的积极作用,故一直为不少法院所采纳。但是近几年,不少法院已经发现了实际成本法存在扩大买入成本的问题,除北京、上海的法院仍较青睐实际成本法外,不少地方法院对当事人提出的实际成本法的计算方法未予支持,并在判决中指明了该种计算方法存在的问题。例如,福建省福州市中级人民法院在刘某华与兴业证券股份有限公司证券虚假陈述责任纠纷案中审理认为:"……原告……此种计算方法中(实际成本法),因揭露日前卖出股票的价格直接影响了买入均价的计算,即揭露日之前的卖出价越低计算出的买入平均价就越高,因此可能存在将揭露日之前卖出股票所遭受的损失(即与虚假陈述不具因果关系的损失)也计入赔偿范围的情形;而移动加权平均法可避免此问题,其计算过程更为复杂,计算结果也更接近客观真实。综上比较,本院对被告所主张的计算方法予以采纳。"[①]因此,在虚假陈述诉讼中,如果原告提出以实际成本法计算损失对被告上市公司的利益产生较大影响的,被告上市公司可提出更为合理的计算方法并充分论证,亦有希望得到法院的支持。

会计学原理上认为移动加权平均法可以避免存货成本发生较大的波动。[②] 投服中心也认为:"移动加权平均法下,卖出证券的成本以此前买入证券的加权平均价格来确定,并且每买入一次都会重新计算平均价格,卖出证券的成本以前一次计算所得买入平均价格为计价依据,因此卖出证券的成本确定最合理,买入平均价的计算也就最科学。"[③]福建省福州市中级人民法院也在前述案件判决中明确表达了支持移动加权平均法的观点。经过对几种计算方法的比较,笔者也认为,移动加权平均法在符合《虚假陈述若干规定》的规范意旨的前提下,能够很好地平衡各方的利益,可以作为诉讼请求以及审判实践中常用的一种计算平均价格和索赔数额的方法进行推广,以准确认定可索赔股票的价格。

(二)系统风险的认定及在损害赔偿中的排除

1. 系统风险的实践认定

(1)系统风险的界定和特征

目前,在金融法律规范中对"系统风险"尚无明确统一的定义。不过从笔者对

---

① (2017)闽01民初456号民事判决书。类似观点参见(2015)宁商初字第161号民事判决书、(2016)鲁01民初889号民事判决书、(2017)苏民终641号民事判决书。

② 参见约翰·J. 怀尔特等:《会计学原理》,崔学刚译,中国人民大学出版社2012年版,第173~174页。

③ 投服中心:《权益360——证券支持诉讼的投资差额损失计算(二)》,载投服中心微信公众号,最后访问日期:2020年1月23日。

司法判例的考察来看,不少法院已经对系统风险形成了较为一致的认识和理解。例如,北京市第一中级人民法院在汪某洪与钱某耀、北京无线天利移动信息技术股份有限公司证券虚假陈述责任纠纷案中审理认为:无论是系统风险还是其他因素,均应是指对证券市场产生普遍影响的风险因素、对证券市场所有的股票价格产生影响,且这种影响为个别企业或行业所不能控制,是整个市场或者市场某个领域的所有参与者所共同面临的,投资人亦无法通过分散投资加以消除,因而投资者发生的该部分损失不应由虚假陈述行为人承担。[①] 再如,湖北省武汉市中级人民法院在曹某利与湖北三峡新型建材股份有限公司证券虚假陈述责任纠纷案中审理认为:"系统性风险是指对证券市场产生普遍影响的风险因素,其特征在于系统风险因共同因素所引发,对证券市场所有的股票价格均产生影响,这种影响为个别企业或行为所不能控制,投资人亦无法通过分散投资加以消除。"[②]此外,还有不少地方法院的判决中作出类似认定,不再一一列举。[③]

抓住上述认定中的关键我们就可以发现,法院认为系统风险应当具备以下几项特征:①证券市场主体共同面临、对证券市场产生普遍影响;②无法为个别企业或行业所控制;③投资者无法通过分散投资消除。

(2)举证责任

在笔者研究的判决中,法院均将系统风险相关事实的举证责任按《虚假陈述若干规定》第19条的规定分配给被告。一般而言,系统风险的举证事实包括两部分,一是引发系统风险的事由(风险诱因);二是该事由对证券市场股票的涨跌发挥了普遍的重大影响,即该事由确实体现了系统风险的作用。北京市第一中级人民法院在汪某洪与钱某耀、北京无线天利移动信息技术股份有限公司(以下简称北京天利)证券虚假陈述责任纠纷案审理时就指出:对于此种风险因素,首先要由北京天利公司举证证明造成此种风险的事由存在,其次应当证明该事由对股票市场产生了重大影响,引起全部股票价格大幅涨跌,导致了风险的发生。[④] 浙江省宁波市中级人民法院在许某强与宁波富邦精业集团股份有限公司证券虚假陈述责任纠纷案中审理认为:在认定系统风险时,不仅要有客观真实的风险诱因,而且要审查相关

---

① (2017)京01民初104号民事判决书。

② (2015)鄂武汉中民商初字第00424号民事判决书。

③ 其他类似判决,参见(2015)长民四初字第271号民事判决书、(2016)鲁01民初889号民事判决书、(2014)浙甬商初字第38号民事判决书、(2017)闽01民初456号民事判决书、(2012)鲁商终字第18号民事判决书、(2015)粤高法民二终字第13-967号民事判决书。

④ (2017)京01民初104号民事判决书。

指数是否出现了大幅度的波动。①

(3)具体认定

法院在具体认定系统风险是否存在时即按照被告举证应体现的两方面来考量。

第一,风险诱因的认定。

按照法院理解,风险诱因主要包括金融政策以及突发性的政治事件,山东省高级人民法院在莫某连与山东德棉股份有限公司、山东德棉集团有限公司侵权责任纠纷上诉案的审理中支持了原审法院的观点:审判实践中,一般由于汇率、利率等金融政策、国内和国际的突发事件、经济和政治制度的变动等所引发的系统风险,是整个市场或者市场某个领域所有参与者所共同面临的,投资者发生的该部分损失不应由虚假陈述行为人承担。② 笔者总结发现,在相关判决中引用的事由包括2001~2005 年我国股票市场长达 5 年的大熊市、2008 年美国的次贷危机及其引发的全球金融危机、2008 年汶川地震对我国经济发展的创伤、欧洲债务危机、国内紧缩性的货币政策或行业政策调控等。例如,在前述莫某连与山东德棉股份有限公司、山东德棉集团有限公司侵权责任纠纷上诉案中,原审法院在审理中认为,众所周知,2008 年由于美国次贷危机的影响,导致全球经济危机的爆发,引起国内外经济金融市场的动荡和萧条……就我国国内而言,通货膨胀压力巨大,人民币升值,国家为了控制热钱,一直从事货币从紧政策,间接的冻结了股市中的大部分流动资金;同时,2008 年 5 月四川汶川发生的地震,使中国经济受到巨大影响;再者,2008年股改产生的限售股份共 4682 亿股,其中 1364 亿股已经解禁,占比达 29.1%,导致我国 A 股市场下跌。上述因素均应认定系我国股市系统风险的真实诱因。这一认定同样得到了山东省高级人民法院的支持。③

第二,普遍重大影响的认定。

目前,法院认定系统风险是否存在更加重要的考量因素是证券市场是否受到普遍的重大影响,一些判决中甚至凭借证券市场受到普遍的重大影响这一事实直接推论系统风险的存在。例如,吉林省长春市中级人民法院在曹某文与吉林紫鑫药业股份有限公司证券虚假陈述责任纠纷案中就指出:"……如果绝大多数股票的价格均呈现相同走势,即均上升或下降,说明该时期有同一种因素对绝大多数股票

---

① (2014)浙甬商初字第 38 号民事判决书。

② (2012)鲁商终字第 18 号民事判决书。

③ (2012)鲁商终字第 18 号民事判决书。其他案例,参见(2010)粤高法民二终字第 66 号民事判决书、(2015)粤高法民二终字第 1007 号民事判决书、(2014)浙甬商初字第 38 号民事判决书。

的价格产生绝对的影响力，如个股价格均下跌，该种发生绝对影响力的因素即为系统风险。”①

在诉讼中，法院主要依靠证券交易所的大盘指数、行业指数以及同类个股价格走势的一致性来判断这种普遍重大影响的存在。例如，最高人民法院在付某亚与山东鲁北化工股份有限公司（以下简称鲁北化工公司）侵权责任纠纷再审案中审理认为：“……在虚假陈述的实施日至揭露日，鲁北化工公司股票的价格跌幅为32.01%，但在同时期，上海证券交易所证监会化学原料及化学制造业板块的14家上市公司股价的平均跌幅为13.59%，上海证券交易所农药化肥行业板块的16家上市公司股价的平均跌幅为8.99%。由此看出，在虚假陈述行为揭露日前，案涉股票的价格受到证券市场系统风险等其他因素的影响，虽然跌幅大于同时期同行业的平均跌幅，但与同时期同行业的其他股票相比，案涉股票一直是在大盘平均线以下运行的。2. 自虚假陈述揭露日至基准日，上证指数的上涨幅度为17.11%，案涉股票8.73%的涨幅虽然与之有一定差距，但如前所述，案涉股票本身系弱势股，在揭露日前的跌幅亦大于同行业上市公司的平均跌幅，所以案涉股票在该期间涨幅低于同时间段内大盘上涨幅度，是股票正常波动所引起，是股票自身原因所致……一、二审判决认为付某亚所主张的投资损失系证券市场系统风险等其他因素导致，与鲁北化工公司的虚假陈述之间无必然因果关系，并无不当。”②需要提出的是，最高人民法院在此案中不仅关注了案涉个股与相关股票指数的走势关系，还在案件判决中进一步考虑到案涉个股本身的弱势性，在考虑到个案特殊性的基础上以更加充分的理由否定了虚假陈述行为与股票价格波动及投资者损失间的因果关系。

2. 排除系统风险在损失计算上的处理方法

一旦法院认定股票价格波动或投资者遭受的损失中有系统风险的因素，除直接否定虚假陈述行为对投资者损失具有因果关系而驳回投资者的诉讼请求外，还可能存在的情况是法院认定系由上市公司的虚假陈述行为与系统风险共同引发了投资者的损失。此时，法院必须在前述作为损害赔偿计算基础的投资差额损失中扣除系统风险致损的金额，以使投资者所获得的全部赔偿仅与虚假陈述行为有关。根据笔者对相关判例的研究，法院在投资差额损失中扣除系统风险影响的方法分为以下几种：

---

① （2015）长民四初字第271号民事判决书。

② （2015）民申字第3212号民事裁定书。其他类似判决，参见（2017）闽01民初456号民事判决书、（2016）鲁01民初889号民事判决书、（2015）粤高法民二终字第1007号民事判决书、（2015）鄂武汉中民商初字第00424号民事判决书等。

(1)酌情确定法

有些地方法院在判定系统风险在投资者损失中所占的比例时,并不在判决书中展现其具体确定过程,仅在综合考虑案件中所涉影响投资人损失的因素后,充分发挥自由裁量权,以酌情确定的方法判定比例大小。例如,浙江省宁波市中级人民法院在许某强与宁波富邦精业集团股份有限公司(以下简称宁波富邦)证券虚假陈述责任纠纷案中审理认为:"宁波富邦股票的跌幅要多于相关指数和同类型股票,因此,原告的投资损失又不能全部归责于证券市场系统风险的因素……虚假陈述行为包括虚假记载、误导性陈述、重大遗漏和不正当披露。被告实施的行为属于不正当披露或迟延披露,在上述行为中相比而言属于较轻的虚假陈述行为。原告在2011年购买宁波富邦股票时,宁波富邦的股价经过了前期大幅拉升,正处于历史高位,原告此时购买股票确实已经存在较大的投资风险。综合以上因素,本院认为原告投资股票的损失与被告的虚假陈述行为存在一定的因果关系,综合考量证券市场系统风险因素及被告实施虚假陈述行为的性质以及原告自身投资的风险因素后,酌情确定被告的虚假陈述行为对原告造成的差额损失承担20%的责任。"①

(2)时间范围排除法

也有部分法院采用划定时间范围的方法进行损失确定。这种办法相较于酌情确定,认定过程更加透明,不过就其科学性而言则值得推敲。因为同一时间内的投资者损失系由系统风险和虚假陈述两种因素共同造成的,采用时间范围排除的方法即人为地否定了这种关系,变为将某一部分时间内的损失全部认定为由系统风险造成而予以排除,这与投资者损失产生的实际情况并不完全符合。不过,这种方法相对而言简便易行,也较能为当事人所理解,考虑到案件的具体情况,也有法院采用。例如,湖北省武汉市中级人民法院在关于张某与湖北武昌鱼股份有限公司(以下简称武昌鱼公司)证券虚假陈述责任纠纷案中审理认为:"众所周知,2006年年初至2010年9月期间,上证综合指数振幅巨大,在此期间,武昌鱼公司股票的涨跌不可能没有受到上证综合指数的影响,完全否定上述系统风险的存在是不客观的。故,本院认为,2006年6月1日至2010年9月7日期间,武昌鱼公司股票的下跌存在证券市场系统风险影响的因素,张某应自行承担因证券市场系统风险导致的股票交易损失……在扣除证券市场系统风险因素的情况下,张某的投资差额损失为83912.34元……"②

---

① (2014)浙甬商初字第38号民事判决书。

② (2014)鄂武汉中民商初字第00061号民事判决书。

(3)比例计算法

除上述方法外,更多的法院以相关指数及案涉个股的涨跌幅度为基本素材,对系统风险比例进行更加科学的数理计算。实践中,比较常见的计算方法有两种:

第一种是指数计算法。指数计算法仅以投资者买入、卖出的大盘指数比作为计算系统风险比例数值的依据。例如,广东省高级人民法院在佛山电器照明股份有限公司与汪某华证券虚假陈述责任纠纷上诉案中审理认为:一审根据本案实际情况,确定以深成指数作为参数,以买入平均价×损失计算数(1-卖出时的深成指数/买入时的平均深成指数)计算系统风险致损金额,认定原告的投资差额损失在扣除系统风险致损金额后的部分由佛山照明承担,并无不当。①

第二种是指数个股比较法。指数个股比较法在判决运用中更为普遍,系以指数变动幅度与案涉个股变动幅度之比作为计算系统风险的比例数值的依据。例如,福建省福州市中级人民法院在刘某华与兴业证券证券虚假陈述责任纠纷案中审理认为:在扣减市场风险所致损失时,被告兴业证券主张采用个体投资者在买入至卖出欣泰电气股票或股票暂停上市期间,欣泰电气股价涨跌幅与对应的相同区间的创业板综合指数涨跌幅,以个体市场风险相对比例修正法扣减市场风险所致损失,即投资差额损失=扣减市场风险因素之前的投资差额损失×(1-证券买入卖出或暂停上市日期间指数加权平均跌幅/证券买入卖出或暂停上市日期间股价加权平均跌幅),该计算方法公平合理,本院予以采纳。② 还有法院为保障数据的多元化,将大盘指数、行业指数等多项指数的变动幅度与个股变动幅度之比分别计算后,再对得出的各项结果进行算数平均,以求比例计算的精准和公正。例如,吉林省长春市中级人民法院在关于曹某文与吉林紫鑫药业股份有限公司(以下简称紫鑫药业)证券虚假陈述责任纠纷案中审理认为:"本案中……深证综指……跌幅为8.18%;……深证成指……跌幅为8.28%;……中小板指……跌幅为9.17%;……医药板指……跌幅为8.58%;……紫鑫药业……跌幅为24.77%。将以上主要指数的跌幅与紫鑫药业股票的跌幅相比较,可以计算得出系统风险在紫鑫药业股票价格下跌中所占影响比例为(8.18%+8.28%+9.17%+8.58%)÷4÷24.77%=35%。"③

---

① (2015)粤高法民二终字第13-967号民事判决书。

② (2017)闽01民初456号民事判决书。

③ (2015)长民四初字第271号民事判决书。类似判决还可参见山东省济南市中级人民法院(2016)鲁01民初889号民事判决书。

四、结语

在虚假陈述诉讼中，关于投资者损害赔偿的数额计算有两个重要方面需要考虑：一是投资差额损失的计算，二是系统风险影响在投资差额损失中的排除。在投资差额损失的计算方法问题上，目前实践中常采用的办法包括实际成本法、先进先出法＋加权平均法、直接加权平均法、移动加权平均法等，笔者认为，移动加权平均法在符合《虚假陈述若干规定》的规范意旨的同时，能够更好地平衡各方的利益，可以作为诉讼请求以及审判实践中常用的一种计算方法进行推广。在系统风险认定及排除上，法院通常需要考虑风险诱因及对证券市场产生普遍重大影响两个方面，实践中一般通过大盘指数、行业板块指数与案涉个股股价的变动关系来认定，并以指数及股价的变动幅度作为参数计算系统风险在投资差额损失的占比。

目前，虚假陈述民事诉讼的司法实践经验越来越丰富，不少地方法院也在相互学习、汲取经验。比如，一些地方法院的判决中已经明确指出了以实际成本法计算投资差额损失的缺陷，并使用更加复杂的移动加权平均法进行计算。再如，通常认定当事人证据不足而不支持排除系统风险的上海法院，在这两年也开始有一些认定和排除系统风险的案例出现。[①] 笔者相信，随着虚假陈述民事诉讼及审判技术的提升、立法和司法规则不断明晰具体，关于虚假陈述案件的法律适用问题将变得不再棘手，投资者的利益也将得到更加充分的保护。

（本文成文于2018年6月11日）

① 法院以证据不足不支持认定系统风险的案例，可参见（2007）沪一中民三（商）初字第68号民事判决书、（2015）沪一中民六（商）初字第420号民事判决书。近年来，出现了酌情确定系统风险比例的相关案例，可参见（2017）沪民终443号民事判决书、（2017）沪民终457号民事判决书。

刍议债券发行中虚假陈述责任合同请求权路径

苏雨阳

2016年开始，在产业结构调整，银根全面收紧，政府积极推动打破刚性兑付的政策影响下，我国债券市场信用违约集中爆发，并在2017年呈现持续增长态势。这一时期产生的违约事件，经过当事人协商延期、尝试债务重组等挽救手段，仍然无法实现有效和解的，于2018年开始逐渐进入争议解决程序。在此阶段，由于债券发行人（债务人）多已丧失清偿能力，债权人为最大限度地挽回损失，尝试追究参与发行的中介机构，特别是具有较强经济实力主承销商（主要为证券公司）的法律责任。

债券法律关系的基础是投资者（债权人）与发行人（债务人）间的借贷行为。以证券公司为代表的承销商作为中介机构，在债券发行过程中，主要承担的法律义务来源于《证券法》第29条所规定的禁止虚假陈述义务。就违反该义务引起的民事纠纷，最高人民法院于2003年颁布的《关于审理证券市场因虚假陈述引发的民事赔偿案件的若干规定》（以下简称《虚假陈述若干规定》）中进行了详细规定。由于证券市场虚假陈述行为的认定专业性极强，为保证虚假陈述案件法律适用的统一，避免相关诉讼泛滥，《虚假陈述若干规定》第6条要求投资人提起虚假陈述证券民事赔偿诉讼，需要提交有关行政处罚决定或者法院刑事裁判文书。[①] 鉴于诉讼立案的前置条件，不少投资者以募集说明书中的仲裁条款提起仲裁，认为募集说明书作为投资者与承销商之间的有效合同，承销商违背了募集说明书中不存在相关虚假陈述的格式声明，以此为由要求承销商承担虚假陈述违约责任或是缔约过失责任。在仲裁过程中，仲裁双方对投资者的违约请求权基础形成了截然不同的意见，募集说明书和相关声明的法律性质成了仲裁庭争议的焦点。

---

① 对虚假陈述民事赔偿类案件，2015年立案登记制度改革后，人民法院秉持有案必立、有诉必理的工作要求，实行登记立案，但随后根据最高人民法院《关于适用〈中华人民共和国民事诉讼法〉的解释》第208条第3款亦规定，立案后发现不符合起诉条件或者属于《民事诉讼法》第124条规定情形的，裁定驳回起诉。

是以，投资者以中介机构在募集说明书中不存在虚假陈述的声明[①]作为请求权基础，主张中介机构虚假陈述违约责任不能成立，以下将对其原因逐一厘清。

一、募集说明书不构成中介机构与投资者之间的合同关系

募集说明书不构成中介机构与投资者之间的合同关系，投资者以此为基础的请求权并不成立。

募集说明书的性质并非合同。招股说明书和募集说明书作为证券发行中发行人最重要的书面文件，承担着对外信息披露和对内书面总结的重要职责。根据《合同法》明确规定，招股说明书属于要约邀请，募集说明书性质与此相同，理应也属于要约邀请，但不可一概而论。募集说明书，实践中法院根据文本中对债券数量价格是否明确规定，投资者购买是否需要再次得到发行人确认，也存在将其认定为要约的情形。[②] 然而，无论募集说明书的效力是要约邀请或是要约，相较于投资者在认购成功后与发行人签订的电子或是书面的认购协议，募集说明书内容缺少买卖合同中关键的几项要件：数量、价格、支付方式等[③]，可见募集说明书的性质并非合同，投资者以募集说明书主张承销商违约的请求权并不成立。

此外，承销商等中介机构与投资者不存在合同关系。无论募集说明书的性质是要约或是要约邀请，承销方及其他中介机构仅是受发行人委托，为债券发行工作服务关系人，并非债券买卖合同的一方当事人，募集说明书中的条款仅能约束债券买卖合同的双方当事人，而不能约束与投资者之间不存在直接合同关系的承销商等中介机构。

二、募集说明书中相关中介机构声明是对法定虚假陈述责任的复述

承销商等中介机构在《募集说明书》中关于不存在虚假记载、误导性陈述或重大遗漏法律责任的声明性质，[④]是对法定虚假陈述责任的复述，而非部分投资者主

---

① 相关声明参见《公开发行证券的公司信息披露内容与格式准则第 23 号——公开发行公司债券募集说明书》(2015 年修订)第十一节“发行人、中介机构及相关人员声明”。

② 参见中国城市建设控股集团有限公司与江苏南通农村商业银行股份有限公司合同纠纷二审判决书(2018)京 02 民终 8144 号，中新力合股份有限公司与台州市联强燃气有限公司、温岭市燃气有限公司等合同纠纷一审判决书(2016)浙 1081 民初 2952 号。

③ 以上市公司公开或非公开发行债券的募集说明书为例。

④ 《公开发行证券的公司信息披露内容与格式准则第 23 号——公开发行公司债券募集说明书(2015 年修订)》第 67 条规定，主承销商应在募集说明书正文后声明：“本公司已对募集说明书及其摘要进行了核查，确认不存在虚假记载、误导性陈述或重大遗漏，并对其真实性、准确性和完整性承担相应的法律责任。”

张的单方允诺,投资者以此为基础的请求权并不成立,原因如下:

其一,中介机构等基于募集说明书等所承担的信息披露责任本质上不是合同责任,而是法定责任。中介机构的信息披露义务其实源于《证券法》对信息披露的要求,《证券法》及相关司法解释规定了中介机构对其出具的招股说明书、募集说明书中的法律意见、财务意见等承担虚假陈述连带赔偿责任。《虚假陈述若干规定》并未明确虚假陈述赔偿责任的法律性质,但是从其虚假陈述行为的认定(第 17 条)、虚假陈述与损害后果的因果关系(第 18 条)、承销商的过错推定(第 23 条)、发行人之外其他主体的共同侵权责任(第 26 ~ 28 条)等规范结构来看,基本符合侵权责任的构成要件。就此,最高人民法院《关于审理证券市场虚假陈述案件司法解释的理解与适用》[①](以下简称《理解与适用》)中也明确表示,《虚假陈述若干规定》将发行与交易阶段的虚假陈述行为统一作为侵权行为来对待,是因为虚假陈述行为人违反的是向公众披露证券真实情况的法定义务,侵犯的是投资者公平、完整、及时、准确获知证券信息的基本权利,而且将虚假陈述定性为过错推定的侵权行为有利于追究承销商、保荐人等与投资者不存在直接合同关系的行为人的责任,最大限度保护投资者合法权益。显然,从维护投资者知情权和投资者利益的角度,将中介机构的信息披露义务和违反该义务导致的虚假陈述连带责任设定为法定责任更为合理,也有利于监管机构实现自己的职责,维护市场秩序。

其二,根据通说,单方允诺的特征:一是单方允诺是法律行为,意思表示是其核心要素;二是单方允诺是无须受领的意思表示行为,其成立和生效无须相对人的意思表示;三是单方允诺的相对人,既可以是特定人,也可以是不特定的多数人。

笔者认为,除了上述明确的特征外,单方允诺还隐含以下的特征:单方允诺作为法律行为之一种,是当事人自主安排私人事务的工具,意思自治是其价值根本和灵魂所在,表现在承诺的具体内容上,应为允诺人的自主意思。

综观募集说明书中相关声明规定,“承担相应的法律责任”的语句较为笼统,究其本质,系证监会要求的格式文本,是对《证券法》和《虚假陈述若干规定》中规定的虚假陈述侵权责任的概述,中介机构对此既不能修改,也不能删除,并不符合单方允诺隐含的意思自治的原则,并不能认定其为承销商等中介机构作出的单方允诺。

在证券市场上,现行法律法规要求相关主体对法定义务作出承诺,从行政监管角度而言,其意义在于行政部门行使监管权、履行告知义务。但是,从民事主体间的权利义务关系看,承诺其本质目的在于通过为自己设定义务或放弃权利获得投资

---

① 李国光主编:《最高人民法院关于审理证券市场虚假陈述案件司法解释的理解与适用》,人民法院出版社 2003 年版,第二部分“司法解释条文理解与适用 2《规定》所遵循的宗旨和原则”。

者信赖,而中介机构并不会因为在募集说明书重申法定义务而使其负担更多义务,进而增加投资者的额外信赖。

从制度供给的角度看,如果承诺人的承诺是对法定义务的重申,投资者可以通过现行法律体系中的侵权责任获得救济,而无须诉诸于单方允诺。反之,虚假陈述责任的格式文本存在于每一份募集说明书、招股说明书中,如果将每份虚假陈述责任的格式文本都认定为单方允诺,无疑不合理扩大了承销商等中介机构的责任,现实中也缺乏相应的判例。

概言之,承销商等中介机构在募集说明书中在作出不存在虚假记载、误导性陈述或重大遗漏法律责任的声明时缺乏意思自治,实为证监会规定的格式文本,是对其承担的法定虚假陈述责任的概述,投资者以此为由主张承销商违背其单方允诺的请求权基础不能成立。

三、中介机构与投资者之间在债券发行中是否存在缔约过失责任存在争议

中介机构与投资者之间在债券发行中是否存在缔约过失责任,在学术和司法实践中还存在争议,投资者以中介机构存在缔约过失责任为请求权基础推进诉讼通常较为困难。

有些投资者主张债券发行人与承销商在债券发行前的虚假陈述行为属于欺诈行为,以《合同法》第 54 条合同法定解除权的规定,主张债券买卖合同可撤销,并要求发行人与承销商承担缔约过失责任。

最高人民法院认为,[①]缔约过失责任是一方因违反先合同义务而造成对方信赖利益损失所应承担的民事赔偿责任。对于缔约过失责任的构成要件,最高人民法院倾向性意见为:(1)缔约人在缔约过程中违反先合同义务;(2)缔约对方受有损害;(3)违反先合同义务与损害间具有因果联系;(4)违反先合同义务方存在过错。在我国法律中,先合同义务具体体现在《民法总则》第 157 条及《合同法》第 42 条、第 43 条所规定的诚信缔约义务、告知义务、保密义务及其他先合同义务。

在目前缔约过失责任理论中,缔约过失责任主体是否包括缔约方外的第三人仍有争议,具体情况如下:

根据传统缔约过失责任理论,缔约过失责任是合同法直接规定的责任,是违反合同法所规定的保护、通知、协力、保密等依诚实信用原则而产生的先契约义务,受

① 最高法院意见参考吴庆宝主编的《权威点评最高法院合同法指导案例》(中国法制出版社 2010 年版)中时任最高人民法院民二庭审判长、法学博士王闯的法学观点。

到债的相对性约束,仅限于负有先合同义务的合同缔约双方承担。承销商(证券公司)为代表的中介机构在债券发行过程中与投资者不存在直接合同关系,承销商作为非债券买卖合同缔约方,不存在上述责任,其信息披露上的过失导致的缔约过失责任应由合同缔约方之一的发行人承担,由此导致的发行人损失可由发行人与有过失的中介机构之间协商,但投资者受限于合同相对性不能直接要求承销商等中介机构承担缔约过失责任。

依照我国部分学者的主张,缔约过失责任应参照德国民法的规定,对特定第三人的缔约过失责任,可分为以下三种情况,即代理人和磋商辅助人责任、管理人责任以及招股说明书责任。招股说明书中的第三人缔约过失责任起源于德国,德国联邦法院在1978年的一则判例中依据《交易所法》第45条,将缔约过失责任扩大至因其"专业知识"而同意在招股书中使用其姓名的特殊人群,包括公司发起人、提供贷款的银行、承销商、会计师、律师等中介机构。

在司法实践中,以缔约过失责任追究承销商具有法律争议,较为困难,从首例私募债欺诈发行民事诉讼——圣达威私募债违约案可见一二。

厦门圣达威服饰有限公司(以下简称称圣达威)因上市折戟,先后分两期发行了私募债13圣达威01、13圣达威02,募集资金合计5000万元,承销商及托管人为华创证券,随着宏观经济下行,加之圣达威老板章某民涉民间借贷,公司最终被拖垮,而且一直谋划上市的计划也始终没有成功。2015年,13圣达01、13圣达02到期后均告违约,公司已经无力偿还本息。而认购了13圣达威的多家机构开始通过各种途径要求华创证券偿还本金。

2017年9月,债券认购方国联安基金管理有限公司(以下简称国联安)最初以缔约过失责任为由在上海浦东新区人民法院起诉,要求华创证券承担缔约过失责任,后因在"缔约过失"的案由之下,直接将华创证券纳入合同相对人,具有法律争议,相关诉讼进展缓慢。2018年3月,国联安出于推进诉讼顺利进行的考虑,撤回诉讼,变更案由为"证券市场虚假陈述纠纷",转至厦门市中级人民法院再次起诉。

由此可见,实践中,对于能否以缔约过失责任追究承销商(第三人)责任仍有争议,人民法院对投资者以此为由的诉权并未驳回,但以此为由的胜诉权能否成立还无结论。

笔者以为,对比德国民法体系和我国体系,不宜盲目扩大缔约过失责任至债券买卖关系中第三人中介机构身上,原因如下:

其一,从现有缔约过失责任的法律规定上来说,《合同法》第 42 条、第 43 条[①]中"当事人"在法条中缺乏明确特别解释的情况下,应用通常文义解释指代合同缔约相对方。

其二,缔约过失责任是否应扩大至专家第三人取决于专家第三人责任在一个国家现有侵权法体系下是否能够得到保护,涉及这个国家侵权法对纯粹经济损失的态度。

以德国法为例,德国法采取区别法益保护的保守模式。根据《德国民法典》第 823 条第 2 项[②]规定,在过失侵害的情况下,只保护所有权和类似的绝对权,从而出现责任范围的限制,纯粹经济损害一般通过合同法来救济,过失侵权产生的损害赔偿在侵权法中常常难以救济。又由于《德国民法典》第 676 条[③]的规定,加之德国法一贯注重的体系化和完整性,这些使专家作为信息提供者对第三人的民事责任问题在现行侵权法法律框架下难以解决。正是由于德国侵权法具有狭窄性,德国法通过一系列判例不断扩充合同责任来解决这一困境。

在我国侵权责任法体系下,《侵权责任法》第 2 条第 1 款[④]和第 6 条第 1 款[⑤]规定我国侵权责任法的保护客体为"民事权益",明确规定我国侵权法的保护范围不限于民事权利,还包括法益或利益。"民事权益"可以适用比较广泛的对象,具有高度的概括性和包容性,给予法官较大的自由裁量权,并未排除纯粹经济损害。此外,针对证券市场中因虚假陈述行为而导致的纯粹经济损失,《证券法》中直接规定了虚假陈述侵权责任。所以,从制度供给的角度说,不同于德国民法,投资者可以通过现行法律体系中的侵权责任获得救济,而无须付诸于缔约过失责任。

至于缔约过失第三人责任是否可以与违约责任、侵权责任产生责任竞合的问

---

① 《合同法》第 42 条:"当事人在订立合同过程中有下列情形之一,给对方造成损失的,应当承担损害赔偿责任:(一)假借订立合同,恶意进行磋商;(二)故意隐瞒与订立合同有关的重要事实或者提供虚假情况;(三)有其他违背诚实信用原则的行为。"

第 43 条:"当事人在订立合同过程中知悉的商业秘密,无论合同是否成立,不得泄露或者不正当地使用。泄露或者不正当地使用该商业秘密给对方造成损失的,应当承担损害赔偿责任。"

② 《德国民法典》第 823 条第 2 项:因故意或过失不法侵害他人的生命、身体、健康、自由、所有权或其他权利者,对被害人负赔偿损害的义务。

③ 《德国民法典》第 676 条:向他人提建议或为推荐的人,除承担因契约关系或侵权行为所生责任外,对因听从其建议或推荐而生的损害,不负赔偿义务。

④ 《侵权责任法》第 2 条:侵害民事权益,应当依照本法承担侵权责任。本法所称民事权益,包括生命权、健康权、姓名权、名誉权、荣誉权、肖像权、隐私权、婚姻自主权、监护权、所有权、用益物权、担保物权、著作权、专利权、商标专用权、发现权、股权、继承权等人身、财产权益。

⑤ 《侵权责任法》第 6 条:行为人因过错侵害他人民事权益,应当承担侵权责任。根据法律规定推定行为人有过错,行为人不能证明自己没有过错的,应当承担侵权责任。

题。笔者倾向于赞同实务中上海市高级人民法院2004年出具的《上海市高级人民法院缔约过失损害赔偿请求权的办案指南》中的观点,即:缔约过失责任与这两种责任不能竞合,因为缔约过失责任产生的根本理由和前提,本来就是这两种制度都无法救济受害人。因此,如果承认这种竞合,必然违背这样一个认识前提。笔者以为,缔约过失责任的起源来自德国学者耶林,德国民法通过判例将缔约过失责任扩大至招股说明书和募集说明书的专家第三人身上,一定程度上是因为德国侵权法规定上的狭窄,如果将新兴的专家第三人责任纳入侵权法的体系,必然会对德国侵权法的体系构成冲击。而我国并不存在这样的问题,缔约过失第三人责任所保护的法益应该是以合同责任和侵权责任难以顾及的法益,在侵权责任中对于投资者法定知情权已有所保护后,要求中介机构对投资者负有缔约过失责任不利虚假陈述案件的裁判统一,也违背了上述认识前提。

四、总结

针对近些年债券市场频繁违约,上市公司年报、发债募集说明书中频繁出现不实内容的现象,投资者纷纷提起虚假陈述责任诉讼或是仲裁以维护自己利益。鉴于目前司法解释中规定的虚假陈述侵权责任的立案前置条件,一部分投资者另辟蹊径,通过募集说明书中的承销商等中介机构不存在虚假陈述的格式声明入手,以此作为合同请求权的基础,要求承销商等承担违约责任或是缔约过失责任。

笔者以为,通过对募集说明书与相关责任声明的性质探讨可得出,投资者与承销商等中介机构间不存在直接合同关系,相关责任声明实则是法定责任的复述,投资者以募集说明书和相关声明作为请求权基础,主张承销商违约责任和缔约过失责任不能成立。追根溯源,目前投资者由于证券市场中虚假陈述行为导致的投资损失还是应当由《证券法》规定的虚假陈述侵权责任得以保护。

（本文成文于2019年2月13日）

图书在版编目(CIP)数据

律师眼中的注册制与证券法 / 吕红兵, 朱奕奕主编
. -- 北京 : 法律出版社, 2020
ISBN 978 -7 -5197 -4745 -9

Ⅰ. ①律… Ⅱ. ①吕… ②朱… Ⅲ. ①证券法－研究
－中国 Ⅳ. ①D922.287.4

中国版本图书馆 CIP 数据核字(2020)第 121346 号

律师眼中的注册制与证券法
LÜSHI YANZHONG DE ZHUCEZHI YU ZHENGQUANFA

吕红兵 朱奕奕 主编

责任编辑 慕雪丹 章 雯
装帧设计 汪奇峰

编辑统筹 法商出版分社
出版 法律出版社
开本 710 毫米×1000 毫米 1/16
总发行 中国法律图书有限公司
印张 26.75
经销 新华书店
字数 493 千
印刷 天津嘉恒印务有限公司
版本 2020 年 9 月第 1 版
责任印制 胡晓雅
印次 2020 年 9 月第 1 次印刷

法律出版社/北京市丰台区莲花池西里 7 号(100073)
网址/www.lawpress.com.cn
投稿邮箱/info@lawpress.com.cn
销售热线/400－660－8393
举报维权邮箱/jbwq@lawpress.com.cn
咨询电话/010－63939796

中国法律图书有限公司/北京市丰台区莲花池西里 7 号(100073)
全国各地中法图分、子公司销售电话:
统一销售客服/400－660－8393/6393
第一法律书店/010－83938432/8433　西安分公司/029－85330678　重庆分公司/023－67453036
上海分公司/021－62071010/1636　深圳分公司/0755－83072995

书号:ISBN 978－7－5197－4745－9　**定价**:108.00 元
(如有缺页或倒装,中国法律图书有限公司负责退换)